KB110924

위기에
빠진
지구

자연자본과 지속 가능성 모색

위기에
빠진
지구

로랑스 투비아나·클로드 앙리 지음

한경희 옮김

여문책

이것은 도덕적 건강과 군인다운 투지가 최고로 회복되지 않는 한

우리가 해마다 다시 들게 될 쓰라린 잔의 첫 모금이자 첫 맛보기일 뿐이다.

—윈스턴 처칠의 뮌헨 협정에 대한 논평, 1938년 10월 5일 하원 의사당에서.

차례

우리는 왜 인적 자원이든 물적 자원이든 우리가 가진 자원을 최대한 끌어모아 좀더 지속 가능한 발전을 이루어야 할까? 그 이유는 우리가 함께 살아가는 수십억 명의 사람이 극심한 빈곤 속에 살아가고 있으며, 지금의 발전방식을 바꾸지 않는다면 앞으로도 계속 그래야 하기 때문이다. 게다가 21세기가 가기 전에 모든 형태의 생명체가 최악의 위협에 직면할 만큼 지구의 상태가 빠른 속도로 악화되고 있다. 우리는 자연자본 유산을 지구가 감당할 수 없는 속도로 낭비하고 있고, 가난한 공동체는 고통받고 있으며, 앞으로도 가장 큰 고통을 겪게 될 것이다.

우리는 이처럼 지속 불가능한 발전 추세가 빚어낸 징후를 살펴보는 것으로 머리말을 시작하고자 한다. 그런 다음 이런 추세를 되돌리기 위해 우리가 끌어모아야 할 과학·기술, 법·제도, 경제·경영수단을 총망라해 살펴보겠다. 이 가운데 어느 하나라도 제대로 실행되어 지금의 추세를 되돌릴 수 있을지는 현재 장담할 수 없다. 한 가지 분명한 것은 곧 살펴보게 될 '많은 이니셔티브'가, 앞을 가로막는 어마어마한 장애물을 헤쳐 나갈 만큼 강한 결집력과 응집력을 갖추지는 못했어도 방향만큼은 제대로 잡고 있다는 사실이다. 이 점에서 2015년 파리기후변화협약은 미비한 점이 있기는 해도 선구적인 제도[1]라 할 수 있다. 기후변화를 막기 위해 어떤 행동을 장려하거나 제재하거나 조정하는 기본 틀이자 발판인 것이다.

자연자본 파괴

『네이처Nature』지는 2012년 리우+20 정상회의(유엔지속가능발전정상회의 UNCSD) 전날에 발표한 특별성명에서 독자들에게 다음과 같은 사실을 상기시켰다.

> 지구의 가장 고유한 특징은 생명체가 존재한다는 점이고, 생명체의 가장 놀라운 특징은 그 다양성이다. 약 900만 종에 달하는 식물, 동물, 원생생물, 균류가 지구에 살고 있다. 그리고 70억 명의 인류도 지구에 살고 있다. 20년 전에 처음 열린 지구정상회의에서 역대 최다 대표단이 인간의 활동 때문에 유전자, 생물종, 생물학적 특질이 무서운 속도로 사라져 지구 생태계가 붕괴되고 있다고 선언했다. 이런 관찰은 생물다양성 손실이 생태계의 제 기능과 생태계가 사회번영에 필요한 재화와 서비스를 제공할 수 있는 능력에 어떤 변화를 불러일으킬지 의문을 낳았다(Cardinale et al., 2012, p. 59).

말할 필요도 없이 생태계 붕괴 속도는 20년 전보다 감소하지 않았다. 바다의 생물다양성이 해파리 종류의 다양성 수준으로 줄어들지 모른다는 예상이 터무니없게 들리지 않을 만큼 해양생태계가 위험에 처해 있다. 팜유 생산, 대두 경작, 육우 목축, 목재 밀반출, 합법·불법 광산 채굴, 만연되어 있는 탐욕·부패·약탈은 물론이고, 심지어 전쟁에 시달리는 열대우림도 바다보다 사정이 나을 바 없다. 온대림도 생태계 붕괴를 겪고 있다. 아메리카 대륙 북서부와 시베리아에 걸쳐 기후변화 때문에 곰팡이와 딱정벌레가 번성하고 화재가 잦아져 나무의 대량 멸종을 부추기고 있다(생물다양성 손실에 대해서는 1장에서 자세히 살펴보겠다).

물과 흙은 본질적인 공통점이 있다. 둘 다 막대하게 낭비되고 있다는 점이다. 인류가 사용하는 물 가운데 3분의 2가 관개용수로 쓰이는데, 이 가운데 2분의 1, 즉 전체 물 사용량 가운데 3분의 1이 그냥 버려진다. 텍사스에서 펀자브에 이르는 여러 지역에서 농민들은 빠르게 줄어드는 대수층의 물을 기를 쓰고 퍼 올리고 있다. 한 방울이라도 놓치면 이웃에게 뺏긴다는 것을 경험으로 알기 때문이다.

질소비료 사용에서 드러나듯이 사람들이 토양을 다루는 방식도 어리석기는 마찬가지다. 유럽과 미국의 경우 밭에 뿌린 질소 가운데 농작물에 실제로 흡수되는 것은 20~30퍼센트밖에 되지 않는다. 중국은 그보다도 적다. 과잉 비료는 공기와 물을 오염시킬 뿐만 아니라 농작물에 해로운 토양 산성화를 일으킨다. 중국 국영통신사 신화사의 2014년 11월 4일자 보도에 따르면 "중국 경작지의 40퍼센트 이상에서 토질 저하가 나타나고, 그에 따라 세계에서 가장 많은 중국 인구를 먹여 살릴 식량 생산성이 심각하게 떨어지는" 주요 원인 가운데 하나가 바로 이것이다(물과 토양 낭비에 대해서는 2장에서 자세히 살펴보겠다).

깨끗한 물과 경작 가능한 토양의 부족이 재앙으로 다가오는 데 비해 부족할수록 좋은 자원은 바로 화석연료다. 과학자들은 탄소 방출이 지구온난화의 주원인이며, 심각한 기후교란을 피하려면 지구 평균기온의 상승폭을 산업화 이전 대비 1.5~1도 아래로 유지해야 한다고 한목소리로 말한다. 이 말은 곧 육지에서 캐낼 수 있는 화석연료 가운데 3분의 2를 쓸 수 없을 뿐만 아니라 셰일·심해·극지방의 화석연료를 건드리지 말아야 한다는 뜻이다. 국제에너지기구IEA: International Energy Agency 에서 발표한 2012년 「세계 에너지 전망 보고서World Energy Outlook」 개요대로라면 "(지구 평균기온 상승폭) 2도 목표를 달성하려면 2050년 전까지 화석연료 사용량이 매장량의 3분의 1을 넘으면 안 된다."(p. 3) 이 경고를 너무 오래 무시하면 그 피해는 환경에 국한되지 않을 것이다. 탄소 추적자 이니셔티브Carbon Tracker Initiative의 보고서는(Leaton, 2012) 기업이 단기적인 수익성 기대와 장기적인 전 지구적 지속 가능성 요건의 모순까지 계산한다면 금융시장에 역사적 규모의 '균열'이 일어날 것이라 예측한다(3장에서 에너지 제약과 전망에 대해 더 자세히 살펴보겠다).

생물다양성·물·토양·탈탄소에너지가 생명과 직결된 중요성을 지니기는 해도 결국 자연자본의 결정적 요소는 기후라는 사실이 밝혀질 것이다. 기후변화는 먼 미래 세대한테나 닥칠 위험이라고 생각하는 사람들이 많다. 그런데 과거를 돌아보면 혹시 시야가 넓어질지 모르겠다. 5,600만 년 전, 대륙이 서로 갈라져 지각이 움직이고 엄청난 열기가 방출되면서 탄소가 풍부한 퇴적물이 굳어졌고, 그 과정에서 이산화탄소와 메탄가스가 엄청나게 방출되었다. 지구의 평균기온이 7~8도까지 올라갔고, 극 위도의 해수면 온도가 20~25도에 이르면서 악어들이 살기 좋은 환경이 마련되었다. 이른바 팔레오세-에오세 최고온기PETM: Paleocene-Eocene Thermal Maximum 사건으로 지질학적인 관점에서는 '겨우' 수천 년에 불과한 단기간에 일어난 사건이었다.

지금 영화 〈이유 없는 반항Rebel Without A Cause〉을 보고 있다고 상상해보라. 이 영화에서 제임스 딘James Dean과 코레이 앨런Corey Allen의 연기로 잊히지 않는 짐 스타크와 버즈 건더슨이 나탈리 우드Natalie Wood가 연기한 주디의 관심을 끌기 위해 자동차 경주를 하며 절벽을 향해 질주한다. 도저히 눈을 뗄 수 없는 숨막히는 장면이다. 그런데 영화 속도를 20배 빠르게 돌린다고 생각해보라. 상상조차 하기 어렵지만 그게 바로 지금 기후변화에 벌어지고 있는 일이다. 엄청난 양의 탄소가 배출된 팔레오세-에오세 기후변화 때보다 적어도 20배 더 높은 비율로 탄소 배출량이 늘고 있다(기후변화에 대해서는 4장에서 자세히 살펴보겠다). 자연자본 파괴, 특히 기후변화 추세를 막지 못하면 지구가 "생명이 살 수 없는 행성"(『뉴욕타임스New York Times』 2015년 12월 25일자 사설)이 되는 것을 피할 수 없다.

방향을 되돌릴 방법

이런 심각한 상황에서 인류는 왜 보아 뱀에게 최면에 걸려 얼어붙은 기니피그마냥 그저 가만히 있는 걸까? 아이디어 부족 때문이 아닌 것은 분명하다. 지금 우리가 쓸 수 있거나 곧 쓸 수 있게 될 지식과 수단(기술·경제·행정·법적 수단)은 놀라울 정도로 많다. 그런데 이것들이 얼마나 도움이 될까?

어떤 경우에는 현명한 결정을 내릴 수 있도록 충분한 정보를 제공해준다. 생물다양성을 예로 들어보자. 보호구역에서 해양생물종의 복원율을 정확하게 측정할 수 있다면 해양생물자원의 광범위한 남용을 막을 정확한 지침과 강력한 근거가 된다. 마찬가지로 열대우림에서 나무와 토양 사이에 일어나는 탄소교환 비율을 제대로 측정할 수 있게 되면 열대우림을 온전하게 보전하는 것도 극적으로 개선할 수 있다.

또 다른 경우에는 우리가 가진 것을 좀더 잘 이용하게 된다. 다니엘 힐렐Daniel Hillel이 젊은 과학자이자 엔지니어로서 네게브 키부츠에서 관찰한 것을 바탕으로 이루어낸 혁신은 물을 극적으로 절약할 수 있는 관개법灌漑法의 대혁명이었다. 힐렐은 그로부터 60년쯤 지난 2012년에 세계식량상World Food Prize을 받았다. "기후가 건조해서 토양이 메마른 지역에 미량관개로 알려진 혁신적인 관개법을 고안해서 실천하고" 그 방법을 "아프리카·아시아·라틴아메리카의 수십 개국에" 전파한 공로 때문이었다. 그는 이 관개법을 중동 국가에도 전파했다. 토양 낭비도 물 낭비만큼 심각하다. 그러나 유해한 화학제품을 대신할 생물학적 대체물이 개발되고 그 효과가 입증되면서 아직 치명적인 상황은 아니다.

이러한 혁신정신이 이제 재생에너지원 분야에서 시험되고 있다. 고성능의 에너지·전기 저장장치가 개발되면서 재생에너지의 간헐성 문제가 크게 개선될 것이다. 새로운 기술개발 덕분에 재생에너지를 대규모로 이용하기 어려웠던 걸림돌이 해결되고 있다. 태양광 패널이 처음 등장했을 때만 해도 성능이 다소 실망스러웠지만, 지금은 태양광 패널보다 재료는 더 적게 들고 에너지 생산량은 50퍼센트 더 많은 얇은 광전지 필름이 개발되었다. 양자화학 덕분에 특정 화학반응을 일으키는 촉매가 밝혀지면서 에너지 손실이 크게 줄었다. 과학은 역동적인 슘페터 방식

(경제학자 슘페터는 혁신을 강조하는 역동적인 경제이론을 발전시켰다—옮긴이)
에 따라 작동한다(5장과 6장에서는 특히 유용한 적용·확장 사례 몇 가지를 중
점적으로 살펴보겠다).

자연과학과 기술 이외의 수단은 어떨까? 우리가 당면한 문제를 다루
기에 범위가 너무 제한된 시장이 방해되는가? 만약 그렇다면 시장 메커
니즘을 확장할 독창성과 힘이 부족한 탓이다. 수년 동안 가뭄에 시달린
오스트레일리아 농민들은 결국 정부의 개혁정책에 굴복했다. 오스트레
일리아 농업의 심장부인 거대한 머리-달링Murray-Darling 분지에서 물
을 좀더 효율적으로 나눠 쓰게 하기 위해 물 사용권 거래시장을 도입한
것이다. 그러자 농민들은 관개법을 바꾸었고, 물을 많이 먹는 농작물을
물을 덜 먹는 농작물로 교체했다.

세제개혁도 자연자본의 가치를 바로잡는 데 도움이 될 수 있다. 스웨
덴에서는 이산화탄소 배출량 1톤당 150달러씩 세금을 낸다. 이런 세금
이 터무니없다고 생각하는 사람들도 있겠지만, 이 금액은 이산화탄소
배출로 예상되는 피해액만 반영했을 뿐이다. 이 탄소세는 경제성장과
사회정의를 결합한 스웨덴 고유의 시스템에 지장을 주지 않으면서 더욱
합리적인 자원 이용을 유도하고 있다.

(자원에 대한) 기술적·경제적·사회적 접근법의 적절한 결합은 선진국
만 할 수 있는 일이 아니다. 인도에서 인구는 더 많은데 더 가난한 비하
르 주와 우타르프라데시 주에서 한 혁신가 팀이 "최대한 단순하되, 너무
단순하지 않게"라는 아인슈타인 정신에 따라 독창적인 기술과 책임 있
는 경제, 대응관리기술을 결합해 허스크 파워 시스템Husk Power Systems
이라는 쌀겨발전소를 만들었다. 그들의 목표는 농촌에 전기를 공급하

는 것이었다. 주민들은 그동안 꿈도 못 꾸던 일이었다. 그 지역에 풍부한 데도 그냥 버려지던 재생 가능한 자원인 쌀겨를 가스화해서 연료로 활용하는 것이 핵심이었다. 지역의 발전소를 운영하거나 여러 발전소를 관리·감독하는 것은 바로 지역민이다. 지역민들은 그에 필요한 훈련을 받는다. 비하르 주와 우타르프라데시 주 전역에 걸쳐 이런 발전소들이 빠르게 늘어나고 있다. 삶의 기본 욕구를 해결하기 위해 기술·경영·사회적 혁신을 결합해서 지속 가능한 노력을 보여준 주목할 만한 사례다. 혁신 사례는 이뿐만이 아니다(이런 혁신에 대해서는 7장에서 자세히 살펴보겠다). 혁신에 필요한 연구도 결코 부족하지 않다. 엘리너 오스트롬Elinor Ostrom과 동료들의 연구가 좋은 예다. 오스트롬은 2009년 노벨경제학상 수상 기념 강연 "시장과 국가 너머: 복잡한 경제 시스템의 다중심적인 거버넌스Beyond Markets and States: Polycentric Governance of Complex Economic Systems"에서 자신의 연구 결과를 집대성해 보여주었다. 오스트롬은 적어도 구성원이 서로 충분히 신뢰할 수 있는 규모의 공동체에서는 공유지의 비극을 극복하고 경제적 합리성이라는 편협한 개념을 무너뜨릴 수 있다는 것을 보여주었다.

많은 이니셔티브

그러나 신뢰, 공통 목표, 기득권 세력을 견제할 제도, 공통 관심사와 자원에 대한 적절한 관리가 부족한 곳에서는 실제로 비극이 일어난다. 편협하고 적대적인 기업이 그런 비극을 부채질할 때가 많은데, 부패하거나 태만한 공공기관이 이를 뒷받침해준다. 빌 나이Bill Nye의 표현을 빌리자면 "우리가 사사로운 결정과 그 단기적인 결과에만 몰두하는 한 우리는 지구의 주인이 아니라 세입자처럼 행동하는 것이다."(2016, p. 4) 그러나 『네이처 기후변화Nature Climate Change』 최신호에 발표된 주장대로 상향식 접근방식에 따라 지역기관의 네트워크를 통해 복잡한 전 지구적 문제를 효과적으로 다룰 수 있다(Vasconcelos, Santos, Pacheco, 2013). 최근에 이처럼 혁신적인 조정을 보여주는 고무적인 사례들이 생겨났다.

재앙을 계기로 이니셔티브가 만들어지는 경우도 많다. 허리케인 샌디는 뉴욕을 비롯한 미국 해안도시 시민들이 기후와 바다가 자신의 삶을 얼마나 좌우하는지 새삼 깨닫게 만들었고, 파리·런던·리우데자네이루·서울·상하이를 비롯한 여러 도시가 '시장협약Compact of Mayors'(현재 정식 명칭은 기후와 에너지를 위한 세계시장협약Global Covenant of Mayors for Climate & Energy이다—옮긴이)에 가입하는 계기가 되었다. C40으로도 알려진 이 시장협약은 자연자본을 더 잘 관리할 목적으로 만들어진 거대한 도시운동이다. 점점 더 심각해지는 가뭄도 캘리포니아 주민들이 물 관리와 기후변화 관리를 더 진지하게 생각하도록 만드는 계기가 되었다. 그리고 그다지 머지않은 미래에 텍사스 주민들도 같은 길을 가게 될지 모른다. 동부 히말라야에서는 빙하가 줄어들면서 주변 국가에 계속 경보를 울릴 정도로 강의 흐름에 문제가 생기고 있다. 중국 정부는 「1차 기후변화 국가보고서Initial National Communication on Climate Change」(2004, p. 55)에서 이렇게 표현한 바 있다. "중국의 아주 높은 산악지대에서 빙하량이 크게 감소하고, 빙하가 녹은 물이 강으로 흘러들어 계절에 따른 강수량 조절능력이 심각하게 떨어질 것이다." 그래서 중국은 자연자본에 대한 접근방식을 총체적으로 재고하기 시작했다.

탄소에 값을 매기는 탄소가격제(근본 문제에 대해서는 8장에서 자세히 살펴보겠다)의 한 방법인 탄소세는 스웨덴에서 시작해 북서유럽 국가로 확대되었다. 북아메리카와 중국에서는 완화된 형태의 탄소가격제가 시행되고 있다. 브리티시컬럼비아 주와 좀더 최근에는 앨버타 주(역청 모래층 지역)에서도 과세정책을 시행 중이다. 반면에 캘리포니아·퀘벡·온타리오 주에서는 탄소 배출권거래제를 시행하고 있으며, 캐나다와 미국의 다른 주에서도 탄소 배출권거래제 도입을 고려 중이다.

지금까지 좀더 지속 가능한 발전으로 노선을 바꾸는 데 필요한 재원 확보는 자본주의의 핵심적인 관심사가 아니었다. 그러나 이런 추세가 바뀔 징후가 나타나고 있다. 2014년에 자산 규모 500억 달러에 이르는 기관투자자들과 민간투자자들이 적어도 포트폴리오(투자론에서 하나의 자산이 아니라 주식·채권·부동산 등 둘 이상의 자산에 분산 투자할 경우 투자대상을 총칭하는 용어로 경제 주체가 보유하고 있는 각종 자산의 구성을 뜻한다―옮긴이) 일부를 탈탄소화하겠다고 약속했다. 이런 약속을 한 투자자들의 자산 규모가 2016년 즈음에는 3조 이상으로 뛰었다. 투자자들은 기후변화 걱정, 더 정확히 말하자면 기후변화와 연관된 주식변화에 대한 걱정 때문에 행동에 나서게 되었다. 이미 실행 중이거나 시행이 예상되는, 기후변화 문제 때문에 더 엄격해진 공공정책에서 비롯된 변화다.

이 같은 포트폴리오 재조정에서 석탄사업은 최우선 대상이다. 석탄사업은 법정, 정치판, 현장에서도 최우선 대상이다. 스웨덴 전력회사 바텐폴Vattenfall은 갈탄으로 전기를 생산하는 것을 중단하고, 독일에 소유하고 있는 갈탄 광산과 발전소를 매각하기로 결정했다. 그린피스 스웨덴

지부가 이를 매입해 석탄사업을 동결하고 광산들을 폐광하려고 했으나 승인받지 못했다. 2015년에 미국 최대 석탄 생산업체 피바디에너지 Peabody Energy는 셰일가스와의 경쟁 압박과 오바마 행정부의 매서운 규제에 직면했을 뿐만 아니라 2년에 걸친 뉴욕 법무부의 조사 끝에 자사와 사회 전반에 미치는 기후변화의 위협을 (투자자들과 규제 담당자들에게) 왜곡해서 전달했다는 사실을 시인할 수밖에 없었다. 피바디에너지는 그해 말에 뉴욕 증권거래소에서 주가의 93퍼센트를 잃었고, 현재 파산 상태다. 중국에서는 석탄산업 관련 부패 때문에 중국공산당 중앙기율검사위원회가 대대적인 조사를 시행했다. 중국에서 석탄은 한때 성스러운 소였지만, 이제 더는 아닌 것 같다.

석탄회사들이 더는 난공불락이 아니게 되면서 오랫동안 온갖 오염에 맞서 싸워온 지역 공동체의 힘이 더 강해졌다. 예를 들어 콜롬비아에서 가장 큰 인디언 공동체인 와유족은 연간 석탄 3,200만 톤을 생산하는 세레혼 광산의 노천 채굴에 반대해 서구 3대 광산회사인 앵글로 아메리칸Anglo American, BHP 빌리턴BHP Billiton, 글렌코어Glencore와 투쟁하고 있다. 작가이자 와유족 공동체의 목소리를 대변해온 야스민 로메로 에피아유Yasmin Romero Epiayu가 2015년 12월 파리기후회의에 참석해 기후변화 때문에 공동체가 어떤 위험을 겪고 있는지, 광산오염이 공동체 구성원의 건강에 얼마나 해악(특히 아동 사망률)을 끼치는지 역설했다. 세기 전환기, 경제 호황기 때는 광산회사들의 힘이 막강해 그녀의 주장이 먹히지 못했지만, 이제는 점차 힘을 얻어가고 있다. 극지방에서 열대지방에 이르기까지 여러 지역에서 자연자본 파괴로 이득을 보는 이방인들과, 자연환경과 지속 가능한 균형을 이루며 살기 위해 노력하는 토착민 공동체 사이에 분쟁이 벌어지고 있다는 점은 중요한 사실이다(Descola, 2013; Klein, 2014).

자연자본 파괴로 비롯된 결과 때문에 세계 곳곳에서 어린 세대와 곧 태어날 세대가 지역에 따라 정도는 다르지만 모두 고통을 겪을 것이다. 캘리포니아·오리건·텍사스 주와 네덜란드·뉴질랜드·인도·파키스탄 등 여러 지역에서 자연자본, 특히 기후와 연관된 자연자본을 보전해야 하는 합법적인 의무를 소홀히 하는 공공기관을 고발하는 사람들이 늘고 있다. 그들의 고발은 묵살될 때가 많지만, 뜻밖에 성공을 거둘 때도 있다. 수동적 태도, 직무유기, 심각한 직권남용이 점점 더 참을 수 없는 수준이 되면서 머지않아 공공기관에 항의와 고발장이 쇄도할 것이다.

인도에서는 주목할 만한 소송이 진행 중이다. 인도 헌법에는 "모든 시민이 숲, 호수, 강, 야생동물 등 자연환경을 보호하고 개선해야 할 의무"가 명시되어 있다. 물론 정부도 똑같은 의무가 있다. 그런데 정부는 이 의무를 이행하지 않고 있다. 자연환경은 개선되기는커녕 기후변화를 가속화시킬 정도로 나빠지고 있다. 리디마 판데이Ridhima Pandey는 인도환경재판소, 더 정확히는 환경 관련 소송 건에 대한 특별법정에 진정서를 제출해 "지금 이 땅에 살고 있는 어린이들과 앞으로 태어날 세대의 생존이 달려 있는 필수적인 천연자원을 보호"해야 할 의무를 다하라고 정부에 명령해달라고 탄원했다. 리디마 판데이는 우타라칸드 주에 살고 있는 아홉 살짜리 소녀다. 우타라칸드 주는 최근 들어 기후변화 때문에 일어난 히말라야 산의 변화가 야기한 파괴적인 홍수와 산사태로 해마다 피해를 입고 있다. 리디마 판데이는 같은 학교 친구들을 위해, 더 나아가 미래에 같은 고통을 겪게 될 어린이들을 위해 행동에 나선 것이다.

인도환경재판소는 이 소녀의 말에 귀 기울이기로 결정했다.

위의 사례들은 강렬하긴 하지만 소소한 이야기다. 그러나 이 이야기들은 점점 더 힘을 키우고 더 큰 덩어리로 모여 사회와 경제에 급진적인 변화를 일으킬 잠재력이 있다. 스베틀라나 알렉시예비치Svetlana Alexievich는 2015년 노벨문학상 수상 기념 강연문에서 이렇게 말했다. "내가 쓴 책들에서 사람들은 자신의 작은 역사를 이야기하는데 그 과정에서 큰 역사도 말해진다." 우리의 주제와는 맥락이 다른 구소련의 삶 이야기지만 어디서나 통할 말이다. 그런데 기후변화 문제에 있어 파리기후회의에서 과연 큰 역사에 대해 말했을까?

체제, 기준, 발판

우후죽순처럼 늘어나는 새로운 비전과 실천운동이 파리에서 한자리에 모였고, 195개국이 하나의 체제에 합의했다. 제대로 이행된다면 기후변화에 대한 진지한 대응이 될 수 있는 체제였다. 재앙을 불러올 기후변화 추세를 이 새로운 체제가 뒤집을 수 있을지는 앞으로 두고 봐야겠지만, 낙관론에 힘을 실어주는 새로운 요인이 많이 등장했다(9, 10, 11장에서 제21차 유엔기후변화협약 당사국총회에 대해 자세히 살펴보면서 환경 문제와 지속가능성의 지정학에 대해 다루겠다).

첫 번째 요인은 위험 인지다. 기후위기의 심각성에 대한 자각이 높아지면서 거의 모든 정부에서 기후변화 문제에 대한 이해도가 달라졌다. 모든 주요국이 국가 차원에서 기후영향에 대한 과학적 평가를 실시했다. 결과는 대체로 끔찍했다. 각 정부는 여론의 압박에 못 이겨 기후정책에 대해 좀더 적극적인 태도를 취했고, 국제협정을 채택하게 되었다.

두 번째 요인은 앞서 언급했듯이 이산화탄소 배출을 크게 줄이는 엄청난 도전을 실현할 해결책이 존재한다는 증거가 점점 늘고 있다는 점이다. 저탄소·비탄소 발전비용 급감과 에너지 효율 혁신이 그 예다. 그리고 에너지나 수송 영역에서 저탄소 발전으로 비롯되는 직접적인 사회적 혜택인 공중보건과 교통혼잡 개선도 중요한 요인이다. 이런 요인 때문에 기후행동climate action의 비용편익이 달라졌다. 그리고 이것은 기후체제climate regime에 중요한 변화를 일으켰다. 각국은 자발적으로 기후대책에 관한 계획을 내놓고자 했고, 이런 아래로부터의 움직임은 뜻밖의 결과를 낳았다. 전 세계 이산화탄소 배출량의 95퍼센트 이상을 배출하는 189개국이 기후회의에서, 또는 그전에 자국의 계획을 발표한 것이다. 비록 안전한 궤도에는 못 미치더라도 이러한 계획은 진지하게 '기존 관행'에서 벗어난 태도를 보여준다. 이 계획들은 모두 재생에너지, 에너지 효율성, 산림보전에 대한 투자 확대를 제시하고 있다. 이 계획들 가운데 상당 부분이 완성 단계에 있고, 꽤 세부적이다. 일부 계획은 아직 구상 단계에 있다. 그래도 모두 노선변경의 필요성을 인정한다는 것을 보여주는 전례 없는 사건이다.

많은 나라가 이런 노선변경에 뜻을 같이한 데는 또 다른 중요한 이점이 있었다. 많은 연구기관과 공공기관이 파리기후회의에 앞서 이 계획을 모두 평가했는데, 결과는 한결같았다. 계획에 담긴 이산화탄소 배출 감축 목표대로라면 지구 평균기온 상승폭이 산업화 이전 대비 2.7~3.2도에 이른다는 것이다. 각국은 자국의 공약과 전 지구적 목표 사이의 격차를 직시했으며, 이는 각국이 실천 목표를 높이는 계획 수정 메커니즘을 만드는 계기가 되었다. 각국 정부가 5년마다 다시 모여 목표를 수정하고 실천 노력을 강화하게 만드는 일은 격렬한 전투와 같았다. 이 전투에서 승리하는 데는 이 격차를 집단적으로 인정하는 것이 중요한 역할을 했다. 이러한 공통적인 특징 외에도 수많은 점진적 발전이 모여 최종 결과에 이르렀다.

기후회담의 지정학은 이산화탄소 최대 배출국인 미국과 중국의 움직임에 따라 극적으로 바뀌어왔다. 두 나라의 강력한 국내 사정 때문에 기후변화행동climate change action은 국제적인 합의의 뒷받침이 필요하고, 이와 나란히 또 다른 힘 있는 대응 세력의 참여가 있어야 한다. 로버트 퍼트넘Robert Putnam의 '양면게임 이론two-level game'(모든 외교협상은 양방향에서 이뤄진다는 이론으로, 테이블에 마주앉은 상대국과의 밀고 당기기 못지않게 협상을 지켜보고 있는 자국민과의 보이지 않는 심리게임이 중요하다는 이론—옮긴이)에 따르자면 두 나라의 윈셋win-set(협상 테이블 밖 여론에 의해 양측이 수용할 수 있는 타협안의 범위를 가리키는 말로 '승리의 틀'로 주로 번역됨—옮긴이)은 기후정책의 변화를 지지하는 세력과 꽤 맞아떨어졌다. 양국의 최고 행정수반인 미국 대통령과 중국 국가주석은 자기들이 단독으로 행동하는 게 아니라는 사실을 보여줄 필요가 있었다(Putnam, 1988). 이 때문에 양국은 다각도로 집중적인 논의를 하고, 때맞춰 공동성명을 (파리기후협약과는 다른 관점으로) 발표했다. 두 강대국은 자국과 세계를 위해 점진적으로 탈탄소 경제체제로 나아가는 새로운 경제성장모델을 발전시키기로 했다. 두 나라는 이에 필요한 노력을 점진적으로 개선하고, 서로 약속을 이행하고 있다는 신뢰를 심어줄 투명성 있는 공동체제를 만드는 것을 지원하기로 합의했다. 두 나라의 공동성명에 담긴 많은 유용한 요소 덕분에 양국은 결국 최종 합의를 도출하게 된다.

이 논의의 중요한 성과는 기후체제에서 선진국과 개발도상국 구분을 재정의하게 된 것이다. 1992년 유엔기후변화협약UNFCCC: UN Framework Convention on Climate Change을 비롯해 다른 모든 기후회의에 관통하는 주요 원칙은 바로 '차별적 공동책임common but differentiated responsibility' 원칙이다. 이 원칙에 따르면 각 나라는 의무 이행 수준에 따라 두 그룹으로 나뉜다. 교토의정서에 명시된 바에 따르면 선진국은 범경제적 차원에서 절대적 온실가스 감축을 이행해야 하는 반면, 개발도상국에는 온실가스 감축 제약이 없었다. 이런 구분은 미국 정부로서는 그 어떤 기후협정도 받아들일 수 없는 정치적 장애물이었고, 1997년에 미국 상원에서 그 유명한 버드-헤이글 결의안Byrd-Hagel Resolution이 통과되는 원인이 되었다(8장 참조).

그 후로 중국은 미국 산업의 주요 경쟁국이 되었고, 두 나라의 경제는 더 긴밀해졌다. 미국이 국제체제를 지지하려면 온실가스 배출 책임과 재정 지원을 새롭게 정의할 필요가 있었다. 중국과 미국은 함께 새로운 균형점을 찾아냈는데, 유엔기후변화협약의 기본 원칙 조항은 그대로 두되 중국이 선진국 수준으로 전 지구적 기후행동에 자발적으로 참여하는 것이었다.

이 균형점은 합의문에도 반영되었는데, 기존의 국가 구분은 빠진 집단행동 개념이 합의문 여기저기에 나타난다. 이 합의문은 모든 나라가 최선을 다해 제 몫을 하되 점진적으로 좀더 엄격한 목표를 세우고 선진국이 계속해서 기후행동 실천, 재정 지원, 기술혁신 면에서 주도적인 역할을 할 것을 요청한다. 개발도상국의 추격과 경제성장이 미치는 영향력이 늘어남에 따라 선진국과 개발도상국에 대한 고전적인 구분은 모호해졌다. 두 온실가스 주요 배출국은 정치적 장애물을 해결하기 위해 노력하는 과정에서 '독립된' 양자 협정을 추구하지 않았다. 그 대신 전 지구적 체제의 핵심을 이루는 국가들의 연합에 영향력을 미치고 '소프트파워soft power'를 행사하면서 다자주의 협상 절차를 효과적으로 뒷받침했다. 이것이 바로 수년에 걸쳐 이루어진 미국 정책의 진정한 변화였다(9장 참조).

한편 또 다른 정치적 발전이 나타났는데, 특정 목표를 공유하는 적극적인 국가들의 연합이 만들어진 것이다. 이들의 공동목표는 지구 평균 기온 상승폭을 2도 아래로 유지하는 것이고, 모든 온실가스 주요 배출국이 이 목표에 맞춰 온실가스 배출량을 줄이도록 최대한 엄격한 시스템을 만드는 것이다. 이른바 '야심 찬 감축 연대High Ambition Coalition'가 탄생한 것이다. 원래는 유럽연합, 작은 섬나라들, 일부 라틴아메리카 국가들의 연합으로 출발했으나 파리기후회의 때 미국과 브라질을 비롯한 다른 나라들도 합류했다. 개발도상국의 전 지구적 변화 추세를 반영하는 이번 연합은 과거 협상 때와 비교했을 때 규모와 영향력 모두 더 컸다. 저탄소 경제의 전망이 밝아지고 더 안전해 보임에 따라 더 방어적인 개발도상국은 영향력을 잃었다. 녹색경제와 '탈탄소' 경제가 예측 가능하며, 긍정적인 성과가 나타나고 있다는 것을 인식하는 정부가 늘어나고 있었다. 자발적인 공약을 통해 '아래로부터' 만들어진 기후체제에서 어떤 합의가 최고로 이행될 조건은 자기충족적인 예언이 바탕이 되었을 때다. 새로운 추세의 징후가 충분히 모이면 모든 행위자가 적극적인 운영자가 되어 이 예언을 실현할 것이다. 이것이 바로 파리기후회의의 최종 국면이다. 기후변화를 비롯한 다양한 생태계의 붕괴는 여러 단계에 걸친 복합적인 결정들의 결과다. 동인動因의 수도 많고 복잡해서 중앙 조정 메커니즘을 통해 작동하는 하향식 체제를 만들어 해결하기는 거의 불가능하다. 파리기후회의는 이 난관을 충분히 인식했다. 회의 주최국인 프랑스 정부는 중앙집중식 조정이 아니라 행위자들의 지지가 중요하다는 것을 믿었기 때문에 최대한 많은 참여를 끌어내고, 최대한 많은 목소리를 듣기 위해 힘썼다.

따라서 파리의 정치적 모멘텀은 광범위한 기관과 행위자에게 촉매제 역할을 했다. 정부 간 공식 협상들은 각 주요 행위자나 기관이 자체 기후정책을 통해 발언권을 갖기를 원했던 훨씬 더 광범위한 논의에 포함되었다. 로버트 코헤인Robert Keohane과 데이비드 빅터David Victor가 분석한 '기후변화 대응 복합체제The Regime Complex for Climate Change' (2010) 전반에 걸쳐 각 기관은 파리기후회의에 앞서 자신들의 목표를 내비치면서 긍정적인 경쟁을 펼쳤다.

비정부 행위자들이 기후회담과 긴밀하게 연계하면서 여러 예측이 하나로 수렴되었다. 기업에서 영향력 있는 비정부기구에 이르기까지 모든 기후 관련 행위자 네트워크가 온실가스 배출 감축 공약을 하고, 재생에너지에 대한 투자 목표를 발표하고, 앞서 언급했듯이 화석연료 기반사업과 연관된 자산을 줄임으로써 새로운 서사 구축에 기여했다. 또한 파리기후협약을 통해 서로 목표를 공유하는 플랫폼이 마련되었다. 이로써 기후라는 대의명분은 힘을 얻었지만, 시간은 점점 더 부족해지고 있다.

1장

생물다양성
손실

생물다양성, 다시 말해 생명 형태의 생물학적 다양성은 지구에 살고 있는 생명체에 필수적이다. 이 생물다양성이 심각한 위기에 처해 있다. 생물다양성 '손실'이라는 말은 지금의 실상을 제대로 표현하기에 부족하다. 그다지 머지않은 미래에 생물다양성이 완전히 붕괴될지 모른다. 2012년 6월에 열린 리우+20정상회의의 계기가 된 『네이처』지 사설(Cardinale et al., 2012)과 경험연구들(Newbold et al., 2016)이 이 상황을 분명하게 드러낸 바 있다.[1] 이번 장에서는 이 생물다양성의 중요성과 생물다양성에 닥친 위기를 살펴보겠다.

생물다양성은 식량자원이기도 하지만 치료는 물론 예방을 위한 자원이 되기도 한다. 우리가 먹는 음식은 대부분 생물다양성에서 비롯되었다. 예를 들어 고대 메소포타미아에서 재배되던 밀과 멕시코에서 재배되던 옥수수는 모두 야생식물에서 진화했다. 최근에는 남아시아 지역에서 재배되는 벼 품종이 치명적인 바이러스에 걸렸다가 치유되었는데, 별로 특별할 것 없던 야생 벼 품종에서 추출한 게놈을 주입한 덕분이었다. 생물다양성의 치유 효과로 가장 잘 알려진 자연의 선물은 바로 아스피린이다. 아스피린은 버드나무 껍질에서 추출한 성분으로 만든다. 미국 식약청FDA: U.S. Food and Drug Administration의 승인을 받은 약물 가운데 약 50퍼센트가 천연물질에서 유래한다. 생물다양성은 천연살충제 기능도 한다.

생물다양성은 생태계 복원력과 먹이사슬의 지속 가능성에도 근본적인 역할을 한다. 이번 장에서 살펴보겠지만, 내몽골에서 늑대를 모조리 죽이자 초원이 모래사막으로 변해버렸다. 비슷한 예로 일부 지역에서 벌의 개체수가 극적으로 줄어들고 있는데, 이 때문에 방대한 생태계에 심각한 문제가 생겼다. 이들 생태계 가운데 일부는 농업지역으로 '인공적인' 생태계이기는 하지만 식량 생산을 위해 필수적인 곳이다. 이 두 가지 사례는 "생물다양성 손실이 생태계의 역학과 기능에 영향을 끼치는"(Cardinale et al., 2012, p. 59) 여러 양상 가운데 극히 일부다. 물론 그 반대로 생태계가 건강해야 생물다양성도 풍부해진다.

이렇듯 여러 면에서 필수적인 생물다양성이 다양한 형태로 심각한 위기에 처해 있다. 특히 바다·숲·습지·하천 등 서식지 파괴가 심각하다. 종종 서식지 파괴를 유발하는 다양한 형태의 약탈(남획·남벌·과방목)도 생태계 파괴에 책임이 있다. 기후변화는 이런 위기를(4장 참조) 악화시킨다. 바다의 경우, 바다에 서식하는 다양한 생명 형태가 전반적으로 되돌릴 수 없을 만큼 피폐해지고 있을 정도로 생물다양성 손실 정도가 심각하다. 산림도 더는 손쓸 수 없을 정도로 황폐해졌다. 열대우림이 특히 심각하다.

오늘날과 같은 지구촌 사회에서는 우발적이나 자발적으로 들어온 외래종이 일으킬 수 있는 파괴적인 효과를 과소평가해서는 안 된다. 외래종이 새로운 생태계에 들어오면 천적이 없는 경우가 많기 때문에 기존의 생물다양성이 심각하게 파괴될 정도로 번성한다.

전체적으로 봤을 때 전망은 암울하다. 요한 록스트룀Johan Rockström이 세계자연기금WWF: World Wildlife Fund에서 발간한 『지구생명 보고서 2016Living Planet Report 2016』 머리말에 쓴 것처럼 "인류세Anthropocene

라는 한 단어로 인류의 활동이 지금 지구의 생명 유지 시스템에 영향을 주고 있다는 사실이 압축된다."(p. 4) 계속 늘어나는 인류의 활동은 생물다양성·자연자본 전반에 대한 보호와 점점 더 양립할 수 없어 보인다. 우리는 여섯 번째 대멸종을 향해 생명이 살 수 없는 행성으로 변해가는 걸까?

온갖 필요를 채워주는 생물다양성

생물다양성은 식량 생산에 이로운 유전자의 원천

고대 메소포타미아와 멕시코의 곡물 재배부터 1970년대에 아시아에서 흔히 자라던 벼 품종 치유에 이르기까지 생물다양성이 식량 생산에 이로운 유전자 원천임을 보여주는 자료는 많다. 당시 잠복 바이러스에 감염되어 벼 수확량이 25퍼센트 넘게 감소했는데, 농민들에게는 재앙 수준이었다. 그 어떤 화학치료제도 찾을 수 없었다. 그런데 필리핀에 있는 국제미작연구소IRRI: International Rice Research Institute에서 수집한 벼 품종 가운데 이 바이러스에 저항력이 있는 야생 벼 품종을 과학자들이 찾아냈다. 몇 년 전에 댐이 완공되면서 수몰된 필리핀의 한 계곡에서 자라던 야생 벼로, 수확량이 너무 적어 상품화에는 부적합했던 품종이었다. 과학자들은 야생 벼에서 바이러스에 저항력이 있는 유전자를 추출해서 병에 걸린 벼 품종에 주입하는 데 성공했다(Heal, 2000). 보험 차원에서라도 생물다양성을 최대한 풍부하게 유지하는 것이 얼마나 중요한지 보여주는 중요한 사례였다. 물론 이것이 유일한 사례는 아니다.

생물다양성은 치료와 예방수단의 원천

19세기에 버드나무 껍질 추출물로 아스피린을 만든 것부터 최근에 태평양 주목나무 추출물로 만든 파클리탁셀paclitaxel(택솔Taxol)에 이르기까지 생물다양성이 병의 치료와 예방에도 이롭다는 것을 보여주는 중요한 사례는 수없이 많다. 1970년대 초에 미국 국립보건원NIH: U.S. National Institutes of Health 과학자들이 치료 효능이 있는 식물을 찾다가 태평양 주목나무 껍질에서 가능성이 있는 화합물을 발견했다. 그 후로 파클리탁셀은 다양한 암, 특히 유방암·난소암·폐암에 효과가 있는 약물로서 필수적인 역할을 하고 있다. 이 약물에 대한 수요가 급증하면서 주목나무가 멸종위기에 처했는데, 이 껍질을 벗겨내면 나무가 죽기 때문이다. 다행히 생화학이 구원자로 등장했다. 파리 근교에 있는 자연물질화학연구소ICSN: Institut de Chimie des Substances Naturelles의 과학자들과 플로리다 주립대학 과학자들이 주목나뭇잎으로 반합성물질을 만드는 데 성공했기 때문이다.

파클리탁셀은 세포 분열을 억제하는 기능이 있는데, 안타깝게도 암세포에만 국한되지 않는다. 그런데 아프리카 버드나무 껍질에서 발견된 화합물인 콤브레타스타틴combretastatin 유도체가 더 탁월한 것으로 밝혀졌다. 과학자들과 연구자들은 놀라운 특성을 지닌 다양한 화합물 유도체를 합성해냈다. 파클리탁셀과 똑같은 효과를 내지만 빛으로 껐다 켰다 할 수 있었기 때문에 체내의 필요한 부위에서만 활성화시킬 수 있었다. 생물다양성과 첨단 생화학의 결합 작품인 이 결과물은 『셀Cell』지에 발표되었다(Borowiak et al., 2015).

수천 년 동안 인도 농민들에게 아주 귀한 존재였던 님neem이라는 이름의 나무(인도멀구슬나무)가 있다. 이 나무는 나중에 아프리카를 비롯해 세계 곳곳에 알려졌다. 이 나무 열매즙에는 천연살충제 성분이 들어 있는데, 사용 범위가 광범위하고 빨리 분해되는 두 가지 놀라운 특징이 있다. 님나무는 생물다양성이 하나의 선물이라는 것을 보여주는 완벽한 사례로 전통적인 지식에서도 이미 오래전부터 그 가치를 인정받았다.

그런데 1980년대에 미국의 화학회사 W. R. 그레이스W. R. Grace사가 이 님나무 열매의 잠재력에 관심을 갖게 되었다. 이 회사는 님나무 열매즙의 추출물로 만든 살충제의 효능을 살짝 개선해서 미국 특허상표국 USPTO: U.S. Patent and Trademark Office과 유럽특허국EPO: European Patent Office에 특허를 신청했다. 그런데 특허권의 적용 범위가 너무 광범위해서 업그레이드된 상품뿐만 아니라 님나무 열매 추출물로 만든 모든 상품에 특허권이 적용되었다. 특허와 관련해 자주 일어나는(7장 참조), 특히 미국 특허상표국에서 자주 일어나는 일이었다. 그런데 이것은 확실히 지적 재산권 남용이었다. 이제 인도인은 (특허권의 유효기간인 21년 동안) 이 님나무 열매로 만든 그 어떤 제품도 미국과 유럽의 시장에 판매할 수 없게 되었다. 부당한 일이었지만, 인도 농민들은 그런 제품을 만들어 팔 생각이 전혀 없었기 때문에 별 의미는 없었다.

문제는 바로 W. R. 그레이스사에서 인도로부터 님나무 열매를 대량으로 구매하기로 한 결정이었다. W. R. 그레이스사는 광범위한 특허권을 바탕으로 미국과 유럽에서는 이미 전매권을 보장받은 상태였다. W. R. 그레이스사에서 님나무 열매를 사들이자 님나무 열매 가격이 치솟았고, 많은 인도 농민이 전통적으로 써오던 님나무 열매를 더는 사용할 수 없게 되었다. 이 남나무 사례를 계기로 생물자원 활용으로 생기는 이익을 공유하기 위한 지침을 담은 나고야의정서Nagoya Protocol가 만들어졌다. 나고야의정서는 제10차 유엔생물다양성협약CBD: UN Convention on Biological Diversity 추가합의문으로 2014년 10월에 발효되었다.

생물다양성에는 필수 의약·예방 자원 기능 말고도 예기치 못한 기능이 두 가지 더 있다. 범죄 희생자의 몸에서 범인의 유전자가 발견될 경우 양이 너무 적어서 쓸 만한 정보를 얻기 힘든 때가 많다. 그래서 원본 유전자를 복제하는 생화학적 과정을 활성화해 유지하는 것이 꼭 필요하다. 아주 높은 온도에서도 살아남는 효소 덕분에 이게 가능해졌다. 이 효소는 옐로스톤 국립공원에 있는 간헐온천에서 발견되었다. 예기치 못한 두 번째 기능은 수압파쇄에 활용되는 화합물인 구아검guar gum 얘기다. 인도 라자스탄 주의 반건조기후 지역 조드푸르에서 주로 재배되는 콩과식물인 구아는 전통적으로 식용으로 쓰이지만, 구아콩 추출물로 만든 구아검은 수압파쇄 우물에 주입되어 액체의 점도를 높여주는 데 쓰인다. 최근 들어 수압파쇄를 이용한 가스추출·오일추출 기술이 급속하게 발전하면서(3장 참조) 구아 수요가 급증했고, 그와 더불어 가격도 치솟았다. 석유와 가스를 공급하는 거대 기업인 핼리버턴Halliburton에 따르면 수압파쇄 비용 가운데 구아검 비용이 30퍼센트에 이르는 지역도 있다고 한다.[2] 구아검이 부족해서 추출작업이 연기되는 경우도 더러 있었다.

이렇듯 특별할 것 없어 보이는 생물다양성은 중요한 경제적·사회적 효과가 있다. 환경자료 제공업체 트루코스트Trucost 평가에 따르면 2010년에 자산 규모가 세계 800위에 드는 기업들이 생물다양성과 생태계 서비스를 공짜로 쓴 것을 돈으로 환산해보면 자그마치 8,500억 달러에 이른 다고 한다(Trucost.com, 2011). 이는 이들 기업이 시장에서 입수할 수 있는 최상의 상품과 서비스다(식품, 목재, 의약품과 화장품, 특수 공업 원료).

생물다양성과 생태계 지속 가능성

한때 몽골 평원에서 늑대는 영양을 먹고 살고, 영양은 풀을 먹고 살고, 풀은 토양을 단단하게 다져주었다. 그런데 늑대를 위험하기만 하고 쓸 머리 없는 동물로 본 중국 정부는 늑대를 근절했다. 곧 영양이 급증해 평원이 영양으로 넘쳐났다. 그러자 풀이 사라지고, 그 뒤를 이어 영양도 사라졌다. 이제 몽골 평원에는 모래만 남았다(Rong, 2009). 해마다 봄이 오면 강한 바람이 불어 베이징으로 그리고 더 먼 곳까지 점점 더 많은 모래를 실어 나른다.[3]

많은 어종이 산호초에 의지해 살아간다는 것은 잘 알려진 사실이다. 그런데 카리브 해 산호초에 서식하는 비늘돔 덕분에 그 반대 현상도 알게 되었다. 비늘돔은 산호초와 공생관계로 살아가는 해조류의 증가를 관리한다. 비늘돔은 해면동물을 먹고 사는데, 안 그러면 해면동물이 너무 자라서 산호초가 질식하게 된다. 그런데 남획이나 부수어획 때문에 카리브 해의 비늘돔이 줄어들면서 이곳 산호초들이 크게 파괴되는 심각한 결과를 낳았다. 실제로 비늘돔이 잘 보호되는 지역의 산호초들이 가장 건강하다. 버뮤다와 보네르의 산호초가 그렇다. 글로벌산호초모니터링네트워크Global Coral Reef Monitoring Network, 세계자연보전연맹IUCN: International Union for Conservation of Nature, 유엔환경계획UNEP: UN Environment Programme이 함께 작성한 공동보고서(2012)의 권고로

톺아보기 1-1 **독수리의 운명**

독수리는 현실세계에서나 상징세계에서나 평판이 나쁘다. 독수리가 어린이책에서 영웅으로 나온 적은 거의 없다. 그런데 멋진 예외가 하나 있다. 바로 토미 웅거러Tomi Ungerer의 『올란도Orlando』라는 작품인데, 사막에서 미국인 가족을 구하고 지역 원주민의 친구가 되는 용감한 멕시코 독수리 이야기다. 웅거러는 독수리들이 사람과 생태계를 보호하는 역할을 하는데도 제대로 평가받지 못한다는 말을 하고 싶었던 것이다. 맞는 말이다.

독수리는 죽은 동물을 싹싹 먹어치우기 때문에 유능한 청소부다. 게다가 위생관리원이기도 한데, 독수리 소화액 속에 있는 특수한 산성물질이 죽은 동물의 몸에 급증하는 병원균을 죽이기 때문이다. 그런데 아프리카와 아시아에서 다음 이유로 독수리가 빠르게 줄고 있다. 설상가상으로 번식률이 낮다.

- 독수리들이 살기 좋은 서식지가 줄어들고 있다.
- 독수리 몸의 일부를 전통의학에서 사용하는 관행이 줄어들지 않고 있다.
- 의도치 않게 독살된다. 예를 들어 가축에 쓰이는 약물이 새들에게 치명적일 때가 있다.
- 고의로 죽임을 당한다. 예를 들어 코끼리 상아나 코뿔소 밀렵꾼들이 죽은 동물 주위를 맴도는 독수리들을 죽이는데, 밀렵꾼 감시인의 주의를 끌기 때문이다.

위 내용은 런던에 있는 국립자연사박물관에서 열린 올해의 야생동물 사진작가상을 받은 찰리 해밀턴 제임스Charlie Hamilton James 전시회를 바탕으로 재구성한 것이다(2016년 10월~2017년 9월).

2012년부터 엄격하게 보호되고 있는 서인도제도 동부 바브다 연안 산호초에서는 그 효과가 즉각 나타났다.

찰스 스터트 대학의 생태학자 데이비드 왓슨David Watson과 매튜 헤링Matthew Herring은 오스트레일리아 뉴사우스웨일스 주에 있는 숲에서 실험한 결과, 겨우살이가 크리스마스에 연인끼리 키스할 좋은 빌미를 주는 것 말고도 좋은 점이 더 있다는 사실을 알게 되었다. 겨우살이는 특정 조류에게 유용한 나무지붕tree canopy이 되어주는 생태계의 '핵심 자원'이다(2012).

미국 농무부 산하 자연자원보호청NRCS: Natural Resources Conservation Service에 따르면 전 세계 개화식물의 4분의 3과 전 세계 농작물의 약 35퍼센트가 번식을 위해 가루받이 동물에 의존한다고 한다(2017). 생물 다양성과 생태계 서비스에 관한 정부 간 과학정책 협의체Intergovernmental Science-Policy Platform on Biodiversity and Ecosystem Services에서 작성한 『가루받이 동물, 가루받이, 식량 생산의 관계 평가보고서The Assessment Report on Pollinators, Pollination, and Food Production』(2017, p. 18)는 가루받이 동물의 중요성을 이렇게 강조한다. "가루받이 동물이 없어지면 전 세계 농작물 공급에 변화가 일어나 소비자 입장에서는 농작물 가격이 오를 것이고, 생산자 입장에서는 수익이 줄어들 것이며, 그 결과 전 세계적으로 농작물 소비자와 생산자가 입을 연간 경제 순손실 예상액이 1,600억 달러에서 1,910억 달러에 이르고, 비농작물 시장(예를 들어 비작물 농업·임업·식품 가공업) 생산자와 소비자가 입을 연간 경제 순손실 예상액은 2,070억 달러에서 4,970억 달러에 이를 것이다." 이처럼 보고서는 가루받이 동물 개체수가 심각하게 감소하는 사태에 대해 깊은 우려를 드러낸다.

벌은 가루받이에 중요한 역할을 한다. 지난 15년 동안 양봉업자들은 벌 개체수가 심각하게 줄어드는 것을 지켜봤는데, 갑작스럽게 벌 군집이 통째로 붕괴한 경우도 있었다.[4] 지난 5년 동안 미국과 유럽의 주요 농촌지역에서 벌 개체 감소가 군집 붕괴로 악화되었다. 벌집 붕괴 현상의 원인을 과학적으로 조사하는 것은 참으로 힘든 일이었다. 『사이언스 *Science*』지에 발표된 논문 두 편(Stokstad, 2012)이 신빙성 있는 설명을 제시했는데, 농촌지역 생태계의 피폐화 같은 일반적인 요인 말고도 벌에게 아주 해로운 특수 요인을 밝혔다. 바로 산업형 농업의 살충제 남용 관행이다. 특히 네오니코티노이드 계열 살충제가 문제였다. 포유동물에게 별로 유독하지 않다는 이유로 규제기관의 승인을 받았지만, 간과된 사실이 있었다. 네오니코티노이드 계열 살충제는 모든 곤충에 아주 해롭다는 사실이다. 직접적으로 치명적이지는 않지만, 곤충의 신경계에 영향을 미쳐 간접적으로 개체와 군집 전체의 죽음을 불러일으킨다. 예를 들어 네오니코티노이드 살충제가 치사량에 가깝게 투여되면 벌의 기억력, 먹이를 찾는 능력, 벌집으로 돌아가는 길을 찾는 능력이 손상된다. 게다가 여왕벌의 번식력이 심각하게 약화되고, 균류나 진드기 같은 기생충, 바이러스에 대한 면역력을 떨어뜨린다.

놀라운 점은 파리 근교 부농지역에서는 벌이 죽어가는 반면, 파리 오페라극장 지붕, 생제르망데프레에 있는 시앙스포 대학 정원, 파리 시립 공원들에서는 벌이 번성하고 있다는 사실이다. 모두 파리 시내 화학약품 사용 금지 규정이 적용되는 지역이다. 미국에서는 벌 군집 감소지역이 네오니코티노이드 살충제 사용량이 최대인 주에 몰려 있다. 2014년

4월부터 2015년 4월까지 양봉업자들은 일리노이·아이오와·오클라호마·위스콘신 주에서 관리하던 벌집 군집의 60퍼센트 이상을 잃은 반면, 북서부 주들에서는 30퍼센트밖에 잃지 않았다(Bee Informed Partnership, 2015).

네오니코티노이드 살충제 피해는 꿀벌에 국한되지 않는다. 유럽과학자문위원회EASAC: European Academies Science Advisory Council에서 19개 유럽 과학아카데미의 지원을 받아 실시한 조사보고서(2015)가 이를 잘 보여준다. "예방 차원에서 광범위하게 쓰이는 네오니코티노이드 살충제가 가루받이와 천연 해충방제 효과 등의 생태계 서비스를 제공해주는 비표적 유기체에 심각하게 해로운 영향을 미친다는 증거가 점점 늘어나고 있다."(p. 29) 영국에서 18년 넘게 진행된 한 연구도 이를 확인해주며 (Woodcock et al., 2016), 독일 자연보호구역에서 반복적으로 실시된 연구도 마찬가지다(Vogel, 2017).

가루받이 동물들의 활동은 생태계의 지속 가능성을 좌우하는데, 우리의 상상을 초월할 정도다. 그 경제가치는 문제의 살충제를 생산하고 판매해서 생기는 이익보다 월등하게 높다. 그런데 시장도 규제 시스템도 이 '불균형'을 바로잡지 않고 있다. 명목상의 국제 규제기관이 하나 있지만, 살충제 독과점의 통제를 받으면서 규제 포획(규제기관이 규제 대상에 지배되는 현상—옮긴이)과 규제 무능의 고전적인 사례를 보여줄 뿐이다.

늑대와 벌은 생태계에서 특별한 역할을 한다. 게다가 앞서 언급한 『네이처』지 기사에서 강조한 일반적인 추세를 잘 보여준다. 지난 20년 동안 이루어진 일련의 연구에서 공통되는 여섯 가지 결론을 도출했는데, 그 첫 번째는 바로 생물다양성이 생태계의 지속 가능성에 기여하는 중요한 역할이다. "생물다양성 손실이 생태 공동체가 생물학적 필수 자원을 획득해서 생물량biomass을 생산하고, 분해해서 생물학적 필수 영양분을 재활용하는 효율성을 떨어뜨린다는 명백한 증거가 있다."(Cardinale et al., 2012, p. 60) 여기에 표현된 우려는 대체로 들어맞는다.

서식지 파괴와 약탈

포위당한 열대우림

열대우림은 육지생태계 가운데 가장 풍요로운 생물다양성의 보고이자 가장 효과적인 기후안정화 장치다. 사실 기후안정화 역할 면에서 열대우림에 필적하는 것은 바다밖에 없다. 그런데 열대우림이 지난 50~60년 동안 어떻게 달라졌는지 살펴보자. 현재 남아 있는 열대우림 전체 면적의 절반에 이르는 아마존 열대우림부터 살펴보겠다. 아마존 강 유역에 있는 아마존 열대우림은 면적이 약 500만 제곱킬로미터에 달하며 9개국에 걸쳐 있다. 브라질이 가장 큰 부분을 차지하는데, 아마존 열대우림의 60퍼센트를 점유하고 있다. 아마존 열대우림은 지구상에서 가장 다양한 동식물이 살아가는 서식처다. 측정자료에 따르면 1제곱킬로미터당 고등식물 수천 종이 서식하고 있다. 무척추동물만 해도 10만 종이 서식한다고 알려져 있는데, 실제로 서식하는 종의 10퍼센트도 안 되는 수치일 것이다. 새들의 경우 전 세계 조류 가운데 20퍼센트가 아마존 열대우림에 서식하고 있다고 한다.

 1960년대까지는 아마존 열대우림 내부로 들어가기가 힘들었기 때문에 사람들의 손길이 거의 닿지 않은 상태였다. 그런데 열대우림을 관통하는 도로가 건설되고 소 방목과 대두 재배를 위해 넓은 지역이 벌목되면서 상황은 급변했다. 삼림파괴는 2004년에 정점에 이르렀는데, 약 2만 7,000제곱킬로미터에 달하는 면적이 벌목되었다. 브라질산림법이 더 엄격하게 시행되면서 2011년에는 산림 벌목 면적이 6,000~7,000제곱킬로미터로 줄어들었다. 그런데 농업계에서 이 법에 반발해 강력한 로비활동을 펼쳤다. 로비스트들은 환경운동가들이 외국의 이권 세력과 손잡고 브라질 경제의 경쟁력을 위험에 빠뜨렸다고 고소했다. 그리고 브라질산림법에서 산림보호 조항을 폐지하는 법안에 투표하도록 브라질 하원을 설득했다. 상원에서 법안 수정을 거부하자 이 법안은 지우마 호세프Dilma Rousseff 대통령에게 넘겨졌다. 호세프 대통령이 수정안을 제안했는데 2004년부터 2011년까지 관찰된 산림 감소 추세를 반전시키는 상황을 막기에는 불충분하다는 것이 드러나고 있다. 이 수정 법안은 열대우림 전 지역에 걸쳐 벌어지는 범죄 행위, 특히 오랜 전통의 토착민 공동체가 희생양이 되는 범죄 행위 증가를 막지도 못한다. 게다가 강둑, 맹그로브 습지, 제방 등 생물다양성이 특히 풍부한 지역을 엄격하게 보호하기 위한 법안은 여전히 시행되지 않고 있다.

산림 벌채 급증은 기후변화 효과와 결합해 아마존 열대우림이 총체적으로 그리고 되돌릴 수 없을 정도로 파괴되는 결과를 낳을지 모른다.[5] 『이코노미스트The Economist』지에 실린 기사의 말을 빌리자면 이렇다. "아마존 열대우림이 연기 속에 사라진다면 10년 동안 화석연료에서 배출되는 양보다 더 많은 이산화탄소가 뿜어져 나올 것이다. 조금만 더 벌목되고 조금만 더 기후온난화가 심해지면 충분히 일어날 법한 시나리오다."(2010) 사실 10년 동안의 배출량이라는 수치는 과소평가된 것일 수 있다. 피드백 효과가 뚜렷하게 나타나고 있기 때문이다. 산림 면적이 줄어들면서 건기는 점점 더 건조해지고, 들불도 점점 더 잦아지고, 점점 더 치명적이 되고 있다. 지난 몇 년 동안 들불 피해 면적이 개간을 위해 숲을 불태우거나 벌목해서 사라진 면적과 맞먹을 정도로 커졌다. 그 과정에서 나무가 붙잡고 있던 탄소뿐만 아니라 숲의 토양이 붙잡고 있던 탄소까지 대기 중으로 방출된다. 보통 표토에서만 활동하는 미생물이 산림파괴가 빚어낸 더 따뜻한 기후조건에서는 더 깊숙한 토양에 묶여 있는 탄소까지 소화할 수 있게 되고 그 과정에서 이산화탄소를 만들어낸다. 30년 넘게 아마존 열대우림 내륙 321개 지점을 체계적으로 관찰한 결과를 보면 전망이 별로 밝지 않다. 이 관찰 결과는 「아마존 탄소 흡수원의 장기적 감소Long-Term Decline of the Amazon Carbon Sink」라는 제목으로 『네이처』지에 발표되었다(Brienen et al., 2015).

라틴아메리카에 있는 또 하나의 열대우림인 파라과이 차코는 면적은 더 작아도(30만 제곱킬로미터) 생물다양성은 아주 풍부하다. 그런데 2006/2007년부터 토착 소 방목자와 브라질의 소 방목자들에 의해 아마존 열대우림보다 더 빠른 속도로(1년에 2퍼센트씩) 파괴되고 있지만 별로 주목받지 못하고 있다.

중앙아프리카 콩고 강 유역에는 규모가 두 번째로 크고, 생물다양성도 두 번째로 풍부한 열대우림이 있다. 이곳에서도 산림파괴가 일어나고 있는데, 법 규정이 불완전하거나 법 집행이 제대로 이루어지지 않아서가 아니다. 이곳은 전쟁과 무정부 상태가 판을 치는, 지구상에서 가장 절망적인 무법지대다. 나무 베기와 나무 태우기가 무분별하게 자행되고, 군부, 부패한 정치인과 관료, 부정한 외국 기업들이 그 이득을 보고 있다. 세계은행 같은 국제기구에서 수를 써봤지만, 실패를 인정할 수밖에 없었다.

세 번째로 중요한 열대우림은 동남아시아에 있으며 인도에서 말레이시아·인도네시아·파푸아뉴기니에 이른다. 이곳의 열대우림은 그 존립이 위태로울 만큼 심하게 착취되고 불태워지고 있다.[6] 이 지역을 오염시키는 짙은 스모그 문제는 말할 것도 없다. 이곳 정부 당국은 전 세계, 특히 중국·일본·인도에 목재를 판매하는 다국적 벌목회사와 인도네시아의 유력 제지회사 인다 키아트Indah Kiat 같은 제지회사, 천연림을 팜유 농장으로 바꾸는 농업 기업의 상대가 못 된다. 사실은 많은 정부 당국이 두둑한 사례를 받으며 협조하는 산림파괴 공범이다. 그러나 주범은 미국과 아시아·유럽의 가공식품회사들과 그 소비자들이며, 그와 더불어 벌목·생산·유통과정에 돈을 대는 수많은 은행이다(RAN, 2016).

이곳에서 벌어지는 일이 콩고 강 유역에서 벌어지는 현실보다 더 '문명화된' 것처럼 보일지 몰라도 산림과 생물다양성 손실 정도는 더 심각하다. 지금 추세가 계속된다면 그리고 믿을 만한 견제 세력이 충분하지 않으면 21세기 중반쯤 동남아시아 열대우림 대부분이 사라질 테고, 그와 더불어 풍요로운 생물다양성도 함께 사라질 것이다.

아마존 열대우림과 콩고 열대우림도 시간은 더 걸릴지 몰라도 지금 추세가 결정적으로 바뀌지 않는 한 같은 운명을 맞이할 수밖에 없다. 그렇지만 지금 추세를 결정적으로 바꾸기는 쉽지 않을 것이다. 고도로 조직적이고 목표지향적인, 그러면서 속임수·부정부패·협박뿐 아니라 노골적인 폭력도 꺼리지 않는 경제권력과 정치권력에 맞서 이겨야 하기 때문이다. 이 기업들을 인수하자는 논의는 많았지만 재정이 마련되지 않고 있다(흥미로운 예외 사례를 보려면 5장 참조).

바다의 최후심판일

2011년 4월, 세계해양생태계프로그램IPSO: International Programme on the State of the Ocean과 세계자연보전연맹IUCN의 지원으로 열린 국제과학워크숍에서 요약한 해양생태계의 최신 상태는 이렇다.

참가자들은 이렇게 결론 내렸다. 지금 우리는 많은 생물종이 경우에 따라 상업적 멸종 수준까지 심각하게 감소하고, 유례없는 속도로 서식지 유형(예를 들어 맹그로브와 해초지)이 범지역적으로 사라지는 것을 목격하고 있을 뿐만 아니라 단일세대 안에서 해양생물종의 멸종과 산호초 같은 생태계의 소멸을 목도하고 있다. 지금 당장 무슨 조치를 취하지 않으면 인류의 활동이 기후변화, 과잉 착취, 오염, 서식지 소멸 효과와 결합해 바다에서 전 지구적 차원의 심각한 대멸종을 불러일으킬 위험이 아주 높다. 이와 같은 고강도의 복합적인 스트레스 요인은 지난 6억 년 동안 있었던 다섯 차례의 대멸종 사건의 전제조건이었다(Rogers & Laffoley, 2011, p. 7).

따라서 지금 전망으로는 이제 생물다양성 손실이 문제가 아니라 생물다양성 붕괴가 문제다.

4장에서 기후변화가 바다에 끼치는 영향을 살펴볼 것이다. 이번 장에서는 바다에서 벌어지는 과잉 착취 문제를 살펴보려고 한다. 과잉 착취는 본질적으로 해로운 기술의 혁신과 공공재에 해악을 끼치는 '부정승차 효과'의 결과(어업 관련 부정승차 효과의 자세한 분석은 Sumaila, 2013 참조)이자 명백한 범죄 행위의 결과로, 잘못 지급되는 공공보조금이 이를 부추기고 있다.

현재 쓰이는 어로기술로는 집어장치, 저인망(트롤), 수천 개의 갈고리가 달린 낚시그물, 준설기, 음향측심기, 컴퓨터, 위성 링크 등이 있는데, 이는 극히 일부만 열거한 것이다. 이런 어로기술의 어획력과 서식지 파괴력은 엄청나서 어류 개체와 생태계의 재생산능력이 이를 따라가지 못한다.[7] 공해公海를 단속하고 감시할 효과적인 법규도 규제기관도 없다. 공해는 국가어업전관수역 기준인 200해리(370킬로미터) 밖을 말한다. 원칙적으로 1982년에 체결된 유엔해양법협약UN Convention on the Law of the Sea의 보호를 받지만, 이 협약은 사실 이빨 빠진 호랑이다. 미국은 굳이 이 협약을 비준할 필요조차 못 느꼈다. 공해구역에서는 "내가 안 잡으면 다른 사람이 잡는다"는 부정승차 효과 논리가 지배한다.

서아프리카 남대서양은 외국 어선(주로 아시아 어선)의 약탈이 두드러진다. 이 어선들은 최고의 어로장비를 갖추고 있으며, 자국 정부의 지원을 받는 것은 말할 것도 없다. 중국 국영회사인 중수총공사의 어선도 있는데, 이들의 강탈 행위는 중국이 아프리카에서 마땅히 보여주어야 할 협력정신에도 맞지 않는다.

공공보조금은 문제를 악화시키고 있다. 유럽의회국제정책집행위원회 Directorate-General for Internal Policies of the European Parliament에서 마련한 기준(Sumaila et al., 2013)과 세계은행 보고서(World Bank, 2017)를 바탕으로 평가한 결과, 전 세계적으로 어업에 지급되는 공공보조금이 연간 500억 달러에 이른다. 어선의 어획력을 높이기 위해 공공보조금이 지급된다는 점이 특히 문제다. 공공보조금의 절반 이상이 그런 목적으로 쓰인다.

르네 클레르René Clair 감독이 연출한 제2차 세계대전 배경의 미국 영화 〈내일 일어날 일It happened tomorrow〉(1944)에서는 주인공이 우연히 『투모로우 데일리Tomorrow Daily』를 보다가 자신의 부고를 읽게 된다. 인도와 필리핀의 어촌에서 지금 겪고 있는 절망적인 상황을 생각하면 전 세계 어촌사회도 자신의 부고를 미리 읽게 될 날이 올지 모른다. 저널리스트 짐 야들리Jim Yardley에 따르면 인도 타밀나두 주의 벨라팔람 마을에 사는 어부들은 불가피한 선택의 기로에 서 있다고 한다. 어업을 그만두고 굶어 죽거나 고기를 잡으러 나가서 스리랑카 해군에 붙잡혀 납치되거나 살해당하는 것인데, 이미 그런 일을 당한 어부가 100명이 넘는다(New York Times, September 5, 2012). 실제로 2004년에 쓰나미가 지나가고 나서 구호기금 지원을 받는 현대적인 저인망 어선들이 인근 소도시에 정박한 뒤로 인도 바다의 어류자원이 급감했다. 2009년에 스리랑카 내전이 끝나고 나서 스리랑카 해군은 스리랑카의 '천연자원'을 지키기 위해 인도와 스리랑카 사이의 수역을 다시 감시하기 시작했다.[8]

이제 필리핀 세부와 팔라완 섬들 주변에 남아 있는 물고기라고는 바닷속 깊이(40미터 아래) 암초에 서식하는 물고기들뿐이다. 어부들은 파알링pa-aling이라 불리는 어로기술을 쓰는데, 가장 힘들고 위험한 기술로 꼽힌다. 어설픈 호흡장비를 달고 잠수해 바다 깊숙이 암초에 사는 물고기를 그물로 잡는 것이다.[9]

마다가스카르 해변을 따라 모잠비크 산호초에서, 탕가니카 호숫가에서, 그 밖에도 남아프리카 여러 지역에서 〈내일 일어날 일〉 시나리오가 펼쳐지고 있다. 그리고 가난한 토착 어부들과 농사지을 땅이 없는 절박한 가족들 사이에 피비린내 나는 전쟁이 벌어지고 있다. 이 가족들은 제대로 된 어망으로는 잡히지 않는 새끼 물고기와 잡어까지 잡으며 어류자원을 고갈시키고 있다. 말라리아에 걸리지 말라고 나눠준 모기장으로 낚시하는 것이다.

다양한 형태의 오염도 해양의 황폐화에 한몫하고 있다. 죽음의 지대dead zone는 산업형 농업 밀집지역을 지나오면서 강에 침전되어 딸려온 과잉 영양물질에서 비롯된다. 예를 들어 미시시피 강은 미국 중서부 지역을 지나면서 쌓인 질산염과 인산염을 멕시코 만으로 실어 나르고, 그 결과 해조류가 번성해 썩으면서 물속 산소를 모두 흡수해버린다. 루이지애나 주립대학의 해안 생태학자 멜리사 보스티언Melissa Baustian 박사는 죽음의 지대에 잠수한다. "물속으로 더 깊이 들어갈수록 좀 무서워지는데, 그곳에 아무것도 없기 때문이다. 물고기도 없고, 살아 있는 유기체라고는 하나도 없다. 오로지 우리뿐이다." 미시시피 죽음의 지대는 여름이면 절정에 이르는데, 그 면적이 2만 제곱킬로미터도 넘는다. 프랑스 브르타뉴 북부 연안 죽음의 지대는 그보다 규모는 작지만, 환경의 질적 저하 상태는 그 심각성이 똑같다. 이 재난은 전염병처럼 중국과 일본 연안은 물론 벵골 만까지 퍼지고 있는데, 이 때문에 바다에 의존해 먹고사는 수천만 명이 위기에 처해 있다.

바다를 죽이는 또 하나의 요인은 플라스틱이다. 해류에 멀리까지 떠밀려와 쌓이는데, 아이들이 욕조에서 가지고 노는 오리가 1만 2,000개나 모여 있는 것이 발견된 곳도 있다(Ebbersmeyer & Scigliano, 2009). 더 심각한 문제는 새들이 플라스틱과 살코기를 구별하지 못해서 새끼들에게 플라스틱을 먹여 굶겨 죽이고 있다는 사실이다. 화장품 제조회사에서 핸드크림과 페이스크림에 각질제거용으로 집어넣는 1밀리미터보다 작은 플라스틱 알갱이들이 물고기의 뱃속에 계속 쌓여간다.

쓰레기 집합소로 이미 잘 알려진 북태평양(예를 들어 '태평양 쓰레기섬 Great Pacific Garbage Patch')과 북대서양(위험 수준으로 계속 커지고 있다) 말고도 또 다른 위험지대가 인도양과 태평양 남서쪽 언저리에서도 발견되었다. 특히 주목할 곳은 태즈먼 해다. 높은 쓰레기 집적도와 아주 다양한 바닷새들이 만나 피해가 더 커졌다. 어미 새들이 새끼들에게 플라스틱을 먹이는 것도 문제지만, 플라스틱을 잘못 삼켜 질식사하거나 유해물질에 중독되는 것도 문제다. 플라스틱 성분 속 유해물질이 소화되어 새 몸속에 흡수될 수도 있는데, 그것이 새끼들에게 옮겨진다는 증거도 있다.

한 광범위한 조사자료에 따르면 "플라스틱 농도가 1제곱킬로미터당 58만 개에 달하며, 플라스틱 제품이 기하급수적으로 늘고 있다."(Wilcox, van Sebille, Hardesty, 2015) 이를 확인해주는 또 다른 연구도 있다(Geyer, Jambeck, Law, 2017). 1962년부터 2012년까지 연구된 바닷새 가운데 59퍼센트가 플라스틱을 삼켰다고 밝혀진 바 있다. 지금 같은 증가세가 계속된다면 2050년쯤에는 그 수치가 99퍼센트에 달할 것이다. 그러나 아직 돌이킬 수 없는 수준은 아니다. 실제로 북대서양에서 플라스틱 쓰레기 축적과 물고기 체내 흡수가 현저하게 줄어든 것이 관찰되었는데, 북유럽 국가들이 플라스틱의 생산·이용·배출을 체계적으로 더 철저하게 관리한 것과 상관이 있다.

화학산업과 제약산업에서 생산하는 수많은 제품의 쓰레기를 생각하면 곧 바다에 물고기와 산호는 없고 놀랍도록 탄력이 좋은 오염물질과 해파리만 가득할 날이 오지 않을까? 충분히 있을 법한 일이다. 그러나 보호구역에서 생물다양성이 복원되고 있는 강한 생명력을 생각하면(그리고 돌이킬 수 없는 수준까지 악화된 것은 아니라는 점을 생각하면) 아직은 방향을 되돌릴 수 있는 희망이 있다(5장 참조).

외래종 확산

외래종 확산이 생물다양성 감소에 미치는 영향은 별로 두드러지지 않지만, 천적이나 장애물이 없어 급속히 퍼지게 되면 아주 중요한 요인이 된다. 무역과 관광이 세계화되면서 그런 일이 아주 많아졌고, 그 결과는 실로 전 지구적이다. 캐나다 몬트리올 맥길 대학 생물학부 부교수 앤서니 리치아디Anthony Ricciardi는 다음과 같이 강렬하게 표현한 바 있다. "우리는 지구상에서 벌어지는 생명의 광범위한 재분배를 말하지만, 화석기록에는 그런 선례가 없다."(Davison & Burn-Murdoch, 2016)

몇 가지 구체적인 사례를 살펴보자. 첫째 사례는 국지적인 문제로 보일지 모르지만, 자발적으로 도입된 외래종의 문제점을 보여주는 대표적인 사례다. 무당벌레의 아시아 변종인 할리퀸 무당벌레는 유럽 변종보다 조금 더 크고 먹성이 좋은데, 다양한 전염병을 퇴치하는 매개체로 효과가 좋아서 네덜란드와 영국 남서부에 들여왔다. 그런데 할리퀸 무당벌레가 애초에 목표였던 전염병보다 토착 무당벌레를 더 잘 먹어치운다

는 것이 드러났다. 게다가 너무 많아져서 그 자체가 전염병 같은 존재가
되고 말았다.

메인 해변의 해파리가 우연히 흑해까지 떠밀려온 사례가 있다. 흑해
는 수온이 더 높고 먹이가 많아 해파리 개체수가 폭발적으로 늘었다. 이
해파리 때문에 여러 토착 어종이 사라졌다. 특히 이 지역에서 중요한 어
획량을 차지하던 앤초비가 큰 피해를 입었다. 오스트레일리아와 인도네
시아에 서식하는 갈색나무 뱀이 괌에 침입한 일은 알프레드 히치콕 감
독의 관심을 끌 만한 사건이었다. 1950년대에 우연히 유입된 이 갈색나
무 뱀에게 괌은 잡기 쉬운 먹이도 풍부하고 천적도 없었다. 갈색나무 뱀
은 크기가 두 배로 커지고 왕성하게 번식해 그 밀도가 1헥타르당 100마
리에 이르렀다. 괌의 토착 척추동물종이 전멸했으며 사람들 또한 상당
한 불편을 겪었는데, 잦은 정전이 그 예였다. 지속적인 스트레스는 말할
것도 없었다. 괌은 군사요충지이자 무역 중심지였기 때문에 이 갈색나
무 뱀들은 괌에서 디에고 가르시아 섬, 하와이, 오키나와, 심지어 텍사스
까지 퍼져나갔다.

가장 걱정스러운 일은 병원성 박테리아와 곰팡이류가 전 세계로 퍼
지는 문제다. 『네이처』지에 발표된 한 광범위한 조사(Fisher et al., 2012)
는 다음과 같이 암울한 평가를 내놓았다. "지난 20년 동안 자연계의 생
물집단과 인공적인 환경의 생물집단에서 치명적인 감염질환이 늘어나
는 것이 관찰되었다. 최근 들어 전례 없는 수치의 진균질환과 유사 진균
질환 때문에 동식물종의 급격한 자연 소멸이 발생했는데, 이제까지 야
생종에서 관찰된 것 가운데 가장 심각한 수준이었다."(2012, p. 186) 동
물 가운데에는 양서류가 특히 큰 피해를 입었다. 피부로 감염되는 와호

균Batrachochytrium dendrobatidis 때문에 많은 생물 개체군이 붕괴했는데, 중앙아메리카와 오스트레일리아에서 특히 심각했다(Alroy, 2015). 게다가 곰팡이가 곤충과 상호작용을 일으킬 수 있다. 한 예로 기온 상승으로 불어난 산소나무 풍뎅이와 청변균blue-stain fungus의 상호작용에 의해 미국과 캐나다 북서부 지역에 있는 산림이 황폐화되고 있다(4장 참조).

생물종의 이동이(다시 말해 세계화가) 빚어낼 수 있는 결과를 결코 과소평가해서는 안 된다는 주장에 힘을 실어주는 여러 중요 사례를 더 살펴보는 것도 의미 있을 것이다.

- 이집트숲모기Aedes aegypti와 흰줄숲모기Aedes albopictus가 세계화되면서 이 모기들이 옮기는 질병인 뎅기열과 황열병이 세계화된다.
- 캘리포니아 포도밭에서 생긴 포도피어슨병균Xylella fastidiosa이 이동하면서 브라질의 감귤류 과수원과 이탈리아 남부의 올리브 과수원도 감염시켰고, 그곳에서 코르시카 섬과 발레아레스 제도로 건너갔다.
- 북아메리카에서 유래한 곰팡이 세라토시스티스 플라타니Ceratocystis platani는 플라타너스를 죽이는 연쇄살인범으로 나무 수맥의 흐름에 장애를 일으킨다. 이 곰팡이는 남유럽을 거쳐 북쪽으로 이동하면서 파리나 런던 같은 도시로 퍼져나가고 있다. 아메리카 변종과 아시아 변종을 교배해서 이 병에 저항력이 있는 잡종을 만드는 데 성공하기는 했지만, 아직 치료법은 알려진 바 없다.
- 동남아시아에서 유래한 붉은야자나무 바구미red palm weevil는 적갈색의 딱정벌레인데, 1980년대 중반부터 서쪽으로 이동해 이집트로 가는 길목에 있는 여러 지역으로 퍼졌다. 그리고 이집트에서 스페인으로

건너간 다음 남유럽으로 침입했다. 붉은야자나무 바구미 유충은 먹이를 찾아 야자나무 중핵으로 파고든다. 프랑스보다 이집트의 피해가 훨씬 더 심각하다. 프랑스 칸의 프롬나드데라크루아제트 산책로와 니스의 프롬나드데장글래 산책로를 따라 줄 지어 서 있는 야자나무가 없어진다면 물론 안타까운 일이겠지만 말이다. 나무줄기에 살충제를 주입하거나 이 유충을 백선균ringworm에 감염시켜 죽이는 방법이 있기는 하다. 여기서도 생물다양성이 도움이 된다.

이 밖에도 세계 곳곳에서 나무에 해를 끼치는 곰팡이류가 급증하는 것이 관찰되었다.

- 파이톱소라 라모룸*Phytophthora ramorum*: 떡갈나무와 낙엽송에 심각한 병을 일으킨다.
- 밤나무줄기마름병균*Cryphonectria parasitica*: 밤나무마름병이라고도 불리는데, 주로 밤나무가 희생양이기 때문이다.
- 오피스토마 울미*Ophiostoma ulmi*: 나무좀에 의해 퍼지며 느릅나무가 주로 걸린다(네덜란드 느릅나무병).
- 히메노스시푸스 프락시네우스*Hymenoscyphus fraxineus*: 치명적인 서양물푸레나무잎마름병을 일으킨다.

그리고 떡갈나무 행렬나방 같은 다양한 곤충이 있다. 유럽 나무들이 포위당했다고 할 정도로 이런 징후가 어디에나 나타난다(미국을 비롯한 다른 나라의 사례를 보려면 이 장 앞부분 참조).

2016년 7월 13일, 유럽연합집행위원회European Commission는 유럽 전역에서 뿌리 뽑아야 할 침입종 37개 목록을 처음 발표했다. 그 근거는 다음과 같다. "현재 유럽에는 토착 자연환경에 낯선 식물, 동물, 곰팡이, 미생물이 1만 2,000종 넘게 있다. 이 외래종 가운데 약 15퍼센트는 침입종이며, 그 수가 급증하고 있다. 그에 따라 토착종이 밀려나고 있다. 따라서 이 외래 침입종은 생물다양성 손실을 유발하는 가장 큰 요인으로 꼽히며, 경제에도 주요한 영향을 미치고 있다."(2016, p. 1)

여섯 번째 대멸종?

세계자연기금에서 발간한 「지구생명 보고서 2016」이 전하는, 지구에 살고 있는 인간 외 생물들의 상태는 걱정을 자아낸다. "야생동물 개체수는 이미 걱정스러울 정도로 감소하고 있는데, 1970년 이후로 연평균 58퍼센트씩 감소하고 있고 2020년쯤이면 67퍼센트까지 감소할 것으로 보인다."(World Wildlife Fund, 2016, p. 6) 야생동물 개체수가 감소하는 주요 원인은 오염과 서식지 파괴다. 호수·강·습지 같은 담수성 서식지가 가장 피해가 큰데, 이 서식지를 터전 삼아 살아가는 생물군이 81퍼센트나 줄었다. 곧 개구리를 책 또는 그림에서나 볼 날이 올지도 모른다.

생물의 개체수 감소에 영향을 주는 요인이 또 있는데, 바로 해충과 질병의 폭발적 증가, 강력한 외래종 확산, 산업형 농업, 인간의 약탈, 기후변화다. 인간의 약탈은 여러 형태로 이루어지는데, 남획과 산림파괴부터 장식용으로 팔기 위해 동물을 죽이는 경우까지 있다. 예를 들어 상아 때문에 아프리카 코끼리를, 뿔이 돈이 되기 때문에 코뿔소를, 털가죽과 뼈를 팔아먹기 위해 눈표범을 사냥하는 식이다. "그저 재미 삼아" 사자를 죽이는 것은 말할 것도 없다. 우리가 사자들을 모두 죽여버리고 나면 나중에 우리 아이들이 뭐라고 할까? 아마도 아이들은 사자는 물론 기린·코끼리·코뿔소·호랑이도 디즈니라고 불리는 신이 창조했다고 믿게 될 것이다.

바다에서도 서식지 파괴, 오염, 남획, 온난화, 기후변화에 의한 산성화(4장 참조)가 복합적으로 작용해 상황이 더욱 악화되고 있다. 산호초, 조개류와 더불어 몸집이 큰 물고기들도 심각한 위기에 처해 있다. 조녀선 페인Jonathan Payne 연구팀은 해양척추동물과 연체동물 2,497종의 데이터를 통해 다음과 같은 사실을 발견했다. "과거에 있었던 멸종 사건은 종을 가리지 않고 일어나거나 몸집이 작은 생물종이 주로 희생된 반면, 오늘날 바다가 직면한 멸종위기는 대부분 몸집이 큰 생물종과 연관되어 있다."(Payne et al., 2016, p. 1284) 그리고 연구팀은 이렇게 결론 내렸다. "몸집이 큰 생물이 생태계 기능에서 차지하는 중요성을 고려할 때 (지금 추세는) 과거 대멸종 사건에서 발생한 유사 수준의 분류학상 손실보다 더 심각한 생태계 붕괴를 예고하는 징후다."(Payne et al., 2016, p. 1284)

특정 생물종의 개체수가 임계점 이하로 감소하면 그 생물종은 멸종하게 된다. 많은 생물종이 한꺼번에 이런 상황에 처하면 대멸종이 일어나는 것이다. 고생물학에서 통용되는 '대멸종'에 대한 정의는 이렇다. "고생물학자는 지질학적으로 단기간에 지구상 생물종의 4분의 3이 사라질 때를 대멸종이라고 규정하며, 지난 5억 4,000만 년 동안 그런 일은 오직 다섯 번밖에 없었다."(Barnosky et al., 2011, p. 51) 우리는 지금 여섯 번째 대멸종에 직면해 있는 걸까?[10] 제라도 세발로스Gerardo Ceballos 연구팀의 평가는 이 분야 과학자들이 거의 만장일치로 동의하는 바다.

최근 멸종률이 인류 역사상 전례 없는 일이며 지구의 역사에서도 아주 특이한 일이라는 데는 반박의 여지가 없다. 우리가 분석한 결과, 세계화된 사회가 점점 더 빠른 속도로 생물종을 파괴하면서 6,500만 년 전에 있었던 대멸종 사건과 비교할 수도 없는 또 한 번의 대멸종을 촉발하고 있다는 사실이 두드러진다. 지금처럼 빠른 속도로 멸종이 계속된다면 인류는 곧 (인간 수명으로 3세대 안에) 생물다양성의 많은 이점을 잃게 될 것이다. 인간의 시간을 기준으로 보면 이 손실은 사실상 영구적이다. 지난 대멸종 사건의 여파에서 생물계가 다양성을 회복하는 데 수십만 년에서 수백만 년이 걸렸기 때문이다(Ceballos et al., 2015, p. 4).

사실 인간 수명의 세 배인 300년은 지질학적으로 봤을 때 이렇게 결정적인 변화가 일어나기에는 너무나 짧은 시간이다.

2장

전 지구적인 물 낭비와 토양 낭비

물은 생존을 좌우할 뿐만 아니라 삶의 기본적인 필수품이다. 게다가 물은 개인의 잠재력을 실현하는 데도 꼭 필요하다. 볼리비아 엘알토에 사는 열 살짜리 소녀의 이야기는 이를 잘 보여준다. "저도 학교에 다니고 싶어요. 읽고 쓰는 걸 배우고 싶어요. 그렇지만 어떻게요? 엄마 대신 물을 구해와야 하는 걸요."(UN Development Programme, 2006, p. 1) 유엔에서 물도 인권에 속한다고 선언했지만, 딜레마가 있다. 물은 여러 사람이 동시에 쓸 수 있는 공공재가 아닌 데다가 대부분의 지역에서 물 접근성이 제한되어 있기 때문이다.

선진국이나 저개발국 할 것 없이 각 가정에 물을 공급하는 수도망을 따라 많은 물이 새고 있다. 신흥국과 개발도상국의 공장들은 선진국보다 물을 더 많이 낭비하고 오염시키는 경향이 있다. 그런데 전 세계적으로 물이 가장 많이 낭비되는 것은 바로 농업 부문이다. 전체 물 소비량 가운데 3분의 2 남짓이 농업용수로 쓰이는데, 그 가운데 절반 정도는 사실 그냥 버려진다.

이대로는 지속 가능하지 않다는 것은 분명하다. 그런데 손실이 클수록 그에 비례해 개선 가능성도 커진다.

이스라엘에서 네브래스카, 요르단에서 인도네시아, 오만에서 오스트레일리아에 이르기까지, 기술 면에서나(예를 들어 점적관개點滴灌漑) 경영 면에서나(예를 들어 양도 가능한 용수권) 아주 혁신적인 방법이 고안되어 시행되었다(5장 참조).

한 국가 안에서 수자원을 적절히 관리하는 것은 아주 까다로운 일이다. 하천 본류나 규모가 큰 대수층처럼 중요한 자원을 여러 국가가 공유하고 있으면 어려움은 더 커진다. 1863년에 당시 네바다에서 『테리토리얼 엔터프라이즈*Territorial Enterprise*』지의 리포터로 있었던 마크 트웨인은 이런 말을 남겼다. "위스키는 그냥 마시면 되지만, 물은 싸워서 얻어야 한다." 그것이 19세기에 콜로라도 강이 처한 상황이었다. 안타깝게도 물에 관한 한 상황은 나아지지 않았다. 21세기에는 나일 강·메콩 강·유프라테스 강·티그리스 강으로 다양해졌을 뿐만 아니라 사하라 북서부 대수층과 인더스 강 대수층으로까지 확대되었다.

강과 대수층은 여러 나라에 걸쳐 있지 않더라도 부정승차 효과의 피해를 입고 있다. 여기서 부정승차 효과란 자신의 행동이(예를 들어 펌프로 물을 끌어올리는 것) 타인의 자원 이용과 자원 고갈 속도에 영향을 미친다는 사실을 무시하는 것이다. 그러나 아르헨티나·브라질·파라과이·우루과이가 과라니대수층협정Guarani Aquifer Agreement을 체결한 사례가 보여주듯이 협력은 가능하다.

2010년에 『네이처』지는 여러 과학자를 초대해 각자의 분야에서 앞으로 2020년에 주요 문제를 어떻게 전망하는지 물었다. 워싱턴 대학의 지구우주과학부 교수이자 『흙: 문명이 앗아간 지구의 살갗*Dirt: The Erosion of Civilizations*』의 저자 데이비드 몽고메리David R. Montgomery는 흙의 미래를 다음과 같이 솔직하게 말했다.

과거의 실수를 피하려면 세계는 전 지구적인 지력 쇠퇴 문제를 해결해야 한다. 이는 금세기 가장 은밀하고 가장 주목받지 못하는 난제다. 이미 인류 때문에 경작 가능한 토지 중 3분의 1 이상의 표토가 지력이 쇠퇴하거나 침식되었다. 1년에 약 0.5퍼센트씩 농지가 사라지고 있는데, 금세기 후반 무렵이면 먹여 살려야 할 인구가 90억 명이 넘을 것으로 예상된다. (……) 미래 식량안보와 환경보전을 확보하려면 토양을 침식시키는 농법과 비료에 계속 의존하기보다 개별 지형과 농장의 토양 특성에 철저하게 맞춘 농법이 필요하다(2010, p. 31).

이번 장에서 자세히 다루겠지만, 흙은 연약하기는 해도 엄청 다채롭고 풍요로운 생태계다. 그러나 기존의 산업형 농업은 생태계의 다양성과 풍요로움을 제대로 활용하지 않으며, 생태계의 다양성이 농업에 기여할 수 있는 잠재력을 무시한다. 산업형 농업의 관점에서 흙은 단지 광합성의 도움으로 식량을 만들어내는 화학물질 운반자일 뿐이다. 지속 가능한 방식은 아니지만, 기록적인 수준으로 수질오염·대기오염·토양오염을 일으키면서 기록적인 수확량을 달성해왔다. 설상가상으로 아프리카와 캄보디아·라오스 같은 가난한 아시아 나라에서 불법 토지 점유자들이 이런 식으로 농사를 짓고 있다. 좀더 최근에는 라틴아메리카도 걱정거리를 안겨주고 있다. 모두 지속 불가능성을 보여주는 전형적인 사례다.

좀더 지속 가능한 대안에 대해서는 5장과 7장에서 다루겠다.

물은 사유재이자 인권이다

골치 아픈 딜레마

2010년 유엔총회는 물과 위생을 인권으로 정했다. 안전한 물을 획득할 수 있는 능력은 경제적·사회적 발전의 기둥이기 때문이다. 물은 생물학적 생존뿐만 아니라(오수밖에 마실 물이 없는 아이들을 생각해보라), 각 개인의 잠재력[1]을 실현할 수 있는 조건으로서 꼭 필요하다. 그런데 물을 인권으로 인정하는 것과 감당할 수 있는 수준에서 물을 얻을 수 있어야 한다는 말 사이에는 긴장이 존재한다. 감당할 수 있는 인권이란 도대체 무슨 소리일까? 감당할 수 있어야 한다는 말은 공짜라는 뜻일까?

탄자니아의 줄리어스 니에레레Julius Nyerere 대통령은 그렇다고 생각했다. 그래서 자신의 생각을 행동으로 옮겼는데, 예상치 못한 결과가 나타났다.

1950년대 빅토리아 호숫가에서 자란 안나 티바이주카Anna Tibaijuka는 아버지를 위해 커피콩을 가려내는 일을 해서 2센트를 벌었다. 1센트로는 인도 가게 주인한테서 사탕을 한 개 사고, 나머지 1센트로는 가판대에서 생수를 샀다.

그런데 1960년대 초 고향으로 돌아와 보니 그 가판대는 사라지고 없었다. 탄자니아 초대 대통령 줄리어스 니에레레 대통령이 물은 이제 공짜라고 선포했기 때문이다. 물이 1센트였을 때는 단 한 방울도 낭비되지 않았다고 티바이주카는 회상한다. 그런데 수도꼭지에서 물을 공짜로 가져가자 물이 낭비되더니 결국 멈춰버렸다. 당연한 결과였다(The Economist, 2006).[2]

이 딜레마는 단순한 경제논리로 설명될 수 있다. 식수는 필수품이 맞지만, 그 사용이 독점적인 사유재이기도 하다(A와 B가 동시에 같은 물을 소비할 수 없다). 따라서 물은 공공재가 아니다. 물은 유한한 자원이기 때문에 여러 사람이 동시에 쓸 수 없는 사유재이면서 함께 나눠 써야 하므로 공짜가 될 수 없다.

혼란스러운 가격책정

사유재이면서 이용이 제한된다는 것은 가난한 사람들이 배제된다는 뜻일까? 그럴 때가 많다. 가난한 집의 여자들과 아이들은 힘들게 먼 거리를 오가며 물을 길어오거나 안전하지 않은 물을 마시게 된다. 둘 다 원치 않는다면 가난하지 않은 사람들보다 훨씬 더 비싼 돈을 주고 물을 사먹어야 한다. 유엔개발계획UNDP: UN Development Programme에 따르면 "아시아, 라틴아메리카, 사하라 사막 이남 아프리카 도시의 부자 동네에 사는 사람들은 상하수도 시설 덕분에 값싼 돈을 주고 집에서 하루에 수백 리터씩 물을 공급받는다. 반면에 빈민가 거주자들은 1인당 하루에 20리터도 안 되는 물을 물탱크로 공급받는데, 부자 동네 거주자들보다 5~10배(극단적인 경우에는 40배까지) 비싼 돈을 지불한다."(2006, p. 2)

우리는 이런 현실을 극복할 수 있다. 보고타(콜롬비아), 프놈펜(캄보디아), 포르투알레그리(브라질), 산티아고(칠레) 같은 도시에서 시행한 물 배급과 가격책정 방식으로 입증된 바 있다. 자산에 따라 차등을 두어 가격을 책정하거나 그보다 더 선호되는 것은 비선형적 가격책정 방식인데, 1단계 물 소비량에 대한 가격 상한선을 아주 낮게 책정하는 것이다. 고효율 담수화 시설과 대규모 폐수정화 시설을 운영하고 팔레스타인의 지표수·지하수 사용권을 침해하고 있는데도 물이 귀한 이스라엘에서는 비선형적 가격책정을 원칙으로 하고 있다. 1922년 콜로라도강협약 Colorado River Compact에 따라 콜로라도 강물 사용권을 얻은 네바다 주도 별로 충분하지 않은 할당량을 최대한 효율적으로, 최대한 공정하게 배분하기 위해 비선형적 가격정책을 시행하고 있다. 협약 체결 당시만 해도 네바다 주의 주민 수는 10만 명이 채 되지 않았다. 필요는 지혜의 어머니인 셈이다.[3]

캘리포니아 주도 이런 접근법을 배워야 할 이유가 충분하다. 캘리포니아는 수년 동안 심각한 가뭄을 겪어 물 부족 상태가 될 가능성이 점점 더 높아지고 있다. 그런데도 이곳 지역사회는 대부분 물 소비에 적절한 가격을 매길 능력이 없어 보인다(5장에서 오렌지 카운티의 물 혁명을 다룬 예외 사례 참조). 이런 경제적 허점을 바로잡지 않는다면 캘리포니아 주의 물 위기를 해결할 지속 가능한 해법은 없을 것이다. 비선형적 가격책정 같은 공공관리정책을 캘리포니아 주민들이 반기지 않는다면 오스트레일리아 머리-달링 분지 사례처럼 시장에 기반을 둔 정책을 시행하는 방법도 있다(머리말 참조). 그러나 그렇게 되면 캘리포니아 주가 겪고 있는 비효율적·비유동적이고 불공평한 물 사용권에 대변동이 필요할 것이다.

개발도상국에서는 도시의 비위생 문제가 더 심각한데, 이는 물 부족과 연관되어 있다. "하수도는 도시의 양심이다." 빅토르 위고가 『레미제라블Les Misérables』에서 한 말이다. 위고가 살던 시대는 런던·파리·뉴욕으로 위생설비망 구축이 확대되던 시대였다. 1870년에서 1910년 사이에 도시민의 수명이 15~20년 늘어난 데는 그런 위생설비망이 절반 정도 기여했다고 사람들은 믿는다. 앞서 언급한 유엔개발계획 보고서에서 강조하듯이 "물과 위생은 정부가 전염병을 줄이기 위해 쓸 수 있는 가장 강력한 예방의학으로 꼽힌다."(UNDP, 2006, p. 6) 그러나 지배계급은 가난한 사람들을 위해 위생설비에 투자하는 데 관심이 없다. 그래서 개발도상국 정부는 대부분 위생 문제를 무시한다. 그래도 주목할 만한 예외 사례가 있다. 예를 들어 방글라데시·브라질·인도에서는 지나치게 자본집약적이지 않으면서 비용 효과가 큰 정책의 실현이 가능하다는 것을 보여주는 사례가 있다.

낭비는 이념의 국경도 초월한다

가정, 산업, 농업

물은 자유재(공기처럼 거의 무한으로 존재해서 공짜로 자유롭게 쓸 수 있는 자원—옮긴이)처럼 낭비될 때가 많은데, 현실은 점점 반대 방향으로 가고 있다. 이 문제는 경제발전과 복지에 큰 부담을 주기도 하지만, 희망적인 가능성을 열어주기도 한다. 낭비되는 양에 비례해 절약될 수 있는 양도 커지기 때문이다. 게다가 기술적으로 어려운 일도 아니고 비용이 많이 드는 일도 아니다.

여러 도시에서 물이 낭비되고 있는데, 수도관과 수도꼭지에서 물이 새기도 하고 1등급 식수를 무분별하게 사용해서 낭비되기도 한다. 더 심각한 문제는 물을 저장하고 정화해주는 생태계를 파괴하는 일이다. 델리나 방갈로르 같은 인도의 대도시에서 호수와 습지를 매립해 물 저장고가 사라지는 심각한 일이 벌어지고 있다. 중국 남부에서는 호수와 습지는 물론 온갖 물웅덩이와 배수관이 체계적으로 파괴되거나 방치되고 있는데, 2016년 7월에 난 홍수가 왜 그렇게 큰 피해를 낳았는지를 설명해준다. 브라질 상파울루에서는 도시 인근의 산림과 수생 생태계를 무분별하게 파괴한 탓에 전국 곳곳에서 지속적으로 극심한 가뭄을 겪었다. 이란 이스파한에서는 한때 넉넉했던 자얀데('생명의 강'이라는 뜻) 강물이 계속 줄어서 홍수 때를 빼고는 도시를 가로지르며 먼지를 날리는 리본으로 변해버렸다.

국제무역에서 비롯되는 낭비도 있다. 물의 가격 편차(그리고 물을 뽑아올리는 데 쓰이는 전기료 차이) 때문에 물이 포함된 상품을 물이 귀한 나라에서 물이 덜 귀한 나라(아마도 훨씬 덜 귀한 나라)로 수출하는 일이 생긴다. 예를 들어 중국이나 베트남에서 북유럽으로 수출하는 것이다. 그렇기 때문에 수입국의 물 소비량에 이와 같은 물을 포함한 상품의 소비량도 포함해야 한다. 예를 들어 영국에서는 1인당 하루 평균 직수 소비량이 약 150리터인데, 이는 대부분의 선진국과 비교할 때 낮은 수준이다(미국 도시의 물 소비량을 보려면 톺아보기 2-1 참조). 그런데 영국에서 물이 포함된 상품의 1인당 평균 사용량은 여타 선진국의 20배가 넘는다.

선진국 기업들은 물 가용량 문제에 대한 걱정이 점점 커지고 있다. 건기 때 일부 발전소 가동이 중단되는 일이 이미 발생했다. 발전소들은 일반적으로 물을 효율적으로 절약하고 정화하고 재활용한다. 반면 석탄산업과 셰일 탄화수소산업은 그 반대 사례로 악명이 높다(3장 참조). 식품가공업도 마찬가지다. 신흥국과 개발도상국에서는 산업용수 낭비가 가정용수·농업용수 낭비와 맞물려 끔찍한 결과를 초래할 수 있는데,

중국과 인도가 그 좋은 사례를 보여준다.

갠지스 강이 가장 상징적인 예다. 수천 년 동안 갠지스 강은 '영원한 순수'의 상징이었다. 갠지스 강을 나타내는 여러 산스크리트어 이름 가운데 하나는 바로 '영원한 순수'를 뜻한다. 하버드 대학 비교종교학·인도학 교수이자 『인도: 신성한 지형India: A Sacred Geography』(2013)의 저자 다이애나 에크Diana L. Eck는 이렇게 말한 바 있다. "수백만 명이 구원의 원천으로 생각하고 날마다 하루 의식의 일부로 삼았던 강이 지금은 그 자신이 구원이 필요한 존재가 되었다. 이것은 환경 문제를 넘어 문화적·신학적 위기다."(Eck, 2013, p. 135) 실제로 중금속과 살충제 잔여물이 넘쳐나는 강바닥부터 온갖 종류의 박테리아(항생제 내성을 지닌 것들이 많다)를 배양하고 있는 지표수까지 지금의 갠지스 강은 유해하고, 발암물질로 가득하며, 온갖 전염병의 본거지다. 바라나시(갠지스 강 중류에 있는 도시로 힌두교에서 가장 신성한 도시로 꼽힌다―옮긴이)에서 장례식을 치르는 것은 이제 아주 위험천만한 일이 되었다. 그러나 시카고·런던·마닐라 등 여러 도시에서 보여주었듯이 이런 상황을 뒤집는 것이 불가능하지는 않다. 그러나 갠지스 강을 구하려면 인도 정부의 혁명이 필요할 것이다. 혁명의 맥락은 완전히 달랐지만 중국 강들의 상태를 크게 개선하는 데 중국 정부의 혁명이 필요했듯이 말이다.

농업 부문의 물 수요량이 단연코 최대인데, 전체 물 소비량의 3분의 2가 농업용수로 쓰인다. 그리고 이 가운데 절반 정도가 관개망의 유수, 증발, 농작물의 지나친 물 소비로 버려지고 있다. 그 결과 일부 관개지灌漑地에 염분 축적이 심해졌다(Foley et al., 2005). 인도는 무분별한 관개의 극단적인 예를 보여준다. 부유한 농민들은 대수층에서 펌프로 물을 끌어울린다. 그들에게 물은 공짜다. 그리고 이 펌프를 가동시키는 전기 사용료도 보조금을 많이 받는다. 그 결과 대수층 수위가 급속도로 낮아졌는데, 어떤 지역에서는 심지어 1년에 1미터씩이나 낮아졌다. 이제 우물은 말라버렸고, 가난한 농민들은 점점 더 들쑥날쑥해지는 장마에 절박하게 매달려야 했다. 두 번의 마른장마를 보내고 난 2016년 봄은 물 부족이 특히 심각했다. 깊은 땅속 물을 끌어올 수 없는 대다수 농민에게는 아주 끔찍한 일이었다. 뭄바이 서쪽 마하라슈트라 주의 상황이 극단적이었는데, 그곳 농민 수백 명이 자살했다. 반면에 델리의 부패한 정치인에게 보호받는 기업들은 펌프로 물을 펑펑 끌어올려 자기 땅의 목마른 사탕수수에 물을 댔다. 심지어 타지마할도 붕괴위기에 처했는데, 밑에 있는 대수층 수위가 낮아지기 때문이다.

인도가 겪고 있는 핵심 대수층 고갈은 심각하다. 그런데 이는 인도만 겪는 문제가 아니다. 파키스탄은 인도처럼 뿌리 깊은 관리 부실에다 기후변화에서 비롯된 히말라야 빙하와 장마 양상 변화(4장 참조)의 희생양이 되고 있다. 카와자 아시프Khawaja M. Asif 파키스탄 수자원전력부 장관에 따르면 "파키스탄은 향후 6~7년 안에 물 기근(물 기근-물 부족-물 풍요, 이렇게 3단계로 나뉜다—옮긴이) 국가가 될지 모릅니다."(『뉴욕타임스』 통신원 살만 마수드Salman Masood와의 인터뷰에서 인용, 2015년 2월 12일자) 1인당 연간 물 가용량이 이미 1,000세제곱미터로 떨어졌는데, 이는 1947년에 수립된 국제기준 5,000세제곱미터에 훨씬 못 미치는 '물 부족' 수준이다. 인도는 1,400세제곱미터로 살짝 나은 상태일 뿐이며, 그나마도 계속 나빠지고 있다.

이란에서는 농지에 흥청망청 물을 대는 농민들과 아직 완전히 마르

톺아보기 2-1 **텍사스의 물 관리**

텍사스 주민과 물의 잘못된 관계는 소도시와 대도시에서 모두 나타난다.

오갈라라 대수층에서 물을 끌어다 먹고사는 텍사스 주 하이플레인즈 평원 농민들은 자기가 물을 얼마나 뽑아 쓰는지 신경 쓸 필요가 있다. 대수층 가장자리에 있어 대수층 중심부(예를 들어 네브래스카)보다 물이 훨씬 적은 곳이기 때문이다. 그런데 이곳 농민들은 어떤 식으로든 물 소비량을 줄이는 것을 받아들이지 못한다. 텍사스 법에 따르면 농지 밑에 있는 대수층은 농지 주인의 사유재산이며, 농민들은 이것이 곧 대수층 물을 자기 마음대로 뽑아 쓸 수 있다는 뜻이라고 생각한다. 그래서 사유재산이 침해받는다는 생각이 들자 법정에서 싸우기로 결정했다.

2011년 하이플레인즈 지하수보전부는 새로 판 우물에 계량기를 설치할 것과 이 우물을 사용하지 않게 되면 덮개로 막아놓도록 규정하는 법규를 도입했다. 기존의 우물은 이 법규에 적용되지 않는데도 소리 높여 항의하는 농민들 때문에 2012년 2월, 지역에서 선출한 위원 다섯 명으로 이루어진 위원회에서 투표를 거쳐 유예를 결정했다. 견고한 기득권, 잘못된 의식, 나쁜 관행, 힘없는 제도가 맞물려 고도로 발전된 지역에서 인도 북부나 파키스탄과 똑같은 논리로 물이 낭비되고 있다. 그리고 전 세계 여러 지역을 똑같은 논리가 지배하고 있다.

더욱 놀라운 사실은 하이플레인즈에서 그리 멀지 않은 팬핸들 평원에서는 효율적인 관개방식이 시행되고 있다는 점이다. 팬핸들 지하수보전부는 오갈라라 대수층에서 물을 퍼 올릴 수 있는 양을 제한하는 규정을 도입했고, 이에 따라 일부 농민이 기존의 관개방식을 바꾸어 옥수수가 자라는 데 필요한 물을 절반으로 줄였다. 옥수수는 그곳에서 가장 흔한

작물이다. 농민들은 빗물을 최대한 활용하기 위해 계절이 끝나갈 무렵 비가 내리는 것을 계산해서 파종 시기를 늦추고, 농작물 사이에 간격을 더 많이 주며, 토양 속 수분을 빼앗기지 않기 위해 오래된 옥수수 줄기는 밭에 그냥 내버려둔다. 네브래스카 주 농민들이 개발한 원격감지기술을 도입한 농민들도 있다(5장 참조).

반건조기후환경(가끔은 건조한)의 자연적 제약을 무시한 채 텍사스 주와 인근 주들은 물이 풍부한 워싱턴 주나 브리티시컬럼비아 주처럼 물을 마구 써대고 있다. 심지어 부유한 텍사스 교외지역에서는 물을 낭비할 수밖에 없는데, 주민협회에서 정한 조례 때문에 잔디밭을 깔끔하고 푸릇푸릇하게 유지해야 하고, 자동 스프링클러 시스템도 갖춰야 한다. 이곳에서는 세인트오거스틴 잔디가 특히 많이 쓰이는데, 풍성하고 짙푸른 잔디밭을 만들어주기 때문이다. 그러나 세인트오거스틴 잔디는 습한 열대기후가 원산지다. 그 말은 댈러스와 피닉스처럼 물을 넉넉히 줘야 한다는 뜻이다.

댈러스에 있는 텍사스 A&M 대학은 전시용 정원을 가꾸는데, 그곳 방문객들은 조이시아 잔디가 이루는 무성한 울타리를 보며 감탄한다. 이 잔디는 여름에도 일주일에 한 번만 물을 주면 된다. 이 정원을 보려고 많은 방문객이 찾아온다. 그런데 텍사스 주보다 네바다 주에서 이 정원을 더 많이 본받으려 하고 있다. 네바다 주에서는 이미 더 현실적인 물 관리 정책을 시행 중이다. 텍사스 수자원개발위원회Texas Water Development Board의 의뢰로 17개 도시를 망라하는 연구를 실시했는데, 결과는 다음과 같다. "전체 물 사용량 가운데 야외 물 사용량의 비율은 낮게는 20퍼센트(휴스턴)부터 높게는 53퍼센트(타일러)에 이르는데, 텍사스 주 전역의 가중평균은 31퍼센트에 이른다."(Hermitte & Mace, 2012, p. 22) 댈러스는 40퍼센트로 2013년 한 해 동안 1인당 하루 평균 물 소비량이 (실내와 야외 모두 합쳐) 110갤런이었다. 풍족한 댈러스 근교 하일랜드와 대학 공원들, 서니사이드, 사우스레이크는 1인당 하루 평균 물 소비량이 세 배 더 많고, 야외 물 소비량은 주민의 부에 비례해 기하급수적으로 늘고 있다.

2013년 한 해 1인당 하루 평균 물 소비량이 40갤런이었던 보스턴과 비교하기에는 기후조건이 달라 적절하지 않겠지만, 산타페와는 비교할 만할 것 같다. 2013년 산타페에서 1인당 하루 평균 물 소비량이 65갤런이었는데, 야외 물 소비량 25갤런이 포함된 수치다. 산타페에서는 물을 많이 소비할 경우 댈러스보다 수도요금이 네 배 가까이 비싸고, 피닉스보다 다섯 배가 비싸다.[4] 산타페에서는 물을 많이 소비하면 할수록 요금이 큰 비율로 비싸지는데, 수도요금이 비선형적이기 때문이다. 부자들에게는 별 효과가 없겠지만 경제적 유인책 효과는 있다.

지 않은 강마다 댐을 건설해대는 이슬람혁명수비대Islamic Revolutionary Guard Corps 소유 토건회사들 때문에 물이 낭비되고 있다. 미국 유타 주의 소금호수 그레이트솔트레이크에 비견되는 이란의 우르미아 호수가 처한 운명은 중앙아시아에서 면직산업 부흥이 일던 공산주의 시대에 아랄 해가 파괴된 것을 떠올리는데, 이곳도 이제 바짝 마른 땅에 먼지 폭풍만 일고 있다. 지금 이란 곳곳이 끝이 없어 보이는 가뭄에 시달리고 있다. 대수층을 고갈시키는 것으로 끝날 수밖에 없는 현행의 수자원 관리방식으로는 기후변화 확산과 더불어 악화되는 사막화 추세를 막을 수 없다. 이란 동남부 케르만 지역까지 사막화가 확산되고 있는데, 이 지역은 한때 '피스타치오 랜드'로 불리던 곳이다. 물 사용에 대해 정부보조금을 받는 그곳 농민들은 한낮에도 나무들이 촉촉할 정도로 헤프게 물을 주면서 낭비하고 있다. 몇 년 전 한 농민이 돈을 투자해 점적관개를 도입해서 이웃에게 웃음거리가 되었는데, 지금 그의 과수원은 죽은 나무로 가득한 풍경 속에 홀로 푸르른 녹색 점이 되었다. 물 공급이 부족해진 지금 유일하게 잘 헤쳐 나가고 있기 때문이다.

농업 부문(그리고 다른 여러 영역)의 물 낭비는 결코 개발도상국에 국한되지 않는다(톺아보기 2-1 사례 참조). 다른 핵심 천연자원과 마찬가지로 물 낭비는 이념의 국경을 초월한다.

초대형 프로젝트보다 좋은 관리가 낫다

중국 정부는 지속 가능한 발전모델과 엄청난 물 낭비를 줄이는 방향 대신 초대형 프로젝트를 진행하는 중이다. 예를 들어 북부 지역의 물 부족을 해결하기 위해 남부의 물을 북부로 돌리는 식이다. 이 정책은 마오쩌둥의 비전이 바탕이 되었는데, 베이징-항저우 대운하가 6~9세기 수·당나라에서 14~17세기 명나라에 이르기까지 중국 역사에 기여한 바에서 영감을 얻은 것이다. 이것이 바로 남북수조계획으로 양쯔 강의 물을 북쪽으로 돌리는 계획이다. 중앙 기획자들이 중국 한강(양쯔 강의 주요 지류)의 유수량을 토대로 북쪽으로 돌릴 물의 양을 결정한다. 이 유수량은 1950년대 중반부터 1990년대 초반까지 측정한 값이다. 바로 이 1990년대 초반부터 유수량이 감소하기 시작했는데, 예상치 못했던 심각한 가뭄 때문이기도 했지만 물 사용량 증가도 원인이 되었다. 양쯔 강 유역 전역에 걸쳐 오염이 심각했다. 그런데도 중앙 기획자들은 계획의 규모를 조정하지 않았다. 남북수조계획 때문에 양쯔 강 유역도 황허 유역처럼 질적으로 저하되는 것은 아닐까? 남북수조계획의 본래 목적은 황허 유역의 회복을 돕는 것이었다. 양쯔 강물은 주로 북동부 대도시, 특히 베이징으로 옮겨지는데, 양쯔 강과 한강이 생태적 대가를 크게 치르고 있다. 수로 주변에 사는 사람들이 치른 대가는 말할 것도 없다. 이 과정에서 50만 명 이상이 삶의 터전을 잃었는데, 농민이 대부분인 이들은 더 열악한 농지로 밀려났다.

전 세계 인구 가운데 20퍼센트를 차지하는 경제부흥국이면서 보유 담수자원은 전 세계에서 6퍼센트밖에 되지 않는 현실을 감안할 때 중국이 당면한 심각한 물 부족과 수질 문제는 놀라울 게 없다. 특히 심각한 문제는 수자원이 시공간적으로 불균등하게 분배되어 있다는 점이다. 물이 아니라 오히려 문제만 퍼뜨리는 대규모 프로젝트는 문제를 해결하는 데 도움이 되지 않는다. 중국의 심각한 물 문제를 효과적으로 해결하려면 지금 진행되고 있는 자원 소모적이고 지속 불가능한 경제 개발모델을 개혁할 필요가 있다. 치우 샤오룽Qiu Xiaolong의 소설 『타이 호수여, 울지 마라Don't cry, Tai Lake』에서 경감 천 차오Chen Cao는 중국이 처해 있는 물 위기의 핵심을 명확하게 파악하고 있다.

저것 좀 봐. 제지공장, 염색공장, 화학공장 따위. 지난 20년 동안 우후죽순으로 늘어났지. 이 공장들은 이 도시경제 생산의 40퍼센트 이상을 차지하고 있어. 이 공장들을 옮기는 건 불가능해. 너무 많거든. 지방 관료들은 손을 대고 싶어하지 않아. (……) 물론 시 환경청이 있지만 명목상으로만 존재할 뿐이지. 일부 공장은 하수처리 시설을 갖추고 있지만, 대부분 그걸 가동하지 않아. 그걸 가동하는 비용 때문에 이익이 줄어들거든. 그래서 그저 명목상으로만 갖춰놓고는 호수에 폐수를 계속 버리면서 위기를 악화시키는 거야(2012, p. 29).

중국 경제를 덜 자본집약적인 방향으로 개혁하면 환경을 오염시키는 낡은 공장 대부분이 사라질 것이라고 생각할지 모르겠다. 그러나 그 공장들은 실제적인 가치는 생산하지 않는 채 계속해서 물·토양·대기를 고갈시키고 오염시키면서 '좀비 공장'으로 들러붙어 있을 것이다. 중국의 물 위기를 극복할 방법은 여러 가지가 있지만 실제로 시행하려면 정치적·경제적 유인책에 철저한 변화가 필요하다. 공권력으로 힘과 자원을 빼앗는 게 아니라 지속 가능하고 참여를 유발하며 공평한 경제모델이 필요하기 때문이다.

물은 그 자체로 중요한 문제이기도 하지만 사회적 취약성과 부조리의 증거도 된다. 중국은 물을 절약할 수 있는 잠재력이 엄청나다. 이 잠재력을 실현할 수 있는 적절한 기술수단과 관리수단도 이미 가지고 있으며 다각도로 검증도 거쳤다(5장 참조). 그러나 이런 수단을 광범위하게 적용하려면 적절한 정치적·경제적 제도 정비가 먼저 이루어져야 한다. 히말라야 빙하를 잠식해 수역을 파괴하면서 기후변화가 목전에 닥쳐왔기 때문에 시간이 얼마 없다.

물은 싸워서 얻어야 한다

미국 남서부에서 벌어지고 있는 용수권 분쟁은 잘 알려져 있으며 지금도 진행 중이다. 두 가지만 예를 들자면 뉴멕시코와 텍사스의 분쟁은 대법원까지 간 상태이고, 콜로라도·캔자스·네브래스카의 분쟁은 시작 단계에 있다. 리퍼블리컨 강(콜로라도에서 발원, 네브래스카를 거쳐 캔자스로 흘러가는 강—옮긴이)에서 물을 너무 많이 끌어다 쓴다는 이유로 캔자스 주가 네브래스카와 콜로라도를 고소하면서 힘겨루기가 시작되었다. 이보다 덜 알려졌지만 미국 남동부에서도 싸움이 점점 격렬해지고 있는데, 그곳은 원래 물이 풍부해서 서부 사람들에게 부러움을 사던 지역이다. 애틀랜타와 조지아, 플로리다 해변을 따라 인구가 폭발적으로 증가하면서 미국 남동부조차도 가뭄위기가 점점 심각해지고 있다. 앨라배마까지 인구가 증가하는 추세다. 인구 증가, 소득 증가, 경제성장이 맞물려 물 수요량이 한꺼번에 많아지면 자연의 넉넉함이 줄어드는 법이다. 앨라배마·플로리다·조지아 주는 채터후치 강물과 탤러푸사 강물이 부족해지면서 물 분배를 두고 끝없는 법적 분쟁을 벌이고 있다. 결국에는 법정이나 의회를 통해 중재될 것이다.

물 분쟁이 국제적 차원으로 확대되면 중재는 더 힘들어진다. 비가 거의 내리지 않는 이집트는 나일 강 상류 국가들로부터 점점 더 압박을 받으면서도 나일 강에 대한 큰 지분에 필사적으로 매달린다(1959년 이집트-수단 간 나일강협정Nile Waters Agreement에 따라 이집트가 나일 강물의 70퍼센트를 가져간다). 나일 강 상류에 있는 국가들은 경제발전과 급격한 인구 증가(이집트 8,100만, 수단 4,400만, 에티오피아 8,300만으로 총 2억 800만이다. 이 지역 인구는 2025년에는 2억 7,200만, 2050년에는 3억 6,000만에 이를 것으로 예상된다) 때문에 물이 점점 더 많이 필요해지고 있다. 이집트는 강 하류에 있다는 단점이 있지만 강한 군사력이 장점이다. 이집트는 긴급상황을 근거로 군사력에 집중하고 있는데(Schelling, 1981 참조), 이집트 육군과 공군은 이 지역에서 전력이 강한 것으로 꼽힌다. 그런데 중국·인도·한국·사우디아라비아 같은 외부 국가들(미국의 연기금과 사립 대학들은 말할 것도 없고)이 지금 이 게임에 뛰어들고 있다. 이 국가들은 나일 강을 따라 넓은 농지를 획득하고 있는데, 이곳에 '현대적인' 농법을 도입하려고 한다. 목표 수확량을 달성하려면 물이 아주 많이 필요한 농법이다. 이 국가들은 토지 소유권과 함께 주변의 강물 사용권까지 획득했다고 생각하는 것 같다.

이 폭력 없는 싸움을 해결할 방법이 있을까? 2015년 3월 이집트·에티오피아·수단이 채택한 공동성명은 청나일 강 그랜드 에티오피아 르네상스 댐Grand Ethiopian Renaissance Dam이 완공되었을 때 강 하류 국가들(예를 들어 이집트와 수단)의 이해관계를 평화적인 방법으로 보호하기 위한 서곡으로 보인다. 그러나 청나일 강 유역 전체를 실제로 공동관리하기 시작하면 이들 나라 간에 의견 충돌이 일어날 가능성이 높다.

베트남은 메콩 강 상류에서 일어나는 변화에 대처하는 데 점점 더 어려움을 겪고 있다. 이 변화의 주된 영향은 핵심 어장 파괴, 영양 부족, 홍수체계 붕괴다. 홍수체계 붕괴는 메콩 강가에 살고 있는 1,800만 베트남인의 농사에 결정적인 영향을 미친다. 상호 합의 없이 세워진 댐들이 메콩 강 상류 중국 지역에 미치는 영향은 아주 심각하다. 라오스 시야부리 댐(이 프로젝트의 지분은 태국이 갖고 있으며, 이 댐을 통해 만들어지는 수력에너지는 대부분 태국이 가져간다)이 건설되면 메콩 강 중류의 수역체계, 퇴적물 순환, 생태계 평형에 심각한 혼란이 일어날 것이다. 베트남 입장에서는 전쟁을 시작할 만한 일이다.

시리아와 터키는 이라크한테서 유프라테스 강과 티그리스 강의 수자원을 점점 더 많이 빼앗고 있다. 거기서 비롯되는 물 부족이 끼치는 영향은 샤트알아랍 강 유역에서 시작해 상류로 확산되고 있는 염화 추세와 맞물려 더욱 심각해지고 있다. 이라크는 군사적 대응을 고려할 처지는 아니지만, 석유를 물과 바꾸는 것에 대해서는 고려해볼 수 있다. 그러나 진정한 위험은 가뭄, 염화, 정치적 혼란, 주변국의 전쟁 탓에 그 어떤 것도 생산하지 못하는 현실이 이라크를 사막으로 만들어버리는 것이다.

현재 전 세계 주요 대수층이 얼마나 고갈되었는지는 제법 확실하게 알 수 있다. 지구의 중력변화에 따라 다른 속도로 움직이는 한 쌍의 위성이 측정한 자료를 통해 대수층 수위를 기록할 수 있게 되었다. 리치Richey 연구팀이 발표한 최신 자료(2015)에 따르면 15억~20억 명이 지하수자원이 심각한 위기에 처한 지역에서 살고 있다고 한다. 심각한 위기에 처한 대수층으로는 캘리포니아 센트럴 밸리 대수층, 앞서 언급한 오갈라라 대수층(텍사스 주), 사하라 북서부 대수층(알제리·튀니지·리비아가 공유), 아라비아 대수층(주로 사우디아라비아 지역), 인더스 대수층과 갠지스 상류 대수층(인도와 파키스탄이 공유), 중국 북부의 황허 유역 대수층이다. 대수층은 대부분(한 국가에 속한 대수층과 여러 국가에 속한 대수층 모두) 부정승차 효과 때문에 피해를 입고 있다. 잘못된 공공정책 때문에 고갈되는 곳도 있는데, 그 예가 인도 정부의 공공보조금(대수층에서 무분별하게 물을 끌어다 쓰는 것을 조장한다)이나 사우디아라비아 정부의 대규모 곡물경작사업이다(이 장 뒷부분 참조).

적절한 협력을 통해 부정승차 행태를 해결할 수 있다는 사실은 이미 잘 알려져 있다. 아르헨티나·브라질·파라과이·우루과이가 맺은 과라니대수층협정 관련 조항은 이 부정승차 행태를 효과적으로 억제할 수 있다는 것을 입증했다. 물론 과라니 대수층이 아직은 당장 고갈되거나 오염될 위기에 처해 있지 않기 때문에 이 협정이 쉽게 체결될 수 있었다는 사실은 짚고 넘어가야겠다. 기득권 세력이 아직 입장을 정하지 못했기 때문에 가능했던 일이다.

토양은 하나의 생태계

구성요소와 상호작용

다니엘 힐렐은 역작 입문서 『환경 속의 토양Soil in the Environment』에서 토양 시스템이 얼마나 다양하며, 어떤 특성이 토양을 비옥하게 만들고, 토양이 지금 어떤 위기에 노출되어 있는지 다음과 같이 설명한다.

식물이 자라는 데 도움을 주는 토양의 매개능력은 서로 긴밀하게 연결된 여러 특성에 달려 있다. 토양은 물과 공기가 자유롭게 드나들고 머물고 퍼져 나갈 수 있을 만큼 투과성과 침투성이 좋아야 한다. 그리고 식물이 흡수할 수 있되 너무 빨리 빠져나가지 않을 형태로 된 영양분을 함유하고 있어야 한다. 토양은 뿌리가 뚫고 들어가 뻗어나갈 수 있을 만큼 깊고 느슨해야 한다. 게다가 최적의 온도와 산성도를 유지해야 하고, 과도한 염분과 유해물질이 없어야 한다. (……) 토양은 미생물을 비롯해 수많은 유기체로 이루어진 다양하고 상호의존적인 생물군집의 안식처이며, 이들은 모두 상호보완적인 일련의 복잡한 기능을 분담하고 있다. (……) 토양이 가뭄과 홍수는 물론 오염 같은 변화에 대응하고 회복할 수 있는 것은 바로 생명의 다양성 덕분이다. 다시 말해 생물다양성은 토양의 안정성과 복원력을 높여준다(2008, p. 151).[5]

힐렐은 건강한 토양에 필요한 조건을 얘기했다. 이 조건들이 모두 충족된다고 해도 그 조건들 사이의 균형이 깨지기가 아주 쉬운데, 그렇게 되면 토양 자체는 물론 그 토양이 지탱하고 있는 농작물에도 심각한 결과를 초래하게 된다. 자연적인 결과든 인위적인 결과든 이 균형이 단기적·장기적으로 깨지는 일이 실제로 너무 자주 일어난다. 이것이 농업의 핵심적인 비극이다. 왜 그리고 어떻게 이런 비극이 일어나는지 알려면 토양이 어떻게 기능하는지를 최소한이라도 이해해야 한다.

먼저 영양분을 살펴보자. 전문가들은 다량 영양소와 미량 영양소를 구분한다. 2대 다량 영양소는 질소와 인이다(칼슘과 포타슘도 중요한 역할을 한다). 질소는 핵산과 단백질의 필수 성분이다. 또한 엽록소의 필수 성분이기도 한데, 엽록소가 없으면 광합성은 불가능하다. 인도 핵산과 세포막의 필수 성분이고, 신진대사에 필요한 에너지를 공급하는 분자의 필수 성분이기도 하다. 철·망간·구리·염소 같은 미량 영양소도 적은 양이지만 꼭 필요하다. 식물에 미량 영양소가 부족해지면 다량 영양소를 이용하는 능력도 심각하게 떨어질 수 있다.

식물과 상호작용하는 방식에서 이산화탄소와 질소 사이에 주목할 만한 차이점이 있다. 대기 중에 0.05퍼센트도 안 되는 이산화탄소는 식물이 광합성을 하는 동안 쉽게 포획된다. 질소는 대기 중에 70퍼센트 이상을 차지하는데도 식물에 직접 포획되지 않으며, 대부분의 식물에는 아예 포획되지 않는다. 완두콩·강낭콩·대두 같은 콩과식물은 대기 중의 질소를 포획하기 위해 뿌리에 자라는 특정 박테리아와 협력한다(씨앗에 해당 박테리아를 주입해 이런 공생과정을 인공적으로 유발할 수도 있다. 브라질 대두 농장에서 화학비료 사용을 줄이기 위해 이 방법을 도입한 바 있다). '비료나무'(공기 속의 질소를 고정하는 나무)들도 있는데, 아카시아·오리나무·열대 데스모디움tropical desmodium·카수아리나 같은 것들이다.[6] 이 '질소 고정자'들은 자기들이 포획한 질소로 이득을 취하면서 토양을 질소로 비옥하게 만들어 주변의 다른 식물에 이로움을 준다. 토양에서 질소를 만드는 또 다른 방법은 식물 잔재나 동물 퇴비 형태로 유기물을 흙으로 돌려보내는 것이다. 그 안에서 미생물이 썩으면서 질소가 만들어진다. 그러나 동식물에서 뭔가 빼앗는 것이 바로 농업의 목적이다. 그렇기 때문에 사용된 질소 가운데 아주 일부분만 토양으로 돌아가게 된다. 콩과식물과 비료나무가 없다면 화학비료를 써서 토양 내 질소 결핍을 채울 수 있다. 그런 화학비료가 곡물 수확량을 늘리는 데 아주 효과적인 것은 분명하다. 선진국과 신흥국에서 이런 비료들이 체계적으로 남용되기 때문에 심각한 대기오염·토양오염·수질오염을 빚어내고 있다(이 절 뒷부분 참조).

식물 잔재와 동물 퇴비에 포함되어 있는 인을 재활용하는 방법을 빼면 식물에 대규모로 인을 공급할 수 있는 유일한 방법은 과인산석회를 쓰는 것이다. 과인산석회가 채굴되는 나라는 몇 안 된다. 고갈 문제는 말할 것도 없이 그 희소성 때문에 인을 사용하는 것과 관련해 문제가 생긴다(어느 정도는 포타슘도 비슷한 문제가 있다).

영양분과 더불어 박테리아와 미세균류도 토양 생태계에서 필수적인 역할을 하고 있다. 자연적인 환경에서 박테리아와 미세균류는 그 양이 엄청나다(박테리아가 1헥타르당 1,500킬로그램 들어 있는 경우도 드물지 않다). 박테리아의 주요 기능은 유기물질을 분해해서 영양분을 재활용하는 것이다. 콩과식물과 박테리아의 관계처럼 어떤 박테리아는 이로운 역할을 하지만 식물에 해로운 박테리아도 있다(1장 참조). 어떤 박테리아는 예상 치 못한 기능을 하기도 한다. 예를 들어 길고 가는 미세균류는 식물 뿌리가 들어갈 수 없는 곳까지 뚫고 들어가 식물이 물과 양분을 흡수할 수 있게 도와준다.

박테리아와 곰팡이는 제 역할에 비해 늘 제대로 평가받지는 못하는 반면, 지렁이는 토질 유지와 향상에 도움을 주는 존재로 많이 알려져 있다. 지렁이는 식물에 이로운 피드백 루프를 유지하면서 비옥한 토양에서 왕성하게 번식하는 경향이 있다(1헥타르에 200만~300만 마리가 있는 경우도 드물지 않다). 지렁이는 나뭇잎이랑 죽은 식물 뿌리 같은 유기 잔해를 먹고 식물에 이로운 영양분이 풍부한 똥을 싼다. 지렁이는 흙속을 뚫고 돌아다니면서 공기와 물 순환을 높여주는 구멍을 만든다. 아리스 토텔레스가 붙여준 '지구의 창자'라는 말을 들을 만하다.

오염과 침식

온갖 출처의 유기오염물질과 무기오염물질이 토양을 비롯한 자연환경을 점점 더 공격하고 있고, 그에 따라 생물적 환경정화의 중요성은 점점 더 크게 부각되고 있다. 예를 들어 특정 식물은 오염물질(예를 들어 위험한 중금속)을 흡수하거나 분해해서 덜 유해한 물질로 만드는 놀라운 능력이 있다.

토양은 물과 바람에 의한 침식작용의 위협도 받는다. 침식은 자연스러운 과정이지만 인간의 행위가 이를 부추기거나 억제할 수 있다. 물에 의한 침식은 거센 빗방울과 유수의 압력 때문에 생긴다. 바람이 거셀수록 토양은 더 건조해지고(특히 가뭄 때) 더 많이 유실된다.

침식을 통해 강이나 저수지에 오염물질이 퍼지고, 이 강이나 저수지가 침전물 때문에 물의 흐름이 막혀 오염되면 침식의 영향은 부정적이다. 그러나 침식의 긍정적인 영향을 보여주는 예도 있는데 이집트가 그렇다. 이집트 농민들은 수천 년 동안 나일 강이 실어다주는 영양이 풍부한 퇴적물에 의지해 살아왔다. 이 풍부한 영양분이 농지를 계속 비옥하게 만들어주는 것이다. 이집트보다 덜 알려져 있지만, 규모는 결코 더 작지 않은 예가 또 있는데, 아프리카의 차드 호수에서 바람을 타고 대서양을 건너 아마존 강 유역으로 이동하는 비옥한 흙먼지다. 이 차드 호수는 한때 북아메리카 오대호만큼 거대한 호수였지만 오래전부터 점점 말라가고 있다(Bristow, Hudson-Edwards, Chappell, 2010).

물에 의한 토양침식을 최소화하려면 물이 더 많이 침투할 수 있게 토양이 너무 치밀해서도 안 되고, 표토가 유수에 너무 쉽게 쓸려가지 않게 너무 느슨해도 안 된다(농지를 너무 깊게 갈아 생기는 결과). 농작물 잔해로 토양을 덮어두면 토양조직을 향상시키고, 토양 표면의 수분을 유지해주며, 물과 바람의 물리적 영향에 보호막이 되어준다. 라틴아메리카에서는 무경운농법(쟁기로 토양을 갈지 않고 작물을 파종하는 농법. 때로 농작물의 잔재를 남겨두기도 한다—옮긴이)이 대규모로(경작 가능한 토지의 40퍼센트 남짓) 시행되고, 뿌리덮개 방식이 체계적으로 이루어지고 있다. 최악의 침식을 막을 수 있는 또 다른 효과적인 방법은 농작물에 다년생

식물과 다년생 수목을 섞어 심는 것이다(7장 참조). 이 방법을 쓰지 않고 1920년대에 옥수수 밭으로 싹 바꾸어버린 아메리카 대평원에서는 1930년대에 더스트 볼Dust Bowl(사발 모양의 지형에서 붙여진 이름으로 심각한 먼지폭풍 피해를 가리킨다—옮긴이)이 휩쓸었다.

　침식은 새로운 것이 아니다. 사막화는 그 극단적인 형태다. 오늘날 몽골과 중국 북부부터 사하라 주변 국가들과 미국 서부까지 사막화가 전 지구적 규모로 일어나고 있다. 조지프 롬Joseph Romm(2011)이 보여주었듯이 그리고 유엔 홈페이지 '사막화, 토지 황폐화, 가뭄' 항목에서 보여주듯이 기후변화는 침식을 악화시킬 것이다.

막다른 길을 향해

영양 부족과 영양 과잉

아프리카 토양의 영양 부족은 토양 빈곤화와 황폐화의 악순환을 불러일으키며, 이는 수확량을 급감시키고 결국은 토지 불모화로 이어진다. 아프리카 사하라 이남 지역 경작지 1헥타르당 질소비료가 연간 평균 10킬로그램씩 들어가는데, 다른 지역에서는 이보다 적게 들어간다(Gilbert, 2012). 질소는 주요 영양소이기 때문에 토지의 결핍 상태를 보여주는 좋은 지표다. 그런데 다른 영양소와 균형을 무시한 채 질소를 더 많이 써봤자 소용없다. 그런데도 이런 일이 너무 자주 벌어지고 있다. 그러다가 어느 순간 절박한 농민들은 신선한 토양을 찾아 산림을 개간하거나 또 다른 생태계를 개간하는데, 그렇게 해서 또 다른 형태의 생태적 불균형을 초래한다.

산업국과 신흥국에서는 비료를 극단적으로 많이 쓰는데, 중국이 특히 그렇다. 유럽과 미국 농민들은 1년에 1헥타르당 평균 200~250킬로그램씩 질소비료를 쓰는데, 실제로 식물에 흡수되는 양은 20~30퍼센트밖에 안 된다(Sutton & Bleeker, 2013). 중국은 400킬로그램씩이나 쓰지만 흡수율은 오히려 더 낮다(Zhang et al., 2013; Liu et al., 2013). 근본적으로 중국식 농업은 지금 미국과 유럽의 산업형 농업이 처해 있는 불균형을 악화시킨다.

질소비료를 쓰는 이점은 사실 아주 비선형적이다(다른 영양소도 마찬가지인데, 특히 인이 그렇다). 질소비료는 비교적 빨리 한계점에 도달하며, 그후 흡수율은 곤두박질친다. 그런데도 농민들은 그 반대로 말하는 비료회사의 판매원, 농업 행정 전문가, 연구개발단체 전문가의 말을 믿는다. 예를 들어 중국에서는 이렇다.

1990년대 이전에 과학자, 정부, 정부 산하 직원들이 곡물 수확량을 늘리고 점점 늘어가는 인구를 먹여 살리기 위해 합성비료 사용을 늘리라고 농민들을 부추겼다. 아직도 농민들은 비료를 많이 쓸수록 수확량이 늘어난다는 고정관념에 매여 있기 때문에 지금 농민들에게 비료 사용량을 줄이라고 설득하기는 힘들다(Ju et al., 2009).

비료에 대한 보조금을 많이 받고, 비료 사용이 인간의 건강과 환경에 해악을 미쳐도 처벌받지 않기 때문에(사실 그래야 하는데도) 농민들은 생각을 바꿀 필요를 못 느낀다. 경제적 유인책이 완전히 전도되었다.

농작물에 흡수되고 남은 비료는 그냥 사라지지 않는다. 물과 공기를 심각하게 오염시키며, 온실가스 배출을 유발할 수 있다. Nr(질소가 에너지를 많이 소비할 때 생기는 반응물질), 특히 암모늄의 양이 지나치게 많으면 이것이 물속으로 흘러들어가 강과 호수와 대수층을 질산염으로 포화 상태에 이르게 해서 더는 마실 수 없는 물로 만들어버린다. 이 성분들은 해조류의 먹이도 되기 때문에 해조류가 왕성하게 번성하도록 만들고, 그렇게 되면 저산소증(해조류가 부패하면서 산소를 소비해서 생기는 현상)을 유발해 그 어떤 식물이나 동물도 살 수 없는 죽음의 지대를 만든다(1장 참조). 토양에 남아 있는 질산염이 너무 많아도 오염을 일으키는데, 특히 토양 산성화를 유발해서(Guo et al., 2010) 토양이 유해물질로 중독된다.[7]

살생물제의 2차 피해

선진국과 신흥국에서 화학적 살생물제(살충제·제초제·살균제)가 화학비료만큼이나 무분별하게 사용되고 있다. 화학적 살생물제의 부작용은 화학비료보다 더 심각한데, 토양과 물에 스며들어 생물다양성을 파괴하기 때문이다(Beketov et al., 2013). 화학적 살생물제는 농민들의 건강에 극도로 위험하며 공중보건에도 아주 해롭다(6장 참조). 예를 들어 살충제는 자궁 속 태아한테도 흡수될 수 있다. 살충제 잔여물은 모든 농산물 가공식품에도 남는다.[8] 살생물제는 온갖 종류의 동물, 새, 가루받이 동물(1장 참조), 심지어 지렁이한테도 해를 끼친다(Hopwood et al., 2013).

살생물제는 그 목표물을 죽이는 일보다도 2차 피해를 입히는 데 더 탁월하다는 사실이 종종 입증되었다. 살생물제가 목표물의 천적인 포식자한테까지 부정적인 영향을 미치는 것도 바람직하지 못하다. 화학공업계에서 화학비료 개선보다 살생물제를 더 공격적으로 만드는 데 몰래 힘써왔다는 사실은 놀랄 일이 아니다(6장에 나오는 아트라진 제초제 사건 참조). 살생물제는 응급상황을 해결하는 데 뛰어나기는 하지만, 습관적으로 사용할 경우 내성이 생겨 무용지물이 되는 경향이 있다(5장 참조. Palumbi, 2001). 그에 따른 군비 확장 경쟁에서 생산자의 이익은 높아질지 몰라도 농민·시민과 환경의 건강은 모두 피해를 입는다.

그러나 화학은 다른 방향으로 쓰일 수도 있다. 「영국 왕립학회 보고서 Royal Society Report」가 보여주듯이 "지금 가장 광범위하게 사용되고 있는 것과는 근본적으로 다른 새로운 종류의 농작물 보호 화학물질을 만들 수 있다. 자연적 면역체계를 활성화하는 화학물질과 유사하면서 식물에 본래 존재하는 성분으로, 해충과 병원균을 직접 공격하지 않기 때문에 현재 쓰이는 성분들보다 환경에 이로울 것이다."(2009, p. 30) 이 보고서는 생물학적 상호작용을 바탕으로 해충과 질병을 통합적으로 관리하는 것이 더 효과적이라고 주장하기도 한다(5장과 7장 참조).

토지 강탈: 지속 불가능성으로 가는 길

사우디아라비아는 물이 부족한데도 수입식량 의존도를 줄이기 위해 자국 영토 내에 곡물을 재배하기 시작했다. 그러나 제한된 자원에 비해 필요한 물의 양이 너무 막대하다는 사실을 깨닫고, 몇 년 뒤 곡물 재배를 아웃소싱으로 대체하게 되었다. 사우디아라비아의 공공기관과 민간기업은 아프리카에서 경작 가능한 땅을 대규모로 사들이거나 장기 임대하기 시작했다. 중국·인도·한국·말레이시아 같은 다른 나라도 아프리카를 비롯해 캄보디아·라오스·파푸아뉴기니처럼 가난한 나라에서 비슷한 행보를 밟고 있다. 미국과 유럽의 주요 곡물무역상사들도 땅을 사들이기 시작했는데, 예를 들어 루이 드레퓌스Louis Dreyfus사는 과거 프랑스 식민지였던 나라의 땅을 사들이고 있다. 미국 연기금과 돈 많은 대학들도 아프리카에서 이 경쟁에 뛰어들었고 남아메리카에도 눈을 돌렸다.

일반적으로 중앙정부와 지방정부는 여러 이유로(물론 모두 다 명예로운 건 아니었다) 이런 움직임을 반겼다. 그리고 이 외부인들이 자기 나라를 마음대로 조종할 수 있게 놔두었다. 국유지에서 영구 사용권을 얻어 경작하고 있는 농민이 걸림돌이 되면 쫓아내버렸다. 이렇게 쫓겨난 농민들은 새로운 토지 소유자에게 고용되는 경우도 있지만, 대부분은 가난한 농촌지역의 '새 마을'에 모여 살거나 인근 도시 빈민가로 유입되었다.

1995년부터 2016년까지 에티오피아 정부는 약 700만 헥타르를 외국 투자자에게 임대하거나 매각했고, 그 결과 150만 명이 넘는 소작농들이 삶의 터전에서 쫓겨났다. 남부 감벨라 주가 특히 극심한 변화를 겪었는데, 경작지의 약 40퍼센트가 외국 회사에 넘어갔다. 아누아크 토착민 공동체는 비옥한 땅에서 살다가 설득이 아닌 협박을 당해 삶의 터전에서 쫓겨났다. 에티오피아 경찰과 군대는 자의적인 체포·강간·고문·살인을 자행했다. 이런 대학살이 자행되던 당시 주지사였던 오켈로 오칼라Okello A. Ochalla는 2003년에 이런 집단적인 인권 유린과 토지 강탈에 맞서 행동에 나섰다. 그는 그 일로 에티오피아에서 망명해 노르웨이 시민이 되었다. 그런데도 납치되어 감금되고, 고문당하고, 테러 행위로 기소되었다.

　중국 영향권에 있는 캄보디아 정부도 재산권을 무시한 채 새로운 중국인 소유주와 캄보디아 친구들에게 땅을 내주기 위해 똑같이 잔인한 방법으로 원래 땅주인들을 몰아냈다. 라오스에서는 이제 벼농사에 쓰이는 땅보다 외국인(중국인·베트남인·태국인)이 소유한 땅이 더 많다. 이때문에 사람도 생태계도 모두 고통받고 있다.[9]

　토지 강탈과 연관된 지속 불가능성은 이뿐만이 아니다. 새로운 소유주들은 주로 단기간에 많은 수확량을 거두고 싶어하고, 그러기 위해서 화학비료를 대량 살포하고 관개용수를 아낌없이 쓰는데, 이는 토양 본래의 생물다양성과 지속 가능성을 해친다. 물 경쟁도 아주 골치 아픈 문제를 일으키는데, 여러 나라가 수역(강·호수·대수층)을 공유할 때 특히 그렇다. 예를 들어 에티오피아에서 땅을 사들인 사우디아라비아인과 중국인을 비롯한 외국인이 자기 소유의 땅에서 물을 맘껏 쓰고 싶어하는 것은 당연하다. 그래서 이집트로 들어오는 나일 강물이 크게 줄어들게 되면 심각한 분쟁을 피할 길이 없다(이 장 앞부분 참조).

　현지 국가에서 식량 가용량이 부족해지면 어떤 일이 벌어질까? 외국인들이 소유한 농장에서 생산된 농산물을 수출하지 못하게 주민들이 막아설까? 그런 시도가 성공할까? 외국인들이 자신의 재산권이 침해되는 것을 그냥 두고 보고만 있을까? 중앙정부와 지방정부가 온갖 인적 피해를 감수하고라도 이 재산권을 지켜주려고 할까? 어떤 경우에도 지속 가능성은 생각할 수 없다.[10]

3장

에너지는
최대한 적게

에너지 생산·소비와 관련해 근본적인 문제가 두 가지 있다. 첫째, 에너지가 부족하고, 사용하기에도 불편하며, 심지어 위험할 때가 많은 개발도상국 국민에게 어떻게 에너지를 충분히 공급할 것인가?[1] 둘째, 선진국과 신흥국에서 화석연료 소비를 어떻게 최소화할 수 있을까? 두 번째 문제는 다양한 이용자의 다양한 환경에 최적화된 청정기술을 체계적으로 보급하고(7장 참조), 적절한 보상과 규제를 통해 에너지 소비습관을 바꿈으로써(8장 참조) 해결할 수 있다.

주요 기후교란을 피하려면 지구 평균기온 상승폭을 산업화 이전 대비 1.5~2도 이하로 유지해야 한다는 데는 사람들의 의견이 일치한다(4장 참조). 그렇다면 문제는 정말로 이 상한선을 넘지 않으려면 온실가스 배출 억제 면에서 무엇을 해야 하느냐다. 유력한 해결책은 상한선을 넘지 않을 확률 75퍼센트를 위해 이산화탄소 누적 배출량이 600~700기가톤을 넘지 않도록 해야 한다는 것이다(Meinshausen et al., 2009).[2] 그러려면 남은 화석연료 매장량을 모두 태울 수는 없다. 이 매장량은 다소 보수적으로 계산되었는데, 여기에는 셰일가스도, 셰일오일도, 극지방 매장량도 포함되어 있지 않다. 이것까지 다 포함시키면 이산화탄소가 2,500~3,000기가톤이 배출될 것이다. 영국 경제학자 니컬러스 스턴Nicholas Stern이 『파이낸셜타임스Financial Times』 기사(2011)에서 지적했듯이 "선언된 정책(지구 평균기온 상승폭 2도 이하 유지)과 등록된 에너지회사들의 화석연료 매장량 평가 사이에는 심각한 모순이 있다." 이

에 따르면 세계 어디에서도 기후변화에 대처하기 위한 이 목표에 근접하지 못할 것으로 보인다.[3]

화석에너지 자원 이용의 물리적 한계 때문에 언젠가는 에너지 사용을 절제하게 되리라는 생각은 망상이다. 석탄 정점, 가스 정점, 석유 정점 같은 것은 없다. 석탄 매장량만 보더라도 앞으로 몇 세기는 헤프게 쓸 만큼 충분하다는 사실은 잘 알려진 바다. 게다가 최근에는 새로운 발견과 신기술 덕에 이제까지 접근할 수 없었던 곳에서도 채굴이 가능해졌기 때문에 이용 가능한 가스와 석유도 예상보다 훨씬 더 많다는 사실도 밝혀졌다.

화석연료에서 벗어나 여러 에너지 간에 균형을 재조정함으로써 전 지구적 차원에서 에너지를 더 효율적으로 생산하고 이용해야 할 필요성이 절실하다. 불행하게도 화석연료 가용량은 수십 년간 보지 못했던 전례 없는 속도로 늘어나고 있고 가격도 낮아 소비자들에게 매력적이다. 이런 팽창은 주로 막강한 기업(사기업과 공기업 둘 다)이 통제하며 경제·정치·언론 등 모든 영역에 그 영향력을 미치고 있다. 국제에너지기구(2015a)에 따르면 이 기업들이 화석연료를 채굴하고 자원을 탐사하고 그 자원을 채취할 수 있는 더 효과적인 기술을 개발하는 데 쓴 비용은 전 세계적으로 에너지 효율을 높이고 에너지를 절약하는 데 들인 비용보다 훨씬 더 많다. 이것이 바로 이 기업들이 화석연료를 판매하는 이유다. 니컬러스 스턴이 지적한 모순만큼이나 놀라운 모순이 바로 이 지점에 있다. 그리고 이는 지구상에서 조화롭게 조직을 이루며 살고 있는 생명에 종말을 가져올 것이다(4장 참조). 이 종말은 거의 모든 사람이 좋다고 생각하는 게 너무 많아서 비롯된 결과다(표 3-1 참조).

표 3-1 전 세계 1차 에너지 수요(연료별)와 시나리오(석유환산톤으로 100만 톤 단위)

	2000	2013	2040 (현 정책 기준)	2040 (새로운 정책 기준)	2040 (450 시나리오 기준)
석탄	2,343	3,929	5,618	4,414	2,495
석유	3,669	4,219	5,348	4,735	3,351
가스	2,067	2,901	4,610	4,239	3,335
원자력	676	646	1,036	1,201	1,627
수력	225	326	507	531	588
바이오에너지	1,023	1,376	1,830	1,878	2,331
기타 재생에너지	60	161	693	937	1,470
총	10,063	13,559	19,643	17,934	15,197
화석연료 비율	80%	81%	79%	75%	60%
비OECD 비율	46%	60%	70%	70%	69%
이산화탄소 배출량(GT)	23.2	31.6	44.1	36.7	18.8

일러두기: GT=기가톤(10억 톤), OECD=경제협력개발기구. 출처: 국제에너지기구, 2015b

환경위기와 기후위기가 그냥 사라질 리 없기 때문에 우선순위를 세워서 실천으로 옮겨야 한다. 이번 장에서는 주요 에너지원인 화석에너지·재생에너지·원자력에너지를 간략하게 살펴보겠다.

'현 정책'과 '새로운 정책' 시나리오에 따르면 기후는 폭발한다. '450 시나리오'는 「블룸버그 신에너지 전망 2016Bloomberg New Energy Outlook 2016」에 제시된 것이며, 이 보고서에서 여덟 번째 '눈길을 끄는 발견'으로 소개된 경고에 딸려 있다. "제로탄소 발전에 대한 예상 투자액 9.2조 달러 외에 전력 부문 이산화탄소 배출량이 기후변화에 관한 정부 간 협의체

IPCC에서 정한 대기 중 이산화탄소 농도 '안전' 상한선 450피피엠을 넘지 않게(다시 말해 지구 평균기온 상승폭을 2도 이하로 유지) 하려면 2040년까지 추가로 53조 달러가 더 필요하다."

어떻게 막을 수 있을까? 어떻게 이 시나리오에 맞춰 이산화탄소 배출량을 눈에 띄게 줄일 수 있을까? 첫째, 화석연료 태우는 것을 더 어렵고(규제를 통해) 더 비싸게(탄소가격제를 통해) 만듦으로써, 둘째, 에너지 효율과 에너지 절약을 극대화함으로써, 셋째, 효율적인 청정에너지 기술을 보급하기 위한(특히 개발도상국에) 노력을 극대화함으로써, 넷째, 발전소뿐만 아니라 대기 중에서도 이산화탄소를 포획함으로써(5, 7, 8장 참조) 우리는 이 목표를 이룰 수 있다. 이것이 우리가 최소한 해야 할 일이다.

화석연료

석탄

석탄은 오염과 이산화탄소 배출 면에서 가장 더러운 화석연료다. 이보다 더러운 것은 타르로 만드는 아스팔트뿐이다. 베이징과 델리를 비롯한 아시아 도시들은 20세기 전반에 런던을 곤경에 빠뜨렸던 극심한 스모그를 다시 내뿜고 있다. 미국만 해도 석탄산업이 건강에 미치는 부정적인 영향에 따른 피해액이 연간 400억 달러가 넘는다(Buonocore et al., 2016). 유럽에서 석탄 의존도가 아주 높은 축에 드는 발칸 지역에서는 중국의 석탄 생산지에서 볼 수 있는 환경파괴 현상이 나타난다. 석탄 생산과 소비의 규모를 줄여 이산화탄소 배출을 감소시키는 것의 이점은 실로 상당하다.

석탄은 가스와 석유보다 이산화탄소를 더 많이 배출한다(석유를 타르 모래에서 추출하지 않고, 가스 추출·운송·소비과정에서 생기는 메탄가스 누출을 최소화한다고 가정할 때). 미국에서는 석탄 소비가 21세기 초반 무렵만 해도 상상할 수 없었던 속도로 줄어들고 있는데, 셰일가스가 석탄을 대체했기 때문이다. 석탄-화력발전소에 대한 규제 강화도 미국의 석탄 소비 감소에 한몫했다.

일부 유럽 국가에서는 석탄-화력발전을 이용한 전기 생산 규모가 늘었는데, 원자력발전의 단계적 폐지에서 비롯한 전력 부족과 빠르게 늘어가는 풍력발전·태양광발전을 이용한 전력 생산과정에서 생기는 간헐적인 전력 부족을 메우기 위해서다(오염도 적고 가동과 중단이 더 편하기 때문에 가스발전소를 선호하지만, 유럽에서는 천연가스가 상대적으로 비싸다). 독일은 이와 같은 석탄회귀 현상의 선두에 서 있다. 2015년 독일의 전력 총생산량 가운데 45퍼센트를 석탄이 차지한 반면 재생에너지는 35퍼센트를 차지했다. 21세기 초반부터 독일에서 재생에너지 발달은 놀라울 정도였지만, 해마다 새로운 석탄발전소가 전력망에 연결되면서 석탄을 통한 전기 생산량도 꾸준히 늘었다.

독일은 갈탄 매장량이 막대한데, 갈탄은 가장 질이 낮은 석탄이다. 한때 동독으로 불렸던 공산주의 정부는 가정용과 산업용 전기를 생산하기 위해 갈탄에 크게 의존했고, 그 결과 대기·수질·토양오염이 끔찍했다. 1990년 독일이 다시 통일되었을 때 비효율적인 갈탄발전소는 대부분 폐쇄되었고 갈탄 사용도 급격히 줄었다. 그런데 갈탄이 다시 돌아온 것이다. 2015년에 독일에서 갈탄을 이용한 전기 생산량은 전체 전기 생산량의 25퍼센트로 독일에서 가장 중요한 전력 공급원이 되었다. 1킬로 와트시 기준으로 갈탄으로 인한 이산화탄소 배출량은 아주 높으며, 따라서 최근 독일의 이산화탄소 배출량 증가에 기여한 바도 월등히 높다.

앞서 언급했듯이 천연가스는 재생에너지에 대한 보완 역할을 훨씬 더 잘해낼 것이다. 그러나 유럽에서는 가격 면에서 갈탄이나 미국 석탄과 경쟁이 안 되는데, 미국 석탄은 유럽에서 1톤당 100달러도 안 되는 가격에 팔린다. 미국은 그 반대다. 미국에서는 석탄이 천연가스와 더는 경쟁이 안 된다. 미국의 석탄 생산자는 해외에 자유롭게 석탄을 팔지만, 미국의 가스 생산자는 2015년 말에야 비로소 첫 수출 승인을 따냈다.

풍력과 태양에너지를 이용한 전기 생산기술과 에너지 저장기술의 발전(5장 참조), 사회적·정치적 압박 때문에 전기 생산에서 석탄이 차지하는 비율이 줄기 시작했다. 독일 최대 에너지 기업 에온세E.ON SE는 이런 변화를 미리 예상하고 석탄 기반사업을 분리시키기로 결정했으며 재생에너지, 네트워크, 서비스 개발에 집중하고 있다. 독일에서 두 번째로 큰 에너지 기업 RWE도 2015년 12월 그 뒤를 따랐다.

이와 같은 독일의 전개 상황은(중요하기는 하지만) 중국이 21세기 석탄 부활에 기여한 바에 비하면 빛이 바랜다. 21세기가 시작되고 10년 동안 중국의 석탄 총수요는 두 배로 늘어 2010년 즈음에는 30억~35억 톤에 달했다(같은 기간에 전 세계 석탄 총수요는 50억 톤에서 80억 톤으로 증가했다). 2012년 10월 공식 집계된 통계자료에 따르면 2012년에 중국의 석탄 총수요가 40억 톤으로 절정에 이르렀다고 한다. 그 이후로 석탄 수요는 변동이 없거나 살짝 감소하는 추세다. 전기를 생산하는 데는 막대한 양의 석탄이 필요한데, 중국에서 소비되는 전기의 80퍼센트가 석탄-화력발전소에서 생산되며, 대부분 에너지 효율이 낮다. 중국의 석탄-화력발전소는 경제성장과 더불어 열심히 돌아가다가 2014년 전환점을 맞이했다. 중국 공산당 중앙기율검사위원회에서 중국 공산당 고위직 내 석탄 생산과 거래 관련 부패 수사 파동이 일었던 것이다.

중국에서는 그 어느 나라보다도 재생에너지에 막대한 투자를 하고 있는데도 국제에너지기구 추정에 따르면(IEA, 2016) 2040년까지 중국 전기 생산의 3분의 2 이상이 석탄발전소에서 생산될 것이라고 한다. 이 추정치가 현실이 된다면 기후에 미치는 부메랑 효과는 심각할 것이다. 그러나 중국의 경제성장률이 2015년, 2016년처럼 감소 추세가 지속되고, 재생에너지에 대한 투자가 예상보다 더 많이 이루어지고, 전력망에 연결되지 못해 놓고 있는 재생에너지가 가동된다면(현재는 주로 석탄-화력발전소가 전력망에 우선적으로 연결된다) 석탄 소비와 이산화탄소 배출도 크게 줄어들 것이다. 이렇듯 미래를 전망할 때 심각한 모순과 불확실성이 존재한다.

오스트레일리아와 인도네시아를 비롯한 몇몇 나라에서 수입하는 석탄량이 빠르게 증가하고는 있지만 중국의 석탄 수요는 주로 국내 광산으로 충당된다. 전 세계적으로 중동 석유가 주 에너지원인 데 비해 중국에서는 석탄이 주 에너지원이다. 중국보다는 훨씬 뒤처져 있지만, 인도의 석탄 수요도 지난 10년 동안 80퍼센트 가까이 늘었다. 일부 아시아 국가에 공통적으로 나타나는 추세인데, 이 때문에 세계은행 김용 총재는 스턴의 경고를 다시 입에 올렸다. "올해 초 등록된 새로운 석탄발전소들이 모두 건설된다면, 특히 아시아에 건설될 예정인데, 그렇게 되면 지구 평균기온 상승폭 2도 이하 유지는 불가능할 것이다."[4]

천연가스

제대로만 다룬다면 천연가스는 석탄보다 오염 유발이 현저히 적다. 화학구조 때문이기도 하고, 천연가스발전소의 높은 효율성 때문이기도 하다. 그렇다고 천연가스 연소과정에서 이산화탄소가 배출되지 않는 것은 아니다. 같은 전기 생산량 기준으로 석탄보다 절반 수준의 이산화탄소가 발생한다. 게다가 천연가스를 제대로 다루지 못할 때가 많은데, 상업화된 천연가스는 주로 메탄가스로 이루어졌기 때문에 특히 위험하다. 메탄가스는 이산화탄소보다도 온실가스 효과가 더 크기 때문이다(4장 참조). 메탄가스 누출량이 너무 많으면 석탄 대신 천연가스를 쓰는 이점이 사라진다.[5]

최근 미국의 천연가스 열기는 주로 셰일암층에 매장된 천연가스를 추출해낼 수 있는 새로운 기술 덕분이다. 셰일암층은 기존 기술로는 접근할 수 없었던 곳인데 파면 팔수록 천연가스가 더 많이 발견되고 있다. 천연가스 추출기술, 곧 수평시추법과 수압파쇄법('프래킹')은 1940년대와 50년대에 발명되었지만, 21세기 전까지는 주목받지 못했다. 21세기가 시작하면서 이 기술은 펜실베이니아에 있는 마르셀루스 셰일광구와 텍사스에 있는 바넷 셰일광구, 이글 포드 셰일광구(이곳에서는 가스와 셰일오일 둘 다 시추) 같은 지역에서 유리한 고지를 점령하기 시작했다. 이렇게 빠른 성장이 가능했던 이유는 오랜 시추 경험 덕분에 미국이 이미 그에 필요한 적절한 기술과 장비를 갖추고 있었기 때문이다. 게다가 존 록펠러John D. Rockfeller가 산업에 뛰어들었을 때도 그랬듯이 수압파쇄법에 대해서도 연방정부 차원의 규제가 거의 없다.

천연가스 시추는 미국 경제에서 노다지였지만 여러 대가가 따른다. 수압파쇄는 말 그대로 고압의 물을 셰일암 속으로 밀어 넣는 것이다. 우선 우물을 통해 수직단면 아래로 물이 들어간다. 목표 암석에 도달하면 물줄기는 수평으로 방향을 틀어 목표 암석에 균열을 낸다. 가스가 순환할 수 있는 길을 내는 것이다. 이 공정에는 물이 많이 필요하다. 맨 처음 암석에 균열을 내는 데 물 200만~500만 갤런이, 우물의 수명이 다할 때까지 매번 균열을 낼 때마다 추가로 200만~300만 갤런이 필요하다. 인구가 수만 명 정도인 미국 소도시에서 1일 물 소비량에 맞먹는 양이다. 물이 부족하지 않은 곳이라면 괜찮지만, 가뭄으로 고통받는 캘리포니아나 텍사스처럼 물이 귀한 곳에서는 기존의 물 사용자들과 경쟁이 붙어 긴장이 유발될 수 있다. 그리고 집수지역에서는 그 영향이 재난 수준이 될 수 있다(Freyman & Salmon, 2013).[6]

파쇄 효과를 높이기 위해 수십 가지 화학제품으로 이루어진 혼합물을 물에 주입하는데, 이는 미국 전역의 수질을 단속하는 미 환경보호국 EPA: Environmental Protection Agency의 검사를 전혀 받지 않은 화학제품이다. 미국에서 모든 에너지 추출 공정이 그렇듯이 수압파쇄는 규제를 받지 않는다. 심지어 그 혼합물의 성분을 밝힐 필요조차 없다. 일반적으로 목표 암석은 대수층보다 훨씬 더 깊이 있다. 따라서 추출 우물은 대수층을 통과할 수밖에 없다. 시추관이 새지 않는 한 문제될 게 없지만, 으레 새는 관이 있다.

수압파쇄 우물에서 나온 오염된 물을 처리하는 문제도 또 다른 걱정거리다. 『텍사스 트리뷴Texas Tribune』은 오염된 물을 텍사스 주 시골의 폐기용 우물로 실어 나르는 대형 트럭들에 대해 보도한 바 있다. 이 우물들은 대수층과 통하면 안 되지만, 실제로는 땅속 깊이 버려진 수많은 유정과 대수층 사이에 통로가 없으리라고 보장할 수는 없다(Henry & Galbraith, 2013). 오클라호마에서는(정도는 덜하지만 캔자스와 텍사스에서도) 무분별한 폐수 처리가 전염병처럼 퍼지는 지진의 원인으로 꼽힌다. 물론 오염된 물을 처리해서 수압파쇄 공정에 재사용한다면 더 안전할 것이다. 운영자 입장에서는 이윤이 줄어들겠지만 말이다.[7]

천연가스 시추가 늘면서 토지 이용에 대한 긴장도 점점 높아질 것이다.[8] 가스 추출 우물은 일반 우물보다 지름이 훨씬 작아서 생산성에 비해 우물을 많이 뚫기 때문에 우물 밀집도가 높다. 예를 들어 텍사스 주 포트워스 시는 두 번째로 큰 시추회사인, 텍사스 북부 바넷 셰일광구 소재 체서피크에너지Chesapeake Energy를 상대로 태런트 카운티 지방법원에 고소장을 냈다. 그런데 그 목적은 포트워스 시의 가정집, 학교, 공공장소에서 시추권을 포기하게 만드는 것이 아니라 체서피크에너지사에서 속임수를 썼다는(회사 측에서는 합의된 바라고 주장하는) 로열티를 제대로 받기 위한 것이었다. 텍사스 말고도 다른 주에서도 토지 이용을 둘러싼 분쟁이 심화되고 있다. 사실 텍사스 주에서 시추 자체에 단호히 반대하는 지방정부도 있다. 그러나 텍사스 주 입법기관에서 가결되어 2015년 5월 주지사가 서명한 법안에 따르면 지방정부가 천연가스 시추를 금지할 수 없게 되어 있다. 플로리다에서는 주 의회에서 비슷한 법안을 가결했으나 2016년 3월, 플로리다 주 상원세출위원회SAC: Senate Appropriations Committee에서 근소한 차이로 그 법안을 부결했다. 사실 플로리다 주처럼 다공성 석회암 토양으로 이루어진 지역에서 주민 90퍼센트의 식수로 이용되는 연약한 대수층에 수압파쇄법을 쓴다는 발상 자체가 미친 짓이다.

앞서 말한 것만큼 중요하지만 상대적으로 언론의 주목을 받지 못하는 문제가 또 있다. 값싼 천연가스가 석탄뿐만 아니라 재생에너지와 원자력에너지까지 대체해 에너지 절약 유인책을 약화시킬 가능성이 있다는 점이다. 스탠퍼드 대학 에너지모델링포럼Energy Modeling Forum에서 실시한 연구(2013)는 천연가스가 미국 경제에 미치는 영향이 "향후 수십 년간 연간 700억 달러"에 이를 것이라면서 천연가스가 기후에 미치는 영향에 대해 덜 낙관적인 평가를 내놓았다.

셰일 개발은 이산화탄소·이산화질소·이산화황 배출에 미치는 영향이 상대적으로 적다. 2020년 이후로는 특히 더 그렇다. 2006년부터 전기 생산에서 탄소 집약도가 줄어들었는데, 천연가스가 차지하는 비율은 16퍼센트에서 24퍼센트로 증가한 반면 석탄이 차지하는 비율은 52퍼센트에서 41퍼센트로 감소했다. 앞으로 천연가스가 원자력에너지와 재생에너지를 대체하기 시작하면서 이와 같은 온실가스 배출 감소 추세가 약해질 것이다. 이 천연가스가 아니었으면 협약조건에 따라 새로운 재생에너지 발전소들이 가동되었을 것이다. 많은 양은 아니지만 배출 효과를 야기하는 또 다른 요인은 경제성장의 증가다. 가스비와 전기료가 더 낮아져서 연료 소비와 전력 소비가 증가하는 것도 이런 추세를 강화하는 요인이다.

가스사업 팽창이 기후변화에 미치는 영향을 과장해서는 안 된다.
유럽, 특히 영국·프랑스·폴란드의 셰일가스 매장량도 상당하지만 미국만큼은 아니다. 게다가 이 매장량이 미국과 똑같은 방식으로 개발되는 것은 상상하기 어렵다. 이 지역들은 대부분 미국보다 인구밀도가 더 높고 주민의 환경의식도 더 높기 때문이다. 예를 들어 영국의 토리 정부가 셰일층을 개발하겠다고 약속한 서식스·켄트·랭커셔 지역에서 포트워스처럼 심각한 동요가 일어날 것이다. 법적 처분, 특히 재산권 관련 법적 처분에서 차이점도 주목해야 한다. 자기 땅 밑에 있는 지하자원에 대한 소유권이 있는 미국에서는 토지 소유주 대다수가 셰일가스 개발에 기꺼이 뛰어들었지만, 유럽에서는 그런 유인책이 없다. 유럽에서는 지하자원이 대체로 공공자산이기 때문이다.

라틴아메리카는 셰일층 개발환경이 미국과 더 비슷하다. 칠레 국경 근처, 부에노스아이레스 남부에 있는 거대한 바카 무에르타 셰일광구가 특히 그렇다. 이곳은 셰일층이 두껍고 인구밀도가 아주 낮다는 점에서 지형적으로 아주 유리하다. 문제는 아르헨티나의 사업환경을 꺼리는 투자자들을 설득하는 일일 것이다.

중국의 셰일가스 매장량도 미국만큼이나 막대할 것이다. 그러나 지형적으로는 훨씬 불리한데, 산이 많고 수백 년 동안 지진이 많이 일어나서 땅 밑이 엉망이기 때문이다. 게다가 중국은 어딜 가나 물이 귀한데, 천연가스 시추자들이 관심 있어 할 지역은 특히 그렇다. 천연가스 시추에 관심을 표명한 중국 회사들은 비교적 경험도 부족하고 최신 장비도 별로 갖추지 못했다. 이 분야의 대표 선두주자이자 유력 국영석유가스공사인 페트로차이나PetroChina와 시노펙Sinopec은 여러 범법 행위 혐의, 특히 외국 파트너와의 거래에서 일어난 부패 혐의로 조사받는 중이다. 이런 상황은 전문 장비와 서비스 획득을 더 어렵게 만든다. 2011년부터 2012년에 발표된 중국의 셰일가스 생산량에 대한 낙관적 목표는

2014년 4월 국가에너지청에 의해 크게 삭감되었다. 이로써 머지않은 미래에 중국이 대규모로 석탄을 대체할 수 있을 만큼 천연가스를 채굴할 희망은 산산이 부서졌다.

천연가스는 석탄에서 재생에너지로 넘어가는 다리가 되어줄 거라는 기대를 받는 경우가 많다. 그러나 그 다리에 균열이 너무 많아도 안 되고, 그 다리 때문에 애초 계획된 재생에너지 개발이 지연되어서도 안 된다. 안 그러면 그 다리는 석탄에서 석탄으로 넘어가는 다리가 될 것이다(Levi, 2013).[9]

석유

석탄을 태우는 것보다는 덜해도 석유를 태우는 것은 어쨌든 기후에 좋지 않다. 석유 생산 정점은 환영할 일이지만, 눈앞의 일은 아니다. 오히려 새로운 석유가 발견되고 새로운 기술이 개발되어 과거에는 손이 닿지 않던 곳에서도 석유를 추출할 수 있게 되면서 어디에서나 석유가 뿜어져 나오고 있다. 설사 석유 가격 붕괴로 이런 추세가 얼어붙었다 해도 다시 석유 가격이 오르기를 기다리며 숨죽이고 있을 것이다.

과거에 석유를 추출할 수 없었던 곳 가운데 하나가 바로 셰일층이다. 미국은 이 분야에서도 선두를 달리며, 앞서 언급한 스탠퍼드 대학 에너지모델링포럼의 보고서(EMF, 2013)에 발표된 우려에 무게를 실어주고 있다. 펜실베이니아에서는 가스가 셰일층에서 추출하는 주력 상품이다. 텍사스에서는 가스와 석유이고, 노스다코타는 미국 석유의 새로운 노다지다. 사실 그곳에서는 석유와 함께 나오는 가스는 그냥 그 자리에서 태워버린다. 그 불길이 우주에서도 보일 정도며, 이 불길에서 많은 이산화탄소가 배출되고 있다.

미국 셰일오일 생산자들은 석유 가격 하락 때문에 힘들어하는데, 1배럴에 40달러도 안 된다. 사실 파산위기에 처한 이들도 많다. 그러나 재정 회복력이 좋고 유리한 지역에 시추권을 보유하고 있는 회사들은 지속적인 생산성 확보를 토대로 이 위기를 극복해내고 있으며, 결국 다시 오르게 될 석유 가격으로 이익을 보게 될 것이다.

캐나다 앨버타 지방은 찐득한 역청 밑에 있는 타르 모래에서 추출한 막대한 석유자원 덕에 제2의 사우디아라비아라는 별명을 얻었다. 그런데 석유 가격이 1배럴에 80달러보다 적으면 이 타르 모래를 개발해봤자 이윤이 생기지 않는다. 앨버타도 제2의 중국이 될 수 있다. 역청을 추출해서 정제한 뒤 최대한 태우고 나면 중국에서 석탄을 추출해서 태우는 것만큼이나 환경과 기후에 피해를 입히기 때문이다. 역청을 사용하기 더 편한 액체로 바꾸려면 이 액체로 생산할 수 있는 에너지의 절반에 가까운 에너지가 소모된다. 캐나다와 가까운 미국의 디트로이트 시민은 석유 정제소가 된다는 것이 무슨 뜻인지 체감하고 있다. 달갑지 않은 부산물은 다양한 석유 코크스(석탄으로 만든 연료―옮긴이)다. 황이 많이 포함되어 있는 데다 여러 (중금속) 불순물이 들어 있어서 제강에는 적합하지 않다. 발전소에서 값싼 연료로 쓸 수 있지만, 그 과정에서 생기는 견딜 수 없는 오염 때문에 미국에서는 허용되지 않는다. 결국 이 부산물은 아시아 국가로 수출될 것이다. 그렇지만 그사이에 디트로이트 강을 따라 석유 코크스를 쌓아놓은 검은 언덕은 계속 커져만 간다(Austen, 2013). 북쪽에 있는 다른 중서부 지역에서도 비슷한 언덕이 커져가면서 검은 먼지가 날리고 오염물질이 수로로 스며든다. 시카고에서는 이 코크스 더미 때문에 주민들이 코흐 인더스트리Koch Industries와 대립하고 있다. 인접 발전소에서 캐나다 역청을 정제하는 BP와 계약을 맺은 코흐 인더스트리는 이곳에 폐기물 처리 시설을 보유하고 있다.

한 가지 더 기억해야 할 점은 여러 국가와 기업들이 아프리카 해안과 남아메리카 해안을 따라 바다 깊숙이, 점점 더 깊숙이 석유를 시추하고 있다는 사실이다. 말할 것도 없이 북극의 석유 매장량도 아직 포기하지 않고 있다. 2011년 9월, 미국 석유회사 엑손모빌과 러시아 국영석유회사 로스네프트는 시베리아 해안에서 멀리 떨어진 북극해에서 석유와 가스를 탐사하는 모험을 하기 위해 수십억 달러를 합작 투자하는 데 합의를 보았다. 그곳은 알래스카 북쪽 해안 바다만큼 수심이 깊지 않고 파도가 험하지 않다. 알래스카 북쪽 해안에서 탐사했던 로열더치쉘은 거친 기후조건 때문에 결국 실패했다. 불리한 경제적·정치적 환경 때문에 이 합의를 실행하는 것은 연기되었지만, 아직 무효화되지는 않았다.

결론적으로 석유·석탄·가스는 부족하지 않다. 이 자원을 추출해서 발전소, 운송수단, 주택 등에 밀어 넣을 막강한 기업들도 얼마든지 있다. 2016년 7월 4일, 오슬로에 본사를 둔 리스타드에너지Rystad Energy 컨설팅회사는 「미국이 사우디아라비아보다 더 많은 석유 매장량을 보유하다United States Now Holds More Oil Reserves Than Saudi Arabia」라는 제목으로 세계 석유 매장량에 대한 평가보고서를 발표했다. 전 세계 6만 개 석유 밭을 분석한 결과다. 주요 결론은 이렇다. "리스타드에너지는 전 세계 석유 매장량이 2조 920억 배럴 정도라고 추정한다. 원유가 해마다 약 300억 배럴이 생산되는 비율로 봤을 때 생산량의 70배 정도인 셈이다. 비교해보자면 2015년까지 석유 누적 생산량은 1조 3,000억 배럴에 이른다. 전 세계적으로 채굴할 수 있는 석유 매장량 가운데 비전통적인 석유 채굴이 차지하는 비율이 30퍼센트이고, 연안 시추는 전체의 33퍼센트에 달한다." 이어서 보고서는 화석연료산업과 관련해 전형적인 경고를 내놓는다. "이 수치는 지금 지구에 남아 있는 채굴 가능한 석유의 양이 비교적 한정되어 있다는 사실을 확인해준다. 앞으로 30년 뒤면 전 세계적으로 자동차 규모가 10억~20억 대로 늘어나리라는 예상을 고려할 때 점점 늘어나는 개인 운송 수요를 석유만으로 충족할 수 없다는 것은 명백하다."(Nysveen, 2016) 이 경고를 더 적절하게 표현해보자면 이렇다. 70년이 흐르기 전에 지구의 기후는 폭발할 것이고, 석탄 전면 금지, 석유와 가스 소비 절감, 탄소 포획(5장 참조)만이 파멸로 치닫는 궤도를 바꿀 수 있을 것이다.

재생에너지원

재생에너지원 가운데 바람·태양·바이오연료·수력발전은 이미 상당한 규모로 활용되고 있다. 아직까지 풍력과 태양에너지는 간헐성에서 비롯된 안정성 문제가 심각하지만, 에너지 저장기술의 발전을 통해 곧 해결될 수 있을 것이다. 게다가 바람은 물론이고 태양을 이용한 전기 생산비용도 급격하게 줄어드는 추세다. 바이오연료를 생산하고 사용하는 방식은 아직까지 심각한 결함이 있다. 수력발전에 필요한 댐 건설은 지역 주민과 환경에 불편을 주고 종종 파괴적인 영향을 미친다(사실 댐은 일반적으로 다 그렇다).

풍력과 태양에너지 사용은 곧 달성될 에너지 저장기술의 혁신과 수요 정책의 개선으로 효율성이 크게 높아질 것이다. 바이오연료조차도 혁신적인 접근법 덕분에 전망이 밝은데, 몇몇은 놀라울 정도다. 재생에너지 개발은 5장에서 자세히 다루겠다. 이번 장에서는 현재 상황을 살펴보고자 한다.

바람

바람으로 전기를 생산하는 것은 지역에 따라서는 기존 에너지원과 겨루면 경쟁력이 있다. 강하고 지속적인 전류를 획득하기 위해 미국 중서부 수천 미터 고도 상공에서 나는 풍력발전기 같은 최첨단 프로젝트는 제외하고는 일반적 의미의 기술약진은 기대하기 어렵지만, 중요한 기술 향상의 실현 가능성이 입증되고 있다. 특히 터빈 기능 면에서 그렇다(지금으로서는 바람이 너무 약하면 터빈이 멈춰버리고, 바람이 너무 세도 멈춰야 한다). 예를 들어 북유럽에서는 초속 10미터의 약한 바람에도 작동하는 새로운 풍력발전기가 건설되었다. 이 발전기들은 연간 평균 1,800헥타르가 아니라 2,400헥타르로 작동한다. 미국에서는 반대로 강한 바람에 작동하는 기술개선이 이루어졌는데, 초속 25미터 이상 풍속에서 연간 4,000헥타르까지 작동한다. 연안 풍력발전단지에서는 새로 도입된 부유식 발전기가 더 효율적일 수 있다. 최초의 부유식 발전기로 스타토일 Statoil에서 운영하는 하이윈드 부유식 풍력발전기가 스코틀랜드 애버딘셔 연안에 건설 중이며, 2018년에 가동될 예정이다(2017년 10월 말에 가동을 시작했다—옮긴이).

이용 가능한 풍속 범위가 넓어졌지만 풍력발전에는 두 가지 중요한 문제가 남아 있다. 첫째, 바람은 간헐적이어서 전력 수요를 맞출 수 없다. 그러나 시간적 불균형은 대용량 저장장치와 수요정책으로 해결할 수 있을 것이다. 둘째, 공간적 불균형 문제다. 독일의 사례로 설명할 수 있다. 독일의 대규모 풍력발전단지는 북해 바람이 불어오는 북부에 자리 잡고 있는데, 풍력발전에 대한 수요는 북부보다 남부 지역이 더 크다. 북부와 남부 사이에 고전압 송전선을 설치하려고 했으나 그 때문에 피해를 볼 수도 있는 해당 주민의 반발이 심했다. 텍사스는 그런 당황스러운 일을 겪지 않았다. 석유와 가스에만 집중하고 있어서가 아니다. 텍사스는 막대한 풍력자원을 보유하고 있고 그것을 대규모로 이용하기로 결정했다. 텍사스에서 풍력발전 생산량은 전체 전기 생산량 가운데 거의 10퍼센트에 달한다. 그런데 휴스턴·샌안토니오·댈러스포트워스·오스틴 같은 대도시는 동쪽과 남동쪽에 있는 반면, 풍력발전단지는 서부에 있다. 생산자와 소비자를 연결하기 위해 2010~2013년에 4,800킬로미터 남짓 되는 송전선이 신속하게 건설되었다.

태양

바람과는 좀 다르지만 직접적인 태양에너지도 재생이 가능하고 간헐적이다. 반사경(헬리오스타트라고도 함—옮긴이)들을 모아놓은 태양열 발전단지 한가운데에 탑을 세우고, 탑 꼭대기에 있는 보일러에 태양열을 모을 수 있다. 스페인 중부, 북아프리카, 미국 남서부처럼 거의 하루 종일, 1년 내내 해가 나는 곳에서는 그런 태양열발전이 경쟁력이 있을 것이다. 낮 동안에 모인 에너지 일부가 소금을 녹이고, 녹은 소금이 밤사이에 응고하면서 열을 발생시키면 경제적으로 아주 효율적이다. 그러나 태양열

발전소는 물이 많이 필요한데, 태양열발전소가 많이 있는 반건조기후 지대에서는 물을 꾸준히 얻기 힘들다.

태양복사에서 직접 전기를 생산할 수도 있다. 태양복사에서 나오는 광자가 광전지 물질의 원자에서 나오는 전자를 대체하는 것이다. 여기에 가장 많이 쓰이는 물질이 결정질 실리콘인데, 그 밖에도 여러 물질이 쓰인다. 아직 실험 단계에 있는 물질도 있다. 이 기술은 유동적이고, 슘페터식으로 발달한다. 다시 말해 여러 혁신이 경쟁하며 발달한다(5장 참조). 따라서 첫째, 비교적 원시적인 재료에서 생산된 전기는 아주 비싸고, 둘째, 새로운 혁신이 그 비용을 무서운 속도로 낮추고 있는 것도 놀라운 일이 아니다.

일부 국가는 힘든 여건에서 전기를 생산하는 것에 대해 너무 성급하게 높은 보조금을 지급해 많은 소비자와 생산자에게 부적절한 혜택을 주고 있다. 그 결과 여러 에너지원을 활용하도록 영향을 끼치지도 못하고 더 나은 접근법에 대한 연구개발을 유도하지도 못한 채 불만족스러운 장비에 많은 공공자금과 민간자금이 낭비되고 있다. 유럽과 미국의 태양광 패널 생산자들은 수요가 급증하는데도 이득을 보지 못하고 경쟁에서 밀려나고 있으며, 중국 생산자들과의 경쟁에 밀려 파산한 이들도 있다. 중국 생산자들은 지방 당국과 주 은행에서 대규모로 직접적인 보조금을 받는다. 이렇듯 경쟁 조작이 너무 심해서 후원자들이 실망해 보조금을 삭감하면 중국 생산자들조차도 경쟁에서 살아남을 수 없을 정도다.

공공보조금은 연구개발(연구와 개발 둘 다 똑같이 중요하다)을 지원한다는 면에서는 정당성이 있지만, 경쟁을 왜곡하고 아직 만족스럽지 못한 기술을 성급하게 보급함으로써 왜곡된 시장에 진입하기 위해 막대한 노력을 기울이는 더 발전된 대체기술을 시장에서 몰아낸다는 면에서는 정당성을 잃는다. 다행스럽게도 이런 상황을 해결할 방법이 있으며, 그 실현 가능성과 효율성이 점점 더 높아지고 있다(5장 참조). 이렇듯 더 성공적인 방법이 계속 뒤를 잇는다면 엄청난 잠재력을 지닌 태양에너지를 놀랍도록 적은 비용으로 이용할 날이 올 것이다.

바이오연료

1세대 바이오연료(옥수수·밀·사탕수수·카놀라 같은 식품에서 생산되는 연료)는 기후 측면에서 보면 기만적이다. 바이오연료를 교통수단에 활용해서 절약하는 양보다 바이오연료를 만드는 데 화석연료를 소비하는 양이 더 크기 때문이다(브라질의 사탕수수는 예외). 옥수수를 바이오연료용으로 팔아 보조금도 받고 돈도 벌려는 농업회사와 금융회사 때문에 중앙 아메리카의 가난한 농민들이 삶의 터전에서 쫓겨나는 것을 본 사람이라면 알겠지만, 1세대 바이오연료는 사회적으로도 재앙이다. 게다가 이 바이오연료들은 귀중한 탄소 흡수원을 파괴시키는 토지 이용의 변화를 초래한다. 『사이언스』지에 발표된 조사보고서에서 파르지오니Fargione 연구팀은 이렇게 결론 내렸다.

연구 결과, 우리는 탄소가 풍부한 서식지를 없앰으로써 바이오연료를 생산했을 때 오히려 수십 년에서 수세기에 걸쳐 이산화탄소 배출량이 증가한다는 것을 알게 되었다. 반대로 황폐해진 농경지에서 자란 다년생 식물과 생물 폐기물을 이용한 바이오연료는 서식지 파괴, 식량 생산과의 경쟁, 탄소 부채를 최소화할 것이다. 이것들은 모두 직간접적으로 바이오 연료 생산을 위한 토지 개간과 연관되어 있기 때문이다(Fargione et al., 2008, p. 1237).

이런 문제를 완벽하게 해결한다면 2세대 바이오연료는 훨씬 더 나아질 수 있다. 촉매 기능을 하는 효소 덕분에 비교적 낮은 온도에서 연료 생산에 필요한 화학반응이 시작되어 유지되기 때문이기도 하고, 연료 생산을 위해 식량이나 해로운 토지 이용에 의존하지 않기 때문이기도 하다. 목재나 펄프를 생산하기 위해 지속 가능한 방식으로 관리되는 숲에 버려진 나무 쓰레기나 버려진 짚으로 만든 바이오연료가 수지가 맞는다. 마찬가지로 도시 폐기물과 산업 폐기물로 만든 바이오가스와 바이오디젤은 귀중한 자원이다. 북유럽 도시뿐만 아니라 이탈리아 밀라노-브레샤 광역 도시권에서 실례를 보여준 바 있다. 2세대 바이오연료는 그런 자원을 이용할 수 있으면서 그런 효소를 만들 수 있는 전문가와 전문 장비가 집중되어 있는 곳에서 생산될 수 있다. 덴마크 회사 노보자임스Novozymes가 그 예다. 그러나 2세대 바이오연료 생산 공정은 다소 원시적인 1세대 바이오연료 생산 공정보다 더 복잡한 기술이 필요하기 때문에 비용이 훨씬 더 많이 든다. 1세대 생산자들은 (미국과 유럽에서) 많은 보호와 보조금을 받는데, 그 수가 너무 많아 2세대 바이오연료 생산자들이 시장에서 설 자리가 없다. 심지어 그들이 마땅히 받아야 할 연구개발 지원도 못 받는다(Peplow, 2014). 전망이 밝은 (하지만 아직 연구개발 단계에 있는) 또 다른 방법은 5장에서 살펴보겠다.

이와 같은 과학 기반 바이오연료에 비해 다소 초라한 것도 있다. 지역에 따라 진짜 '친환경'이기도 하고 기만적일 수도 있는 자원인데, 일부 지역에서 광범위하게 쓰이고 있다. 바로 우드펠릿이다. 스칸디나비아 도시에서 지역난방이나 가정난방용으로 고효율 난로에 사용된다. 오래된 석탄-화력발전소도 비교적 적은 비용을 들여 보일러를 우드펠릿으로 전환했다. 우드펠릿은 그 지역에서 얻을 수 있고, 우드펠릿을 생산한 뒤에도 토양 재생에 필요한 자원이 충분히 남아 있는 한 지속 가능한 방식이다. 그러나 유럽에서 우드펠릿 수요가 너무 많이 늘고 있어서 더는 지속 가능한 방식으로 수요를 맞출 수 없는 상황이다.

다른 대륙에서 지속 가능한 방식으로 생산되지 않은 장작을 선박을 이용해 수입하는 것은 비합리적인 해결책으로 보인다. 바이오디젤을 위해 팜유를, 에탄올을 위해 옥수수를 수입하는 것은 그보다 더 비합리적이고 지속 불가능한 방식이다. 둘 다 탄소 함량이 높은 숲을 파괴하는 데 한몫하기 때문이다. 그런데 재생에너지 할당량을 준수하기 위해 이런 일이 계속 벌어지고 있다. 이 할당량은 유럽 당국과 일부 국가의 정부에서 독단적으로 무책임하게 정한 것이다. 심지어 유럽연합집행위원회는 산하 공동연구센터Joint Research Center 과학자들이 바이오연료 할당제 정책이 아시아 열대우림, 특히 인도네시아와 말레이시아 이탄지대에 파괴적인 영향(1장 참조)을 미친다고 경고한 것을 무시했다. 탄소계정 의무제 권고도 무시했는데, 기후변화에 대한 강한 우려에서 만들어졌다지만 유럽 시민과 납세자들에게 냉대받는 정책들을 모니터링하기 위해 이 탄소계정 의무제는 꼭 필요해 보인다.

원자력에너지

원자력에너지 개발을 가로막는 걱정이 많은데, 그중에는 현실적인 걱정도 있고 비현실적인 걱정도 있다. 특히 중요한 걱정 두 가지는 원자력발전소 운영의 안정성 문제와 무기로 오용될 가능성이다. 더 장기적인 성격의 세 번째 걱정거리도 있는데, 바로 핵폐기물 처리 문제다.

　우리는 쓰라린 경험을 통해 기술적으로 유능하고 제도적으로 강력하면서 정치적 개입과 기업 로비로부터 자유로운 규제 당국 없이는 원자력발전소의 안전성을 제대로 감시할 수 없다는 사실을 알고 있다. 일본은 그런 규제 당국이 없다는 것을 비극적으로 보여주었다. 미국도 마찬가지인데, 미국 원자력규제위원회Nuclear Regulatory Commission는 산업계와 유착된 위원들과 더 독립적인 위원들 사이의 논쟁으로 시끄럽다. 미국에 강력한 규제기관이 부족하다는 현실은 사실 생각보다 더 심각한 문제인데, 폐쇄하느냐 철저하게 수리하느냐 하는 어렵고도 비용이 많이 드는 결정을 내려야 할 시기가 임박한 원자력발전소가 많기 때문이다. 원자력발전소가 도심지와 가까이 있을 때는 결정을 내리기가 특히 더 까다롭다. 뉴욕 시와 가까운 인디언 포인트 원자력발전소가 그 예다. 아시아는 이런 정경유착관계가 더 심각하다. 완벽하지는 않더라도 최소한 만족할 만한 규제 법규와 제도를 갖추고 있다고 여겨지는 나라는 많아봐야 10개국 정도다. 프랑스도 그중 한 국가인데, 쉽게 이룬 일은 아니었다. 개입을 차단하고 취약점을 바로잡아야 했다. 그전에는 원자력발전소 소장이 단기적인 이익만을 추구하며 정기점검을 태만하게 하고도 몇 달 동안이나 발각되지 않은 일도 있었다. 그 발전소를 완전히 복구하는 시간은 두 배나 더 걸렸다. 캐나다 온타리오에서도 그와 비슷한 탈선 행위가 더 큰 규모로 벌어졌고, 그 때문에 1997년에 온타리오 하이드 로에서 운영하는 원자로 7기가 폐쇄되는 일이 벌어졌다(몇 달에서 수년에 걸쳐).

운영자의 안일한 태도와 규제 당국의 부주의는 비록 사고까지는 나지 않더라도 지속적인 악영향을 미치는 위험한 상황을 빚어낸다. 원자력에너지를 효율적으로 감시하는 것은 극도로 어려운 일이다. 원자력발전소가 사이버 공격에 점점 더 취약해지고 있기 때문에(Baylon, Livingstone, Brunt, 2015) 특히 더 그렇다. 그런데 대부분의 나라가 거기까지는 계산하지 못한다(그렇기 때문에 원자력에너지에 어설프게 손을 대면 안 된다). 따라서 원자력발전소는 전면적인 대안이라기보다 화석연료발전소의 틈새를 메우는 대체물이다. '틈새'라는 말이 부적합하게 들릴지 모르겠다. 중국은 2020년 즈음 전력망에 연결될 예정인 원자력발전소를 수십 개나 건설 중이지 않은가? 국제에너지기구의 추정에 따르면 그래봤자 중국의 전체 에너지 생산량 가운데 겨우 5퍼센트에 불과하더라도 말이다. 이 틈새에서 벗어나려면 더 간단하고 더 저렴하고 더 안전한 원자로가 필요하지만, 그것은 실현 불가능한 일이다.

핵무기 테러 위험도 주요 걱정거리다. 핵무기 테러리스트들이 원자력발전소와 재처리 공장의 저장 시설보다 핵보유국의 제대로 관리되지 않는 무기고에서 무기급 핵분열 물질을 훔치는 게 더 쉽다는 것은 사실이다. 그러나 산화 우라늄과 산화 플루토늄 혼합연료에서 상당한 양의 플루토늄을 이용하는 것은 걱정스러운 일이다. 유통 중인 플루토늄의 양을 정확하게 파악하는 것이 불가능하기 때문이다. 게다가 적은 양으로도 조악한 폭발장치를 만들 수 있다.

1977년 10월, 핵물리학자 테드 테일러Ted Taylor는 맨해튼 세계무역센터 발치에서 프린스턴 대학의 소규모 동료들에게 핵 테러에 대해 강연했다. 테일러는 2차 세계대전이 끝나고 난 뒤 초대형 원자폭탄(수소폭탄 때문에 구식이 되어버린)과 '스코피오Scorpio'라는 이름의 초소형 원자폭탄(자몽 크기) 설계자로서 로스앨러모스연구소(미국 원자력 기술의 메카로 불리는 연구소—옮긴이)에 몸담았다(McPhee, 1974). 로스앨러모스를 떠난 테일러는 프린스턴 공대로 가서 고도의 창의성을 원자력에너지 개발에 돌리기로 결심했다. 그러나 위협적인 파괴력을 지녔으면서도 조작이 어렵지 않은 조악한 핵무기를 만들기가 비교적 쉽다는 사실 때문에 걱정이 뇌리에서 떠나지 않았다. 테일러는 맨해튼에서 이 소규모 동료들에게 그런 핵무기를 만들어 무역센터를 무너뜨리거나 아니면 적어도 야심 찬 협박을 감행하는 데 필요한 인적 자원과 장비(핵분열 물질을 제외하고)를 상세히 열거하면서 위험을 알렸다.

나중에 세계무역센터가 다른 방법으로 붕괴되었다고 해서 테일러의 걱정을 묵살할 수는 없다. 핵 무기고는 엄중하게 통제되어야 하고, 신뢰할 수 없는 국가에서는 원자력에너지를 금지해야 하며, 신뢰할 만하다고 여겨지는 나라들에서도 원자력발전소 연료를 만들 때 무기급 물질을 피해야 한다. 원자력에너지는 그 특수한 성격 때문에 엄중한 예방책이 필요하며, 이는 안전이라는 부수이익도 따른다. 실제로 안전은 사고를 피하는 것뿐만 아니라 사고의 영향을 최소화하는 것도 포함한다. 후쿠시마 3호기 연료가 혼합산화물로 이루어져 있다는 사실은 계속 큰 걱정거리였다. 노출된 연료봉에서 빠져나온 플루토늄 먼지가 강한 바람에 남쪽으로, 도쿄로 실려 갔다면 어떻게 됐을까?

플루토늄 발견자이자 오랫동안 미국 원자력규제위원회 의장을 지낸 글렌 시보그Glenn Seaborg의 예견과는 반대로 대부분의 나라에서 원자력에너지는 전기 생산에 크게 기여하지 못하고 있고, 앞으로도 그러지 못할 것이다. 엄격한 감시 아래 다소 확대될 수는 있지만, 전면적 확대는 불가능해 보인다.[10]

4장

기후변화에 대한
관점

1978년 지미 카터Jimmy Carter 대통령은 전 지구적인 기후변화모델에 대한 최신 전산화 자료의 신빙성에 대해 미국 과학아카데미NAS: National Academy of Sciences에 자문을 구했다. 1년 뒤 카터 대통령은 다음과 같이 심각한 경고가 담긴 답변을 받았다.

기후 시스템은 본래 시간 지연 시스템입니다. 바로 그렇기 때문에 이 모델의 정확성을 평가할 기후온난화 증거를 기다리는 가장 보수적인 접근법은 결과적으로 가장 위험한 전략이 될 수 있습니다. 상당한 기후변화가 불가피할 정도로 이산화탄소 농도가 높아질 때까지 우리는 그 어떤 경고도 받지 못할 수 있습니다.

1980년 지미 카터 대통령이 대통령 선거에서 패배한 후 2015년까지 백악관의 그 누구도 이 경고에 주의를 기울이지 않았다. 1979년에 미국 과학아카데미가 내린 경고에 대한 메아리처럼 2014년에 골드만삭스 전 회장이자 조지 W. 부시 대통령 행정부 아래 재무부 장관을 지냈던 헨리 폴슨Henry M. Paulson Jr.이 『뉴욕타임스』지에 이런 글을 썼다. "행동에 나서기 전에 더 많은 정보를 기다리는 것은 사실 가장 위험한 모험을 감행하는 것이다. 세상의 온갖 불확실성을 해결할 수 있을 만큼 충분히 알게 될 날은 결코 오지 않는다. 지금 행동해야 한다는 사실을 깨달을 수 있을 만큼 우리는 충분히 알고 있다."("다가오는 기후붕괴The Coming

Climate Crash", 2014년 6월 21일자) 그사이에 35년이라는 결정적인 시간이 지나가버렸다. 미국을 비롯해 전 세계 인류 대부분은 여전히 고집스럽게 기후위협을 보지 못하고 있다. 유럽이 1930년대에 나치의 위협을 알아보지 못한 것처럼 말이다. 그러나 미군은 눈을 뜨고 주시하고 있다. 미 CNA 군자문위원회Military Advisory Board는 2014년 5월 「국가안보와 기후변화 위기 고조National Security and the Accelerating Risks of Climate Change」라는 보고서를 발표했는데, 이런 경고가 담겨 있다. "예상되는 기후변화의 영향은 군의 대비 태세, 다시 말해 국내외 전투력 회복에 불리할 수 있고, 미래의 요구에 대한 대응력을 약화시킬 수 있다."(p. 3)

이번 장의 전반부에서는 온실효과의 역사를 간략하게 소개하고자 한다. 약 200년 전 온실효과가 어떻게 지표면의 평균기온을 현재 수준인 15~16도까지 올렸는지 알아낸 조제프 푸리에Joseph Fourier부터 좋은 것도 너무 많으면 재앙을 낳는다고 주장하는 현대 지구과학·대기과학 과학자들까지 다룰 것이다. 기후변화를 경고하는 징후가 부족했다는 주장은 말이 안 된다. 이번 장에서는 가장 불길한 징후 세 가지와 이와 관련해 기후변화에 대한 피드백 루프 효과를 다루겠다. 첫째, 북극과 서남극 빙상, 육지 빙하가 점점 빠른 속도로 녹고 있는 것, 둘째, 육지의 영구 동토층과 해저에서 메탄가스 방출 증가, 셋째, 전 세계적인 기상이변 과다다.

점점 따뜻해지고 산성화되는 바다는 플랑크톤·산호초·조개류·해조류 등 바다에 서식하는 생물에게 등을 돌리고 있고, 점점 높아지는 해수면은 인간의 터전을 위협한다. 지금까지는 바다와 가까워서 이점이 매우 컸던 곳들이었다. 게다가 숲이 파괴되거나 썩어가면서 이제까지

품고 있던 탄소를 토해내고 있다. 이렇듯 온갖 형태로 오랜 친구가 가공할 적으로 바뀌고 있다. 미국도 이런 추세에서 자유롭지 않다. 사실 미국은 여러 면에서 기후변화의 최전선에 있다.

이 장 후반부에서는 대기 중 이산화탄소와 메탄가스 농도의 증가와 지구 평균기온의 상승에 대해 살펴보겠다. 세 가지 수치를 제시할 텐데, 그 수치가 점점 빠른 속도로 증가해왔음이 분명하게 드러날 것이다. 지난 5년 동안 특히 두드러졌다. 이 수치들은 무모한 궤도를 향해 치닫는 이 돌이킬 수 없는 분기점의 끝이 어떻게 될지 말해주지 않는다. 급작스러운 붕괴의 전망도 말해주지 않는다. 크누티Knutti 연구팀은 이렇게 상기시켜준 바 있다. "아마존 열대우림의 잎마름병, 장마 시스템의 변화, 바다의 메탄가스 유출 같은 대규모 임계점과 한계점을 배제할 수 없다."(Knutti et al., 2015, p. 14) "배제할 수 없다"라는 표현은 사실 절제한 표현으로 들린다.

온실효과: 조제프 푸리에부터 제임스 한센까지

프랑스 수학자이자 물리학자인 푸리에는 1827년에 발표한 행성들의 에너지 균형에 관한 논문에서 지구의 기온을 조절하는 온실효과에 대해 설명했다. 태양에서 흡수된 태양복사열 일부가 지표면에서 적외선(푸리에가 '보이지 않는 열'이라고 불렀던) 형태로 대기권으로 반사되고, 대기권에 있던 가스들과 상호작용해 이 적외선 일부가 대기권에 붙잡힌다는 것이다. 이런 온실효과가 없다면 지구의 평균기온은 섭씨 15도가 아니라 영하 18도가 되었을 것이다.

그로부터 40년 뒤 아일랜드 물리학자 존 틴들John Tyndall이 대기권에서 온실효과를 일으키는 (우리가 지금 온실가스라고 부르는) 세 가지 요인을 발견했는데, 바로 일시적인 수증기, 오래가는 이산화탄소, 그보다는 덜 오래가지만 훨씬 더 강력한 메탄가스다. 왜 대기 중에 이산화탄소와 메탄가스보다 훨씬 더 많은 산소와 질소가 아니라 이 가스들일까? 75년 뒤 양자역학이 그 실마리를 제공해주었다. 온실가스 분자들이 적외선 파장(이산화탄소의 경우 12~13마이크로미터μm 위의 파장)의 일부를 흡수해 반사할 수 있는 주파수에서 진동하기 때문이다.

20세기 초에 활동했던 스웨덴 화학자 스반테 아레니우스Svante Arrhenius는 처음으로 온실효과를 측정해 정량화했다. 틴들이 발견한 가스들이 대기 중 농도가 증가할 때 지구 기온에 미치는 영향을 평가한 것이다. 그의 예측은 현대의 전산화된 기후모델과 일치한다. 현대 기후모델이 처음 등장한 것은 1970년 무렵이다. 미국 기후학자 제임스 한센James Hansen이 이끄는 미 항공우주국NASA: National Aeronautics and Space Administration 산하 고다드우주연구소Goddard Institute for Space Studies 소속 연구팀이 개발한 모델이었다. 바로 카터 대통령의 질문을 촉발한 모델이다.

아레니우스 이후 20세기 전반부에는 대기권 하층의 대기오염, 특히 화산활동과 산업활동에서 비롯된 이산화황 오염이 심각해 온실효과에 대해서는 오랫동안 아무 조처도 취하지 않았고 심지어 무관심했다. 미국 해양학자 로저 레벨Roger Revelle과 지구화학자 찰스 데이비드 킬링Charles David Keeling이 이산화탄소 농도 관측소를 세우겠다고 결심하면서 이 오랜 무위와 무관심에 종지부를 찍었다. 지역적 간섭에서 비교적 자유로운 하와이 마우나로아 산이 관측소 설립 장소로 결정되었다. 두 과학자가 관측한 자료의 주요 결과물이 킬링 곡선(그래프 4-1 참조)이다. 이 곡선은 1957년에 시작되는데, 당시에 대기 중 이산화탄소 농도는 314피피엠(1880년에는 약 290피피엠이었다)으로 그 후 점점 가파르게 증가해 2005년(킬링이 죽기 직전 마지막 관측자료)에는 380피피엠에 이르렀다. 이 자료는 기후모델 설계자들에게 정보 제공은 물론 자극제 역할을 했다. 이 자료는 레벨이 1965년에 린든 존슨Lyndon Johnson 대통령에게 전달한 보고서를 작성하는 데도 활용되었다. 13년 뒤 카터 대통령은 기후변화를 진지하게 검토했지만, 그 후임자들은 이 문제를 계속 간과해왔고, 버락 오바마Barack Obama 대통령에 이르러서야 비로소 임기 마지막 2년 동안 기후변화 문제를 백악관의 최우선 과제로 삼았다.[1] 1988년에 설립된 기후변화에 관한 정부 간 협의체IPCC는 전례 없는 규모로 기후변화에 대한 이해를 높이고 행동양식의 변화를 촉구하는 데 필요한 과학적 결과물을 사람들에게 알리기 위해 앞장서서 노력하고 있다.[2]

경고와 피드백 루프

카나리아—광산이 아니라 극지방에서

지구온난화와 관련 있는 사람들 가운데 내 생각에는 바로 우리가 가장 많이 영향받을 사람 목록의 맨 위에 있을 것 같다. 우리 삶의 방식, 우리의 전통, 어쩌면 우리 가족들까지. 우리 자식들에게는 미래가 없을지도 모른다. 내 말은 모든 젊은 세대의 미래 말이다. 북극에서만 벌어지고 있는 일이 아니다. 세계 곳곳에서 벌어질 일이다. 전 세계가 너무 빨리 달리고 있다.

— 존 커각John Keogak, 이누이트족 사냥꾼(Kolbert, 2006)

콜로라도 볼더에 있는 미국 국립빙설자료센터NSIDC: National Snow and Ice Data Center(세계빙하학자료센터World Data Center for Glaciology가 그 전신)는 1976년부터 북극 빙설의 상태를 모니터링해왔다. 해마다 9월에 그해 북극 해빙이 가장 낮았던 수치를 계산한다. 해빙이 최저치에 달했던 것은 2012년 9월로 341만 제곱킬로미터였는데, 이는 1979년부터 2000년까지 평균 수치의 절반 정도에 해당한다. 2014년 9월은 530만 제곱킬로미터로 조금 덜 심각했다. 2015년 9월에는 441만 제곱킬로미터로 다시 감소 추세가 시작되었는데, 계속 줄어서 2016년에 2012년 수치에 가까워지면서 감소 추세가 확실해졌다.

해빙의 감소는 피드백 루프를 강화한다. 다시 말해 얼음이 녹을수록 안 그래도 심각한 북극의 온난화 추세가 강화된다는 뜻이다(해수면 온도가 6도까지 올라간다). 얼음은 태양복사의 60퍼센트 이상을 반사하는 반면 물은 태양복사를 거의 반사하지 않기(10퍼센트 미만) 때문이다. 알베도albedo, 다시 말해 지표면에서 반사되는 태양복사량의 차이가 상당하다. 이렇게 되면 바다에 흡수되는 열의 양이 증가한다. 그러므로 기후변화에 대한 피드백도 상당하다.

덜 직접적이기는 해도 중요성은 똑같은 또 다른 피드백 루프도 곧 일어날 것이다. 북극해 주변국들은 대부분 지리적 장점을 이용해 북극해 해저에서 추출할 수 있는 자원, 특히 석유와 가스를 최대한 활용하겠다는 의지를 분명히 했다. 실제로 러시아는 북극해에 대한 '주권'을 인정받기로 결정했다. 화석연료를 태우는 것이 기후변화와 그에 따른 북극 얼음 붕괴의 주원인이다. 그런데 이 얼음 붕괴가 더 많은 화석연료에 접근할 수 있는 문을 열어주고 있다. 또 하나 주목할 사실은 여름에 흡수된 태양복사열 일부가 겨울에 방출되어 나오면서 복잡한 방식으로 대기, 특히 제트기류의 순환을 변화시키고, 이것이 유럽과 북아메리카의 저위도 지방 날씨에 영향을 미친다는 점이다.[3]

북극해의 남은 열기는 인접한 그린란드 빙상을 녹인다(Mouginot et al., 2015). 서남극에서도 얼음 아래층이 잠식되는 똑같은 과정이 관찰되고 있다. 게다가 그 속도가 점점 빨라지고 있다. 2014년 5월 12일, 미 항공우주국NASA은 캘리포니아 대학 어바인 캠퍼스UCI와 함께 다음과 같은 공동성명을 발표했다. "NASA-UCI 공동연구는 서남극 빙하가 사라지는 것을 더는 막을 수 없음을 확인해준다." 이 연구는 서남극 근처 남빙양의 아문센 해 지역에서 1992년부터 2011년까지 관찰한 자료가 바탕이 되었는데, 이곳에서 빙하의 엄청난 면적이 줄어들고 있다. 결론은 명백했다. "떨어져 나간 빙하 크기는 전체 그린란드 빙상과 거의 맞먹는다. 현시점에서 이 지역이 사라지는 것은 불가피해 보인다."(이 연구의 학계 발표를 보려면 Rignot et al., 2014 참조) 서남극 하나만 사라져도 2100년까지 해수면이 1미터 상승할 가능성이 높다고 한다. 그린란드와 서남극과는 달리 동남극 대륙의 거대한 얼음이 줄어드는 징후는 아직 보이지 않는다.

톺아보기 4-1 **지구온난화지수**

지구온난화지수GWP: Global Warming Potential는 각 온실가스의 온실효과를 측정하기 위해 미 환경보호국에서 고안한 개념이다. 이산화탄소 1톤을 1로 봤을 때 일정 기간 동안 온실가스 1톤당 열 흡수량을 측정해 지수화한 것이다. 메탄가스의 지구온난화지수는 20년 동안은 72, 100년 동안은 21이다. 이처럼 72에서 21로 줄어드는 이유는 대기 중 메탄의 평균수명이 12년이기 때문이다. 반면에 이산화탄소는 바다나 육지 식물, 인공장비에 의해 흡수되지 않는 한 대기 중에 계속 남는다.

다른 온실가스는 배출량은 꽤 적지만 지구온난화지수가 높다. 어떤 것들은 너무 높다. 아산화질소는 100년을 기준으로 보면 지구온난화지수가 265~300에 이르고, 염화불화탄소와 수소불화탄소의 지구온난화지수는 수천~수만에 이른다. 인간이 배출하는 아산화질소 가운데 3분의 2가 산업형 농업에 쓰이는 막대한 양의 질소비료에서 비롯된다. 염화불화탄소는 냉장고와 에어컨에 압축가스와 용매로 쓰이는데, 1987년 유엔에서 체결된 오존층 파괴물질에 관한 몬트리올의정서UN Montreal Protocol on Substances That Deplete the Ozone Layer에 따라 단계적으로 사용이 폐지되고 있다. 수소불화탄소는 지구온난화지수가 높다는 것을 발견하기 전까지는 염화불화탄소를 대체하기에 좋은 물질로 여겨졌다. 2016년 10월 르완다 수도 키갈리에서 채택된 몬트리올의정서 수정안에 따라 수소불화탄소도 단계적으로 사용이 폐지되는데, 선진국에서는 2018년부터, 중국에서는 2024년, 인도에서는 2028년에 이르러서야 사용이 금지된다. 이와 같은 유예는 수소불화탄소의 폭발적인 배출을 불러일으킬 수 있다.

몇 년 전만 하더라도 이런 추세로 그린란드 빙상과 서남극 빙하가 녹아 21세기 말쯤엔 평균 해수면이 50센티미터 이상 상승될 것이라고 예상하지 못했다. 이 지역을 모니터링한 빙하학자들에 따르면 1~1.5미터 정도 상승이 더 현실적이라고 한다. 메인 대학의 빙하학자 고든 해밀턴Gordon Hamilton 박사가 『뉴욕타임스』에서 언급했듯이 "모든 변화가 기존 이론으로 예상했던 것보다 훨씬 더 빠른 속도로 일어나고 있다."(Justin Gillis, "빙하가 녹으면서 과학은 점점 높아지는 바다에 대한 자료를 찾고 있다As Glaciers Melt, Science Seeks Data on Rising Seas", *New York Times*, November 13, 2010)[4]

이 속도대로라면 앞으로 북극의 영구 동토층이 녹으면서 메탄가스가 방출되는 피드백 루프가 나타날 위험이 높다. 화석연료를 태울 때 생기는 이산화탄소 배출량에 비하면 지금까지 생긴 메탄가스 방출량은 별로 많지 않다. 그러나 얕은 물 아래 갇혀 있던 엄청난 메탄가스 매장량이 기후변화로 풀려나 기후변화를 강화하면 상황은 달라질 수 있다.

캘리포니아 패서디나에 있는 미 항공우주국 산하 제트추진연구소Jet Propulsion Laboratory의 에릭 코트Eric Kort 연구팀은 북극해 표면에 메탄가스 농도가 이상하게 높은 것을 발견했다. 이는 물속에서 메탄가스가 점점 많이 방출되고 있다는 징후였다(Kort et al., 2012). 아직 별로 알려지지 않은 북극해의 시베리아 대륙붕을 탐사하기 위해 러시아-미국 공동 조사단을 이끌고 있는 이고르 세밀레토프Igor Semiletov가 그 주범을 찾아냈다. 바로 바다에서 뿜어져 나오는 거대한 메탄가스 거품 기둥이었다. 세밀레토프는 『인디펜던트*Independent*』지와의 인터뷰(2011년 12월 13일자)에서 이 기둥들을 발견했을 때의 충격을 이렇게 회고했다.

저는 크기가 1킬로미터 또는 그 이상이나 되는 규모와 높은 밀도에 가장 놀랐습니다. 비교적 좁은 구역에서 100개가 넘는 기둥이 발견되었는데, 범위가 넓어지면 틀림없이 수천 개는 될 겁니다. (……) 가장 두려운 일은 여름에 북극 얼음이 사라지고 북극 전역에서 급속하게 온난화가 진행되면서 그동안 갇혀 있던 메탄가스가 갑작스럽게 대기 중에 방출되어 급속하고 심각한 기후변화를 초래하는 것입니다.

산악 빙하의 대大퇴각

2005년에 볼리비아의 저명한 빙하학자 에드손 라미레즈Edson Ramirez 박사가 2015년쯤이면 차칼타야Chacaltaya 빙하(해발 5,421미터)가 사라질 가능성이 아주 높다고 경고했을 때 사람들은 그를 염세주의자로 여겼다. 차칼타야 빙하는 규모가 그렇게 크지 않은 데다 사라진다고 해도 라파스와 라파스보다도 가난한 자매도시 엘알토의 물 가용성이 크게 줄어들지는 않는다. 그러나 그곳 사람들에게 차칼타야 빙하는 친근한 이웃이었다(도시에서 약 20킬로미터 떨어져 있다). 차칼타야 빙하는 2009년에 완전히 사라졌다.

차칼타야 빙하는 안데스 열대 빙하의 선봉이었다. 볼리비아·에콰도르·페루 위로 우뚝 솟은 안데스 열대 빙하는 많은 부분이 사라졌고, 얼음이 끊임없이 녹고 있다. 1975년 이전까지 안정적이었던 안데스 빙하는 1975년부터 얼음이 계속 줄어서 지금은 전체 빙하 면적의 약 40퍼센트 정도가 사라진 상태다. 2025년부터 2040년 사이에는 빙하가 완전히 사라질 것으로 예상된다. 차칼타야 빙하의 경우처럼 그 시기가 더 빨라질 수도 있다. 위기에 처한 것은 안데스 빙하의 처연한 아름다움만이 아니다. 4~5월부터 9~10월까지로 늘어난 건기의 강우량이 크게 줄어들었고 이런 현상은 점점 더 심해지고 있다. 볼리비아 알티플라노 고원에 살고 있는 아이마라족과 케추아족뿐만 아니라 라파스와 엘알토 주민도 건기에 투니 콘도리리 빙하에서 녹아내리는 물에 의존하고 있다. 빙하는 우기 때 여분의 물을 저장하는 역할도 하는데, 이 물은 가문 해에 가장 반가운 존재다.[5] 볼리비아에서 소비되는 전력의 40퍼센트를 충당하는 수력발전소는 이 외에도 차르키리Charquiri와 종고Zongo 빙하에서 흘러나오는 물에 의존한다. 이 빙하들이 녹아서 생긴 여분의 물을 하류에서 이용하는 것이다. 그러나 우기 때 홍수가 나면 이 물들은 반갑지 않다. 그런데 건기 때 얼음 면적이 줄어들면서 산에서 내려오는 유수량도 줄어들고 있다.

인구 압박(라파스 공항 근교의 비교적 작은 빈민가였던 엘알토는 30년 만에 인구가 100만 가까이 되는 빈민 도시로 성장했다), 가난, 관리 부실 때문에 라파스와 엘알토는 이미 물 부족을 겪고 있다. 심각하게 줄어드는 수자원으로 이 도시들이 어떻게 살아갈지 상상이 잘 안 된다. 알티플라노에서 살아가는 인디언 농부들에게 남은 선택은 이민밖에 없을 것이다. 그러나 어디로 간단 말인가(Oxfam International, 2009)? 리마(페루의 수도)가 위치한 반건조 해안평야지대는 라파스와 엘알토만큼이나 빙하수에 의존하고 있다. 따라서 그곳도 전망이 밝지 않다(Painter, 2008).

안데스 열대 빙하는 모두 기후변화에 아주 민감하다. 히말라야 빙하·수문학·기후변화·수자원 안보위원회Committee on Himalayan Glaciers, Hydrology, Climate Change, and Implications for Water Security에서 발표한 보고서(2012)에 따르면 히말라야 빙하의 변화에는 일관성이 보이지 않는다. 히말라야 산의 확장이라 할 수 있는 히말라야 빙하는 좀 더 북쪽에 위치해 있다. 이 보고서는 기존의 연구를 광범위하게 재검토한 결과를 바탕으로 이렇게 결론 내리고 있다. 서쪽 히말라야 빙하들(겨울에 유럽에서 불어오는 편서풍 덕분에 재충전한다)은 전반적으로 안정적이거나 심지어 확장되고 있는 반면, 동쪽 히말라야 빙하들(여름에 인도 장마에 의존해 재충전한다)은 기후가 더 따뜻해지고 건조해짐에 따라 점점 더 빠른 속도로 줄어들고 있다는 것이다. 고도가 높아질수록 기온은 더 빨리 상승하고 있다.

히말라야 동쪽 가장자리에 있는 빙하들은 황허 강·양쯔 강·브라마푸트라 강·인더스 강의 수원지인데, 동남아시아에서 숲과 토탄지를 태운 연기와(1장 참조), 중국에서 심각하게 오염된 공기가 강한 바람을 타고 와서 쌓인 검은 탄소(검댕이) 때문에 피해가 특히 심하다. 이런 오염은 태양복사 반사율을 떨어뜨린다. 빙하 감소의 가속화와 그것이 황허 강과 양쯔 강에 미치는 영향에 대해서는 「2차 중국 빙하 조사 일람표 Second Inventory of Chinese Glaciers」에 잘 나와 있다.[6]

최근 황허 강 유역의 1인당 물 가용량은 전국 평균의 4분의 1밖에 안 되는데, 여러 선진국·신흥국과 비교했을 때 그리 많지 않은 양이다. 강 유역에서 마구잡이 경제개발이 계속됨에 따라(2장 참조) 황허 강이 마르는 일이 점점 더 자주 그리고 점점 더 폭넓게 일어나고 있다. 빙하에서 흘러내려오는 물이 없다면 건기에 강이 메마르는 일이 일상이 될지 모른다. 게다가 히말라야의 물 저장력이 약해지면서 우기에 하류에서 파괴적인 홍수의 위험이 더 커질 것이다. 이미 지금도 심각한 상태다. 방글라데시·인도·파키스탄도 비슷한 위기에 처해 있다.

중앙아시아의 상황은 덜 알려져 있지만, 그 중요성은 결코 덜하지 않다. 우즈베키스탄의 타슈켄트부터 동북동 방향으로 중국의 우루무치까지 텐산天山산맥이 뻗어 있는데, 최고 높이 7,430미터, 길이는 2,500킬로미터에 달한다. 이곳의 텐산 빙하는 카자흐스탄·키르기스스탄·우즈베키스탄 저지대에 물을 대주는데, 반건조기후 지대라서 건기에 빙하가 녹은 물을 농업용 관개용수로 쓰고 있다. 이곳은 관개용수에 가장 많이 의존하는 지역이다. 동쪽 히말라야 빙하와 마찬가지로 겨울에 빙하가 재충전되지 못한다. 겨울이 아주 춥고 건조하기 때문이다. 대신 여름 강설량에 의존하는데 여름 기온이 크게 오르면서 그 양도 계속 줄어들고 있다. 당연히 빙하도 줄어들고 있다. 1961년부터 2012년까지 전체 면적의 20퍼센트(약 3,000제곱킬로미터), 질량의 30퍼센트가 사라졌다. 2050년까지 예상되는 손실량은 현재 얼음 질량의 50퍼센트 정도다(Sorg et al., 2012). 인구는 급격하게 늘어나는데 앞으로 어떻게 살아갈지 상상하기 힘들다.

기상이변

잦은 날씨 변화와 더불어 기상이변이 발생하면서 최근 들어서 기후변화의 영향력이 뚜렷해지고 있다. 대략 2005년부터 2012년까지 발생한 일련의 기상이변을 겪으면서 의심은 확신으로 바뀌었다. 이번 절에서는 기상이변 조사와 분석을 살펴본 뒤 새롭게 개발된 통계 도구를 이용해 책임 소재를 따져볼 것이다.

인도의 장마

인도의 장마는 과거에는 장기적인 규칙성이 있었지만 해를 거듭할수록 아주 다양한 양상을 보였다. 1930년부터 1970년까지는 연간 강수량이 평균 이상일 때가 더 많았고, 홍수도 비교적 빈번했다. 1970년부터 2000년까지는 그 반대로 가뭄이 잦아졌다. 2006년 베이징에서 열린 지구시스템과학파트너십Earth System Science Partnership 회의에서 인도 대표자가 발표한 내용에 따르면 2000년부터 뚜렷한 추세까지는 아니지만 기상이변이 아주 자주 일어났는데, "뜻밖의 시기나 뜻밖의 장소에서" 일어나는 경우가 많았다. 그해 마하라슈트라 주의 마라트와라 지역에서 장마가 늦게 시작되면서 혼란이 일어났는데, 가뭄 피해 지구 마을 400개가 홍수에 쓸려갔다고 한다. 인도 대표자는 이렇게 결론을 맺었다. "이것이 새로운 생태질서라는 것을 우리는 이해해야 합니다. 우리는 계획을 수정해야 합니다."(Jones, 2006)

파키스탄에서도 장마 때 치명적인 홍수가 거듭되었다. 2010년에는 주민 500만 명 이상이 피해를 입은 대홍수가 일어났는데도 파키스탄 밖에서는 거의 주목받지 못했다. 사실 2011년 수해보다 더 심각했다. 2011년에 태국에서도 장맛비가 엄청나게 쏟아져 치명적인 홍수 피해를 입혔는데, 사실 예상치 못한 일은 아니었다. 이 홍수 피해를 일으킨 것은 기상변동도 아니고 기후변화도 아니다. 이 홍수 피해의 원인은 무분별한 토지 이용이며, 방콕의 경우는 대수층에서 물을 지나치게 많이 뽑아 썼기 때문이다. 부적절한 토지 이용이 기상이변을 재앙으로 바꿔놓는 경우가 많다.

2014년과 2015년에는 마른장마가 이어지면서 인도와 파키스탄의 지표수가 고갈되었다. 그 때문에 2016년에 인도의 3분의 1을 강타한 가뭄과 폭염 피해는 그만큼 더 치명적이었다(2장 참조).

케냐의 가뭄

2006년부터 2011년까지 가뭄이 반복적으로 케냐 북부를 강타했다. 반건조기후 지대라 가뭄이 드문 일은 아니었지만, 그렇게 장기간에 걸친 극심한 가뭄은 흔한 일이 아니었다. 악화된 물 공급 관리 부실, 소말리아 내전을 피해 밀려들어오는 난민, 인구 폭발(1900년 이후로 30배 증가) 같은 심각한 문제들이 맞물린 물 부족 사태로 삶을 꾸려가기가 거의 불가능한 상태에 이르렀다. 소를 키워 생계를 꾸려온 약 4,000명 규모의 부족 추장 아네모이 루코디Anemoi Lukodi의 말이 이를 실증해준다. "우리에게 이것은 저주와 같습니다. 태어나서 지금까지 이런 일은 처음 봅니다."

오스트레일리아 머리-달링 강 유역의 가뭄

머리-달링 유역은 사우스오스트레일리아·빅토리아·뉴사우스웨일스·퀸즐랜드 네 개 주를 걸쳐 흐르는 100만 제곱킬로미터 규모의 물 저장고다. 아직까지 오스트레일리아에서 가장 비옥한 농업지역이다. 21세기가 시작되면서 가뭄이 이 지역을 거듭 강타했는데, 1891년부터 시작된 기상관측자료 기준으로 해마다 극심한 가뭄이 기록을 갱신했다. 이제 머리-달링 유역의 농민들에게 가뭄은 익숙한 일이 되었다. 몇 년 동안은 이런 가뭄을 그저 엘니뇨나 라니냐 같은 기상변화의 또 다른 징후로 여겼지만 가뭄의 빈도, 폭염의 강도, 그에 따르는 파괴적인 들불 때문에 이 현상에 대한 추가적인 설명을 찾게 되었고, 머리-달링 전 유역에 걸쳐 물을 관리하고 사용하는 방식의 급진적인 개혁을 추진하게 되었다(머리말 참조). 물론 기상이변이 가뭄 발생과 지속의 일부 원인이기는 하지만, 기후변화와 연결된 비교적 새로운 형태의 대기순환도 원인으로 작용하고 있다. 오스트레일리아 남부로 습기를 뿜어대는 남해 South Sea 상공의 왕성해진 기류가 그 예다.

러시아의 폭염과 가뭄

러시아 국립수력센터Russian National Centre for Hydrodynamics에 따르면 2010년 7월은 모스크바를 비롯해 러시아 서부 여러 지역에서 '기상관측 이후로 가장 더운' 여름이었다. 지속적인 가뭄과 전방위적인 들불이 폭염을 동반했다. 부실한 도로 사정과 공공서비스는 재앙의 피해를 줄이고자 하는 노력에 걸림돌이 되었다. 세계 최대 재보험회사인 뮤닉 리 Munich Re에 따르면 최소한 5만 6,000명이 폭염 그리고 토탄지와 숲의 화재 연기로 사망했다고 한다. 곡물 수확량이 약 3분의 1로 급감함에 따라 러시아 정부는 곡물 수출을 금지시켰고, 그 결과 세계 곡물시장에서 곡물 가격이 급등했다. 2012년에 폭염이 또다시 러시아를 강타했는데, 그 강도는 이전보다 덜했지만 시베리아가 심각한 들불로 고통을 겪었다. 동유럽과 중유럽 국가들도 규모는 덜했지만 가뭄 피해를 입었다.

멕시코와 중앙아메리카의 가뭄과 잇따른 홍수

2011년 봄과 여름에 멕시코 중부, 온두라스, 중앙아메리카 지역의 농민은 잇따른 가뭄과 홍수로 숨 돌릴 틈이 없었고, 그 결과 농업은 더 큰 위기를 맞았다. 유엔 환경변화와 강제이주 시나리오 프로젝트EU project Environmental Change and Forced Migration Scenarios(EACH-FOR) 조사관과의 인터뷰에서 멕시코 중부 틀락스칼라에 사는 한 농부는 냉철하게 이렇게 말했다. "비가 늦게 내려서 수확량이 줄고 있습니다. 유일한 해결책은 잠시 동안만이라도 집을 떠나 미국으로 가는 것입니다."(Alscher, 2010, p. 182)

미국 전역에 걸친 폭염과 가뭄

"2011년 텍사스 가뭄 사태: 기상관측 이후 가장 가문 7개월을 겪다 Texas Drought 2011: State Endures Driest 7-Month Span on Record", 2011년 9월 5일자 『허핑턴 포스트Huffington Post』지 기사 제목이다. 텍사스는 실제로 극심한 폭염과 가뭄을 겪었다. 오스틴은 38도가 넘는 날들을 90일 동안 겪으며 땀을 흘렸다. 이런 기상이변에 라니냐가 중요한 역할을 했다는 데는 이견이 없지만, 2011년 라니냐는 1949년부터 시작된 철저한 관측기록에 따르면 겨우 여섯 번째로 강력한 사례였다.

그해 기상이변이 아무리 심각했어도 이후 몇 년 동안 나타난 기상이변에 비하면 빛이 바랜다. 2012년 봄과 여름에 텍사스는 또다시 전대미문의 폭염과 가뭄에 시달렸다. 그해에 극심한 폭염과 가뭄 피해를 입은 주는 텍사스뿐만이 아니었다. 2012년 8월 1일, 미국 농무부에서 '특별 재난지역'으로 선포한 카운티 수는 218개가 늘어 32개 주 1,584개 카운티에 달했다. 피해 면에서 지난 수십 년간 최악의 가뭄이었다. 발생 빈도도 높았지만 피해지역의 범위도 유난히 넓었다. 비옥한 점토질 토양으로 이루어진 지역(예를 들어 텍사스 동부)에서는 토양이 황폐화되었고,

고속도로가 여기저기 갈라졌다. 중서부 주들에서는 고속도로가 설계 당시 한계치를 넘을 정도로 팽창해서 도로가 튀어 올랐다. 여러 지역에서 냉각수 부족으로 발전소 가동이 중단되면서 에어컨 가동으로 늘어난 전력 수요를 충당할 수 없게 되었다. 농업은 심한 타격을 입었다. 전세계 옥수수와 대두 생산량의 3분의 1 정도가 미국 중서부에서 수확되는데, 극심한 가뭄이 지속되면서 수확량이 줄어 세계 곡물시장에서 농산물 가격이 급등하기에 이르렀다.

그로부터 2년 뒤에도 캘리포니아, 텍사스 일부, 그 외 여러 남서부 주들은 계속해서 극심한 가뭄에 시달렸다. 파크 윌리엄스Park Williams 연구팀(2015)에 따르면 캘리포니아에서 "최근에 만성적인 건조화 추세의 일부로 나타나는 가뭄이 인간이 초래한 온난화 때문에 악화되었다. 이 만성적인 건조 추세는 점점 더 자주 체감되고 있고, 남은 21세기 동안에도 점점 심해질 것으로 예상된다." 2015년 가을에 특히 강력해진 슈퍼 엘니뇨(엘니뇨 현상이 일어나면 바다에 수증기가 많이 발생해 비구름이 형성된다—옮긴이)가 나타나기 전까지 가뭄은 끝이 안 보였다. 2016년부터 2017년 겨울에 또 한 번의 휴지기가 있었고, 앞으로도 휴지기가 오겠지만, '건조화 추세'는 사라지지 않을 것이다.

책임 소재

기상이변은 어느 정도까지가 기후변화 때문이고 어느 정도까지가 날씨 변동 때문일까? 어떻게 책임 소재를 따질 것인가?

기후모델이 아니라 오로지 실제 통계자료에만 의지해 한센 연구팀은 다음과 같은 결론에 이르렀다.

중요한 변화는 여름에 나타나는 극단적인 폭염인데, 1951~1980년 기후 기준으로 표준편차 세 배 이상의 고온이다. 당시 이와 같은 폭염이 나타 난 것은 지표면의 1퍼센트에도 훨씬 못 미쳤지만 지금은 약 10퍼센트에 달한다. 따라서 우리는 2011년에 텍사스, 오클라호마, 멕시코에서 나타 난 기상이변과 2010년 중동과 중유럽의 넓은 지역에서 나타난 기상이변 이 지구온난화의 결과라고 자신 있게 확언할 수 있다. 지구온난화가 없 었다면 그런 기상이변이 일어날 가능성은 극도로 적기 때문이다(Hansen et al., 2012, p. E2415).

전미과학·공학·의학한림원National Academies of Sciences, Engineering, and Medicine에서 「기후변화 맥락에서 보는 기상이변Attribution of Extreme Weather Events in the Context of Climate Change」이라는 제목으로 발표한 광 범위한 기상연구편람(2016)은 위의 주장을 뒷받침해준다.

물론 모든 기상이변의 원인을 기후변화로 돌릴 수는 없겠지만, 기 후변화가 점점 더 중요한 역할을 하고 있다는 데는 의심의 여지가 없 다. 『네이처』 온라인판에 실린 이 주제에 관한 논평에서 도널드 뉴그린 Donald Newgreen 박사는 다음과 같이 딱 맞는 비유를 들었다. "어떤 사 람이 폐암에 걸린 이유가 오로지 하루 두 갑씩 담배를 피우는 습관 탓 이라고 믿을 수는 없다. 그렇다고 해서 담배를 피우는 습관이 폐암에 전 혀 영향을 주지 않았다고 말할 수 있을까? 우리가 할 일은 개연성 있는 원인을 찾는 것이다. 기상이변의 원인을 찾는 일도 마찬가지다."

친구가 적으로: 바다, 들판, 숲

바다의 생명

바다는 이산화탄소 배출량의 30퍼센트 정도를, 그리고 20세기 후반에 급격히 가속화한 온난화로 비롯된 과도한 열기의 90퍼센트를 흡수한다. 이런 식으로 바다는 온난화 추세의 온전한 의미를 인류한테 숨겨왔다. 이 수치들이 안정적으로 보일지 몰라도 불변의 상수는 아니다. 온난화 과정이 증폭되면서 포화 효과가 일어날 것이다. 그리고 무엇보다 바다의 생물다양성이 크게 파괴될 것이다(Gattuso et al., 2015).

수온 상승은 바다생물에게 큰 영향을 미친다. 그 가운데 하나가 '미래에 전 지구적으로 해양생물 다양성의 재분배가 일어날 것'이라는 예측인데, 몰리노스Molinos 연구팀(2015)이 아주 상세하게 평가한 바 있다. 그리고 다음 사실을 환기시켰다. "현재의 생물다양성 패턴은 홍적세 이전, 다시 말해 250만 년도 더 전에 형성된 것이다. 그러나 우리의 예측에 따르면 인류가 초래한 기후변화 때문에 21세기가 가기 전에 전 세계 해양생물 분포에 전반적인 변화가 일어날 가능성이 높다."(p. 87) 이 변화는 지역마다 아주 다르게 나타날 것이다. 열대수역과 적도수역이 엄청난 피해를 입을 것이고, 그에 따라 해안지역에 사는 이들은 생존의 위협을 받게 될 것이다.

다음에 열거한 최근 변화는 앞으로 머지않아 닥칠 일을 시사한다.

- 2015년에 바닷물이 따뜻해져 메인 해안을 따라 바닷가재가 늘었고, 같은 시기에 뉴잉글랜드 남부에서는 바닷물이 너무 따뜻해져 바닷가

재가 급감하면서 사상 최저치를 기록했다.

- 바다거북 새끼의 성별은 알이 부화할 때 모래사장 온도에 의해 결정되는데, 부화 온도가 29도를 넘는 해변이 점점 늘어나고 있다. 부화 온도가 29도를 넘으면 암컷만 태어나게 된다(Hawkes et al., 2007).

- 2015년 여름에 알래스카 해안을 따라 바다오리들이 번식을 못한 채 만 마리 단위로 죽기 시작했다. 가장 설득력 있는 설명은 바다오리들이 굶어 죽고 있다는 것이다. 2년 동안 북태평양 수온이 너무 따뜻해져 해양 먹이사슬이 심각하게 교란되었고, 그 때문에 바다오리의 먹이가 바다 깊숙한 곳으로 이동한 탓이다(Atkinson, 2017).

이산화탄소 농도 축적 때문에 바닷물의 산성화가 심해지면서 뼈나 겉껍질을 형성하는 데 필요한 (아라고나이트와 방해석 같은) 탄산염 광물의 용해물질이 줄어들고 있다. 그 결과, 산호·굴·조개·홍합·익족류 등이 이 광물질을 얻기 위해 더 많은 에너지를 써야 함에 따라 제대로 성장하지 못하며, 어떤 수준을 넘어서면 생존을 위협받는다. 익족류는 보호막 역할을 하면서 수정처럼 투명한 껍질을 지닌 바다달팽이인데, 수십억 마리가 차가운 바다에 살면서 대구, 북대서양대구, 연어 같은 큰 물고기의 먹잇감이 되고 있다. 바닷물이 지나치게 산성화되면 이 바다달팽이들이 껍질을 만들 수 없게 되고, 심지어는 껍질이 녹아버린다. 그런데 빙하가 녹으면서 산성화가 심해진 캐나다 북부 해안에서 이런 일이 벌어지고 있다. 지구 반대편 남빙양에서는 바다의 산성화에 석회질 플랑크톤(인편모조류)이 공격당하고 있다. 석회질 플랑크톤은 먹이사슬의 근원일 뿐만 아니라 "지구 탄소순환에도 핵심적인 역할을 한다."(Freeman & Lovenduski, 2015) 남빙양이 막대한 이산화탄소를 흡수하면 그 결과로 플랑크톤 껍질이 줄어들고, 그렇게 해서 바다 표면의 탄소가 심해로 이동한다.

굴은 영화 〈내일 일어날 일〉(1장 참조)에 새로운 시나리오를 제공해준다. 미국 북서부 해안의 바닷물은 본래 세계에서 산성이 가장 강한 곳이다(U.S. Global Change Research Program, 2014). 이곳의 산성 농도는(기후변화 때문에 점점 악화되고 있는데) 앞으로 일어날 전반적인 산성화 추세를 미리 보여준다. 태평양 북서부에서 가장 대규모로 조개류를 공급하는 폴 테일러Paul Taylor는 그곳 굴이 처한 조건에 대해 이렇게 한탄한다. "굴 양식장에 계속 굴을 부착해도 건강하게 자라지 못한다."(Davenport, 2014)

단세포생물에서 물고기에 이르기까지 다른 바다생물도 바다 산성화의 영향을 받는데, 체액의 산염기 균형을 유지하기 위해 에너지를 더 많이 쏟아야 하기 때문이다. 이 때문에 면역 기능도 떨어지고, 성장과 번식 기능도 떨어진다. 어떤 생물종들은 심지어 후각 기능과 청각 기능에도 장애가 나타난다.

산호초 붕괴는 바다가 주는 값진 선물이 파괴되는 것으로 특히 주목해야 할 일이다. 세계 어디서나 산호초는 그 아름다움으로 유명하다. 그런데 산호초는 풍부한 해양생물종이 서식하는 생태계로서도 주목할 만하다. 이 해양생물종 중에는 열대 해안 주민에게 필수적인 식량자원도 포함되어 있다. 그렇지만 불행하게도 산호초는 바다를 괴롭히는 다음과 같은 재난에 특히 취약하다.[7]

- 해수면 온도 상승: 엘니뇨 영향으로 특히 따뜻했던 1998년과 2010년에 얕은 바다 산호초의 약 15퍼센트가 죽었다. 그보다 더 많은 산호초가 탈색되었지만 어찌된 일인지 자연적으로 회복되었다. 기후변화는 느리지만 꾸준히 바다의 수온을 상승시키고, 이는 결국 산호초에게 치명적인 기상변화가 일어날 가능성을 높인다. 이것은 '스프링보드 효과'를 보여주는 또 다른 징후다. 미국 해양대기청MOAA: National Oceanic and Atmospheric Administration 산하 산호초감시프로그램Coral Reef Watch Program 책임자 마크 이킨Mark Eakin은 이렇게 표현한 바 있다. "기후변화에 의해 기준 온도가 높아지면 바다도 따뜻해져 산호초가 탈색 현상을 일으키는 임계점을 넘기가 훨씬 쉬워진다. 엘니뇨나 그냥 더운 여름만 와도 최고 온도를 갱신하게 될 것이다."(Gillis, 2010)
- 사이클론과 허리케인: 오스트레일리아 대산호초 그레이트배리어리프 Great Barrier Reef와 카리브 해의 태풍은 산호초를 파괴하는 주요 요인이다. 사이클론과 허리케인은 자연발생적인 기상현상이지만 기후변화에 의해 그 파괴력이 커지고 있다.
- 해수의 산성화: 앞서 언급했듯이 바닷물이 점점 산성화하면서 산호 뼈대를 구성하는 데 필요한 탄산염이 아주 귀해지고 있다.

이런 이유들로 산호초는 이제 자연적 침식과 재해적 침식을 따라잡을 수 없게 되었다. 칼럼 로버츠Callum Roberts가 『생명의 바다Ocean of Life』(2012)에서 말한 암울한 상황은 결코 과장이 아니었다. "마지막 빙하기 이후로 번성해온 산호초를 인류가 100년 안에 사라지게 만들 수 있다는 생각만 하면 소름이 끼친다."(p. 107)

해안지역

기후변화와 연관된 해수면 상승을 다룬 여러 연구를 종합해 조너선 오버펙Jonathan Overpeck과 제러미 와이스Jeremy Weiss는 이렇게 결론을 내렸다. "전 지구적으로 온실가스 배출을 줄이기 위한 극적인 노력을 당장 하지 않는다면 2100년까지 전 지구적으로 해수면이 1미터보다 훨씬 넘게 높아질 가능성이 크다고 추정할 만하다."(2009, p. 21462) 이는 그린란드와 서남극 대륙을 모니터링하고 있는 빙하학자들의 예상과 일치한다(이 장 앞부분 참조). 남극 대륙에서 벌어지는 현상이 초래할 결과를 반영한 기후모델을 개발한 로버트 디콘토Robert DeConto와 데이비드 폴라드David Pollard는 이렇게 결론지었다. 이산화탄소 배출량이 극적으로 줄지 않아 "남극 대륙 빙하가 녹으면 2100년 즈음 해수면이 1미터 이상 높아질 가능성이 있다."(2016, p. 591)

이렇게 해수면이 높아지면 가장 고통받게 될 이들은 누구일까? 바로 인구밀도가 높고 산업활동이 밀집되어 있는 해안가 저지대에 사는 주민이다. 해수면 상승과 점점 강력해지는 해일(여기서도 '스프링보드 효과'가 작용한다)은 특히 대규모 삼각주에 파괴적인 결과를 불러일으킬 것이다(다음 목록이 그 실례인데, 이게 전부가 아니다).

- 방글라데시의 갠지스-브라마푸트라-메그나 삼각주: 이 삼각주는 면적이 대략 국토의 3분의 1에 달하며 전체 인구의 3분의 2가 이곳에 거주하고 있다. 수천만 명이 치명적이거나 반복적인 홍수 피해를 입을 것이고, 많은 이가 집뿐만 아니라 생계수단을 잃어 삶의 터전을 떠나야 할 것이다.

- 베트남의 메콩 삼각주: 이 지역은 이미 태풍과 범람에 아주 취약하다. 게다가 베트남의 산업화와 중국과 라오스에서 상류에 건설한 댐 때문에 더 큰 위험에 처해 있다. 이 댐들은 퇴적물이 삼각주까지 도달해 본연의 중요한 역할을 하지 못하게 막는다. 이미 육지 고도가 1미터 미만인 지역이 많으며 삼각주 전역이 4미터 미만으로, 해수면이 높아진다면 2,000만 명의 터전이 영구적으로 침수될 뿐만 아니라 베트남에서 생산되는 식량의 절반을 책임지는 벼농사와 어업활동도 영구적인 타격을 입게 될 것이다.

- 이집트의 나일 삼각주: 나일 삼각주는 홍수뿐만 아니라 토양과 지표수의 염화(상승 추세다) 때문에 위협받고 있는데, 본래 강물의 흐름이 아주 느린 데다 나일 강이 오염되면 삼각주까지 그 영향이 미치기 때문에 이 추세를 막기가 더 어렵다. 대략 2,000만 명이 직접적인 타격을 받게 되고, 그 가운데 3분의 1이 15세 이하다. 나일 삼각주는 전체 어획량의 절반을 책임지는 이집트의 곡창지대다.

- 네덜란드의 뫼즈-라인 삼각주: 네덜란드는 육지(세계에서 인구밀도가 가장 높은 곳으로 꼽히며 산업활동도 가장 활발한 곳이다)가 너무 낮아서 정교한 제방과 방파제 시스템이 없었다면 이미 오래전에 침수되었을 곳이다. 변화 추세에 맞춰 이 시스템을 적절히 개선하지 않는다면 국토 대부분이 물속으로 사라질 것이다. 네덜란드 남서부의 항구도시 로테르담 사례가 보여주듯이 이 시스템은 적절히 개선될 것 같다. 로테르담 시는 육상과 해상에서 해일에 대비해 기술, 자연과의 협력, 도시계획, 사회적 동원이 맞물린 종합적인 대책을 갖추고 있다. 다른 해안도시에도 모범이 될 만하다.

- 미국의 미시시피 삼각주: 이 지역의 해일은 특히 강력하다. 네덜란드 같은 방어체제(그러나 멕시코 연안과 미시시피 강의 자연적인 특징과 조화를 이루도록 설계되어야 한다—5장 참조)가 없다면 이곳 주민과 산업시설을 다른 곳으로 이주시켜야 할 것이다.

어떤 지역에서는 해수면이 더 많이 상승할 것이고, 또 어떤 지역에서는 육지가 줄어들겠지만, 결과는 똑같다. 육지가 줄어드는 것은 자연적인 침하 탓일 수도 있지만 인간이 원인을 제공하는 경우도 많다. 다시 말해 건물의 무게에 눌리거나 지하대수층에서 물을 지나치게 퍼 올려 토지가 압축되는 것일 수도 있다. 방콕·자카르타·뭄바이·상하이 같은 대도시가 유명한 사례다.

결론적으로 우리는 앞서 언급한 것보다 더 많은 해안지역이 심각한 위기에 처해 있다는 사실을 자각해야 한다. 그리고 그런 지역이 계속 늘어나고 있다는 사실도. 게다가 기후변화의 힘이 너무 강력해서 그 영향이 계속 증폭될 것이다. 따라서 해안지역 주민은 "계속 더 높은 지대로 이주해야 할 것이다. 그리고 이곳이 발전할 수 있게 해주고 수익을 가져다준 조건의 안정성은 영영 사라질 것이다."

숲과 들

공기 중에 이산화탄소가 많으면 식물이 더 잘 자란다. 다른 변수가 없다면 광합성은 실제로 그런 작용을 한다. 그러나 일반적으로는 사실이 아니다. 대기 중 이산화탄소 증가를 열렬히 지지하는 사람들의 주장과는 반대다. 동시에 식물이 성장하는 환경의 중요한 매개변수, 특히 기온과

물 가용성이 바뀌면 상황은 급변한다.

아라비카 커피는 특수한 토질과 기온조건이 맞는 지역에서만 자랄 수 있다. 큐 왕립식물원Kew Royal Botanic Gardens 지원으로 실시된 한 연구(Davis et al., 2012)에 따르면 21세기 말 즈음이면 그런 지역 가운데 적어도 65퍼센트, 어쩌면 95퍼센트까지 사라질 것이라고 한다. 물론 아라비카 커피는 까다로운 식물이기는 하다. 그러나 덜 극단적이면서 더 일반적인 사례들은 공통적으로 "온난화가 이미 밀과 옥수수 수확량을 떨어뜨리고 있다"(Jones, 2011)고 말해준다. 스탠퍼드 대학 식량안보·환경센터Center on Food Security and the Environment의 데이비드 로벨David Lobell이 발표한 요점도 이와 일치한다.

작물학의 발전은 기온이 임계점 이상으로 오르면 대부분 농작물의 생산량이 급격히 감소한다는 것을 보여주었다. 일부 지역에서는 기온이 1도 오를 때마다 수확량이 10퍼센트 감소한다. 소규모 자작농, 예를 들어 페루의 커피 재배자, 탄자니아의 차 재배자, 인도의 벼 재배자들은 이미 심각한 수확량 감소로 생존에 위협을 받고 있다. 사하라 이남 아프리카와 남아시아도 기후변화에 따른 생산성 감소에 특히 취약한 것으로 보인다. 이 지역의 주요 농작물이 이미 최적 온도가 넘은 조건에서 자라고 있기 때문이다(p. 2).

인구는 급격하게 증가했는데 식량 가용량은 심각하게 감소한다면 어떻게 할까? 식량의 생산·가공·유통·소비에서 모든 낭비 요인을 막아도 충분하지 않을 것이다.

2003년 여름에 몇 주에 걸쳐 30도가 넘는 폭염이 서유럽을 강타했다. 떡갈나무·참나무·너도밤나무들은 그에 맞춰 물 사용량을 극적으로 줄였다. 그에 따라 이산화탄소 흡수량이 줄고, 뒤이어 성장도 줄었는데, 나중에 그해 나이테가 유난히 좁은 것을 볼 수 있었다.

여름에, 때로는 봄에도 나타나는 더위와 가뭄은 아메리카 서부, 그러니까 애리조나와 텍사스부터 브리티시컬럼비아에 이르는 지역에서 이제 일상이 되었다(앞부분 참조). 알래스카도 피해를 입었다. 약해진 나무들은 곤충과 들불의 희생양이 되고 있는데, "그 혹독함 면에서 수천 년 만에 보는 기이한"(Gillis, 2011) 현상이다.[8] 광활한 시베리아 숲과 열대우림, 특히 아마존 열대우림에서도 비슷한 추세가 관찰되는데, 그 결과 물 순환에도 달갑지 않은 영향을 미치고 있다. 숲이 초원으로 바뀌면서 기후에 미치는 전 지구적 효과도 있다. 숲·초목·토양(나무에 의해 대기 중 탄소가 토양으로 옮겨진다)에는 대기보다 최소 두 배 많은 탄소가 포함되어 있고, 아마존 열대우림은 아직까지 세계에서 가장 큰 열대우림이다(1장 참조). 숲이 친구에서 적으로 바뀌면 유기물 부패와 화재로 많은 탄소가 방출된다.[9]

미국은 기후변화의 최전선에 있을까?

아프리카 여러 나라와 안데스 산맥 국가, 중국·인도·필리핀이 기후변화 때문에 특히 큰 대가를 치르리라는 게 일반적인 인식이다. 해를 거듭할수록 점점 더 파괴적인 태풍이 필리핀을 강타하고 있다. 2015년 가을에 인도에서는 '100년 만의' 대홍수로 첸나이 시와 그 주변지역이 파괴되었다. 게다가 2016년 봄에는 극심한 가뭄에 절망한 농부 수백 명이 자살했다(2장 참조). 자연자본을 낭비한 중국은 기후변화의 영향에 대처하기 위해 점점 더 발버둥 쳐야 할 것이다.

부유한 나라 미국도 기후변화의 최전선에 있을까? 최신 논문과 보고서들은 이 질문을 쉽게 묵살할 수 없다는 것을 암시한다. 브라이언 존스Bryan Jones 연구팀(2015)은 "21세기 후반이 되면 폭염에 노출된 미국 인구가 20세기 말보다 4~6배 늘어나게 될" 것이라고 보았다(p. 652). 일반적인 인식과는 달리 서부보다 동부가 더 심각할 수 있다고 한다. "고온다습환경이 고온건조환경보다 훨씬 더 불편하고 더 위험할 수 있기 때문이다."(Hsiang et al., 2014).[10]

그렇게 되면 미국인이 당연하게 여기는 공중보건도 안전하지 않다. 랜싯 건강·기후변화위원회Lancet Commission on Health and Climate Change에서 발표한 2015년 보고서에 따르면 "오늘날 이미 기후변화 효과가 체감되고 있으며, 앞으로 인간의 건강에 견딜 수 없을 만큼 치명적인 위협이 될 것으로 예측된다."(Watts et al., 2015, p. 1861) 이와 같은 위험은 미국 연방정부의 지원을 받아 작성된 과학보고서에 체계적으로 평가되어 있다(Crimmins et al., 2016). 더 나아가 우리는 다음 사실도 고려해야 한다.

- 대서양 해안은 해수면 상승에 특히 취약하다. 해류, 기압, 지반침하의 특수한 조건 탓이다. 지난 20년 동안 미국 메릴랜드 주의 아나폴리스, 버지니아 주의 노퍽, 사우스캐롤라이나 주의 찰스턴, 플로리다 주의 포트로더데일과 마이애미비치는 한 해 홍수 발생일이 과거보다 6~11배

늘었다. 역사적인 도시 찰스턴은 이제 1년에 평균 220일 동안 홍수를 겪는다.

- 「국가기후평가National Climate Assessment」에 연이어 발표된 대로 더 강력하고 더 빈번한 홍수가 예상되기도 한다. 2016년 여름에 루이지애나를 강타한 파괴적인 홍수는 피해가 얼마나 극심해질 수 있는지 보여주었다. 2016년 10월 노스캐롤라이나를 강타했을 때 허리케인 매튜는 힘을 잃은 상태였는데도 20세기 후반에 발생한 그 어떤 홍수보다 피해가 심각했다. 악화된 기후조건으로 허리케인이 최대 힘을 얻게 되면 어떤 일이 벌어질까? 홍수로 멕시코 연안 공장이 파괴되면 그 물은 독이 될 것이다.

- 태평양, 적어도 워싱턴과 오리건 해안의 태평양은 본래부터 산성을 띠고 있다. 그렇기 때문에 이 지역은 기후변화로 인한 산성화에 특히 취약하다(이 장 앞부분 참조).

- 미국 최대의 산림은 이미 해충과 대형 화재에 시달리고 있는데, 둘 다 기온 상승에서 비롯된 일이다. 기온이 더 상승하게 되면 이 산림은 사라져버릴 것이다.

- 알래스카는 빙하가 녹으면서 거대한 산사태를 일으킬 수 있는 지형조건 때문에 기후변화의 최전선에 있다. 2015년 9월에 그곳을 방문한 오바마 대통령은 이렇게 말했다. "우리의 최북단 주 알래스카에서 바다가 마을을 삼키고 해안선을 침식하는 것을, 영구 동토층이 녹고 툰드라가 불에 타는 것을 내 눈으로 직접 보았습니다. 이곳은 최근 들어 전례 없는 속도로 빙하가 녹고 있습니다. 이는 기후변화가 우리의 노력을 앞지르게 될 경우 우리에게 닥칠 미래를 미리 보여주는 것입니다."[11]

이 일부 사례는 지금 우리가 안주할 때가 아니라는 것을 보여준다. 미군도 다음과 같이 잘 자각하고 있는 사실이다. "기후변화는 국방부의 방어력에 영향을 줄 것이고, 이는 미국의 국가안보에 즉각적인 위협이 된다. 국방부는 기후변화에 맞서 두 가지 방법으로 대응하고 있다. 바로 적응과 완화다. 적응은 지금 일어나고 있는 변화나 앞으로 일어나리라고 예상되는 변화에 대처할 계획을 세우는 것이고, 완화는 온실가스 배출을 줄이기 위해 노력하는 것이다."(Department of Defense, 2014) 그러나 해군기지, 특히 버지니아 주 노펙에 있는 세계 최대 해군기지를 어디로 옮길 것인가?

악화일로

다음에 나오는 그래프들은 중요한 기후변화 요인의 악화가 점점 가속화하는 현실을 보여준다. 물론 이 그래프들이 앞으로 언제 임계점에 이를지, 다시 말해 피할 수 없는 갑작스러운 변화가 언제 일어날지를 보여주지는 않는다. 이 그래프들이 어떤 사건이 발생할 수 있는 정확한 날짜를 알려주지는 않지만, 기후변화에 관한 정부 간 협의체 1그룹과 2그룹에서 활용한 모델을 광범위하게 선별한 자료를 바탕으로 하나의 목록(Drijfhout et al., 2015)이 완성되었다. 어떤 위협은 장기적이다. 다음 사례는 21세기 안에 일어날 수 있는 사건들이다.

• 북대서양 대류의 완전한 붕괴와 그에 따른 해양순환의 변화.

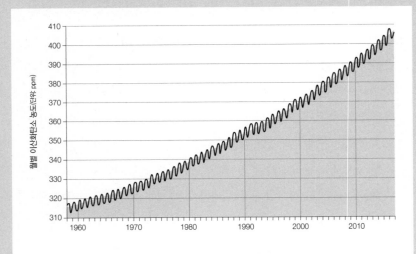

그래프 4-1 **마우나로아 관측소에서 관찰한 이산화탄소 농도**

출처: 스크립스 해양학연구소 Scripps Institution of Oceanography, http://scrippsco2.uscd.edu

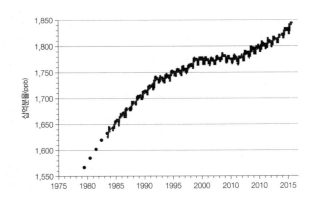

그래프 4-2 **메탄가스 농도(단위: 십억분율)**

출처: 미국 해양대기청 연간 온실가스 지표, http://www.esrl.noaa.gov/gmd/aggi/aggi.html

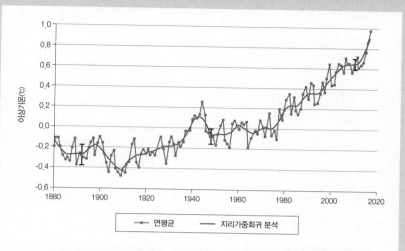

그래프 4-3 지구 평균기온: 육지와 바다 데이터를 토대로 한 세계 평균 추정치

출처: 고다드우주연구소GISS 표면 온도 분석, 2016년 10월 14일 자료, http://data.giss.nasa.gov/gistemp/

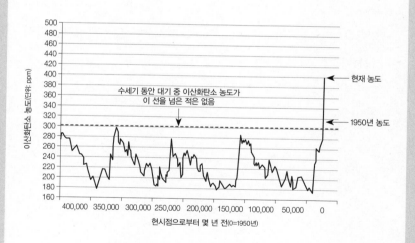

그래프 4-4 40만 년 동안의 이산화탄소 농도(단위: ppm)

출처: 미 항공우주국 전 지구적 기후변화: 행성 존재의 증거를 보여주는 생체 신호,
http://climate.nasa.gov/evidence

- 티베트 설원의 급작스러운 해빙과 그에 따른 중국·인도·파키스탄·방글라데시를 흐르는 강들의 수역변화.
- 지중해, 미국 남서부, 중앙아시아 전역의 불모화.
- 아마존 강 유역의 초원화.

이 모든 문제의 주범은 화석연료다. 동물 사육을 포함한 산업형 농업은 두 번째 주범이다. 산업형 농업의 온실가스 배출량은 전체 배출량의 25퍼센트에 살짝 못 미치는데, 주로 대기 중 메탄가스와 아산화질소 농도 증가에 한몫하고 있다.

오바마 대통령은 2016년 9월 하와이를 방문한 기간에 백악관에서 있었던 회의를 떠올리며 이렇게 말했다. "제 수석 과학고문, 존 홀드런John Holdren은 조회 때마다 차트, 보고서, 그래프들을 발표하곤 했는데 정말 끔찍했습니다."(Davis, Landler, Davenport, 2016) 이 말이 과장처럼 들리지 않는다.

5장

과학과 자연의 만남을 통한
지속 가능성

1장에서 4장까지 제기한 많은 문제는 과학기술과 자연모델의 결합을 통해 부분적이나마 유용한 해결책을 이끌어낼 수 있다. 이번 장에서는 그 해결책을 살펴보겠다.

생물다양성 문제에 대한 해결책은 지금으로서는 단편적이고 실효성이 없는 경우가 많지만, 희망적인 사례도 있다. 예를 들어 열대우림은 조건만 잘 맞춰주면 외부 공격에 대한 저항력이나 회복력 면에서 예상보다 더 좋은 결과를 보여줄 수 있다. 바다의 경우도 유해활동 금지 규정을 명확하게 세우고 일관성 있게 시행한 보호구역에서 놀라운 회복력을 보여주고 있다.[1] 맹그로브, 습지, 굴 암초, 산호초 같은 특수한 생태계도 해안침식과 기상이변은 물론 해수면 상승 문제에 대처하는 놀라운 능력이 있다. 별로 환영받지 못하는 유전자 변형 생물도 생물다양성을 넓히는 또 다른 요인이다. 물 부족이나 과잉, 염화에 더 강한 벼 품종이 그 예다.

물과 토양 문제에서 과학과 자연의 연합이 급격한 개선을 보여주고 있다. 적절한 관개와 정교한 재활용 기술을 통해서 물 절약에 크게 성공할 수 있었다. 토양의 지속 가능성은 (화학비료 같은) 화학적 처리를 생물학적 접근을 통합한 방법으로 대체하는 것에 달려 있다.

이번 장에서는 최대한 효과적이고 빠르게 화석연료에서 다른 에너지로 전환할 수 있는 방법을 중점적으로 다루겠다. 세 가지 접근법을 생각해볼 수 있다. 에너지 절약 극대화, 더 효율적인 태양전지 개발, 에너지 저장장치를 개선해 재생에너지의 간헐성 문제를 해결하는 것이다.

그리고 이산화탄소를 포획해서 저장하는 자연적 방법과 인공적 방법을 살펴보는 것으로 끝을 맺겠다. 이산화탄소 포획과 저장, 다시 말해 이산화탄소 포집이 중요하다는 사실을 인식하는 이들이 점점 늘고 있다. 전미연구평의회National Research Council에서 미국 과학아카데미에 제출한 보고서에는 이런 결론이 담겨 있다. "대기 중 이산화탄소를 제거하는 일이 중요하다는 것은 명백하다. 탄소 총배출량이 전문가들이 말하는 돌이킬 수 없는 환경 효과를 야기할 임계점을 넘어설 가능성이 높다는 점을 생각할 때 특히 그렇다."(2015, p. 111) 독일 국제안보문제연구소SWP: Stiftung Wissenschaft und Politik도 같은 의견이다. "이산화탄소 역배출 없이는 지구 평균기온 상승폭 1.5도 제한 목표는 이룰 수 없을 것이며, 설사 2도 목표가 가능하더라도 엄청난 대가를 치러야만 이룰 수 있을 것이다."(Geden & Schäfer, 2016, p. 4)[2] 옥스퍼드 대학 지구시스템과학 교수이자 이산화탄소 총배출량을 제한해서 지구 평균기온 상승폭을 2도 이하로 유지해야 한다는 주장이 담긴 획기적인 논문(Meinshausen et al., 2009)의 공동저자인 마일스 앨런Myles Allen은 여기에서 한 걸음 더 나아가 이산화탄소를 1톤 배출할 때마다 그만큼의 이산화탄소를 포집하되 그 비용은 이산화탄소 배출자가 부담해야 한다고 역설했다(Allen, 2015). 기후변화에 관한 정부 간 협의체 5차 평가보고서(IPCC, 2014)에서도 강조했듯이 이산화탄소 역배출이 결정적인 역할을 할 수 있다는 데는 의심의 여지가 없다. 그러나 정치 관계자와 경제 관계자들은 이 문제를 조직적으로 간과하고 있다.

생물다양성: 영감의 원천이자 동반자

열대우림의 복원력

1997년에 과테말라 정부에서 원주민 공동체가 25년 동안 열대우림을 관리하는 것을 승인하자 논란이 일었다. 전문기관이나 경험 많은 기업에 비해 원주민 공동체는 그런 일을 수행할 능력이 없다는 인식이 일반적이었다. 그러나 엄격한 보호법이 있다고 해서 공공기관의 관리와 감시 태만을 막을 수 있는 것은 아니다. 그리고 기업은 경험은 풍부할지 몰라도 너무 근시안적인 경우가 많다.

실제로 15년 뒤에 그 당시 회의론은 틀렸음이 드러났다. 과테말라의 티칼 고대 유적지를 품은 마야 생물권 보호구역MBR: Maya Biosphere Reserve을 심도 있게 평가한 결과, 다음과 같은 결론에 이르렀다.

이 연구의 핵심적인 결론은 MBR의 목재 수확이 지속 가능하며, 열대우림의 수종관리 방식이 세계 최첨단이라는 점이다. 지금 수준대로 수확한다면 목재 수확 사이의 회귀년 동안에 상업적으로 중요한 목재 수종이 대체로 원래의 밀도와 부피를 회복하리라 예상된다. 아주 과학적이면서 현장조사에 기반을 둔 경험자료도 이 결론을 뒷받침해주는데, MBR의 방식이 열대지역에서 일반적으로 이루어지는 상업적 산림관리와 다르다는 것을 보여준다(Grogan et al., 2015, p. 4).

열대우림에 거주하는 대부분의 원주민 공동체는 토지에 대한 확실한 소유권을 갖지 못하고 불안정한 거주권만 지닌 채 살아가고 있다. 그렇기 때문에 산림을 지속 가능하게 관리할 동기와 능력도, 산림 재건보다는 채굴에 관심이 있는 외부 세력의 압력에 저항할 동기와 능력도 없다(Gray et al., 2015). 그러나 그들에게 영구적인 거주권을 보장해주면 땅을 효과적으로 관리하는 데 필요한 자신감과 힘을 실어줄 수 있다. 이런 점에서 25년이라는 기간은 지배적인 수종의 회귀년에도 못 따라갈 정도로 너무 짧지만, 마야 생물권 보호구역은 그 짧은 기간에도 지속 가능한 관리와 보존을 이루어냈다.

마야 생물권 보호구역의 최첨단 임업방식이란, 자연의 주기와 목재 수확의 공존 가능성을 면밀히 살피는 것이다. 회귀년은 평균적인 산림 수종 구성비가 바뀌지 않게 장기적인 관점에서 결정한다. 그에 따라 상업 가치가 가장 높은 수종, 마야 생물권 보호구역의 경우 마호가니와 스페인삼나무의 벌목과 만치치manchiche 같은 수종의 방치를 금지한다. 최근 들어 만치치를 찾는 새로운 고객이 생겼다(브롱크스 동물원, 뉴욕 수족관, 유럽 최대 건축자재 할인매장인 르루아 메를랑Leroy Merlin). 이곳의 기본 원칙은 수종의 재생 요건과 조화를 이루도록 목재를 수확하는 것이다.

아마존 열대우림의 수루이 부족은 시간제한에 구애받지 않았다. 1988년 브라질 헌법 개정에 따라 인디언 원주민은 토지에 대한 권리를 인정받았다. 여기에는 침입자를 쫓아낼 권리도 포함되었다. 이렇게 토지에 대한 권리를 인정받기까지 그 길은 멀고도 험난했다.

1960년대에 최초로 열대우림을 관통하는 고속도로 트랜스아마존하이웨이가 건설되면서 아마존 열대우림에 사는 부족의 고립 상태는 끝이 났다. 수루이 부족과 외부세계의 첫 만남은 치명적이었다. 부족에게 면역력이 전혀 없는 전염병과 아마존 지역에 대한 가짜 토지 소유권에

꾀어 브라질 전역에서 몰려든 정착 희망자들과 치른 피비린내 나는 싸움 때문에 많은 부족민이 죽어서 부족 인구가 2,000명에서 몇백 명으로 줄었다. 이와 비슷한 이유로 아마존에 거주하는 다른 인디언 부족도 여럿 말살되었다. 그러나 수루이 부족은 고유한 생명력과 통찰력을 갖춘 특출한 리더십 덕분에 되살아났다. 1988년에 토지에 대한 배타적 권리를 인정받았을 때 수루이 부족은 이곳에서 지속 가능한 방식으로 살아갈 능력이 있음을 증명했다.

- 수루이 부족은 마야 생물권 보호구역과 비슷한 원칙에 따라 목재와 비목재 임산물을 수확한다. 그리고 영구적인 거주권 덕분에 산림 수확과 재건을 위한 50년 계획을 수립하고 시행할 자신감을 얻었고, 1988년 이전의 지난한 시기에 벌채와 불법적인 숲 태우기로 파괴된 지역에 다시 숲을 조성하는 사업을 시행할 수 있었다.

- 수루이 부족은 탄소 저장비용을 외부세계와 분담한다. 독자적으로 산림 재조성 사업을 시작하기는 했지만, 외부의 재정 지원 없이는 사업을 오래 추진할 수 없었다. 알미르 수루이 추장은 조상 대대로 전해 내려오는 지식과 전통에 대한 강한 애착을 대학에서 받은 교육(생물학), 선진기술에 대한 관심과 접목시킬 줄 아는 이였다. 알미르 추장은 부족민은 물론 브라질과 해외 여러 파트너에게 높이 평가받는다. 알미르 추장은 외부의 지원을 받는 것이 정당하다고 여긴다. 탄소상쇄사업carbon offset(배출한 이산화탄소의 양만큼 온실가스 감축활동을 하거나 환경기금에 투자하는 것—옮긴이)에 대한 공식 거래권을 획득한 수루이 부족은 2013년 9월에 처음으로 라틴아메리카 최대 화장품회사인 브라질의

나투라 코스메티코스Natura Cosméticos와 12만 톤에 해당하는 탄소상 쇄 거래를 맺었다. 나투라 코스메티코스는 완전한 탄소 중립(탄소 배출 제로)을 추구하는 회사였다.

- 수루이 부족은 산림이 더는 파괴되지 않도록 숲을 보호한다. 불법 벌 채와 산림방화 위협은 여전하기 때문에 피해가 너무 커지기 전에 최대 한 빨리 감지해서 막아야 한다. 그런 위협을 감지하는 것이 수루이 부 족의 임무다. 이를 위해 구글 어스 아웃리치라는 첨단 위치확인 시스템 을 활용한다. 의심스러운 활동이 감지되자마자 연방경찰이 바로 현장 으로 출동한다.

아마존 열대우림을 보호하고 재건하는 일은 전 세계 모든 사람에게 이로운 일이다. 하늘에서 내려다보면 한때는 숲이었지만 지금은 바싹 말 라 황토색을 띠는 땅 한가운데 푸른 오아시스 같은 수루이 땅이 보인다.

물론 범죄 행위는 절대 근절되지 않는다. 심지어 알미르 추장은 살인 청부 위협까지 받고 있는데, 부족은 물론 연방 당국도 이를 심각하게 여 겨 경찰 특공대원을 경호원으로 임명했다. 아마존 열대우림과 가난한 토착민을 위해 싸운 전설의 치코 멘데스Chico Mendes가 자기 집 현관 계 단에서 암살당한 것을 모두 기억하고 있다.

해안보호: 자연적인 보호와 인공적인 보호, 대립이냐 연합이냐

맹그로브를 비롯한 해안 숲, 습지, 산호초, 굴 암초는 다양한 생태 서비 스를 제공해줄 뿐만 아니라(Gittman et al., 2016) 해안을 보호해주는 파 트너다. 파도의 힘을 약화시켜 해안침식을 줄여주고, 날씨가 험할 때는 폭풍의 파괴력을 약화시킨다. 네덜란드에서는 해수면보다 낮은 폴더polder(네덜란드의 해안 간척지—옮긴이)를 보호하기 위해 거대한 인공구조물이 필수적인데, 엔지니어들이 이 인공구조물 앞에 습지와 조개 양식장을 조성한다. 맹그로브와 습지는 유속을 떨어뜨려 침전물이 쌓이게 만든다. 맹그로브 숲에 쌓이는 침전물은 해수면 상승을 상쇄하는 효과가 있다. 로드리게즈Rodriguez 연구팀(2014)은 미국 대서양 해안을 50년 동안 관찰한 자료를 토대로 굴 암초가 "점점 가속화하는 해수면 상승을 막을 수 있다"고 결론 내렸다.

이 같은 연구 결과는 미국 뉴욕 주 자메이카 만 연안에 해수 소택지 섬들을 천연방파제로 복원하는 사업의 근거를 마련해준다. 심지어 건축가 스티븐 카셀Stephen Cassel은 더 야심 차게, 로어맨해튼(남부 맨해튼)을 보호하기 위해 맨해튼 금융지구 주변에 습지를 조성하는 프로젝트를 제안했다. "이 계획으로 원래 자연 상태로 돌아갈 수는 없을 것이다. 그보다 우리는 공학적 생태를 생각했다. 맨해튼의 역사를 돌아보면 우리는 이 섬에서 자연을 밀어내고 그 자리를 인공의 기반시설로 채웠다. 지금 우리가 할 수 있는 일은 자연과 인공시설을 다시 통합해 도시를 더 지속 가능하게 만드는 일을 시작하는 것이다."(Rieland, 2013)

2011년에 허리케인 아이린이 노스캐롤라이나 해안을 강타했을 때 인공방파제와 칸막이벽의 4분의 3이 그 충격을 막지 못하고 심각하게 훼손된 반면, 습지는 효과적으로 해안을 지켜주었고 1년 안에 허리케인 피해 이전 수준으로 저절로 회복되었다. 2003년 허리케인 이사벨이 체서피크 만 해안을 강타했을 때도 이와 비슷한 대조 현상이 관찰되었다(Popkin, 2015). 케이티 아커마Katie Arkema 연구팀의 광범위한 경험연구가 보여주었듯이 미국 전역의 해안지대가 이와 똑같은 방법으로 혜택을 볼 것이다. 아커마는 스탠퍼드 대학에서 추진한 자연자본계획Natural Capital Project에도 참여한 바 있다. 그리고 미국 해안지대의 67퍼센트가 실제로 이와 같은 천연보호막으로 혜택을 보고 있다. 이 천연보호막이 사라진다면 바다의 예측불허 변화에 수백만 명이 속수무책으로 당할 것이다.

방글라데시는 그 어떤 나라보다 심각한 태풍 피해를 입고 있으며, 해수면 상승의 위협에 직면해 있다. 방글라데시 남서부 끝자락에 있는 메그나 강어귀가 특히 위험하다. 이 메그나 강어귀 맞은편 섬에는 세계에서 가장 크고 무성한 순다르반스 맹그로브 숲이 자리 잡고 있다. 순다르반스 맹그로브 숲은 "너무 빽빽해서 역사적으로 그 누구도 안으로 들어가는 길을 찾지 못했다."(Rushdie, 1981) 그러나 역사는 순다르반스를 우회하는 길을 찾아냈다. 맹그로브 숲에서 15킬로미터도 못 미치는 거리에 거대한 석탄-화력발전소를 건설할 계획이 진행 중이다. 발전소에서 내뿜는 오염물질과 인도에서 석탄을 운반해오기 위한 선박 운항이 섬세한 생태균형을 혼란에 빠뜨릴 것이고, 자연자본에 대한 또 다른 저주의 징후가 나타나게 될 것이다.

위대한 녹색형광 단백질

생명과학에서는 자연모델의 생물다양성에서 영감을 받아 혁신을 배우는 것을 '생체모방bioinspiration'이라고 부른다. 녹색형광 단백질GFP: green fluorescent protein이 유명해진 일화를 보면 자연모델을 통한 배움이 지속 가능한 혁신으로 이어질 수 있다는 것을 알 수 있다. 1950년대 말에서 1960년대 초에 나가사키 원자폭탄 생존자 시모무라 오사무 Shimomura Osamu(나고야 대학과 프린스턴 대학에서 활동)는 워싱턴 주 연안에 서식하는 해파리 에쿠오리아 빅토리아Aequorea victoria가 어떻게 초록빛을 내는지 관찰했다. 그리고 초록빛을 내는 단백질을 발견해서 녹색형광 단백질GFP이라고 이름 붙였다.

그로부터 30년 뒤에 마틴 챌피Martin Chalfie(컬럼비아 대학)는 GFP를 다른 유기체에 발현시켜 초록빛을 내게 만들 수 있으리라고 생각했다. 학계에서는 회의적이었지만, 챌피는 그 유명한 벌레 '예쁜꼬마선충 Caenorhabditis elegans'으로 자신의 가설을 증명하는 데 성공했다. 챌피가 1994년 『네이처』지에 발표한 인상적인 논문에서 보여주었듯이 이 연구 성과는 GFP가 보편적인 생물학적 표지자가 되는 길을 열어주었다 (Chalfie et al., 1994). 로저 첸Roger Tsien(캘리포니아 대학 샌디에이고 분교)도 챌피가 옳다는 것을 증명했다. 심지어 유전자 조작을 통해 다양한 색깔의 빛을 내는 GFP 변종을 여러 개 만들어냈다. 이는 의료영상기술의 혁신으로 이어졌는데, 원료를 구하기도 까다롭지 않고 해로운 부작용도 없다는 면에서 지속 가능한 혁신이었다. GFP는 약물과 식품에서 부적합한 성분을 탐지해내는 데도 쓰인다.

다윈을 조심하라

영감의 원천이나 파트너로서 자연과 협력하는 것은 이득이 엄청나다. 그러나 무심코 그랬든 부주의로 그랬든 자연에 반하는 일을 하면 재난을 초래할 수 있다. 일부 유전자 변형 식물과 자연선택Darwinian selection의 충돌이 이를 증명해준다.

유전자 변형 식물은 경제적·사회적으로는 물론 생태적으로 가치가 높은 생물다양성을 풍부하게 해준다. 예를 들어 가뭄(아니면 물 과잉이나 염분)에 대한 저항력이 더 높은 벼나 밀은 세계 식량의 평형 상태를 바꿀 뿐만 아니라 귀중한 천연자원을 절약해주기도 한다. 그러나 유전자 변형 식물을 고안하고 상업화한 목적은 따로 있다. 유전자 변형 식물을 이용하는 주된 이유는 독점 행태의 경제학, 더 정확하게 말해서 강력한 과점 행태에서 찾을 수 있다. 미국의 다국적 농업기업 몬산토Monsanto가 중요한 유전자 이식 특허권을 보유하고 있기 때문에 유전자 변형 식물의 생산과 상품화를 꽉 잡고 있다는 것은 잘 알려져 있다. 이 특허권은 처음에 미국에서 승인되어 몬산토가 진출한 모든 나라에 적용되었다(유전자 특허권에 대해 더 알고 싶다면 7장 참조).

몬산토를 비롯해 독과점 행위를 하는 기업은 주로 수익성에 관심이 있기 때문에, 유전자 이식기술을 이용해 개발도상국의 필요를 충족시키는 데는 관심이 없었다. 선진국에서 해충 방제에 손을 대는 게 훨씬 더 수익이 좋았기 때문이다. 유전자 변형 종자 개발에 대한 경험조사에서 경제학자 디트마르 하르호프Dietmar Harhoff 연구팀은(2001) 몬산토와 신젠타Syngenta 같은 기업이 자사에서 판매하는 제품과 연관이 있는 특질(살충제나 제초제에 대한 내성 같은) 개발을 우선시한다는 결론을 내렸다. 그 예가 몬산토의 주력 제초제 라운드업 레디Roundup Ready다.

그렇다고 시장에서 판매되는 유전자 변형 식물이 이점이 전혀 없다는 말은 아니다. 수확량 증대나 농민의 노동력 절감이나 살충제 사용량 절감 같은 이점이 있다. 그러나 시간이 흐르면서 이점은 정체되고 해로운 부작용은 늘어나는 것으로 보인다. 기본 추세를 보여주기 위해 몇 가지 중요한 사례를 간략하게 설명하겠다.

21세기 초 유전자 변형 목화가 인도에 도입된 이래 700만 명이 넘는 농민들이 Bt 품종을 채택했는데, '바실루스 투링기엔시스*Bacillus thuringiensis*' 박테리아 유전자를 주입한 유전자 변형 품종이었다. 이 유전자는 목화다래벌레를 쫓는 독소를 뿜어낸다. 목화다래벌레는 목화섬유를 갉아먹는다. 실제로 이 품종 덕분에 목화 수확량이 늘어났을 뿐만 아니라 살충제 사용량이 줄었고, 농민들의 수익도 늘었다(어떤 지역에서는 수익이 50퍼센트까지 늘어나기도 했다). 그러나 2007-2008 생장기가 지나자 여러 주에서 수익 증가 추세가 멈추었다.[3] 자연선택에 의해 Bt 독소에 내성이 생긴 목화다래벌레들이 생긴 데다가 Bt 독소의 목표물이 아니었던 다른 해충들이 크게 번성한 것이다.

중국 농민들도 비슷한 문제에 직면했다. 중국 북부에서 목화를 재배하는 농민들은 이 지역의 골칫거리 해충('왕담배나방*Helicoverpa armigera*')에 효과가 좋은 독소를 내뿜는 Bt 품종을 널리 채택했다. 그러나 Bt 품종의 효과가 좋으면 좋을수록 두 번째 골칫거리 해충('장님노린재*Miridae*')이 번성했는데, 경쟁자가 없어진 데다가 Bt 독성은 이 해충에는 아무 영향을 미치지 않았기 때문이다. 『사이언스』지에 발표된 것처럼(Lu et al., 2010) 이제 중국 북부의 6개 주 전역에 걸쳐 장님노린재가 떼거지로 목화 작물뿐만 아니라 과수원과 포도원까지 공격하고 있다.

북아메리카 농민들도 유전자 변형 식물이 은총이자 저주라는 사실을 깨달았다. 몬산토는 유전자 조작을 통해 자사 제품인 라운드업 레디 제초제에 내성이 있는 카놀라 품종을 개발했다. 라운드업 레디 농약을 밭에 뿌려도 카놀라 자체는 피해를 입지 않으므로 카놀라 밭의 주인에게는 이득이다. 그런데 옥수수나 대두와 달리 카놀라 씨는 어떤 환경에서도 쉽게 발아한다. 따라서 라운드업에(그리고 또 다른 제초제에) 내성이생긴 카놀라는 원래 경작지가 아닌 곳에서는 성가신 잡초가 되었다. 노스다코타 주, 오리건 주, 매니토바 주가 카놀라 잡초 때문에 피해를 보았다(Londo et al., 2010; Schafer et al., 2011).

미국 미드웨스트 지역과 미국-캐나다 국경지대에 사는 농민들도 이와 비슷한 문제에 직면했는데, 심지어 더 곤란한 조건에 처했다. 성인 키만한 잡초, 일명 거대돼지풀*Ambrosia trifida*이 제초제에 내성이 있는 유전자를 획득한 것이다. 이 돼지풀의 꽃가루는 가벼워 쉽게 퍼져 나가기때문에 문제가 더 심각하다. 손으로 일일이 이 잡초를 뽑아줘야 하는데,시간도 많이 잡아먹을 뿐 아니라 알레르기 반응을 일으킬 위험도 있다.

앞에서 말한 상황의 공통점이 무엇일까? 유전자 변형 식물이 살아 있는 유기체 사이의 특수한 상호작용에 변화를 일으키면 두 가지 근본적인 생물학적 위험이 있다.

- 유전자 돌연변이의 보호를 받는 개체 군집이 자연선택에 의해 번성하는 경향이 있다(Palumbi, 2001).
- 하나의 상호작용을 바꾸면 뜻하지 않게 새로운 상호작용을 일으킨다. 예를 들어 한 종류의 해충을 방제하면 통제하기 어려운 다른 유형의 해충이 그 틈을 비집고 들어와 생태적 지위ecological niche를 차지한다.

산업계는 이런 문제점을 무시했을 뿐만 아니라 다른 사람이 관심을 갖는 것도 방해했다. 『사이언티픽 아메리칸*Scientific American*』 2009년 8월

호에 실린 사설 "더러운 관행A Seedy Practice"은 다음과 같이 지적했다. "유전자 변형 작물이 광고만큼 효과가 있는지 입증하기는 불가능하다. 농업 테크agritech(농업과 기술을 접목한 용어—옮긴이) 회사들이 특허권의 범위를 확대 해석해 독점권을 남용함으로써 독립적인 연구자들의 조사를 거부했기 때문이다."(p. 28)

그러나 특정한 환경조건에 더 잘 적응하도록 만든 유전자 변형 식물에는 이런 문제가 발생하지 않는다(그렇다고 해서 효율적인 유전자 변형 식물을 생산하기가 간단하다는 뜻은 아니다). 그런 유전자 변형 식물은 자연적인 생물다양성을 풍부하게 만들어주는 가치가 있다. 이런 식물들은 (수익성이 낮기 때문에) 산업계에서 서둘러 개발하려고 달려들지도 않는다. 다행스럽게도 유전자 이식기술 분야에서 독립적인 연구자들의 발견 덕분에 기업에 독점권을 주는 특허신청을 피할 수 있었다. 오스트레일리아 캔버라 주에 있는 비영리연구소 캠비아Cambia의 발견이 그 예다(Broosthaerts et al., 2005). 이렇게 더 효율적인 방법이 전통적인 방식('접근을 제한하는 방식')으로 특허를 신청하지 않고 소프트웨어 개발자들이 도입한 '오픈소스 계약'('접근을 자유롭게 하는 방식', 7장 참조) 방식을 채택했다는 사실도 아주 중요하다. 게다가 전통적인 교배기술에서 중요한 발전이 이루어졌다는 사실이 여러 기회의 문을 열어주는 데 기여했다.

이런 진보의 결과는 광범위하다. 한 가지만 예로 들자면 아시아에서는 국제미작연구소의 감독에 따라 수만 헥타르에 달하는 경작지에서 물 부족, 물 과잉, 염분에 저항력이 더 높은 벼 품종을 재배한다. 이 경작지들은 주로 소규모 자작농들이 부리는 땅이다. 바로 생물다양성의 이

점이 확대된 사례이며 자연의 힘, 과학 지식, 적절한 제도적 장치의 통합을 통해 가능했던 일이다.

극적인 물 절약

관개기술의 비약적 발전

정말 팔레스타인의 메마른 땅뙈기 한가운데에 홀로 선 싱싱한 나무 한 그루가 가장 중요한 관개혁신에 영감을 불어넣었을까? 심카 블라스 Simcha Blass나 다니엘 힐렐이 그 나무를 보고서 땅속을 살펴보다가 나무뿌리에서 물이 방울방울 새는 관을 발견한 게 사실일까? 이에 대한 대답은 다소 상반된다. 그러나 분명한 것은 1950년대 말에서 1960년대 초에 두 사람이 이스라엘의 건조한 환경에서 당시 또 하나의 혁신이었던 저렴한 플라스틱 관을 이용해 점적관개(미량관개라고 불리기도 한다)를 개척했다는 사실이다.

다니엘 힐렐은 『월스트리트 저널Wall Street Journal』과의 인터뷰("똑, 똑, 똑Drip, Drip, Drip", 2012년 10월 15일자)에서 네게브 사막에서 점적관개를 시작했던 무렵을 이렇게 회고했다. "점적관개를 통해 작물 뿌리에 물을 아주 조금씩, 한 방울 한 방울씩 주었더니 토양이 흠뻑 젖지는 않지만 그렇다고 마르지도 않는 것을 깨달았습니다. 결과적으로 이 시스템은 더 지속 가능한 방식이었고, 물도 더 효율적으로 쓰였으며, 농민들은 물한 방울에 더 많이 수확할 수 있게 되었습니다." '더 적은 물로 더 많은 수확을', 이는 실로 농업계에 혁명이었다.

심카 블라스는 자기가 개발한 점적관개기술로 특허를 따낸 반면, 힐렐은 자기가 개발한 기술을 무료로 개방해 30개 넘는 국가에서 점적관개를 채택할 수 있게 했다. 이 중에는 이웃나라 요르단과 이집트도 있다. 점적관개는 모든 농작물에 적합하지는 않다. 점적관개에 적합한 농작물에도 보편적으로 쓰이지는 않는다. 그러나 중국·인도(가장 이용자가 많다)·미국을 비롯한 모든 대륙에서 점적관개를 활용하고 있다. 점적관개 시스템은 뉴턴의 중력법칙을 이용하며 재활용 물질로 만들 수 있기 때문에 아주 간단하면서 저렴하게 이용할 수 있다. 그래서 방글라데시·미얀마·짐바브웨 같은 나라의 가난한 농민도 감당할 만하다. 물론 온갖 센서를 활용해 정교화할 수도 있다.

기술적 정교화 자체가 목적이 될 수는 없지만, 적절한 환경에서는 효율적일 수 있다. 오갈라라 대수층에서 물을 끌어다 쓰는 네브래스카 농민은 텍사스 하이플레인즈 농민과는 완전히 다른 방식으로 물을 댄다(2장 참조). 네브래스카 농민은 독일 토건회사 지멘스에서 고안한 정교한 관개 시스템을 잘 활용하고 있다. 경작지 전체에 설치한 센서가 토양의 수분과 작물의 온도 정보를 수집하고, 이 정보가 중앙 컴퓨터로 전송되면 컴퓨터가 이 정보를 처리해서 농작물에 전달될 물의 양을 미세하게 조정한다. 처음에는 네브래스카 중부의 일부 농민이 이 시스템을 시험적으로 써보았고, 네브래스카 대학 링컨 캠퍼스에 있는 농업과학·천연자원대학의 관개 전문가들이 이 시스템을 시험해 효과를 입증했다. 그 후 네브래스카 주 전역의 농민이 이 시스템을 채택했고, 대학이 중개기관 역할을 하고 있다.

오수를 식수로

우리는 자연과 기술의 결합이 어떻게 농업 분야에서 극적인 물 절약을 가능하게 만들었는지 살펴보았다. 물을 크게 절약할 수 있는 또 다른 방법은 '오수'(이미 사용한 물)를 정화해 재활용하는 것이다. 식수는 아니어도 농업용수와 산업용수로는 적합한데, 텍사스 주에서 두 번째로 큰 도시 샌안토니오가 좋은 사례다. 농업보다는 골프장에 더 많이 활용되기는 했지만 말이다.

오수를 식수로 만드는 것은 여러 지역에서 물 재활용의 관행이 되고 있다.[4] 파리 중심부, 싱가포르, 캘리포니아 주 오렌지 카운티에서 재활용 물이 가정용수로 쓰이고 있다(여기에 열거한 사례가 다는 아니다). 오렌지 카운티 지방정부와 주민이 재활용 물을 채택하기로 결정한 이유와 과정을 보면 혁신을 고안하고 채택하는 흥미로운 과정을 엿볼 수 있다.

태평양 연안의 오렌지 카운티는 로스앤젤레스 카운티와 샌디에이고 카운티 사이에 있다. 인구는 230만 명인데(1970년에는 70만 명이었다), 주민들은 캘리포니아 주가 콜로라도 강과 새크라멘토-샌와킨 강 삼각주에서 고정 할당량에 따라 수입하는 값비싼 물에 전적으로 의존하며 살았다. 물 할당량이 늘어날 전망도 없고, 강우량도 적고, 고갈된 대수층에 남아 있는 물도 없는 상황에서 지방 당국은 전체 식수의 약 3분의 1을 재활용이나 담수화를 통해 생산하는 방법을 진지하게 검토했다. 그리고 비용 우위가 크다는 이유로 재활용 방법을 선택했다. 첨단 처리시설에서 정화한 물을 대수층에 주입하는 방식이었다. 정화된 물을 대수층에 주입하는 것은 정화 공정에 단계 하나만 더 추가하면 된다는 점과 해수가 대수층에 유입되는 것을 막아준다는 점에서 일거양득이 될 수 있었다.

시민들에게 광범위한 정보를 제공하고 3년에 걸쳐 카운티 전역에서 토론을 벌이는 사이에 필요한 기술연구와 행정 절차가 완성되었다. 물 재활용 비용은 물 수입 비용의 3분의 2 수준이었다. 물 재활용은 정화되지 않은 오수가 바다로 유입되는 것을 줄여주는 부차적인 효과도 있다. 2008년에 미국 환경보호국은 오렌지 카운티 수도국에 물 효율 리더상Water Efficiency Leader Award(정부 부문)을 수여했는데, 수여 이유는 "지하수 보충을 위한 오수 정화 성과와 그 과정에서 보여준 세계적 리더십이다. 기술적 성공도 인정받을 만하지만, 주민 교육에 쏟은 노고를 특히 인정하는 바다."[5]

오렌지 카운티 주 정부의 결정을 모두가 반긴 것은 아니다. 주변 카운티들은 경악했다. 특히 샌디에이고 카운티가 심하게 비판했는데, "샌디에이고는 '변기에서 수도꼭지로' 계획을 씻어 보내라"는 슬로건을 내세웠다. 그러나 캘리포니아 전역을 휩쓴 지속적인 가뭄의 여파에 샌디에이고도 입장을 재고하게 되었고, 2021년부터 정수처리장 운영에 착수할 계획이다.

토양은 지속 가능성을 위한 생물학

지속 불가능한 농업

세계 최고 전문가, 학회, 국제기관들은 모두 한목소리로 전 세계적으로 벌어지고 있는 토양 혹사가 더는 지속 불가능하다고 말한다. 선진국과 신흥국의 경우 농업을 너무 단순하게 생각하고, 화학제품을 남용하고, 자원을 막대하게 낭비하는 탓인데, 정부가 이를 뒷받침하고 있다. 다름 아니라 연간 2,000억 달러가 넘는 농업 공공보조금을 통해서다 (Organisation for Economic Co-operation and Development, 2016). 개발 도상국에서는 빈곤이 토양을 고갈시키는 경우가 많다. 그러나 전문가들은 방향 전환이 가능하고 전망이 밝다는 것을, 다만 시급한 조치가 필요하다는 사실을 보여준다.

가령 세계은행은 농업 문제만 다룬 2008년 「발전보고서Development Report」에서 이렇게 경종을 울렸다. "똑같이 놀라운 점은 현행 관리체제로는 많은 집약농업 시스템의 생산성이 더는 지속 가능하지 않다는 증거가 쌓이고 있다는 사실이다. 토질 저하, 해충과 잡초의 증가가 생산성 향상을 떨어뜨리고 있다는 증거가 점점 늘어나고 있다."(World Bank, p. 188) 영국 왕립학회는 「과학과 농업에 관한 보고Report on Science and Agriculture」를 짤막하게 소개하면서 똑같은 진단을 내놓는 한편 다음과 같은 해결책을 제안했다. "농업 시스템 안에서 생산성을 극대화하려는 현행 접근방식은 지속 불가능하다. 토양관리 개선, 지력 증진, 이로운 미생물 이용을 포함해 농업 시스템의 모든 요소를 활용하는 새로운 방법론이 필요하다. 최근 들어 관련 학문인 농업경제학·토양학·농업생태학이 간과되어왔다."(Royal Society, 2009, p. ix)

기존의 산업형 농업에서 비롯된 피해와 자원 낭비를 줄이기 위해 선진국과 신흥국의 많은 농민(특히 인도 농민)이 '정밀 농업'으로 방향을 바꾸었다. 되도록 정확한 지점과 정확한 시기에 정확한 양의 화학제품을 쓰고, 물대기와 밭 갈기도 환경에 맞춰 세심하게 조정하는 것이다. 그 결과는 희망적이었다.[6] 정밀 농업은 생물 간 상호작용과 역학을 동원하지는 않는다. 그러나 지속 가능한 자원 이용과 수확을 위해서는 생물 간 상호작용과 역학을 이용하는 것이 열쇠다.

생물학 기반의 유기농법에는 다양한 필요와 상황에 알맞은 수많은 기술이 있다. 지면관계상 토질보전과 개선을 위해 특히 중요한 기술 두 가지만 살펴보겠다. 연구개발과 장려책이 많아지면서 점점 늘고 있는 기술 가운데 일부일 뿐이라는 사실을 기억해주기 바란다. 화학비료와 화학살생제 개발에 자원을 쏟아붓느라 이런 노력이 너무 오랫동안 위축되어왔다.

화학비료와 화학살생제 피하기

콩과식물과 비료나무를 밀이나 옥수수 같은 농작물과 섞어 심거나 밀이나 옥수수 작물을 윤작하는 것은 농작물이 토양에서 빼앗아간 질소를 다시 토양에 돌려주는 효과적인 방법이다. 게다가 오염을 일으키지 않는 방식이다. 더 나아가 적절한 교배기술을 통해 질소 고정 효율을 높일 수도 있다. 콩과식물과 비료나무는 땅에 보호막이 되어 토양침식을 줄이고, 햇빛을 차단해 잡초의 싹이 나는 것을 줄여주며, 주요 농작물을 공격하는 해충이 번성하는 것을 줄여주는 부차적인 이점도 있다.[7] 다년생 콩과식물은 뿌리가 깊어서 농작물의 뿌리가 닿지 않는 곳의 영양분과 물을 농작물이 흡수할 수 있게 해준다.[8]

오스트레일리아에서는 지난 50년 동안 대규모로 콩과식물을 윤작한 덕에 곡물 수확량이 꾸준히 크게 증가했다. 아프리카 남부에서는 "성장이 빠른 비료나무인 '글리리시디아Gliricidia', '세스바니아Sesbania', '테프로지아*Tephrosia*'가 토양 비옥도, 토양 유기물, 수분 침투, 보수력을 향상시켜왔다."(World Bank, 2008, p. 164) 말라위 같은 개발도상국에서는 영양분을 적절히 보충해주지 않은 채 옥수수만 경작한 탓에 여러 지역에서 토양이 황폐화되었는데, 콩과식물(비둘기콩과 땅콩)과 비료나무 덕분에 극도로 낮았던 수확량(1헥타르에 옥수수 1톤)을 늘릴 수(1헥타르에 옥수수 3톤으로) 있었다(Gilbert, 2012). 농민들은 고단백질의 콩과식물을 모으기도 한다. 나무도 귀중한 자원이다. 그러나 이런 성과를 얻기 위해서는 농민이 해야 할 일이 늘어날 수밖에 없다.

해충과의 끝없는 싸움에 무분별하게 남용되는 화학제품 때문에 토양의 생물다양성이 파괴되는 일이 너무 흔하다. 케냐의 국제곤충생리생태센터ICIPE: International Centre of Insect Physiology and Ecology와 영국의 로담스테드연구소Rothamsted Research에서 공동 프로젝트로 연구하고 개발한 푸시풀 시스템push pull system은 다르다(International Centre of Insect Physiology and Ecology, 2011). 이 시스템의 목표물은 동아프리카의 주요 작물인 옥수수의 줄기를 공격하는 옥수수줄기좀벌레다. 옥수수와 사이짓기한 나무들이 이 좀벌레를 '밀어내면' 주변 풀들이 이 좀벌레를 '끌어당기는' 시스템이다. 이때 이 풀들은 좀벌레의 포식자도 끌어당긴다(이 혁신의 고안과 보급에 대해서는 7장에서 더 자세하게 다루겠다).

이 두 사례는 생물학과 농법의 통합 사례 가운데 일부에 불과하다. 이 밖에도 현지의 수없이 다양한 환경에 최적화된 방법이 많이 있다. 줄스 프리티Jules Pretty 연구진(2006)이 제법 많은 사례, 정확히 57개국의 1,260만 농장을 조사했는데, 그래봤자 전 세계 경작지 가운데 3퍼센트밖에 되지 않는다. 2050년까지 90억 인구를 먹여 살리려면 이런 방법이 널리 빠르게 전파되어야 한다.

　이런 농법이 아무리 좋더라도 그런 농법을 알고 있는 것만으로 토양을 지속 가능하게 이용한다는 보장은 없다. 농민을 보호하고 농민의 노고를 지원하는 법적·경제적·사회적 조건이 마련되지 않으면 제대로 실천될 수 없다(7장에 소개한 케냐와 튀니지의 사례 참조). 이 점에서 세계은행보고서(2008)는 이와 관련한 주요 문제를 분명하게 드러내주었다.

에너지: 효율적인 생산과 분별 있는 소비

전기 저장기술의 획기적 발전

에너지 저장기술을 크게 개선해 풍력에너지와 태양에너지의 생산과 이용 효율성을 높일 수 있다. 간헐성과 관련된 문제를 크게 해소할 수 있기 때문이다. 그러나 육상 펌프장은 대부분 산악지역에 있어서 아직은 대용량 저장장치를 이용하기 힘들다. 추가로 해양펌프장을 이용해도 되겠지만, 현재로서는 일본에서만 유일하게 운용하고 있고, 북해 연안에서 시험 단계에 있는 정도다.

　흐름전지flow battery 분야에서는 꾸준히 혁신이 이루어졌다. 흐름전지는 화학에너지가 역반응에 의해 전기로 전환되는 전지, 서로 짝이 맞는 전해액으로 채워진 두 개의 탱크로 이루어진다. 전지에서 이 전해액을 동시에 퍼 올리면 이들이 서로 반응해 전기를 생산한다. 이 전해액이 다시 충전되면 전지에서 다시 퍼 올린다. 따라서 흐름전지를 재충전하는 것은 본질적으로 전해액을 다시 만들어 탱크에 채우는 것이다. 흐름전지의 저장 용량은 탄력적이다. 용량이 적은 것은 한 가구의 필요전력을 충당할 수 있고, 용량이 큰 것은 한 공동체의 필요전력을 충당할 수 있을 것이다. 아직까지는 흐름전지 비용이 엄두도 못 낼 만큼 비싸고, 일부 성분은 유독하기도 하다(Perry, 2015). 그러나 하버드 공학·응용과학 대학원 연구팀에서 유기물 성분을 이용해 더 안전하고 아주 저렴한 새로운 흐름전지를 만드는 혁신적인 방법을 개발했다(Lin et al., 2015). 퍼시픽 노스웨스트국립연구소Pacific Northwest National Laboratory에서도 새로운 모델을 개발 중이다. 아르곤국립연구소Argonne National Laboratory에서는 혁신적 기술과 경제적 경쟁력을 다 갖춘 전해액, 특히 '나노 전기연료'를 고안하고 개발하는 데 초점을 맞춘 프로젝트가 진행 중이다. 나노 전기연료는 전기를 띤 나노 입자가 떠 있는 액체인데, 합리적인 비용으로 밀도 높은 에너지를 제공한다. 이런 발전은 석탄-화력발전소나 가스-화력발전소의 예비전력 필요성을 줄임으로써 풍력에너지와 태양에너지의 잠재력을 크게 높여줄 것이 분명하다.

성능은 더 향상되고 값은 더 싸진 고체 상태 배터리 덕분에 분산형 전기 생산(주로 태양에너지)방식과 소비방식도 혜택을 보게 될 것이고, 전기자동차도 이용이 편리해질 것이다. 곧 테슬라Tesla에서 대량 생산하게 될 리튬이온 전지가 그 예다(테슬라는 대규모 리튬이온 전지 공장인 '기가팩토리'를 2017년 1월 초부터 가동하기 시작했다—옮긴이).[9] 매사추세츠 공과대학MIT에서 개발 중인 부피에너지의 밀도를 높인 밀폐형 전지(불안전성을 최소화하는 전지)를 포함한 리튬이온 전지 분야의 더 큰 발전이 바로 눈앞에 있다.

슈퍼커패시터(전기 저장력을 강화한 축전기—옮긴이) 분야의 최근 연구개발 성과는 이제까지 일반적으로 사용되어온 화학전지의 대안이 될 수 있다. 슈퍼커패시터의 전기 저장은 화학반응에 의존하지 않고, 정전기에 적합한 나노물질(예를 들면 탄소 나노튜브)에 의해 이루어지는데, 이 정전기는 기존의 화학전지보다 재충전 속도가 빠르다. 한국광주과학기술원 연구팀에서는 초박 그래핀(탄소 이중결합 구조의 얇은 막—옮긴이)을 이용해 전자를 저장함으로써 슈퍼커패시터 성능을 크게 향상시켰다고 주장한다. "이는 슈퍼커패시터의 에너지 밀도를 향상시킨 놀라운 도약이며 이로써 리튬이온 전지와 동일한 저장 용량을 지닌 것이 우리 손에 들어오게 되었다. 리튬이온 전지만큼의 저장 용량에 몇 시간이 아니라 순식간에 충전할 수 있는 슈퍼커패시터를 갖게 되면 전기자동차는 훨씬 더 매력적이 될 것이다."(Johnson, 2015, p. 2) 리튬이온 전지를 만들려면 리튬뿐만 아니라 또 다른 희금속이 필요한 반면, 슈퍼커패시터는 리튬도 필요 없고 희금속도 훨씬 적게 필요하다는 점 역시 강조할 만하다.[10]

광자에서 전자로 가는 다양한 길

가장 전망이 밝은 재생에너지원은 햇빛이며, 햇빛의 잠재력을 실현하는 데 가장 전망이 밝은 도구는 광전지다.[11] 정부보조금을 받는 실리콘 패널('웨이퍼wafer')이 전 세계적으로 많이 설치되어 있는데(그리고 앞으로도 계속 설치될 예정인데), 실리콘 패널은 부피가 크다는 단점이 있다. 태양광발전의 미래는 장비혁신에 달려 있다. 그 가운데 일부가 적절한 경제적·경영적 방법을 통해 경제에 편입될 것이다.

광전지를 얇은 필름에 코팅하는 것도 가능하다. 잘 작동하는 실리콘 패널의 전환율(광자에서 전자로)이 13~15퍼센트인 데 비해 현재 운용 중인(실험 단계가 아니라) 광전지 필름의 전환율은 20퍼센트가 넘는다. 그러나 이런 필름은 투명한 보호 틀이 필요하고, 숙련된 기술자만 설치할 수 있으며, 필름 생산비용이 광전지 생산비용보다 더 크다. 정부보조금 없이도 광전지가 경쟁력이 있으려면 이 모든 비용요소를 줄여야 한다. 프랑스와 독일의 태양광 발전비용이 차이가 나는 이유는 오로지 독일이 설치비용이 더 낮기 때문이라는 사실에서 알 수 있듯이 비용절감이 중요하다. 프랑스 주요 석유회사 토탈Total의 미국 자회사인 퍼스트솔라First Solar는 박막필름산업의 선두주자일 뿐만 아니라 이 시스템을 설치하고 재정을 지원하는 데도 관여하고 있다. 또 다른 미국 회사 솔라시티SolarCity는 태양광 패널이나 필름을 직접 생산하지는 않고, 설치와 재정지원 서비스에 주력하고 있다. 예를 들어 지붕에 설치한 태양광 패널에 대한 소유권을 제공한다. 지붕의 주인은 자기가 사용한 전기에 대한 비용을 남보다 싼값으로 지불하며, 첫 계약 당시 조건으로 시스템을 살 수 있는 선택권이 있다.

지금 3세대 태양광 발전기술이 눈앞에 있다. 예를 들어 유기물로 만든 광전지를 주름진 표면이나 지붕과 벽에 '칠할 수' 있다(Yu, Zheng, Huang, 2014). 고비용을 치르더라도 고성능이 필요한 경우에는 다양한 파장의 빛을 흡수하는 다양한 물질을 층층이 겹쳐서 전환율이 40퍼센트가 넘게 만들 수도 있다. 또 다른 여러 혁신이 한창 진행 중이다.

이런 다양한 접근법의 높은 잠재력은 이용을 다각화하고 비용을 낮추기 위해 진지하게 연구하고 노력한 덕분이다. 여기에는 대규모 공공지원과 민간지원(다시 구식기술로 돌아가면 안 된다)이 뒷받침되었다(Philibert, 2011).[12] 태양은 무한하고 어디에나 존재하는 에너지다. 그러므로 태양에너지를 효율적으로 이용하기 위한 노력은 실로 값지다.

예기치 못한 원천의 바이오연료

바이오연료 발전이 어디까지 왔느냐 하면, 이산화탄소를 먹고 사는 조류藻類로 바이오연료를 만들 수도 있다. 수확량도 높고, 설사 땅이 필요하다고 해도 아주 조금만 있으면 된다. 그러나 조류로 바이오연료를 생산하는 비용은 아직 너무 높다. 조류로 바이오연료를 만들기 위한 연구가 활발하게 진행 중인데, 특히 캘리포니아와 일본에서 활발하다. 캘리포니아 크레이그 벤터연구소J. Craig Venter Institute 연구자들도 이산화탄소를 연료로 전환하는 데 가장 적합한 새로운 초등생물을 합성하려고 애쓰고 있다('합성생물학'을 응용할 수 있는 분야다).

이른바 2세대 바이오연료(3장 참조) 개발을 위해 분투하는 가운데 조류와 합성유기체보다 더 빨리 성과를 낼 것으로 보이는 아웃사이더가 불쑥 나타났다. 게다가 『네이처 커뮤니케이션Nature Communications』 (Wang et al., 2014)에 개구리밥Spirodela polyrhiza의 전체 게놈이 공개되면서 그 신빙성이 더 높아졌다. 『사이언스 하이라이트Science Highlights』지는 개구리밥의 시퀀스 발견을 획기적인 발견이라며 환영했다. "이 작은 식물이 효율적인 바이오연료 원료로 활용될 수 있는 실마리를 제공한다. (······) 어떤 유전자가 어떤 특질을 발현하는지 파악하게 되면 연구자들이 바이오연료 기능을 향상시킨 새로운 개구리밥 품종을 창조할 수 있게 될 것이다."(February 21, 2014)

개구리밥은 가장 작은 종자식물이며 모든 위도지역에서 자란다. 작은 초록색 렌틸콩처럼 생겼고, 연못이나 작은 호수처럼 잔잔한 물에 떠

다닌다. 무성생식을 하기 때문에(앞에서 복제된다) 종자식물 가운데 번식 속도가 가장 빠르다. 개구리밥은 생활하수와 농업폐수에서 나오는 질소 화합물과 인산염을 먹고 자라기 때문에 생물적 환경정화의 매개체다. 개구리밥을 모아서 바이오연료를 생산하는 데 활용하게 되면 전 지역에 생물적 환경정화 매개체를 퍼뜨리는 효과가 있다. 개구리밥이 바이오연료 생산에 적합한 이유는 다음 요인의 결합 덕분이다.

- 녹말 함량이 높고, 그보다는 덜하지만 지방질 함량도 높아서 바이오연료 생산으로 이어지는 발효과정을 유발하는 적절한 자극이 된다.
- 목질소 함량이 낮다(목질소는 앞의 과정을 방해하는 요인이다).

개구리밥의 게놈 정보가 더 밝혀짐으로써 번식 속도와 녹말 함량은 높이되 목질소 함량은 낮추는 유전자 조작의 토대가 마련되었다. 이 과정에는 표준적인 유전자 조작 이상의 요인이 필요하며, 실제로 후성유전학(DNA 염기서열을 변경하지 않으면서 유전자 발현을 조절하는 유전학을 연구하는 학문—옮긴이)이 동원되었다. 다시 말해 녹말이나 지방질 생산을 명령하는 유전자를 활성화하는 반면에 목질소 생산을 명령하는 유전자는 침묵시키는 것이다.

에너지 효율과 에너지 절약

효율적인 에너지 생산방식만큼이나 효율적인 에너지 소비방식도 중요하다. 생산된 에너지가 어떻게 이용되고 또 얼마나 낭비되는지 따져보지 않은 채 에너지 생산량을 늘리려고만 하는 것은 단기적으로는 지속

될 수 있겠지만, 장기적으로는 아니다. 에너지 생산과 에너지 소비 양쪽에서 유발하는 부작용이 쌓이면서 심각한 문제를 유발하고 있다. 지금까지 에너지 낭비를 너무 용인해줬기 때문에 당장 에너지 소비를 극적으로 줄일 필요가 있으며, 이는 충분히 가능한 일이다. 쓰레기는 골칫거리이자 유용한 자원이다. 이 자원을 활용하기 위해서는 에너지 소비와 관련해 기술·제도·행동 면에서 혁신이 필요하다. 이번 절에서는 건물의 열효율과 전기효율 문제, 사람과 상품의 운송 시스템 역학에 대해 살펴보겠다.

건물의 열효율과 전기효율　난방이나 냉방을 위해 에너지를 투입할 필요가 없는 새로운 건물(주택용이든 사무용이든)을 설계하고 구현하는 것이 기술적으로 가능해졌다. 수많은 프로젝트를 완성한 경험 덕분에 많은 지식을 보유한 북유럽 국가는 새로운 기술에 정통하고 그 기술의 가치와 규모의 경제(생산 규모 확대에 따른 생산비 절약 또는 수익 향상—옮긴이)를 믿는 건축가·엔지니어·기술자를 구하는 것이 중요한 문제다. 그런 조건에서는 제로에너지 수입 비용은 추가적으로 들지 않는다.

기존 건물, 예를 들어 런던·뉴욕·파리 등의 아파트 건물을 에너지 효율이 높게 리모델링하는 것도 가능하다. 에너지 효율이 높은 얇은 단열재가 이미 상용화되어 있고, 적외선을 차단하는 나노 입자가 포함되어 겨울에는 실내 열을 빼앗기지 않게 하고, 여름에는 외부 열이 안으로 들어오지 못하게 하는 유리창도 나와 있다. 그런 에너지 보존장치가 갖춰져 있다면 열 추출 도구(예를 들어 열펌프)와 조명·통풍·난방·냉방을 모니터링하고 조절하는 자동화 시스템을 설치할 만하다.[13] 그런데 기존 건물을 리모델링하는 데는 투자비용이 들어가는데, 이 투자비용은 빨리 회수되지 않고 이 투자 덕분에 가능해진 에너지 절약을 통해 보상된다. 보상에 걸리는 시간은 기술향상 수준과 지역환경에 달려 있다. 그런 선불 투자비용 때문에 지레 포기하는 개인주택 소유자나 사업주가 많다. 따라서 공공보조금이 필요할 수도 있다. 공공주택 개조사업의 일환으로 공공보조금이 꼭 필요한 경우가 많다. 그리고 건축자재회사나 건축업자가 선불 투자비용의 일부만 받고 에너지 절약의 이익을 공유하는 식으로 제도적 혁신을 유인할 수도 있다(앞서 태양광발전 부분 참조). 독일을 비롯해 더 일반적으로는 북유럽에서 그런 혁신적인 재정적 합의가 이루어지고 있는데, 폐열을 지역난방 시스템에서 대규모로 재활용한다.

전기는 앞으로 상당 기간 주로 중앙 생산방식으로 공급될 것이다. 따라서 대형 저장설비가 아직 일반화되어 있지 않기 때문에 전기소비와 생산을 계속 조정해야 할 것이다. 그런 환경에서는 전기수요를 조절하는 게 효과적일 수 있다. 그래야 전기 생산 필요량을 줄일 수 있다. 많은 나라가 산업용 전기수요를 조절하는 시스템을 갖추고 있지만, 가정용 전기수요를 조절하는 것은 또 다른 문제다. 한편으로는 첨단정보통신기술 덕분에, 다른 한편으로는 이용자들의 명시적인 전력 수용 의사를 조사한 덕분에 미국·캐나다·프랑스·독일에서 전기수요 조절에 성공한 사례가 있다(물론 이 예들은 일부에 지나지 않는다). 주요 목표는(물론 유일한 목표는 아니다) 추가 전력량이 필요한 피크전력 수요를 없애는 것이다. 이 추가 전력량은 1년에 50시간 미만이다. 사실 피크 시간대에 전력수요를 줄이는 것이 가장 효율적인 에너지 절약방법으로 보인다.

이런 맥락에서 일부 전력공사에서 '수요대응 프로그램'을 도입했다.

그 예가 미국 최대 에너지공사로 꼽히는 샌안토니오 CPS에너지CPS Energy에서 제안한 프로그램이다. 다른 기업(에너낙Enernoc, 엔텔리오스 Entelios, 키위 파워Kiwi Power)들은 수요감축에 주력하고 있다. 고객에게 제공되는 계약서에는 운영자가 에너지를 감축하는 것을 허용한다고 명시되어 있다. 따라서 적절한 감축량과 분배량을 결정하기 위해 전체 전기 수요량과 생산량을 끊임없이 비교하는 컴퓨터 네트워크에 의존해 운영회사 본부에서 전자제품을 조작할 수 있게 된다. 더 많은 소비자를 유치하기 위해 이용자들이 전기감축을 연기할 수 있게 허용해준다. 운영회사는 전력 생산비용과 전력 공급비용 절약으로 수익을 낸다.

우리는 온갖 효과적인 수단, 특히 앞서 언급한 수단을 총동원해서 전기를 절약해야 한다. 그것이 에너지 이용 때문에 생기는 이산화탄소 배출을 줄일 수 있는 가장 값싼 방법이기 때문이다.

사람과 상품 운송 시스템 이동성을 지나치게 줄이지 않고도 이동방법을 바꿀 수 있는 해법이 두 가지 있다.

- 기술 면에서: 연료 효율 개선하기, 비화석연료로 전환하기, 전용차 고안하고 사용하기, 대중교통 시설에서 규모의 경제 홍보하기 등등.
- 제도·행동 면에서: 다양한 방식의 소유권을 조합하고 명시하기, 다양한 이동수단 제공업체와 이용자 간에 소통하게 하여 공동사용 높이기 등등.

많은 국가에서 연료 효율성 개선이 이루어졌고, 끊임없이 더 나은 개선을 추구하고 있다. 미국은 유럽보다 뒤처져 있고 덜 적극적인데, 나라마다 이런 차이가 나타나는 것은 연료 효율성 개선 문제에서 기술적인 차원은 일부 요소에 불과하며 정치적 선택(특히 연료세)과 소비자 선호도(특히 차량 크기)도 결정에 중요한 영향을 미친다는 사실을 보여준다.

하이브리드 자동차와 전기자동차가 화석연료를 대체할 잠재력이 높다. 적어도 전기를 주로 비화석연료로 생산하는 곳에서는 말이다. 따라서 독일보다 프랑스가 잠재력이 더 큰데, 프랑스에서는 전기의 90퍼센트를 원자력발전소나 수력발전소에서 생산하는 반면, 독일에서는 석탄이 여전히 지배적이기 때문이다(독일은 2022년까지 원자력발전소를, 2038년까지는 석탄발전소를 폐쇄할 예정이며, 2019년 기준 재생에너지 비중은 약 42퍼센트에 달한다—옮긴이). 자동차의 에너지 필요량을 최소화하고 사용자의 편의를 극대화하기 위해 미슐랭Michelin은 네 개의 바퀴 사이에 엔진과 브레이크가 달려 있고(페르디난트 포르셰가 1900년에 처음 시도), 바닥 아래 플랫 배터리가 장착된 4인승 전기자동차를 표준으로 생산한다. 안정적인 승차감, 넓은 실내 공간과 트렁크는 놀라울 정도다. 안정감을 높이고 시내 사용에 초점을 맞추다 보니 자동차 무게를 줄일 수 있었고, 더불어 에너지 소비와 에너지 저장 용량을 절감하게 되었다. 미슐랭 자동차는 시내 전용으로, 시내 사용에 최적화되었다.

상품 운송에 관한 한 전용 차량은 새로운 게 아니다. 무거운 장거리 트럭보다 시내 '최종 구간'에 맞춰 크기·장비·모터를 다양화한 자동차를 볼 수 있다. 그런데 누가 전용 차량을 살까? 이것은 자동차 소유권을 공유하고, 조정하고, 위임하는 다양한 방식을 무시한 질문이다. 파리 시민을 예로 들어보자. 자동차를 소유하고 싶지는 않고, 도시를 여행하거나 지하철이나 버스로 이동하기에 불편한 도시 근교를 여행할 때마다 빌릴 수 있는 전기자동차 오토리브Autolib(투자가 빈센트 볼로레와 파리 시의 공동 프로젝트)를 대여하고 싶다. 프랑스나 유럽 내에서 장기 여행할 때는 빠른 기차와 렌탈 서비스를 결합하고 싶은데, 반복해서 빌릴 수 있는 계약 조건이 있는 서비스면 좋겠다. 카셰어링도 생각해볼 만하다. 시내에서 멀리 떨어진 교외에 거주하는 사람이라면 전용 차량 사용 기회가 더 적겠지만, 그래도 집에서 걸을 만한 거리라면 대중교통을 이용할 수도 있을 것이다. 그렇지 않다면 시티 카(시가지 주행 전용차—옮긴이)를 사서 주중에는 기차역까지 시티 카를 타고 가고 주말에는 동네에서 여러 용도로 쓸 수도 있다. 대중교통을 좋아하지 않는다면(또는 이용 가능한 대중교통수단이 없다면) 같은 시내구역에서 일하는 이웃들과 더 큰 차를 공유할 수도 있다.

이와 같이 대중교통 이용과 자동차 소유를 결합하는 방식을 최대한 활용하기 위해서는 소비자에게 서비스 내용에 대한 정확한 정보를 실시간으로 제공해야 한다. 중국·인도·브라질처럼 정보통신에 정통한 나라들이 이런 변화와 관련해 기술뿐만 아니라 제도와 태도 면에서 더 큰 혁신을 이루리라 예상하는 게 비현실적인 걸까?[14]

기후변화 억제를 위한 맨해튼 프로젝트

왜 이산화탄소 역배출인가?

대기 중 온실가스 총량이 이렇게 계속 증가한다면 앞으로 20년 안에 치명적인 위기가 닥칠 수 있다(3, 4장 참조). 그러나 인류는 계속 늘어나고 있는 온실가스 배출량을 필요한 만큼 엄중히 통제할 능력도 그럴 의지도 없는 것 같다. 지구공학 프로젝트(Barrett, 2012)처럼 본질적인 기후 메커니즘을 손보지 않을 유일한 방법은 농축된 자원이나 대기 중 공기로부터 이산화탄소를 퍼내어 적절하게 처리하는 것이다. 이산화탄소를 퍼내고 저장하는 데는 비용이 꽤 들 수 있다.

　지속 가능한 발전으로 궤도를 전환하려면 '맨해튼 프로젝트Manhattan Project'(2차 세계대전 당시 원자폭탄을 만들기 위한 프로젝트. 미국, 캐나다, 유럽을 대표하는 과학자들을 비롯해 엄청난 인원이 투입된 거대 프로젝트였다─옮긴이)나 '아폴로 프로그램Apollo Program'(우주비행사를 달에 착륙시켰다가 안전하게 지구로 귀환시키는 계획─옮긴이) 같은 거대 프로젝트가 필요하다고 주장하는 사람이 많다. 그러나 케네스 애로Kenneth Arrow와 나란히 경제혁신을 선도한 리처드 넬슨Richard Nelson은 오히려 전 지구적으로 지속 가능한 발전을 위해 이런 거대 프로젝트가 필요하지 않다고 반박한다. 넬슨은 다양한 소규모 노력에서 발전이 이루어진다고 역설한다(7장 참조). 그런데 맨해튼 프로젝트 규모의 연구개발이 필요한 분야가 딱 하나 있는데, 바로 이산화탄소 포획이라고 넬슨은 말한다(Sarewitz & Nelson, 2008).

자연적으로 이산화탄소를 포획하는 암석

자연은 본래 공기로부터 이산화탄소를 포획한다. 규산칼슘이나 규산마그네슘은 대기 중 이산화탄소에 특히 더 많이 반응한다. 그 반응을 통해 안정적인 고체 탄산염이 만들어지는데, 그래서 '광물 탄산화'라고 불린다. 현무암과 감람암에서 고체 탄산염이 높은 밀도로 발견된다. 이 암석들이 자연적으로 풍화하면서 광물 탄산화를 촉진한다. 감람암이 특히 그런데 안타깝게도 감람암은 지하에는 풍부하지만 지표면에는 드물다. 감람암이 많이 발견되는 곳은 오만 왕국, 파푸아뉴기니, 뉴칼레도니아, 아드리아 해 동부로 국한되어 있다(오만이 전체의 30퍼센트를 차지한다). 지구연구소Earth Institute(컬럼비아 대학) 소속의 지질학자로 오만을 광범위하게 조사한 피터 켈러먼Peter Kelemen과 유르크 매터Jürg Matter에 따르면 "오만에 매장되어 있는 감람암만 탄산화해도 1년에 이산화탄소를 10억 톤 이상 소비할 수 있다. 대기 중 이산화탄소를 포획해서 저장하는 방법 가운데 저렴하면서 안전하고 영구적인 방법이다."(Kelemen & Matter, 2008, p. 17295) 이는 공기와 암석의 접촉면을 늘리기 위해 암석을 깨는 것을 전제로 한 계산이다.

인간 역시 이 과정에 기여할 수 있다. "자연적인 과정에 의해 어떻게 100퍼센트에 가까운 감람암 탄산화가 이루어지는지 이해함으로써 공학자가 배울 게 많다."(Kelemen et al., 2011, p. 546) 이때 이해 자체가 목표는 아니다. 궁극적인 목표는 대기 중 이산화탄소를 이용하든 바닷물에 녹아 있는 이산화탄소를 이용하든 감람암과 현무암의 탄산화를 증가시킬 방법을 찾는 것이다. 현무암이 해저 위아래에서 모두 비교적 풍부하기 때문이다.

아이슬란드에서 희망적인 성과가 있었다. 2012년에 아이슬란드의 수도 레이캬비크 부근에서 시작된 카브픽스 프로젝트CarbFix Project는 지하 현무암이 이산화탄소를 안정적이고 견고한 방해석과 마그네사이트로 변화시킬 수 있다는 것을 실제로 보여주었다. 지하 현무암이 물속에 녹아 있는 이산화탄소를 빨아들이고, 그 반응으로 바위 속에 탄산염 맥이 생긴다. 좋은 소식은 이 과정이 일어나는 속도다. 현무암에 주입된 이산화탄소의 95퍼센트가 2년 만에 고체화되었다. 적어도 10년은 걸릴 것이라고 예상했는데 말이다. 안 좋은 소식은 이 과정에 필요한 물의 양이다. 이산화탄소 1톤을 주입하는 데 물 25톤이 필요하다. 그러나 기술의 발전으로 이 비율을 줄일 수 있을 것이다. 얕은 바닷물에서 이 과정을 반복하는 방법도 있다. 주입된 물속에 소금이 들어 있는 것은 전혀 문제가 되지 않기 때문이다.

비용은 지역 상황에 따라 다르다. 아이슬란드에서는 30달러가 들지만, 더 나쁜 환경에서는 100~150달러까지 들 수도 있다. 이 프로젝트는 컬럼비아 대학의 지구연구소, 사우스햄턴 대학, 코펜하겐 대학, 아이슬란드 대학, 레이캬비크에너지의 공동작업이다. 이 프로젝트의 성과에 대한 평가가 『사이언스』지에 발표되었다(Matter et al., 2016).

공기 중 이산화탄소를 뽑아내는 인공장치

발전소에서 배출되는 이산화탄소를 바로 포획하든 대기 중 이산화탄소를 포획하든 이산화탄소 포획기술은 이것 말고도 또 있다. 미국과 유럽에서 일련의 시도가 무산되거나 성과 없이 끝나다가 드디어 캐나다 서스캐처원 주 정부가 이산화탄소를 포집하는 발전소를 승인했다. 12억 달러를 들여 플루가스에서 빠져나오는 이산화탄소를 포집하는 바운더리 댐 석탄-화력발전소가 문을 연 것이다. 이렇게 포집된 이산화탄소는 파이프를 통해 근처 유전으로 보낸다. 2014년 10월 1일에 문을 연 이 발전소는 전 세계적인 관심을 불러일으켰다. 그러나 바운더리 댐에서 쓰는 이산화탄소 포집기술은 에너지가 많이 든다. 엑손Exxon을 비롯해 이 분야 전문회사 퓨얼셀에너지FuelCell Energy는 연료전지에 플루가스를 넣음으로써 에너지의 상당량을 복원하는 것을 목표로 새로운 기술을 개발하고 있다.

미국·스위스·스웨덴의 연구팀은 공기 중 이산화탄소를 포획하는 데 효율성을 입증할 인공물질을 연구하고 있다.[15] 한 가지 방법은 특수 고안된 플라스틱 표면에서 이산화탄소를 흡수하는 것이다. 수집기가 포화되면 이산화탄소가 방출되고, 그러면 수집기는 다시 더 많은 이산화탄소를 흡수하게 된다. 이 기술을 개발한 클라우스 라크너Klaus Lackner는 이렇게 강조한다. "공기 중 이산화탄소를 포획하는 것은 자동차나 비행기처럼 움직이는 물체에서 배출되는 이산화탄소를 처리할 수 있는 옵션이 될 수 있다."(Lackner et al., 2013, p. 13156)

이 기술을 옹호하는 이들의 말에 따르면 이산화탄소 1톤을 포획하는 데 30~100달러가 들 것이라고 한다. 이 비용을 북유럽 국가들과 브리티시컬럼비아의 세금과 비교해볼 수 있을 것이다(스웨덴에서는 최고 150달러에 이른다. 8장 참조). 물론 비용 산정에는 논란의 여지가 있지만, 새로운 기술이 등장할 때마다 그렇듯이 연구개발과 시연이 많아질수록 비용절감의 전망이 밝아지는 것은 확실하다. 의아한 점은 이산화탄소 포획기술 개발과 보급에 대한 재정 지원이 너무 적다는 것이다. 화석연료회사들이 연간 투자비용으로 지출하는 비용의 1,000분의 1도 안 된다. 경제학자 스콧 버렛Scott Barrett의 말대로 우리는 "기후의 임계점을 넘어 긴급상황이 닥칠 때까지 기다릴 셈인가? 대기 중 이산화탄소 농도를 줄이는, 그것도 빨리 줄이는 의무를 지키려면 공기 중 이산화탄소 포획기술을 활용할 수밖에 없을 것이다."(Barrett, 2012) 따라서 더 지체하지 말고 맨해튼 프로젝트를 시작하는 것이 합리적일지 모른다.

이렇게 다양한 방법으로 모은 가스는 어떻게 처리할까? 바운더리 댐 발전소처럼 이 가스를 지질층에 주입할 수 있다. 그러나 바운더리 댐 발전소는 특별히 유리한 환경조건을 갖추고 있다. 발전소가 이렇듯 적절한 지질층 인근에 위치하는 경우는 드물다. 설사 그렇다 하더라도 인근 주민이 반대할 수도 있다. 이유가 타당하든 아니든 말이다. 대기 중 이산화탄소를 포획하는 것은 위치가 미리 결정되어 있지 않기 때문에 더 유리하다. 더 희석된 원료에서 이산화탄소를 뽑아내야 하는 불편함을 어느 정도 보완해줄 수도 있다. 감람암과 현무암을 이용하면 이산화탄소 포획이 곧 이산화탄소 저장이 된다. 암석의 화학적 변형이 이산화탄소 포획과 저장을 모두 포함한다. 현무암은 다공성 암석이기 때문에 감람암보다 이산화탄소 포획 비율은 낮지만 저장력은 더 높다(그리고 감람암보다 더 풍부하다).

소수이기는 하지만 화학산업계에서 포집된 이산화탄소를 구매할 의사가 있는 이들이 나타나고 있다. 앞으로는 포집된 이산화탄소 가운데 많은 양이 합성연료를 생산하는 데 쓰일지도 모른다. 조지 올라George Olah, 수리야 프라카시Surya Prakash, 알랭 괴페르Alain Goeppert는 "메탄올 경제라는 개념을 발전시켰고, 메탄올을 에너지 저장 매체, 운송연료, 합성 탄화수소와 그 부산물의 생산 원료로 사용하기 위한 새로운 기초 화학을 발전시켰다. 탄소 포획과 탄소 저장을 화학적 재활용과 결합하는 인위적인 화학적 탄소 순환이 그 바탕이다."(Olah, Prakash, Goeppert, 2011, p. 12895) 이런 식으로 이산화탄소를 저장한다고 해서 공기 중 이산화탄소 총량이 줄어들지는 않겠지만, 적어도 가솔린을 태울 때 생기는 개방탄소 순환은 차단할 수 있을 것이다.

2009~2010년 겨울에 덴마크 풍력발전단지가 전기를 초과로 생산해 노르웨이와 스웨덴으로 가는 송전선을 통해 전기를 방출해야 하는 상황이 되었다. 이윤이 안 남았기 때문이다. 덴마크 연안에 풍력발전단지가 여러 개 생기면서 빚어진 생산과 소비의 불균형 때문에 2020년까지 연간 1,000시간가량 손해를 보게 될 것으로 예측된다. 덴마크 전력회사 동에너지DONG Energy의 전 대표 안데르스 엘드루프Anders Eldrup는 수소를 생산하는 데 초과전력을 활용할 생각을 하게 되었다. 미국에서도 풍력발전단지가 늘어남에 따라 비슷한 상황이 벌어질 텐데, 텍사스와 중서부 주들에서 그런 일이 일어날 것이다. 수소와 이산화탄소를 이용해서 메탄올을 생산하기는 어렵지 않다. 메탄올은 가솔린 대용이 될 수 있는데, 초과전력을 만회할 뿐만 아니라 재생에너지의 간헐성 문제를 해결하는 수단이 될 수 있음이 드러날 것이다.

미국의 생활방식과 아시아를 비롯한 여러 지역에서 경제발전을 충족하려면 기후재앙을 피할 수 있을 만큼 에너지 소비량을 줄이기 힘들다. 따라서 온실가스 배출 억제도 중요하지만, 배출 시점에서든 공기 중에 퍼져 있는 것이든 이미 배출된 온실가스를 다시 포획하는 일도 그만큼 중요하다. 그러나 민간 이니셔티브와 공공 이니셔티브를 뒷받침하는 강력한 공공정책(특히 효과적인 행동변화를 유도할 수 있을 수준으로 온실가스에 적절한 가격을 매기는 정책) 없이는 이산화탄소 배출 억제도 이산화탄소 포획도 제대로 실현되지 않을 것이다(8장 참조).

6장

과학적 불확실성과
날조된 불확실성이 빚어낸
규제의 취약성

뉴턴 물리학은 엄격한 인과관계가 지배하는 세계다. 양자물리학은 어디서나 불확실성이 존재하지만 개연성 법칙이 지배한다. 모두 지속 가능성과 연관 있는 생태학·기후학·해양학·의학은 상황이 다르다. 이들 과학은 구조적으로 불확실성이 더 강해서 더 까다롭다. 정도는 다르지만 이 과학들은 모두 진짜로 불확실하기 때문이다.[1] 지구물리학자 헨리 폴락Henry Pollack이 1997년에 출간한 책 『불확실한 과학…… 불확실한 세계Uncertain Science... Uncertain World』에서 주장한 것처럼 말이다.

숲 생태계는 워낙 복잡해서 가장 뛰어난 생태학자조차도 그 전체를 온전하게 연구하기는 아주 힘들다. 그래서 생태학자들은 숲 생태계에서 특별히 중요하다고 생각되는 일부 요소와 그 요소들의 상호작용에 초점을 맞춰 생태계의 작동방식을 단순화한다. 그물처럼 얽혀 상호작용하는 생태계를 이렇게 단순화시킨 것을 모델이라고 부른다. 물론 생태학자마다 그 상호작용을 다르게 인지할 수 있고, 상이한 구성요소의 역할이 지니는 중요성을 다르게 평가할 수 있으며, 따라서 다양한 모델을 개발할 수 있다. 생태계는 워낙 복잡하기 때문에 이해가 불완전하고, 서로 어떻게 연결되어 있는지 불확실할 수밖에 없다(p. 106).

이 불확실성 때문에 깊은 간극이 존재할 것 같지만, 지난 25년 동안 과학자들은(경제학자들을 포함해서) 진정한 불확실성의 조건에서 연구하면서 체계적이고 엄격한 분석방식을 발전시켜왔다.

이번 장에서 다루는 불확실성이 진짜로 존재하는 것은 맞지만, 부분적 요소라는 점을 먼저 강조해야겠다. 일반적으로 특정 지식의 핵심은 존재한다. 예를 들어 숲 생태계 모델은 여러 개일 수 있지만, 숲 생태계에서 이루어지는 기본적인 상호작용은 서로 일치할 수 있다. 마찬가지로 주요 기후모델도 과학적으로 논쟁의 여지가 없고, 알맞은 기후정책을 세우는 데 탄탄한 근거가 될 공통적인 핵심 결과를 제공한다. 중요한 것은 진정한 불확실성의 조건에서 특정 요소를 적절하게 평가해 결론을 내리는 합리적인 접근방식을 개발하는 것이다. 이번 장에서 우리는 두 가지 접근방식을 살펴보겠다. 첫째, 불확실한 과학의 신빙성 검증 기준, 둘째, 진정한 불확실성이 존재하는 분야에서 보편적으로 쓸 수 있는 의사결정 절차다. 이러한 접근방법은 불확실하지만 유용한 정보를 최대한 활용하기 위해 체계화된 접근법이다.

경제학자 조지 애커로프George Akerlof, 마이클 스펜스Michael Spence, 조지프 스티글리츠Joseph Stiglitz의 비대칭 정보 모델을 통해 우리는 자주 이기는 사람이 반드시 좋은 사람은 아니라는 사실을 깨닫게 되었다. 오히려 겉으로만 좋아 보일 뿐 진짜로 좋은 사람이 되기 위해 치러야 할 대가는 피하는 사람일 수도 있다는 사실을. 담배나 여러 오염원과 연관된 위해성 문제든 오존 구멍이나 기후변화 문제든 과학을 위장하는 데 그런 전략이 성공한 사례가 너무 많다. 이는 사실 날조된 불확실성이라고 할 수 있다. 이런 조작은 대중과 정치인에게 과학에 대한 불안감을 조장했다. 어느 정도 불확실성이 있다고 해서 과학을 아예 믿을 게 못 된다고 치부하는 오류를 범하게 만든 것이다. 게다가 과학의 불확실성을 열심히 부풀려서 그런 분위기를 더 조장하는 무리가 있다. 그러나 본인이 과학자이기도 했던 전 영국 수상 마거릿 대처Margaret Thatcher는 그런 속임수에 농락당하지 않았다. "더 많은 연구가 필요하다고 해서 당장 절실한 행동을 미룰 변명이 될 수는 없다."(1990년 제네바에서 열린 유엔기후변화회의에서) 여론조사원 프랭크 런츠Frank Luntz가 2004년 선거에서 공화당 후보들이(조지 W. 부시 대통령을 포함해서) 이기게 하기 위해 조언을 적은 메모 '솔직한 이야기Straight Talk' 중에 이런 내용이 있다. 이 메모는 2003년 『가디언Guardian』지에 공개되었다.

유권자들은 과학계가 지구온난화에 대해 의견 일치를 보지 못하고 있다고 생각합니다. 과학 논쟁이 해결되었다고 대중이 믿게 되면 지구온난화에 대한 대중의 의견도 그에 따라 변하게 될 것입니다. 그렇기 때문에 과학적 확실성이 부족하다는 점을 계속 주요 쟁점으로 만들 필요가 있습니다("부시의 새로운 녹색전략을 드러내는 메모Memo exposes Bush's New Green Strategy", March 4, 2003).

2016년 선거가 끝나자 지구온난화를 가장 열렬하게 부정했던 이들이 도널드 트럼프 행정부에 합류했다.

화학산업을 비롯한 산업계는 자사의 사업이 규제를 받게 된다면 과학계와(그리고 규제 당국과) 전쟁을 치르는 것도 마다하지 않을 것이다. 이때 이들이 선택할 무기는 바로 불확실성이다. 이 불확실성은 규제의 취약성을 공격할 수단이 된다. 과학의 불확실성은 규제 시행과 관련이 많다. 규제가 가장 필요한 보건과 환경 분야에서 특히 그렇다. 산업계의 방해와 조작활동은 때로 흡사 범죄 행위를 방불케 하기도 하는데, 과연 어디까지 갈 수 있는지를 잘 보여주는 사례가 하나 있다. 바로 대서양을 사이에 두고 유럽과 북미가 '내분비 교란물질EDCs: endocrine disruptors'(포유류의 호르몬 시스템, 특히 생식 기능에 심각한 장애를 일으키는 화학작용제)의 규제 필요성을 억압하고 규제를 불가능하게 만든 사례다. 엄마의 자궁 속에 있는 태아를 잔인하게 공격하는 짓보다 더 지속 불가능한 일은 상상하기 어렵다. 그런데 수익성이 있다는 이유로 산업계가 유럽과 북미에서 과학계와 공공기관을 조종하면서 이런 행위를 수십 년 동안 지속해왔다. 그리고 지금도 그렇다.

진정한 불확실성을 다루는 체계화된 틀

불확실하지만 믿을 수 있는 과학

30년 전 영국 정부가 직면했던 과학적·정치적 혼란을 살펴보자. 1986년에 처음으로 웨일스와 영국 소에서 광우병BSE이 발견되었다. 이 병은 놀라운 속도로 퍼져나갔다. 그러나 정부는 "영국 소고기는 안전하다"고 했다. '생물종 간 장벽' 덕분에 광우병이 인간에게 전염될 가능성은 없다는 것이다. 이 사이비과학 같은 개념은 일부 질병에는 맞지만 이론적 근거가 없었고, 광우병의 경우 실험 검증을 거친 바가 없었다. 1991년에 브리스틀 대학 과학자들이 고양이 한 마리에 광우병 예방접종을 하는 데 성공하기 전까지도 그런 실험은 없었다. 알다시피 단 하나의 반증만으로도 가설을 무너뜨릴 수 있다. 광우병이 생물종 간 장벽을 넘은 사례가 단 하나만 있어도 되는 것이다. 영국 정부와 전문가들이 더 해로운 위협, 바로 젊은 사람을 공격하는 새로운 형태의 크로이츠펠트야콥병CJD: Creutzfeldt-Jakob disease(일명 인간광우병—옮긴이)에 직면해야 했을 때(원래는 노인에게 나타나는 병이다) 과학은 그들 편에 있지 않았다. 불확실한 과학조차 없었다.

광우병과 크로이츠펠트야콥병은 둘 다 퇴행성 뇌질환이다. 둘 사이에 연관성이 있을까? 의학박사이자 생화학자인 스탠리 프루시너Stanley Prusiner는 마침 캘리포니아 대학 샌프란시스코 캠퍼스에서 이와 관련된 연구를 하고 있었다. 더 정확히 말하자면 비정상적인 단백질구조 변화가 원인으로 보이는 퇴행성 신경질환을 연구하는 중이었는데, 프리온 prion(광우병과 크로이츠펠트야콥병 유발인자로 여겨지는 단백질 분자. 단백질을 뜻하는 protein과 감염을 뜻하는 infection의 합성어다—옮긴이) 단백질이 몇 차례 돌연변이를 거쳐 뇌의 감염원이 되는 것으로 보였다. 그전까지 단백질이 감염원으로 변한 경우를 본 사람은 아무도 없었다. 프루시너는 생쥐를 이용한 실험을 통해 확실한 결과를 모았고, 프리온 단백질이 돌연변이를 일으켜 감염원이 되는 분자구조 변화를 밝혀냈다. 그러나 아직은 근거가 완벽하지 않았다. 실험 데이터도 부족했고, 분자구조 변화의 모든 메커니즘이 밝혀진 것도 아니었다. 그러나 실험 데이터와 이론에서 중요한 부분이 맞아떨어졌고, 서로 일관성이 있었다. 당시 프루시너가 세운 가설은 개연성 없는 불확실한 과학이었다. 그러나 영국을 비롯한 유럽연합 국가에서 영국산 쇠고기를 금지하는 결정을 과학적으로 뒷받침할 수 있을 만큼 충분히 믿을 만했다(과학적 방법론과 실험 결과에 모두 부합했기 때문이다).[2] 이는 '불확실하지만 믿을 수 있는 과학'이었고,

석면 재해가 보여주었듯이(European Environment Agency, 2002 참조) 적절한 결정을 내리기 전에 과학적 확실성을 마냥 기다리는 것은 최선이 아니었다.

기후와 기후학에 관한 한, 기후변화에 관한 정부 간 협의체IPCC가 엄격하고 체계적이며 전반적으로 잘 관측된 조사과정을 통해 기후변화에 대한 이론적·경험적 지식을 조직화하고 전파하는 데 기여하는 것으로 보인다. 안타깝게도 지식에는 편차가 좀 있는데, 그렇다고 그 중요성이 줄어들지는 않는다. 편차는 과학에서 이례적인 일이 아니다. 그러나 그 편차가 심각한 문제가 되는 일은 드물다. 치열한 경쟁 덕분에 중요한 결과를 생산하고 소통하는 다양한 방식이 존재하기 때문이다.[3] 물리학자이자 과학역사가인 존 지만John Ziman은 과학의 신빙성을 이렇게 규정했다. "과학의 신빙성은 과학이 집단사회적 진취성으로서 어떻게 작동하느냐에 달려 있을 뿐만 아니라 이 진취성을 받아들여 지식으로 바꾸는 정보의 유형을 규제하는 원칙에 달려 있다."(2000, p. 58) 기후변화에 관한 정부 간 협의체 1그룹과 2그룹이 수행한 연구작업이 이 기준에 맞는 조건을 갖춘 것으로 보이며, 그 발견은 기후변화와 관련해 지대한 영향을 미칠 결정을 정당화해주는, 다소 불확실하기는 해도 믿을 만한 과학적 근거가 될 것으로 보인다. 그러나 지만은 토머스 쿤Thomas Kuhn의 책 『과학혁명의 구조The Structure of Scientific Revolutions』(1962)를 떠오르게 하는 경고를 덧붙인다. "정상과학(토머스 쿤이 『과학혁명의 구조』에서 주창한 개념으로 기존 패러다임에 따르는 연구활동이라고 할 수 있다—옮긴이)은 모든 학문 분야의 연구자들을 지배할 수 있는 사고방식이다."(p. 201) 기후변화에 관한 정부 간 협의체가 과학적 결과를 통합할 때 따르는 규칙

에 구현된 과학의 정상성이 기후변화에 관한 정부 간 협의체 보고서가
기후변화를 보여주는 타당한 징후를 공표하는 것을 늦추게 만들었을
까? 그렇다고 해서 기후변화를 막기 위해 중대하고 시급한 결정을 내릴
필요가 있다는 공표의 설득력이 약해지지는 않지만, 불확실성을 더해
주는 것은 사실이다.

위험에 대한 접근을 불확실성에 대한 접근으로 일반화하기

따라서 불확실성이 존재하는 조건에서도 과학적 방법론의 신조에 따
라 의사결정과정을 체계화할 수 있는 것으로 보인다. 위험을 다루는 수
단으로서 존 폰 노이만John von Neumann, 오스카 모르겐슈테른Oskar
Morgenstern, 레오나르드 새비지Leonard Savage(von Neumann & Morgen-
stern, 1944; Savage, 1954)가 고안한 모델만큼 정확성을 담보할 수는 없
지만 말이다. 이들의 연구 성과는 놀라울 정도이며, 금융·보험·투자평
가·자원·환경경제학 등 다양한 분야에 적용된다. 경제학, 아니 더 광범
위하게는 사회과학 분야에서 그것은 하나의 과학혁명이었다.

  그 후 일부 수학자들과 경제학자들이 이들의 이론을 발전시켜 폰 노
이만-모르겐슈테른 모델의 적용 범위를 확대해 광범위한 행동 유형
에 적용할 방법을 찾게 되었다. 케네스 애로와 레오니트 후르비치Leonid
Hurwicz가 그 선구자들이다. 애로와 후르비치는 공저『무지 상태에서
의사결정을 내리기 위한 최적성 기준An Optimality Criterion for Decision-
Making under Ignorance』(1977)에서 놀랍도록 단순하면서도 도전적인 상
황을 다루었다. "동전이 두 개 있는데, 두 번째 동전은 첫 번째 동전을 뒤
집어 뒷면이 나왔을 때만 뒤집는다." 진정한 불확실성 조건에서 결정을

내리는 문제를 다룬 이후 논문들에서 이런 상황을 실제로 접하게 된다 (Klibanoff, Marinacci, Mukerji, 2005; C. Henry, 2010; Etner, Jeleva, Tallon, 2012).

의사결정자는 폰 노이만-모르겐슈테른 모델처럼 단 하나의 외인성 확률분포에 의존하지 않고, 내인성 확률분포 집합을 바탕으로 정보를 처리한다. 이 확률분포 중에는 현재 상황에 대한 비관적인 평가에 더 무게를 두는 것들도 있고, 낙관적인 평가에 더 무게를 두는 것들도 있다. 니컬러스 스턴은 『기후변화의 경제학에 관한 스턴 보고서*Stern Review on the Economics of Climate Change*』(2006, 섹션 2.5 참조)에서 이 근본적인 결과를 이렇게 해석했다.

의사결정자는 최악의 기대효용과 최선의 기대효용에 대한 가중평균을 극대화하는 행위를 선택할 것이다. 이때 최악과 최선은 다른 확률분포를 이용하여 기대효용을 비교해 계산한다. 최악의 결과에 무게를 두는 것은 위협의 규모에 대한 개인의 걱정이나 비관주의 또는 어느 정도 그럴듯해 보이는 가능성에 대한 예감의 영향을 받는다. 확실히 이것은 '불확실성 기피'의 전형이며 예방 원칙을 드러내는 것이다.

흥미로운 사실은 스위스 리Swiss Re, 뮤닉 리Munich Re, 파트너 리 Partner Re 같은 다국적 재보험회사들이 유의미한 통계자료가 없는 사건에 대한 계약을 체결할 때 이 방법을 쓴다는 것이다. 미국의 신용평가전문기구도 마찬가지인데, 그들의 주 업무는 보험회사와 재보험회사가 판매한 계약의 포트폴리오를 평가하는 일이다. 재보험회사와 신용평가기구 모두 단 하나의 평균분포에 의존하면 잘못된 결정을 내릴 위험이 있다는 것을 인식하고 있다. 불확실하지만 유용한 막대한 양의 정보를 잃기 때문이다. 지금은 불확실한 지식을 묵살하면 유용한 정보를 잃는 결과를 낳는다는 것이 정설이다. 체계적인 방식으로 불확실성을 해결할 수 있기 때문에 불확실한 정보를 묵살하는 것은 더욱 비효율적이다.

기후변화에 관한 한 최신 결과들은 앞서 언급한 불확실성이 존재하는 조건에서 의사결정을 내리는 공식화된 접근법이 완화의 편익비용 평가에 중대한 변화를 초래할 수 있다는 것을 보여준다. 안토니 밀너Antony Millner, 사이먼 디에츠Simon Dietz, 제프리 힐Geoffrey Heal은 공동 논문 「모호성과 기후정책Ambiguity and Climate Policy」(2013)에서 기후정책에 대한 경제성 평가에 비확률적이지만 엄격한 새로운 접근법을 도입했다. 그리고 역동적 환경에서 "모호성 기피가 증가하면 완화를 선호한다. 피해가 적을 때는 이 모호성 효과가 적고, 고온에서 피해가 급격히 늘어날 때는 모호성 효과가 아주 크다"는 것을 발견했다.

과학을 부정하고 불확실성 날조하기

"신빙성 있는 과학은 곧 정치권력으로 번역될 수 있다." 과학역사가 폴 에드워즈Paul Edwards(2010)의 말이다. 그런데 신빙성 있다고 인식되는 과학이라고 해야 더 맞는 말이다. 정보 비대칭이 시장의 기능에 미치는 영향을 폭로한 조지 애커로프의 '레몬시장 이론'에서 '레몬'(나쁜 중고차)과 '복숭아'(좋은 중고차)가 구별이 안 되는 시장에서는 복숭아 가격이 폭락하지 않는 한 레몬 판매자들이 이익을 가장 많이 본다. 정치적인 과학자들인 나오미 오레스케스Naomi Oreskes와 에릭 콘웨이Erik Conway도 (이 주제에 관한 한 고전적인 참고서인)『의혹을 팝니다Merchants of Doubt』(2010) 머리말에서 이렇게 말했다. "이것을 '담배 전략'이라고 부르겠다. 이 전략의 공격 목표는 과학이었고, 그렇기에 산업 전문 변호사와 홍보 전문가의 지도에 따라 권총을 손에 쥐고 방아쇠를 당길 태세가 되어 있는 과학자들에게 크게 의존했다."(2010, p. 6) 그 지지자들이 능력 있고 믿을 만한 과학자로 보이는 한, 그리고 비과학적이고 날조된 불확실성 생산자나 조종자들의 손에 놀아나는 인형으로 보이지 않는 한 이런 전략은 잘 통한다.

담배 전략

1950~1960년대에 흡연이 건강에 해롭다는 증거를 제시하는 역학연구가 점점 더 많이 나왔다. 아메리칸 타바코American Tobacco, 벤슨 앤 헤지스Benson & Hedges, 필립 모리스Philip Morris, 알제이 레이놀즈R. J. Reynolds, 유나이티드 스테이트 타바코United States Tobacco Company 같은 담배회사들은 담배산업연구위원회Tobacco Industry Research Committee라는 조직을 만들어 적극적으로 반격했다. 이 위원회는 앞의 역학연구에서 허점을 찾아내고(그래서 필요하다면 그 허점을 과장하고), 흡연과 연관된 건강 문제에 다른 원인이 없는지 찾아내는 데 초점을 맞춘 연구를 장려하고 후원했다.

이 방어용 연구를 계획하고 조정하기 위해 과학적인 것처럼 보이는 기관이 만들어졌다. 담배산업과 유착되어 있다는 사실은 은폐되었고, 아주 훌륭한 기관인 양 이름도 그럴듯했다. 바로 알렉시 드 토크빌연구소Alexis de Tocqueville Institution다(프랑스 작가 프랑수아 드 라 로슈푸코François de la Rochefoucauld라면 여기서 또 하나의 '미덕으로 위장한 악덕hommage du vice à la vertu'을 보았을 것이다. 잠언, 1664, no. 218). 1976년에 인상적인 이력을 지닌(저명한 고체물리학자이자 7년 동안 미국 국립과학학술원 원장을 역임했고 그 뒤에는 10년 동안 록펠러 대학 학장을 지내다가 1979년에 은퇴했다) 과학자 프레드 사이츠Fred Seitz가 연구책임을 맡았다. 이 연구소는 '좋은 차'(예를 들어 돌연변이를 일으킨 프리온이 뇌질환을 일으키는 과정을 밝힌 스탠리 프루시너의 연구)와 '나쁜 차'(역학연구의 타당성에 의혹을 제기하기 위한 날조된 통계연구)를 모두 장려하고 후원했다. 그렇게 좋은 것과 나쁜 것을 섞어놓아야 이 작전의 신빙성이 높아지기 때문이다. 위장된 '나쁜 차들'은 많이 팔렸고, 그 효과는 오래갔다. 2006년이 되어서야 담배산업에 첫 유죄판결이 내려졌다. 공갈매수와 부패조직 처벌법이 그 근거가 되었다. 이 유죄판결로 오명을 입은 것은 사실이지만, 그렇다고 담배산업이 수백만 명의 비극을 대가로 엄청난 이익을 봤던 반백년이 지워지지는 않는다.

불확실성의 별들

1983년에 로널드 레이건 대통령이 미국 과학자들을 모아 전략방위구상SDI: Strategic Defense Intiative(일명 '스타워즈')에 참여하도록 했을 때 에드워드 텔러Edward Teller(유능한 물리학자로 맨해튼 프로젝트에 참여한 바 있으며 나중에 미국 수소폭탄 프로그램에서 중추적인 역할을 했던 사람이자 스탠리 큐브릭 감독의 영화 〈닥터 스트레인지러브Dr. Strangelove〉에 영감을 준 인물이다)

가 이끄는 소수의 과학자 집단이 열정적으로 협력했다. 프레드 사이츠도 그중 하나였고, 사이츠와 함께 담배산업에 협력했던 프레드 싱어Fred Singer(로켓과 위성 전문가로 미국 기상위성청National Weather Satellite Service Center 초대 청장이었다)도 합류했다. 또 다른 자원자 중에는 저명한 로버트 재스트로Robert Jastrow(천체물리학자로 아폴로 계획에 참여했고, 미국 항공우주국 산하 고다드연구소 설립자였다. 아이러니하게도 나중에 고다드연구소 소장이 된 제임스 한센James Hansen은 미국 기후학자 중에도 가장 거침없이 지구온난화를 외친 인물이었다)와 윌리엄 니런버그William Nierenberg(캘리포니아 버클리 대학의 핵물리학 교수이자 북대서양조약기구 과학 담당 사무차장을 지냈다)도 있었다.

이 유능한 과학자들이 항상 정직한 것은 아니라고 그 누가 상상이나 할 수 있었을까? 이들은 역시 존경받을 만한 인상을 주는 이름을 붙여 알렉시 드 토크빌연구소와 닮은꼴을 만들었다. 바로 조지 C. 마셜연구소였다. 이 연구소는 타당성 있는 연구는 물론 SDI에 반대하는 과학자들을 중상하는 연구를 발표했는데, 칼 세이건Carl Sagan이 자주 공격 대상이 되었다. 이 연구소의 과학자들은 위대한 애국주의와 열렬한 반공주의에 고취되어 있었고, 국가가 외부의 위협에 대해서는 강하게 대처하되 내부적으로는 개인의 자유와 자주성을 침해해서는 안 된다는 신념을 따랐다. 싱어는 이렇게 말한 바 있다. "위험을 규제하는 정부의 역할을 신중하게 규정하지 않으면 본질적으로 정부가 우리 삶을 궁극적으로 어디까지 통제할 수 있는지에 대한 한계가 없어진다."(Alexis de Tocqueville Institution, 1994) 고르바초프의 개혁으로 전략방위구상이 쓸모없어졌을 때 왜 이 연구소가 환경운동가들을 적으로 삼았는지 짐

작할 수 있게 하는 논리다. 싱어는 기억하기 쉬운 공식을 만드는 재능을 발휘해 환경운동가들을 '겉은 초록이고, 안은 빨간' 수박에 비유했다.

최전선: 환경과 기후

담배산업을 방어하기 위해 주요 수단과 방법이 고안되었고, 전략방위구상은 하나의 강령이었다. 이제 환경규제와 기후변화정책이 주된 전쟁터가 될 것이다. 병참조직은 그대로다. 세부적인 수행자는 다음과 같다.

- 무대 뒤에는 강력한 금전적 이해관계에 의해 움직이는 막강한 기업들이 있다(직접 또는 산업협회를 통해 움직인다). 이들은 담배산업 때보다 더 다각적이다. 엑손모빌, BP, 쉘, 피바디에너지, 국립석탄위원회National Coal Council, 포드자동차, 제너럴모터스, 코흐인더스트리 등이 이에 포함된다.
- 무대 위에는 위에 언급한 기업들의 재정 지원으로 설립된 가짜 과학기관이 있다. 이 기관들은 늘 위엄 있는 이름을 달고 있는데, 이런 기관들이 점점 늘어나고 있다. 몇 개만 이름을 대자면 미국 과학·건강위원회 American Council on Science and Health, 과학의 친구들Friends of Science, 녹색지구협회Greening Earth Society, 천연자원 스튜어드십 프로젝트 Natural Resources Stewardship Project, 건전과학진흥연맹Advancement of Sound Science Coalition 등이 있다.
- 이런 기관들을 통해 과학자들과 기타 관련자들이 조직되고 지원받는다. 먼저 담배산업과 전략방위구상을 위해 활동한 노전사들이 있는데, 이들은 더는 과학적 성과를 내지 않는데도 여전히 열심히 싸우면서 텔

레비전 토크쇼에서 각광을 받고 있다. 그들이 무대에서 퇴장하려 하지 않기 때문이다. 기상학자 리처드 린젠Richard Lindzen과 천체물리학자 샐리 발리우나스Sallie Baliunas(과학적 업적은 높이 평가받지만 기후변화를 일으키는 진짜 주범은 태양이라는 '좋은 소식'을 퍼뜨린 것으로 유명해졌다) 같은 신출내기들도 있다. 로비스트, 미디어 사업자, 조작꾼들도 합류했다. 그 가운데 가장 유명한 이들이 마크 모라노Mark Morano(진실을 위한 스위프트 보트 참전용사들Swift Boat Veterans for Truth을 조직해서 존 케리John Kerry가 작성한 베트남전 관련 문서의 신빙성을 무너뜨리는 데 성공했다), 스티븐 멀로이Steven Malloy('쓰레기 과학'으로 잘 알려진 폭스 뉴스 해설자), 공화당 여론조사원 프랭크 런츠다. 엑손이나 피바디 같은 회사에서 일하는 과학자들은 기후변화와 연관된 심각한 위험을 인식하고 있었지만 침묵했다. 이 회사들은 지금 주주와 규제기관에 기후변화 문제에 대한 거짓 정보를 제공해 사실을 왜곡한 죄로 기소되었다.

이들이 쓰는 방법론은 시행착오를 겪으면서 계속 정교해졌고, 다음 전략을 최대한 활용해 주로 성공한다.

• 상식: "앞으로 4개월 뒤 날씨도 말해줄 수 없으면서, 아니 심지어 다음 주 날씨도 말해줄 수 없으면서 100년 뒤 기후를 안다고 어떻게 말할 수 있죠?"(과학의 친구들 회원 티모시 볼Timothy Ball, 캐나다 신문『글로브 앤 메일Globe and Mail』과의 인터뷰, 2006년 8월 12일자)
• 집요함: "그들은 과학 논문을 통해 이미 반박된 주장을 선전했고, 미디어는 이에 공모하여 이 같은 주장이 아직도 과학계에서 논쟁 중인 문

제인 양 보도했다(오레스케스와 콘웨이의 비판, 2010, p. 241).

- 불평등 규칙: "과학자들은 뭔가 정확하지 않은 게 있을 때 잘못을 아주 빨리 인정하기 때문에 잘못에 대해 사과하거나 잘못을 바로잡거나 재해석을 내놓을 때가 많은데, 공격자들은 이것을 근거로 기후과학은 모조리 근거가 박약하고 불확실하다고 주장했다."(Hoggan, 2009)
- 균형: "균형 잡힌 보도를 고수하는 것이 지구온난화에 대해 정보 편향 보도를 하는 결과를 낳는다. 이 정보 편향은 균형 언론이라는 베일 뒤에 숨어 미국 정부가 지구온난화에 대한 책임을 회피하고 지구온난화를 막기 위한 행동을 미룰 수 있는 논증적이자 실재적인 정치적 여지를 만들어준다."(Boykoff & Boykoff, 2004, p. 134) 이것이 특히 치명적인 이유는 과학연구 결과가 다른 의견에 의해 반박될 수 있는 하나의 의견에 불과한 것으로 여겨질 수 있기 때문이다.

이 투자들은 성공했다. 퓨 리서치센터Pew Research Center에 따르면 2006년에는 미국인의 79퍼센트가 '지구온난화를 보여주는 확실한 증거가 존재한다'고 생각하고, 50퍼센트가 지구온난화가 '인간의 행위 탓'이라고 생각했다. 그런데 2010년에는 각 수치가 53퍼센트와 34퍼센트로 바뀌었다. 베르길리우스의 『아이네이스Aeneis』 2권에서 아이네이스는 디도 여왕에게 트로이 최후의 날을 이렇게 들려준다.

우리는 광기에 눈이 멀어 불길한 괴물을 신성한 성채 위에 놓았습니다. 그러자 카산드라는 신의 명령에 따라 트로이인들이 한 번도 믿어주지 않던 그 입을 열어 우리의 앞날을 예언했습니다. 그날이 우리의 마지막 날이었음에도 가련한 우리는 온 시내 신전들을 축제의 나뭇가지로 장식했습니다.

아폴로의 천명이 미국에서는 엑손모빌의 명령으로 바뀌었다.

중국·인도를 비롯한 신흥국과 개발도상국은 이로부터 어떤 교훈을 얻었을까? 기후에 대한 우려가 사실은 신흥국과 개발도상국의 경제개발을 중단시키기 위한 서구의 음모라고 생각하게 되었다.

규제의 필요성과 취약성

2001~2002년에 처음으로 제너럴모터스에서 생산한 소형 승용차, 특히 쉐보레 코발트와 새턴 이언이 중대한 사고를 일으키는 심각한 결함이 있다는 징후가 발견되었다. 점화 스위치 결함으로 속도를 높였을 때 엔진이 멈추는 일이 발생했고, 게다가 에어백이 터지지 않았다. 제너럴모터스사의 하급 직원과 판매자들 사이에서 말이 돌았지만, 수년 동안 고위급 간부들은 이 문제를 심각하게 생각하지 않았다. 안전 문제는 그들의 관심사가 아니었다. 자동차 생산자들이 안전 문제를 무시하고 은폐하는 것을 막을 처벌책이 턱없이 부족한 데다 비용을 절약하는 것보다 안전을 중요시하게 만들 충분한 유인책이 없었다. 10년 동안 수백 명이 죽고 수천 명이 다쳤는데도 양심 부재로 안전 문제에 대한 안내도 없었고 리콜도 없었다.

2014년 상원에서 열린 청문회에서 안전규제기관인 고속도로교통안전관리국NHTSA: National Highway Traffic Safety Administration에도 비난의 화살이 돌아갔다. 실제로 고속도로교통안전관리국이 수년 동안 수많은 민원을 접수하고도 구조적 문제를 인식하지 못한 것으로 드러났다. 게다가 사고의 인과관계가 얽혀 있는 복잡한 연결고리를 조사하기 위한 노력조차 하지 않았다. 인력 부족이 한 가지 이유였고, 자동차산업의 기술혁신을 따라갈 능력을 지닌 직원이 부족한 것이 또 다른 이유였다. 상원의원들은 기관 내, 그리고 두 기관 사이에 정보 공유 부족, 우선순위 전도, 무능력, 태만, 무책임 등을 이유로 제너럴모터스사와 고속도로교통안전관리국을 신랄하게 비판했다. 분명 심각한 경영 실패이자 규제 실패였다. 따라서 너무 늦기는 했어도 원인 규명과 분석을 제대로 해서 인과관계의 사슬을 투명하게 밝히고, 책임 소재를 분명히 해야 했다. 이 사례는 사실과 해석을 두고 끝없이 논쟁할 일도 아니었고, 사실·해석·사람에 대한 체계적인 조작도 없었다. 중대한 불확실성도 없었기 때문에 그것을 오용할 일도 없었다. 그저 규제 담당자들이 수동적이고 무능했던 것뿐이다.

그러나 불확실성이 침투할 만한 행위나 제품이 문제가 되면 규제하기는 더 어려워지고 조작에는 더 취약해진다. 가공식품산업이 그렇다. 자동차 결함 진단은 불확실성이 끼어들 수 없다. 반면에 일단 가공식품의 맛을 본 사람들을 더 배고프게 느끼도록 만드는 속성이 내장되어 있는지 아닌지 증명하는 일에는 불확실성이 끼어든다(Moss, 2014). 이것이 미국의 주요 건강 문제가 되어버린 만성질환을 퍼뜨리고 증폭시키는 데 기여한 비결이다(제너럴모터스 자동차 사례에서 공학적인 결함을 생각해보라).

소비자와 국민을 보호해야 할 기관에 산업스파이가 침투해서 핵심

간부나 과학부서의 핵심적인 자리를 차지하면 사실과 규정을 조작할 수 있게 되고, 그렇게 해서 업계에 이익이 되도록 불확실성을 확실성으로 뒤바꿀 수 있다. 광범위한 조사를 통해 밝혀졌듯이 설탕산업에서 그런 일이 벌어졌는데, 그렇게 해서 미국은 비만과 당뇨의 세계 챔피언이 되었다(Kearns, Glantz, Schmidt, 2015; Kearns, Schmidt, Glantz, 2016).

잘 알다시피 유기체의 기능을 손상시키는 행위와 제품은 규제하기가 더 어렵다. 관련 위험성, 복잡성, 인과관계 고리의 불확실성이 증대되기 때문이다. 내분비 교란물질 문제가 전형적인 사례다. 호르몬은 포유류의 내분비샘에서 생산되는 생화학적 전달자다. 이 전달자들이 특수한 수용체와 결합하고, 수용체는 접수한 메시지를 번역해서 필수적인 생명 기능, 특히 생식과 성장을 조절한다. 임신한 여성의 태아에게 전달되는 호르몬은 태아의 성장에 결정적인 요인이 된다.

많은 합성 화합물(대략 1,000개 정도. 새로운 화합물이 시장에 나오기 전에 적절한 테스트를 거치지 않기 때문에 정확한 수치는 알 수 없다)이 호르몬 생산과 전달은 물론 접수한 메시지를 실행하는 것을 방해한다. 그래서 '내분비 교란물질'이라고 불린다. 농약(Mnif et al., 2011), 세제, 합성수지, 가공지, 플라스틱(특히 식품 용기)에 이 교란물질이 들어 있다. 직접적인 접촉이나 섭취를 통해 영향을 미치며 신체, 특히 지방에 축적된다. 심지어 남극 펭귄의 지방에서도 발견되었다. 인간의 경우 이 교란물질이 일부 암(Tilghman et al., 2012), 당뇨, 남성 생식력 감퇴, 유산과 연관이 있다. 무엇보다 중요한 것은 자궁 내 태아에게 해를 끼친다는 점이다.[4] 그 피해가 출생 즉시 나타날 수도 있고, 나중에 특히 중추신경계 발달 시기에 나타날 수도 있다(그 결과 인지 기능, 시각과 청력 손상 등을 일으킨다). 미국 내분비학회Endocrine Society는 공식 성명에서 이렇게 밝혔다. "내분비 교란 물질이 남성과 여성의 생식 기능, 유방 발달, 유방암, 전립선암, 비만, 심혈관 질환에 영향을 미친다는 증거가 있다. 동물 실험, 인간 임상 관찰, 역학연구들은 모두 내분비 교란물질이 공중보건에 심각한 영향을 미친다고 시사한다."(Diamanti-Kandarakis et al., 2009, p. 293)

1998년에 유럽의회European Parliament는 유럽연합집행위원회에서 내분비 교란물질 문제를 다뤄줄 것을 요청하는 결의안을 채택했다. 집행위원회에서 내분비 교란물질이 건강과 환경에 끼치는 위험성을 체계적으로 평가하고, 규제 기준의 바탕이 될 과학보고서를 발표하기까지 10년도 더 걸렸다(Kortenkamp et al., 2011). 2011년 12월 23일에 발표된 보고서의 결론은 결코 모호하지 않았다. 이 교란물질을 생물 축적의 유독 화합물로 다뤄야 할 증거가 확실하다는 것이다. 이 보고서는 현존하는 과학 지식의 불확실성과 관련해서도 명쾌하다.

광범위한 내분비 교란 효과를 아우를 수 있는 합의와 검증을 거친 검사 방법은 없다. 검사방법으로 발전될 수 있는 과학연구모델조차 없다. 이는 상당한 불확실성을 유발하며, 인간과 야생생물에 미치는 해로운 영향을 간과하게 될 가능성이 있다(p. 7).

관련 업계는 재빠르게 대응에 나섰다. 미국 자문회사 익스포넌트Exponent를 고용했는데, 『로스앤젤레스타임스Los Angeles Times』는 다른 맥락에서 이 회사를 "살인청부업자"로 묘사한 바 있다(2010년 2월 18일자). "전 세계적으로 유명한 회사들이 간접흡연, 정글에 유독 폐기물 버리기, 석면 같은 문제로 분쟁에 휘말렸을 때 확실한 방어를 위해 한곳으로 눈을 돌렸다. 바로 익스포넌트였다. 이제 이 공학 자문회사는 도요타자동차에 고용되었다. 도요타자동차의 급가속 문제가 전기조절판의 결함 때문일지 모른다는 주장을 반박하기 위해서다.˝(˝도요타, 살인청부업자 익스포넌트를 고용하다Toyota Calls in Exponent, Inc. as Hired Gun˝)

산업계는 유럽연합집행위원회에도 총을 겨누었다. 유럽연합집행위원회는 2013년 12월까지 코텐캄프Kortenkamp 보고서에 따라 규제 기준을 마련해야 했다. 유럽연합집행위원회 환경부에서 이를 주관했는데, 진행상황을 보고하기 위해 2013년 6월 7일에 대규모 회의가 소집되었다. 그러나 그 회의는 바이엘 크롭사이언스Bayer CropScience사(각종 농약 제조업체—옮긴이)에서 위원회 서기장에게 보낸 메일 때문에 보류되었다. 규제 기준을 만들기 전에 경제영향평가를 해달라는 요청이었다. 경제영향평가는 산업활동에 미칠 영향을 평가하는 것이었다. 결국 회의는 무산되었다.

2013년 7월 4일, '과학계의' 요란스러운 일제사격이 시작되었다. 바로 산업과학자 열여덟 명의 논평이었는데, ˝유럽연합집행위원회가 상식과 검증된 과학, 위험평가 원칙을 무시한 채 과학적 근거도 없는 예방조치로 내분비 교란물질에 대한 규제 권고를 하다Scientifically Unfounded Precaution Drives European Commission's Recommendations on EDC Regulation, While Defying Common Sense, Well Established Science and Risk Assessment Principles˝라는 제목으로 잡지 『알텍스ALTEX』(Alternatives to Animal Experimentation, 동물 실험에 대한 대안)에 발표되었고, 다른 출판물에도 실렸다(Dietrich et al., 2013). 과학에서 '상식'에 호소할 때면 늘

그렇듯 이 제목은 과학적이라기보다는 논쟁적으로 들린다. '검증된 과학'이라는 발상은 조지 W. 부시 대통령이 썼던 '건전한 과학'이라는 말의 메아리처럼 들리고, '위험평가'는 불확실성이 만연한 상황에서 한심할 정도로 불충분하다. 게다가 『알텍스』는 이 논평의 내용과 별로 관련 없는 주제를 전문으로 다루는 매체다. 홈페이지에서 밝히고 있듯이 "알텍스는 동물 실험의 대안을 개발하고 홍보하는 연구보고서, 회의보고서, 뉴스를 제공한다." 이 논평은 유럽연합집행위원회 환경부에서 제출한 원안에 제시된 기준이 "과학은 물론 계몽된 거버넌스와 사회계약 원칙 자체에도 위배된다"고 거칠게 비난하면서 "인간조건·지구환경 개선이라는 과학의 핵심과 영구적 약속을 약화시키려는 모든 시도에 저항하고 맞서는 것이 우리 과학자들이 짊어질 최고의 의무"(p. 382)라고 끝을 맺는다. 이 메시지는 담배와 기후전쟁에서 터진 일제사격을 강하게 떠올린다.

이후에 출판된 간행물과 회의에서(유럽연합집행위원회 수석 과학고문인 앤 글로버Ann Glover 교수 사무실에서 열린 회의를 포함해서) 위의 논평이 틀렸음이 증명되었다. 이 논평의 저자들은 극히 일부 예외를 제외하고 관련 기업이나 이 기업들을 대변하는 산업단체들과 비밀스러운 유착관계를 맺고 있었다. 이 논평의 주요 저자였던 다니엘 디트리히Daniel Dietrich는 미국 학술지 『환경보건뉴스*Environmental Health News*』와의 인터뷰(2013년 9월 23일자)에서 이렇게 숨김없이 말했다. "우리는 이해 당사자들의 분쟁에서 벌어지는 논의가 그 누구한테라도 도움이 되리라 믿지 않습니다. 이러한 논의는 문제의 핵심에서 벗어나 있기 때문입니다."

그런데도 앤 글로버는 산업계의 요구를 들어주었다. 글로버는 규제 기준 설정 절차를 미루고, 처음에는 바이엘 크롭사이언스가, 나중에는 업계 전체가 요구한 경제영향평가를 의뢰했다. 2013년 10월 16일 유럽연합집행위원회 위원장에게 편지를 보내 우려를 표했던 유럽의회 의원들은 그로부터 5개월 뒤(2014년 3월 25일) 자신들의 우려를 묵살하는 답변을 받았다. "특정 규제 기준 선택이 일부 산업 영역에 미칠 수 있는 중대한 영향력에 대한 우려와 지난여름 과학계에서 첨예화된 내분비 교란물질에 대한 격렬한 논쟁을 고려해 집행위원회는 영향평가를 실시하기로 결정했습니다."

이 답변서에는 내분비 교란물질이 건강과 생태에 미칠 영향력에 대한 언급은 없다. 그러나 오랫동안 되풀이되어온 속임수라고 할 수 있는 '과학계의 격렬한 논쟁'에 대한 주장은 '의혹을 파는 장사꾼들Merchants of Doubt'이 아직은 유럽연합집행위원회에 충분히 물을 대지 않았다는 것을 보여주었다.[5] 오래 지연되어온 이 영향평가가 적어도 의학박사 마르탱 벨랑제Martin Bellanger 연구팀 논문의 결론에서 제기한 주장을 조사하기는 할까? "유럽 내에서 내분비 교란물질에 대한 노출이 신경행동장애와 질환에 상당히 기여하고 있는데, 그 피해액이 연간 1,500억 유로를 넘을 가능성이 높다."(2015, p. 1256) (뉴욕 대학 랑곤의료센터의) 테리사 애티나Teresa Attina(2016)에 따르면 미국의 경우 그 피해액이 3,400억 달러에 이르며, 이는 미국 국내총생산의 2.3퍼센트에 해당하는 액수다.

미국에서는 내분비 교란물질을 규제하려는 일관된 시도가 전혀 없었다. 게다가 담배와 기후전쟁 때와 마찬가지로 기업이나 정치적 이권에 위험인물로 보이는 과학자들이 조직적으로 공격당했다. 플로리다 대학 교수를 지냈던 테오 콜본Theodora Colborn은 내분비 교란물질이 동물의 생식 기능에 미치는 영향을 조사하고 기록한 최초의 과학자로 꼽힌다. 콜본은 5대호나 5대호 주변에 서식하는 동물들을 조사했다. 화학산업계에서 일한 경험이 있는 콜본은 자기보다 젊은 동료 학자인 캘리포니아 버클리 대학의 타이런 헤이스Tyrone Hayes에게 이렇게 충고했다. "늘 주변을 살피고, 실험실에 들어오는 인물들을 조심하세요. 스스로 자신을 보호해야 합니다."(Aviv, 2014에서 인용) 이 충고는 콜본이 생각했던 것 이상으로 적절한 충고였음이 밝혀졌다.

1999년에 신젠타는 헤이스에게 아트라진에 노출되었을 때 생길 수 있는 부작용을 조사해달라고 의뢰했다. 사실 신젠타는 심각한 부작용이 없기를 바랐다.[6] 헤이스는 양서류 내분비학 전문가다. 헤이스는 아트라진이 양서류, 특히 개구리의 생식 발달에 파괴적인 영향을 미친다는 사실을 발견했다. 이 연구 결과는 신젠타가 바랐던 게 전혀 아니었기 때문에 2000년 11월 신젠타는 연구 지원을 중단했다. 그런데 헤이스가 이 연구를 계속하자 신젠타는 "이 과학자의 신용을 떨어뜨리고, 불안정하게 만들기"(Aviv, 2014) 위해 온갖 속임수를 동원했다.

수년이 흘러 2012년에 신젠타가 "아트라진의 위험성을 숨기고" 식수를 오염시켰다는 이유로 중서부 23개 도시가 제기한 두 건의 집단소송에 휘말려 제출할 수밖에 없었던 메모와 이메일을 통해 이 회사가 비밀스러운 '포커스 그룹'(시장조사나 여론조사를 위해 각 계층을 대표하는 사람들을 뽑아 만든 그룹—옮긴이)을 이용해서 어떻게 헤이스의 연구 결과의 신용을 떨어뜨리고, 연구 결과 전파를 방해하고, "그의 약점을 캤는지"가 낱낱이 드러났다. 한 예로 미국 어디에서도 헤이스가 연구 결과를 발표하지 못하도록 방해하는 대가로 과학자들과 언론인들을 돈으로 매수했다. 게다가 신젠타는 '타이런 헤이스'라는 검색어를 사들여 누가 그 검색어를 치면 헤이스가 왜 믿을 수 없는 사람인지에 대한 이유가 뜨게 만들었다. 그러한 속임수는 효과가 있었다. 신젠타는 헤이스의 인생을 망쳐놓았고, 무엇보다 미국 환경보호국의 규제 담당자들이 헤이스의 연구 결과를 묵살하게 만들었다.

헤이스만 이런 곤경을 겪은 게 아니다. 담배산업·식품산업·화학산업과 기후변화를 부정하는 이들 뒤에 숨은 기업 모두 일상적으로 사실과 해석을 조작하고, 불확실성을 가지고 장난을 치고, 비판을 억압하고 규제를 피하기 위해 다양한 괴롭히기 기술을 동원한다.

핵 문제를 진지하게 다루는 나라들이 따르는 핵안전 규제모델처럼 체계화되지 않는 한(3장 참조) 복잡한 사안에 대한 그 어떤 규제도 효과가 없을 것이다. 그만큼 체계화되어야 규제 당국이 적절한 항소 절차를 통해 심각한 위험성이 있다고 여길 만한 신빙성(이 장 앞에서 정의한 의미에서)이 있는 개발이나 제품을 금지할 권한과 의무를 갖게 될 것이다.

7장

지속 가능성을 높일
혁신을 일으키고 전파하기

이제까지 살펴보았듯이 과학이든 기술이든 조직이든 행동이든 혁신하지 않고는 자연자본을 파괴하고 인류사회를 무너뜨리는 지금 추세를 되돌릴 가망이 없다. 그러나 과학과 마찬가지로 혁신 자체가 선善은 아니다. 혁신 자체는 파괴적일 수도 있다. 따라서 혁신이 지속 가능한 발전으로 이끌어질 수 있도록 유인책과 제도적 장치를 마련하는 것이 가장 중요하다. 이번 장에서는 지식을 창출하고 공유하는 것부터 그 지식을 다양한 지역의 사정에 맞게 이용하는 것에 이르기까지 우리에게 필요한 변화를 효과적으로 뒷받침하고 실현할 방법을 알아보겠다.

토머스 제퍼슨Thomas Jefferson은 지식이 공공재라는 사실을 잘 알고 있었다. 따라서 지식은 누구나 공짜로 이용할 수 있어야 한다고 생각했다. "누가 내 불을 이용해서 자기 양초에 불을 붙인다고 해서 내 불이 어두워지지 않는 것처럼 누가 내 아이디어로 뭔가 배웠다고 해서 내 아이디어가 줄어드는 것은 아니다."(1813) 그런데 자기가 발명한 것을 누구나 공짜로 이용한다면 어떻게 발명가들에게 동기부여를 할 수 있을까? 제퍼슨은 이 딜레마를 자각하고 있었다. 조지프 슘페터Joseph Schumpeter(1911)가 이 딜레마에서 벗어날 방법을 알려주었다. 바로 발명가에게 특허권을 주는 것이다. 발명품에 대한 한시적 독점권을 주되 발명의 바탕이 된 지식에 대해서는 독점권을 주지 않는 것이다. 첫 번째 요점이 바로 지적 재산권 보호의 주춧돌이다. 그렇지만 두 번째 요점은 잊힌 채 제퍼슨과 슘페터가 적당하다고 여긴 한계를 넘어서는 수준까지 독점권이 인정될 때가 많다. 그런데 이 두 번째 요점이 좀더 효율적이고 지속 가능한 대안으로 되살아나고 있다. 오픈소스가 그 예다.

지속 가능성을 개선하고 자연자본을 절약하는 데 필요한 혁신을 이루고 전파하는 것을 장려하기 위해서는 현행의 지적 재산권을 최대한 활용하는 방법밖에 없을까? 아니면 지금의 관행에 광범위한 변화를 도모하거나 아예 대안을 모색해야 할까? 이에 대해 유의미한 대답을 하려면 먼저 지적 재산권의 전통적인 법적·경제적 토대를 규정할 필요가 있다. 그런 다음 이 토대가 최근 들어 어떻게 훼손되었는지 살펴보겠다. 지금 상황은 몹시 불만족스럽고 상당한 변화가 필요한 상태다.

이 시스템을 개혁할 수 있는 가장 확실한 방법은 첫째, 특허심사 절차를 모든 당사자에게 공개하는 것이다. 둘째, 지적 재산권 제도에 더 경쟁적인 구도와 메커니즘을 도입하는 것이다. 셋째, 연구개발에 대한 직접적인 공공지원 외에 상을 준다거나 판매 보장을 해주는 등 혁신을 장려할 수 있는 다른 방법에도 힘을 더 실어주는 것이다.

오픈소스 메커니즘은 급진적인 방향 전환의 실마리를 제공해준다. 다시 말해 발명가들에게 금전적인 이익을 줘서 간접적으로 지원하는 대신에 직접적인 방식으로 혁신을 장려한다. 오픈소스 메커니즘은 재생 가능한 천연자원을 적절히 활용해 지속 가능한 방식으로 빈곤을 완화한다는 측면에서 개발도상국에 가장 전망 있는 이니셔티브들을 뒷받침해준다. 이 이니셔티브들은 선진국이 주도권을 쥔 기술이전에 의존하지 않으며, 주로 "최대한 단순하되, 너무 단순하지 않게"[1]라는 아인슈타인 원칙에 따라 혁신을 고안하고 실천한다. 인도 시골에 전기를, 캄보디아에 식수를, 케냐에 건강한 옥수수를, 건조지역에 농림업을, 필요한 곳 어디에나 안전한 스토브를 보급하기 위해 혁신가들은 이 아인슈타인 원칙에 따라 그 지역에 풍부하지만 제대로 쓰이지 않는 재생 가능한 천연자원과 인적 자원을 최대한 활용했다.[2] 게다가 그 지역의 젊은 실업자들을 교육해 자기가 설립한 기업에 기술직이나 관리직으로 채용했다. 그리고 지역사회의 상황에 맞는 기술혁신을 실천해 더 광범위하고 더 효과적이며 더 유용한 방식으로 자연자본과 인적 자본을 통합했다.

지적 재산권: 지킬 박사와 하이드 씨

합리적 결산

지적 재산권은 전통적으로 한정된 수의 기본 법리에 따라 규제되어왔다. 특허권을 따려면 혁신이 새로워야 한다. 기존의 것을 재생산해서는 안 되며, 실질적인 '발명 단계'가 있어야 한다. 너무 빠하면 안 된다. 실용적인 측면도 있어야 한다. 이 기준에 따르자면 발견은 발명이 아니므로 특허권을 인정받을 수 없다. 혁신은 인간이 만드는 것이고, 발견은 자연현상을 체계적으로 관찰한 것이다. 특허 범위는 발명의 실제 범위와 일치해야 한다.

경제성 분석에 따르면 앞서 언급한 전통적인 법리는 대체로 타당하다. 기존의 것을 재발명한 것에 인센티브를 줄 이유는 없다. 그리고 그에 상응하는 이점 없이 지식에 대한 접근을 제한하면 피해가 따른다. 특허가 승인되면 지식이 사유화되므로 높은 비용이 발생할 가능성이 있다. 그 지식에 접근하기 위해 거쳐야 하는 모든 과정도 부담이 된다. 따라서

특허의 범위를 엄격하게 제한할 필요가 있다.[3]

특허는 혁신을 자극하는 직접적이고 역동적인 이점이 있기 때문에 존재하는 것이다. 게다가 특허가 승인되면서 공개되는 정보 덕분에 또 다른 혁신가들이 수고를 덜 수 있다는 간접적인 이점도 있다. 특허제도가 없어서 혁신이 비밀로 숨겨져 있으면 그런 정보는 이용이 불가능해질 것이다. 그러나 특허의 적용 범위가 너무 광범위하면 특허는 또 다른 혁신을 위한 디딤돌보다는 걸림돌이 될 것이다. 다시 말해 "발명가가 실제로 이룬 성과에 더 가깝게 적용 범위가 제한되어 있는 특허권에 비해 특허의 적용 범위가 넓으면 잠재적인 혁신가들이 혁신게임에 참여하게 만들 인센티브가 약해진다."(Merges & Nelson, 1990, p. 916) 따라서 경제성 분석 결과는 특허의 적용 범위를 발명가의 실제 업적에 부합하게 조정하는 전통적인 법리를 뒷받침한다.

경제학자들은 특허의 최적 범위를 조사해 더 정확한 결과를 산출해냈다. 첫째, 발명이나 발견에 대한 특허 범위가 좁아질수록 그 발명을 통해 개발된 제품에 가까운 대체물이 더 적어지거나 후속연구에서 그 발명이나 발견을 우회하기가 더 힘들어진다. 둘째, 그 발명을 완성하는 데 드는 비용이 더 적어진다. 셋째, 발명가에게 동기를 부여해줄 비금전적인 인센티브('학술상' 같은)가 더 높아진다.[4]

뒤의 두 조건은 혁신을 장려하기 위해 특허를 이용하는 것의 뿌리 깊은 결함인 지식 사유화를 최소화하는 것이 바람직하다는 사실을 반영한다. 첫째 조건은 어떤 발명이나 발견에 광범위한 특허권을 부여해 그 특허권으로 보호받는 연구 결과가 꼭 필요한 일련의 연구를 제한하는 부적절함을 암시한다. 어떤 발명이나 발견이 '필수 설비'에 해당하는 경우다. 다시 말해 다른 연구나 발명작업에 필수적이라는 뜻이다. 바로 이 지점에서 지적 재산권 보호와 경쟁 보호(혁신경쟁과 지식에 대한 접근 경쟁 포함)의 경제성이 교차한다. "독점 금지 측면에서 시장 지배력을 추정할 수 없을 경우 다른 재산권과 마찬가지로 비슷한 대체물을 이용할 수 있는 가능성 여부를 평가함으로써 시장 지배력 유무를 결정해야 한다."(Tom & Newberg, 1998, p. 346)[5]

전 지구적 균형 붕괴

특허권 승인 건수가 두드러지게 증가했다. 물론 1980~1990년대에 일어난 과학과 기술의 약진이 기여한 바도 있지만, 실질적으로는 19세기식 특허권 시스템, 다시 말해 특허등록 시스템의 회귀 탓이었다.

오늘날에는 참신함도 없고 독창성도 보잘것없는 특허신청까지 그저 기계적으로 승인되고 있다. 진짜 혁신가도 아닌 이에게 특허권을 주는 사례까지 있다. 해결 불가능한 갈등에 불을 붙이는 중복 특허승인 사례도 있다. 실제 자격조건보다 더 광범위한 특허승인은 이제 일반적인 일이 되었다. 특허승인에 따른 편익과 비용을 합리적으로 따져보지도 않은 채 특허의 적용 범위가 크게 확대되었다(톺아보기 7-1 참조). 응용수학·컴퓨터 연산·영업방법에서 이런 사례가 나타나는데, 아마존 원클릭 주문과 포트폴리오 선택방법처럼 고작 역행렬을 이용한 것밖에 안 되는 기술에 특허를 내주는 일까지 벌어지고 있다. 그런데 특허청은 바스마티 쌀, 인도멀구슬나무즙(1장 참조), 울금의 약효 같은 전통적인 지식에는 기꺼이 특허를 내주면서 개발도상국의 지적 재산권에 대해서는 단호히 반대한다(Stiglitz, 2006).

톺아보기 7-1 유전자에 특허를 줘야 할까?

유전자·단백질·효소처럼 살아 있는 유기체의 요소를 살펴보자. 이 요소들은 사실 우연히 발견된 것이지 발명된 것이 아니라는 점을 고려할 때 앞서 인용한 로버트 머지스Robert Merges와 리처드 넬슨의 경고(1990)만으로는 충분하지 않을지 모른다. 경제효율성의 관점에서 볼 때 발명가가 지식의 영역을 확장하는 데 보탠 미약한 기여를 넘지 않도록 특허 범위를 더 제한할 필요가 있다. 이 요소들은 '필수 설비'에 해당한다. 다시 말해 다른 사람들이 연구를 수행하는 데 필수적이다. 게다가 유전자와 단백질을 분리하고, 배열 순서를 밝히고, 그 특성을 기술하는 과정은 이제 규격화되어서 최소 비용으로 가능하다고 주장하는 이들도 있다.

이런 모든 이유와 필수 설비의 중대성을 고려할 때 이 요소들에는 광범위한 특허권을 부여하지 말아야 하며, 가능하다면 아예 특허를 내주지 말아야 한다. 예를 들어 유전자 변형 식품의 경우 디트마르 하르호프는 산업조직 분석 프로그램을 통해 "유전자 자체(유전자 기능도 마찬가지다)에 특허를 승인한다고 해서 반드시 혁신을 장려하지는 않는다. 심지어 사회적으로 유용한 응용 개발을 지연시킬 수도 있다"(Harhoff et al., 2001, p. 289)고 결론을 맺었다

2014년 6월 12일, 미국 대법원은 가공하지 않은 유전자, 다시 말해 자연 상태의 유전자는 특허 출원할 수 없다는 판결을 내려 유전자와 단백질을 비롯해 인체 요소에 특허를 승인하던 관행을 뒤엎기 시작했다.

법정에서든 법정 밖에서든 혁신에 쏟은 노력과 돈만큼 또는 그보다 더 많은 노력과 돈을 특허를 따내기 위해 쏟아붓는다. 로버트 바Robert Barr(미국 정치인—옮긴이)는 2002년 연방통상위원회 원탁회의Federal Trade Commission Roundtable에서 이렇게 말한 바 있다. "혁신가는 두 가지 질문을 던집니다. 내가 특허를 딸 수 있을까? 내가 다른 사람의 특허권을 침해하나? 첫째 질문에 대한 답은 보통 아주 간단하게 '그렇다'입니다. 둘째 질문은 답하기가 훨씬 까다로우며, 현실적으로 불가능합니다."(U.S. Federal Trade Commission, 2003)[6] 혁신가가 둘째 질문에 대해 '그렇다'(아니면 '아마도')라고 생각하고 행동한다면 기존 특허의 복잡한 그물망을 푸는 데 시간과 돈을 많이 투자해야 할 것이다. 특허 시스템 때문에 연구활동이 더 위험한 일이 되어버렸다. 연구가 성공할지 말지에 대한 불확실성에다가 소송 위험까지 추가된 것이다. 중소기업들은 대기업과 법적 분쟁을 벌여 버텨낼 만큼 충분한 자원이 갖춰져 있지 못하다. 따라서 현행의 특허 시스템은 혁신 잠재력이 높은 중소기업이 그 잠재력을 실현하는 데 방해된다. 그리고 그 결과는 최악이다. 지식에 대한 자유로운 접근도 축소될 뿐만 아니라 나쁜 특허 때문에 특허의 본래 기능, 다시 말해 혁신을 장려하는 기능도 억눌린다. 로버트 바가 특허제도를 사업 차원에서 평가했다면 생물학자 데이비드 매디슨David Maddison은 과학 차원에서 이렇게 평가했다. "이 분야에 특허제도가 도입되면서 법이라는 늪에 빠질 아주 심각한 위험이 생겼다."(Pennisi, 2009, p. 664)

미국은 지난 30년 동안 자국의 일방적인 지적 재산권 체제를 전 세계에 열심히 전파했다(톺아보기 7-2 참조). 그 결과 미국의 역기능적인 특허

톺아보기 7-2 특허 시스템은 어떻게 악용되는가

지금 전 세계에 통용되는 지적 재산권 시스템은 미국의 지적 재산권이 역사적으로 발전한 것에 큰 영향을 받았다.

1982년에 미국 경제의 경쟁력, 특히 일부 첨단기술 분야의 경쟁력에 대한 비관적인 분위기 속에서 미국 의회는 연방법원개선법The Federal Courts Improvement Act 틀 안에서 연방특별행정고등법원CAFC: Court of Appeals for the Federal Circuit을 만들었다. 지적 재산권 문제를 전문으로 다루는 기관으로 미국에서 지적 재산권 관련 상고를 처리하는 유일한 법원이다. 설립 목적은 상고를 처리하는 데 일관성을 높이고, 지적 재산권 보호와 장려를 뒷받침하는 것이었다. 연방특별행정고등법원에 임명된 판사들은 대부분 후자의 목적을 달성하고자 하는 의지 여부에 따라 선택된 이들이었다. 연방특별행정고등법원이 문을 연 이후 판결 통계를 보면 특허침해 소송을 특허권 보유자에게 유리하게 판결한 수치가 급증했을 뿐만 아니라 판사들이 특허피해 급증을 옹호한 사실에서 이 법원이 특허권에 편파적임이 드러난다. 연방특별행정고등법원 설립자들을 실망시키지 않을 결과다(Jaffe & Lerner, 2004).

이렇듯 미국 의회는 의식적으로 특허등록 절차를 더 수월하게 만들어 주었다. 의회는 무의식적으로도 공공예산 편성과 집행관리기구로서 같은 결과를 유도했다. 특허·상표국에 적절한 예산 편성을 하지 않음으로써 심사관들이 정당한 보수도 못 받으며, 업무 과부하에 시달리게 만듦으로써 특허신청 평가를 제대로 할 수 없는 상황을 초래한 것이다. 인센티브 체제가 특허승인을 더욱 장려하는 방향으로 감에 따라 심사관들로서는 피상적인 조사를 근거로 특허를 선뜻 승인하는 게 당연한 일이다.

등록 방식(특허를 너무 많이 내주고 특허권 적용 범위가 너무 광범위한 방식)이 전 세계에 퍼졌다.[7] 미국이 왜 이런 방향으로 강력한 압력을 행사하게 되었는지 이해하려면 1970년대의 기술적·경제적 비관주의 분위기를 살펴볼 필요가 있다. 당시 미국은 제조업 분야에서, 특히 일본에 경쟁우위를 잃어가고 있었다. 미국 대학과 기술 전문가들의 실력이 탁월하긴 했지만, 일본은 기술 응용력이 뛰어났다. 미국은 기술선도에 대한 보상을 받아야겠다고 생각했다. 지적 재산권을 보호하는 전 지구적 시스템이 없기 때문에 미국이 지식자본 투자에 대해 제대로 보상받지 못하고 있다는 믿음이 널리 퍼져 있었다. 그래서 경쟁이 심각하게 왜곡된다는 것이다. 따라서 국가 간 자유무역을 조정하는 규제 시스템에 지적 재산권 보호 의무 조항을 추가하는 것이 최선의 해결책이라는 발상이 등장했다.

세계지적재산권기구WIPO: World Intellectual Property Organization와 그 전신은 오랫동안 전 지구적 차원의 규정을 제정해왔지만, 강제적인 집행수단이 없었다. 집행력을 확보할 현실적인 방법은 지적 재산권을 무역 안건과 연결시키는 것이었다. 따라서 관세와 무역에 관한 일반협정 GATT: General Agreement on Tariffs and Trade에서 우루과이라운드Uruguay Round의 광범위한 의제에 지적 재산권이 포함되었다.[8] 선진국들은 마침내 1994년에 무역 관련 지적 재산권에 관한 협정TRIPS: Trade-Related Aspects of Intellectual Property Rights을 개발도상국들이 마지못해 받아들이게 만들었다. 같은 시기에 국가 간 분쟁을 중재하고 불공정 무역 관행을 저지른 국가에 제재조치를 발효할 수 있는 특별한 권한을 부여받은 세계무역기구WTO: World Trade Organization가 창설되었다. 불공정 무역

거래 관행에는 무역 관련 지적 재산권 협정 위반도 포함되어 있다. 미국이 궁극적으로 원하던 목표가 달성된 것이다.

이 지점에서 중요한 의문점이 하나 있는데, 당시 선진국이 개발도상국에 약속한 이익이 과연 실현되었나 하는 점이다. 선진국은 무역 관련 지적 재산권에 관한 협정이 그런 이익을 보장해준다고 주장했는데, 과연 그들은 개발도상국에 상업 투자를 더 많이 해주었을까? 설사 투자가 늘었다 하더라도 그 규모는 미미했고, 주로 다국적기업의 보조금 덕분이었다. 역설적인 점은 지금까지 중국이 투자를 가장 많이 받았는데, 중국은 세계무역기구에 가입해 이 협정을 지지한다고 공식적으로 선언한 뒤에도 무역 관련 지적 재산권에 관한 협정을 꾸준히 위반한 탓에 가장 많이 기소된 국가라는 사실이다.

사실 처음부터 무역 관련 지적 재산권에 관한 협정이 불균형하다는 인식이 있었는데, 개발도상국의 비용 부담이 개발도상국이 취할 수 있는 이익보다 확실히 더 컸다. 개발도상국의 입장에서 지적 재산권의 세계화는 크게 두 가지 결과를 낳았다. 공중보건체계의 대혼란 증가와 선진국으로의 로열티 유출이다(Newfarmer, 2001). 지금 세계적 추세는 개발도상국이 지속 가능한 발전궤도에 오르도록 도울 혁신을 보급하는 방향으로 나아가고 있지 않다. 이런 상황을 해결하기 위해 바꿀 수 있는 것은 무엇일까?

규제와 경쟁이라는 두 엔진

적절한 정보공개

앞에서 말했듯이 핵심 문제는 특허승인을 해주면 안 되는 사항에 특허를 내주는 것이다. 이것은 과도한 지식 '사유화'를 초래할 뿐만 아니라 과도한 소송비용을 유발하며, 그 결과 혁신에 방해된다.

유럽특허청EPO: European Patent Office은 특허타당성 평가 절차라는 더 나은 제도를 갖추고 있다. 특허신청이 승인되었을 때 이 결정에 불만이면서 이 특허가 부당하다는 것을 증명할 탄탄한 근거를 제시할 수 있다면 유럽특허청 내 항소기구에 '이의'를 신청할 수 있다. 이 절차는 법정 소송보다 신속하고 비용이 훨씬 적게 든다. 무엇보다 중요한 점은 제출된 중요한 증거를 항소기구가 모두 살펴본다는 점이다. 이의신청 절차는 이해 당사자가 보유하고 있는 관련 정보를 세상 밖으로 끄집어내 검토할 수 있는 장치로 기능한다. 특허청의 조사관이 수집한 정보의 질이 아주 떨어지는 상황에서 특히 중요한 기능이다. 예산 부족 때문에 숙련된 직원이 모자라서 벌어지는 일이다.

이의신청 절차의 정보공개 기능은 아주 중요해서 노벨경제학상 수상자 장 티롤Jean Tirole(2003)은 특허심사 절차에 아예 이 기능을 통합해야 한다고 주장한 바 있다. 애덤 자페Adam Jaffe와 조쉬 러너Josh Lerner도 공동저서(2004)에서 같은 맥락의 권고를 한 바 있다. "어떤 특허심사 절차가 진행 중일 때 그 혁신의 참신함을 평가하는 데 도움이 될 정보를 가지고 있는 이들이 특허·상표국에 그 정보를 제공하게 만들 유인책과 기회를 마련하라." 『뉴욕타임스』(2009년 11월 16일자)에 특허심사 방법의 개혁을 촉구하는 사설을 쓴 로버트 포젠Robert C. Pozen도 같은 의견이다.

특허심사관들은 젊고 실무 경험이 부족한 경우가 많은데, 생명공학이나 물리학 분야의 복잡한 주장이 가장 결정적인 시험, 즉 이 특허신청이 선행기술에 비해 참신한지 아니면 통상의 기술자가 보기에 뻔한 기술인지를 평가할 능력이 없다. 이런 문제의 해결을 돕기 위해 의회는 이 분야 전문가들이 특허신청 건에 대한 설명이나 비평을 제출하는 것을 허가하는 개정안을 통과시켜야 한다.[9]

이런 개혁은 나쁜 특허가 산더미만큼 승인되던 관행과 특허의 적용 범위가 과도한 사례를 획기적으로 줄여줄 것이다. 이의신청 절차는 이해 당사자들이 보유하고 있는 정보, 바로 특허심사에서 올바른 결정을 내리는 데 결정적인 역할을 하게 될 정보를 공개하게 만들 강력한 유인책을 제공하는 폭로 시스템의 좋은 사례가 될 것이다.[10]

인센티브 역할을 하는 경쟁

전통적으로 지적 재산권 옹호자들은 충분히 활용되지 않는 지식과 연관된 경제적 왜곡이(그리고 경쟁 감소가) 더 많은 혁신이 주는 이점을 상쇄하고도 남는다고 주장해왔다. 그러나 최근 들어 이 관점은 두 가지 비판을 받고 있다. 첫째, 지적 재산권이 혁신 자체를 방해한다(앞의 논의 참조). 둘째, 역효과를 불러일으키는 특허 시스템이 아니어도 혁신을 장려할 더 나은 유인책이 있다.

존 바턴John Barton은 영국 국제개발부DFID: Department for International

Development에서 지적 재산권과 개발정책을 통합할 목적으로 조직한 지적재산권위원회의 의장직을 맡았다(Commission on Intellectual Property Rights, 2002).[11] 이 위원회는 현행의 지적 재산권법과 관행 때문에 유전자와 생명체의 기본 요소가 독점되어 과학·기술혁신을 개발정책에 통합하는 데 심각한 어려움이 있음을 지적하면서 보건과 농업 문제에 지대한 관심을 기울였다. 5년 뒤에 바턴은 청정기술 분야의 지적 재산권과 개발 문제를 다룬 새로운 보고서를 완성했다. 바턴은 청정기술 분야에서는 바이오연료 생산에 쓰이는 효소를 제외하고는 유전자 독점 문제 같은 걸림돌을 발견하지 못했다. 광자와 전자는 아직 특허 대상으로 고려되지 않고 있었다(Barton, 2007). 바턴은 더 나아가 "수많은 특허상품이 서로 경쟁하고 있다"고 말했다. 청정에너지 생산기술과 장치가 서로 경쟁을 벌이고 있는 것이다.

금메달에만 특허권을 주는 현행의 특허승인 방식 외에도 모든 단계에서 경쟁을 장려할 수 있다. 은메달에도 특허를 줘서 승자보다 살짝 늦게 특허를 신청한 혁신가도 특허권을 공유할 수 있게 하면 어떨까(특허를 심사하는 데 수년이 걸릴 수 있으니까). 이 '은메달' 아이디어를 강력하게 반대하는 한 가지 이유는 발명 동기를 약화시킨다는 것이다. 그러나 꼭 그렇지만은 않다. 거액의 상금이 없을 때 상금이 더 적은 여러 상을 수상하는 것도 보상이 될 수 있기 때문이다. 종종 그렇듯 특허를 신청한 발명품들 사이에 차별점이 있을 때 특히 그렇다(E. Henry, 2010).

방금 개혁의 한 방법으로 설명한 '은메달' 방식은 은메달에 실제로 특허권을 주는 것이다. 다만 발명에 대한 인센티브와 경쟁으로 생기는 이득 사이에 더 나은 균형을 이루는 방식으로 공유되는 것이다. 경제학자

제임스 베센James Bessen과 에릭 매스킨Eric Maskin의 설명처럼 특정 경제활동과 구조 사이에 적절한 균형이 형성된다면 특허제도 자체를 폐지해도 될지 모른다. 베센과 매스킨이 조사한 바에 따르면 "소프트웨어, 반도체, 컴퓨터 같은 산업 분야는 역사적으로 특허권 보호가 취약한데도 매우 혁신적"이다. 두 사람은 그 이유를 이렇게 보았다. "혁신이 순차적이고 상호보완적이 되면 특허와 모방에 대한 표준적인 결론이 뒤바뀔 수 있다. 모방은 혁신에 자극제가 되는 반면, 강력한 특허는 혁신에 장애가 되는 것이다."(Bessen & Maskin, 2009)

이 경우 혁신을 촉구하고, 혁신가를 모방자로부터 역동적으로 보호하는 "자연적인 시장의 힘"이 작동한다.[12]

혁신의 오픈소스

오픈소스운동은 지난 20여 년 동안 소프트웨어 생산에 지대한 영향을 미쳤다. 스티븐 웨버Steven Weber의 책(2005년 출간) 제목대로 "오픈소스의 성공"은 명백하다. 가장 유명한 오픈소스 프로젝트로 꼽히는 리눅스Linux는 웹서버 분야를 장악하고 있다. 또 다른 오픈소스 웹 서버 소프트웨어인 아파치Apache는 현재 전체 웹사이트의 50퍼센트 이상을 책임지고 있다. 오픈소스의 성공은 일부 유명한 사례에 국한되지 않는다. 개발자들에게 툴(소프트웨어 개발 프로그램—옮긴이)과 서비스를 제공하는 최대 규모의 오픈소스 소프트웨어 개발 웹사이트인 소스포지SourceForge는 현재 25만 개가 넘는 프로젝트를 관리하고 있고, 회원 수가 수백만 명에 이른다. 규모가 작은 프로젝트가 많기는 하지만 이는 오히려 오픈소스운동의 활기를 반영해준다.

오픈소스모델은 무정부 상태에 빠져 있지 않다. 오픈소스는 계약에 따라 작동한다. 일반적으로 '카피레프트copyleft'(지적 재산권을 뜻하는 copyright의 반대되는 개념으로 지적 재산권 공유운동의 일환으로 만들어진 용어─옮긴이)라는 라이센스에 의해 배포되는데, 가장 유명한 것이 일반공중라이센스GPL: General Public License다. 이용자는 이 소프트웨어를 어떤 목적으로든 자유롭게 사용할 수 있다. 다만 중요한 제한점이 있는데, 수정 버전도 카피레프트 라이센스로 배포되어야 한다는 것이다. 이런 환경에서 기업은 소프트웨어를 프리컴파일(변경이나 확장을 한 표현방법이 본래 표현방법으로 돌아가는 것─옮긴이) 버전으로 배포하고, 이용자들에게 도움을 제공하고(이용자 다수가 대기업이다), 필요할 경우 특정 기능을 고안해 이윤을 창출할 수 있다.

지금은 오픈소스 계약이 소프트웨어 업계에만 보급되어 있다. 그러나 다른 분야에서도 중요한 사례가 등장하고 있다.[13] 오스트레일리아 비영리연구소 캠비아Cambia의 과학자들이 발견한 박테리아(5장 참조)를 오픈소스로 계약한 사례는 혁신이 지속 가능한 발전, 특히 빈곤 완화 측면에서 주목할 만한 잠재력을 발휘할 수 있는 생명공학 분야의 중요한 모범 사례다.

이니셔티브 세계

오픈소스 계약은 접근을 제한하는 방식에서 접근을 자유롭게 하고 이 자유를 보장하는 방식으로 지적 재산권 보호의 획기적인 방향 전환을 보여준다. 이는 좀더 지속 가능한 발전을 향해 거침없이 나아가는 이니 셔티브가 많아져야 할 필요성과 맥을 같이한다. 미국 경제학자 리처드 넬슨의 말을 빌리자면 "전 지구적인 문제를 해결하려면 세계 곳곳에서 다양한 분야의 여러 활동가가 분산된 방식으로 기술적 해결책을 펼쳐 나가야 한다."(Mowery, Nelson, Martin, 2010, p. 1012)

이제 개발도상국의 기본적인 욕구를 지속 가능하게 충족하기 위해 그 지역의 다양한 자연적·기술적·사회적·경제적 구성요소를 활용하는 이니셔티브를 만들고 지원하는 방법을 살펴보자. 가난한 공동체에 전기, 식수, 식량을 공급하기 위해 애쓰는 운동을 중점적으로 살펴보겠다. 그리고 원시적인 화로로 취사와 난방을 해결하는 약 20억 인구의 건강과 환경을 개선하고자 애쓰는 전 세계적인 운동도 살펴보겠다. 이와 같은 혁신과 발전을 지속하는 데 다음 요인이 결정적인 역할을 한다.

- 기업가 정신
- 아인슈타인 원칙을 따르는 기술적 융통성
- 자연자본을 절약하고 인적 자본을 장려하기 위해서 해당지역의 인적 자원과 재생 가능한 천연자원을 생산과정에 활용하기
- 혁신적인 교육과 지식 보급

허스크 파워 시스템: 인도의 시골에 전기 공급하기

2007년에 뉴욕 주 트로이 시에 있는 렌셀러폴리테크닉 대학 전기공학과를 졸업하고 로스앤젤레스에서 좋은 직장에 다니던 가네쉬 판데이 Gyanesh Pandey는 자신의 고향인 비하르로 돌아가기로 결심했다. 비하르

는 대부분 농업지역으로 인도에서 가장 가난한 주로 꼽힌다. 80퍼센트 이상의 가구에 전기공급이 안 되는데, 이는 가난의 표현이기도 하지만 가난을 재생산하는 비율이기도 하다. 좀 여유가 있는 가정에서는 아주 불편하고 값도 비싼 등유 램프를 사용하는데, 이는 집 안을 오염시킨다. 또한 양수기를 돌리거나 수공업활동과 상업활동을 위해 비싼 디젤 발전기를 쓰기도 하는데, 이 역시 오염을 일으킨다.

판데이는 유복한 가정 출신이 아니다. 어렸을 때 집 안에 제대로 된 전등도 없이 힘들게 자랐다. 판데이는 고향이 처한 어려움을 자기가 배운 기술로 해결해보기로 결심했다. 태양전지도 써보고 바이오연료도 써보며 여러 시행착오를 거친 끝에 벼 껍질을 이용해서 전기를 생산하는 아이디어가 떠올랐다. 판데이는 지역 기업가 한 명, 버지니아 대학 다든 경영대학원 졸업생 두 명과 함께 팀을 꾸렸다. 그렇게 해서 2009년에 허스크 파워 시스템이 탄생했다.

비하르는 벼가 주 곡식이기 때문에 벼 껍질인 허스크가 풍부하다. 허스크는 이산화규소 함량이 높기 때문에 난로에 불을 피우는 데도 적합하지 않고, 영양분이 적기 때문에 토양에 영양분을 돌려주는 데도 적합하지 않다. 그러나 허스크는 기화장치를 이용해 발효시켜 분해할 수 있다. 허스크는 별로 쓸 데가 없기 때문에 연간 벼농사의 부산물로 생기는 200만 톤 가운데 75~80퍼센트가 쓰레기 매립지에서 썩어갔다. 따라서 자원은 풍부했고, 바이오연료로 쓴다고 해서 누구에게 해가 되지도 않았다.

허스크 파워 시스템은 작고 단순한 기화장치를 활용한다. 이 기화장치에 허스크를 넣어 발생되는 가스가 터빈을 돌리면서 전기가 만들어진다. 일반적으로 30~40킬로와트 용량의 발전소가 시간당 허스크 50킬로그램을 소비한다. 이 소형 발전소의 부품은 맞춤 제작한 것이 아니다. 최소 비용으로 구입한 것들이다. 그러나 그 부품을 특수한 방식으로 조립해 만든 장비는 혁신적이며, 특이한 연료를 써서 단순성과 효율성을 추구한다.

투자비용은 킬로와트당 약 1,300달러인데, 일부분은 소비자가 부담하고 일부분은 인도 연방정부, 국제금융공사, 쉘재단, 알스톰재단으로부터 약간의 보조금을 받는다. 변동원가는 킬로와트시당 0.15달러로 소비자가 부담하며, 그 대가로 절전 전구 한두 개와 핸드폰 충전에 쓸 수 있는 전력을 공급받는다. 등유 램프에 비해 약 절반 정도의 비용이면 된다. 지역 차원의 소규모 네트워크를 통해 전기가 공급되는데, 단순한 전선을 통해 300~500가구 정도 되는 마을에 전기를 공급한다. 이 전기 덕분에 주민들은 해가 진 후에도 실내활동, 특히 공부를 할 수 있게 되었다. 수공업자와 상인들도 덜 오염되고, 더 편리하고, 더 값싼 에너지로 생산성을 높일 수 있게 되었다. 각 지역은 연간 등유 4만 리터와 디젤 1만 8,000리터를 절약하게 되었다.

허스크 파워 시스템 '대학'에서 교육받은 학생들은 대부분 자기가 사는 지역에서 일자리를 얻는다. 이들은 발전소의 기계작동과 유지관리를 책임지는 '하급 정비공'(8주 코스)이나 좀더 복잡한 문제를 처리할 수 있는 '상급 정비공'과 중간관리자(6개월 코스) 교육을 받는다. 따라서 허스크 파워 시스템은 기술혁신 그 이상이다. 그 지역에 풍부하지만 제대로 활용되지 못했던 자원을 경제활동에 통합하고 지역의 인재도 키운다. 필수 서비스를 제공해 지역 공동체의 경제·사회·보건환경을 개선하고 있다.

지난 4년 동안 약 80개의 발전소와 네트워크가 설립되었고, 서비스와 비용도 꾸준히 개선되었다. 발전 속도도 점점 빨라지고 있다. 인근의 우타르프라데시 주는 물론 동아프리카까지 진출했다. 게다가 방글라데시에서도 관심을 보이고 있다(Islam & Ahiduzzaman, 2013). 판데이는 자신의 성공이 시사하는 중요한 교훈은 현지에서 이용 가능한 물질자원과 노동자원을 활용해 가난한 사람들의 여건에 맞게 필수 서비스를 제공하는 시스템을 만든 데 있다고 말한다.

1,001개의 우물: 캄보디아에 식수 공급하기

비영리단체인 1001퐁텐1001fontaines(1,001개의 우물이라는 뜻)은 캄보디아의 시골지역에 안전한 식수를 공급하기 위해 만들어진 단체다. 허스크 파워 시스템과 별개로 탄생한 단체지만 다음과 같이 놀라운 유사점을 보여준다.

- 기업가 정신이 원동력이다(Rambicur & Jaquenoud, 2013).
- 시스템의 신빙성과 생산품의 안전성에 각별히 주의를 기울이며, '최대한 단순하되, 너무 단순하지 않은' 기술을 활용한다.
- 하나의 마을이나 소규모 마을연합과 같은 소비자 공동체에 초점을 맞춰 생산한다.
- (1) 지역 출신이면서 그 지역 '아카데미'(허스크 파워 시스템의 '대학'과 유사)에서 교육받은 기술자-관리자가 운영하는 지역 발전소와 (2) 지역 차원에서 해결할 수 없는 문제를 처리하고 시스템을 지리적으로 확장

하는(2011년에는 60개, 2013년에는 120개, 2015~2016년에는 250개로 늘어남) 중심기구로 이루어진 이원체제다.

- 소비자와 일어난 상호작용을 면밀하게 모니터링한다. 안전한 식수를 얻기 위해 값을 지불할 만한 가치가 있다고 마을 주민을 설득하는 일이 가장 중요하다. 아무리 적더라도 마을 주민에게는 결코 무시할 수 없는 금액이다.

푸시풀 시스템: 케냐의 농작물 지키기

푸시풀 시스템은 생물학에 기반을 두고 농작물을 해충으로부터 보호하는 방법이다. 여기에서 다룰 사례는 동아프리카의 주요 작물인 옥수수를 보호하기 위한 것이었다. 케냐의 국제곤충생리생태센터와 영국의 로담스테드연구소가 공동으로 진행한 프로젝트의 결과물이다. 로담스테드연구소는 가장 역사가 깊고 가장 생산적인 농업연구소로 꼽히는 곳이다.[14] 푸시풀 시스템의 목표물은 옥수수줄기좀벌레다. 나방의 유충인데 옥수수 줄기를 공격한다. 제때 발견하지 못하면 옥수수 수확량을 20~40퍼센트까지 감소시킬 수 있고, 가끔은 80퍼센트까지 감소시키기도 한다. 그런데 푸시풀 시스템에 대한 연구가 진전되면서 우연히 두 번째 목표물이 발견되었다. 바로 '스트리가 헤르몬시카*Striga hermonthica*'다. 옥수수에 기생하는 이 잡초는 전통적인 방법으로 근절하기가 아주 어렵다. 이 잡초에 오염된 밭은 수확량 손실이 30퍼센트에서 100퍼센트까지 이른다.

농약은 옥수수 줄기 내부에 있는 유충한테는 별로 영향을 미치지 못한다. 따라서 농민들은 흔히 농약의 양을 늘리게 되고, 그렇게 되면 해충보다도 토양의 생물다양성에 더 큰 해를 입히게 된다. 국제곤충생리생태센터에 따르면 "옥수수줄기좀벌레로 인한 농작물 손실을 막는다면 이 지역 주민 2,700만 명을 추가로 먹일 수 있을 만큼 옥수수 수확량을 늘릴 수 있다"(International Centre of Insect Physiology and Ecology, 2015, p. 3)고 한다. 바로 이 때문에 농약이 토양과 환경에 미치는 부정적 효과를 최소화하면서 옥수수줄기좀벌레가 큰 피해를 유발하지 않을 만큼 개체수를 억제할 효과적인 방법을 찾게 된 것이다.

연구자들은 푸시push, 즉 밀어내는 역할을 할 후보자 몇 개와 풀pull, 즉 당기는 역할을 할 풀 품종을 400개나 살펴보았다. 그 결과, 밀어내는 역할을 할 실버리프 데스모디움silverleaf desmodium이라고 불리는 나무(이 나무는 공기 중 질소를 고정하는 보너스 효과도 있다)와 당기는 역할을 할 네이피어그라스Napier grass와 수단그라스Sudan grass를 발견했다. 이 식물들이 선택된 데는 다음과 같이 서로 연관성 있는 이유가 있다.

- 옥수수와 사이짓기를 하면 데스모디움이 암나방을 쫓아내서 옥수수에 알을 낳지 못하게 한다. 효과는 예상대로였는데, 예기치 못한 일이 벌어졌다. 데스모디움 뿌리가 스트리가 잡초의 성장을 막는 화학물질을 내뿜었다. 옥수수와 데스모디움을 사이짓기한 밭에서 스트리가 잡초가 점차 사라지는 것이 관찰되었다. 처음에는 놀라움을, 나중에는 굉장한 만족을 안겨준 일이었다.
- 옥수수-데스모디움 경계를 따라 네이피어그라스와 수단그라스를 심으면 암나방을 유인해서 알을 낳게 만드는 휘발성의 화학물질을 내뿜는다.[15] 네이피어그라스와 수단그라스는 이 나방이 낳은 알과 그 알에

서 나오는 유충을 잡아먹는 다양한 포식자의 본거지이기도 하다. 개미, 집게벌레, 알에 기생하는 놀랍도록 다양한 품종의 작은 말벌이 이에 포함된다. 이 풀들을 선택한 또 하나의 이유는 가축에게 좋은 사료가 되기 때문이다.

2012년에만 벌써 소규모 자작농 5만 명이 이 시스템을 채택했다. 이는 농민들이 직접 이 실험에 참여했기 때문이기도 하지만, 지식을 널리 전파하고 시연한 결과이기도 하다. "경험이 많은 농민들을 고용해서 다른 농민들을 가르치도록 한 것이 해결책이었다."(p. 8)

농민들이 이 시스템을 채택하는 속도는 점점 빨라지고 있으며 2020년까지 100만 명이 이 시스템을 채택하도록 한다는 목표가 현실이 되어가고 있다. 채택 속도가 이렇게 빠른 이유는 수확량 증가 효과가 입증된 덕분이다. 약간의 편차는 있지만 옥수수만 심은 밭의 수확량은 일반적으로 연간 헥타르당 1~2톤인 데 비해 푸시풀 밭의 수확량은 4~5톤에 달한다.

이 지점에서 볼테르는 캉디드의 낙관적인 망상에 경고를 보냈을 것이다. 푸시풀 시스템은 장점이 많지만 그렇다고 단점이 전혀 없는 것은 아니다. 네이피어그라스를 너무 많이 심으면 질병을 유발할 수 있고, 데스모디움은 다른 종의 좀벌레에 취약하다. 생명보다 더 혁신적인 것은 없다. 따라서 긍정적인 효과는 취하고, 부정적인 효과는 피하기 위해 노력해야 한다. 앞서 말했던 데스모디움과 네이피어그라스의 문제점을 해결하기 위해 연구자들은 다시 연구실로 돌아가 두 식물의 다양한 품종에서 저항성 유전자를 찾아내 이식시키기 위해 노력하고 있다.

농림업-자연자본 개선 벤처의 녹색장성

사하라 사막의 팽창과 곳곳에서 나타나는 토지 황폐화를 막기 위해 아프리카 대륙 동서를 가로지르는 '녹색장성green wall'을 심는 아이디어가 처음 등장한 것은 1950년대 영국 과학자 리처드 세인트 바브 베이커 Richard St. Barbe Baker의 입을 통해서다. 2005년에 나이지리아 대통령 올루세군 오바산조Olusegun Obasanjo가 이 아이디어를 부활시켰고, 아프리카연합의회Assembly of the African Union가 이를 지지했다. 이로써 '녹색장성 이니셔티브'가 공식 출범했다. 이 운동은 대륙을 횡단하는 나무 띠를 심는다는 처음 발상에서 방풍림 역할뿐만 아니라 농림업 개발까지 아우르는 지역 차원의 녹색 벤처사업을 지원한다는 공동결의로 발전했다.

넓어지는 사막화와 길어지는 건기 때문에 피해를 입고 있는 튀니지 남부 지역에서 '아카시아 부인La Dame aux Acacias'[16]이라는 별명으로 불리는 사라 투미Sarah Toumi가 농림업을 개척했다. 투미는 밭의 농작물 사이에 격자무늬처럼 아카시아를 심도록 지역 농민, 특히 여성 농민을 설득하는 일부터 시작했다. 사하라 사막 이남 아프리카와 오스트레일리아에는 아주 다양한 품종의 아카시아가 있다. 그 가운데 '알비다 아카시아Faidherbia albida'는 아프리카 사바나의 랜드마크인데, 아름다울 뿐만 아니라 여러 면에서 굉장히 유용하다.

첫째, 콩과식물이다. 다시 말해 특정 박테리아와 협력해서(2장 참조) 대기 중 질소를 고정하고, 그렇게 해서 토양을 비옥하게 만들어 자기 자신은 물론 주변 작물에도 이로움을 준다. 사하라 사막 이남 아프리카에서 농작물 사이에 아카시아를 심은 밭에서 옥수수 수확량이 300퍼센트까지 증가했다. 같은 방식으로 아카시아를 사이짓기한 수수와 기장 밭에서도 수확량이 크게 증가했다. 둘째, 채소다. 잎으로 샐러드나 다른 요리를 만들어 먹을 수 있고, 영양분이 많은 가루로 만들어 저장할 수도 있다. 씨앗으로는 식용유를 만들 수 있다. 그리고 아카시아에서 분비되는 아라비아검은 다양한 산업 공정에 쓰이는 재료다. 셋째, 뿌리가 넓게 뻗어나가서 토질안정 효과가 뛰어나다. 넷째, 적당한 간격으로 심으면 물의 순환과 저장력을 향상시킨다. 간격을 너무 넓게 심으면 효과가 미미하고, 너무 좁게 심으면 나뭇잎에서 수분이 증발되어 물을 너무 소비하게 된다. 그러나 적당한 간격으로 심으면 긍정적 효과가 우세하다. 나무그늘이 밑에 있는 농작물의 수분 증발을 줄여주고, 뿌리는 토양 깊숙이 물을 침투시켜 저장하므로 건기 때 토양의 회복력을 높여 표면 유출과 지표 침식을 줄인다(Ilsted et al., 2016). 다섯째, 가구나 건물 내부재로 적합한 목재로 쓰일 수 있다. 다니엘 힐렐에 따르면 이집트 대탈출 때 "아카시아가 이동식 예배소를 만들 목재로 선택되었다"고 한다(2006, p. 297).

이곳 지역 주민들에게 앞서 말한 이점은 아주 귀한 것이다. 나뭇잎을 예로 들어보자. 아카시아는 우기 때 나뭇잎이 지고 가뭄에 강해서 건기에 나뭇잎이 자라기 때문에 작물이 부족할 때 나뭇잎을 이용할 수 있다. 기후변화와 사막화 때문에 건기가 점점 길어지면서 아카시아 나뭇잎이 식량안보를 확보하는 수단이 될 것이다.

투미의 노력으로 아카시아 수만 그루가 심어졌다. 그러자 투미는 '모링가 올레이페라*Moringa oleifera*' 심기를 제안했다. 모링가 올레이페라는 인도가 원산지로 사하라 사막 이남 아프리카 일부 지역에서 자라지만 튀니지에는 알려지지 않은 나무였다. 모링가나무는 알비다 아카시아보다는 훨씬 작은데, 농림업계에서는 중간급 나무를 대표한다. 영양가가 경이적일 만큼 높아서 식량농업기구에서 '이달의 전통작물'로 뽑혔는데, 선정 이유는 이렇다.

> 나무껍질, 꼬투리, 나뭇잎, 열매, 씨앗, 줄기, 뿌리, 꽃 등 모링가나무는 모든 부분을 먹을 수 있다. 나뭇잎은 생잎으로 쓰거나 말려서 쓰기도 하고, 가루로 만들어서 쓰기도 한다. 모링가 씨앗 꼬투리는 푸를 때 따서 날것으로 먹거나 요리해서 먹는다. 모링가 씨앗 기름은 달콤하고, 점착성이 없으며, 마르지 않고, 악취를 막아준다. 한편 모링가 씨앗을 압축한 덩어리는 식수 정화에 사용된다. 씨앗은 생으로 먹거나 볶아 먹거나 가루로 만들어 차로 마시거나 카레 요리에 쓰인다.[17]

식량농업기구 보고서는 이에 덧붙여 모링가 나뭇잎이 당근보다 베타카로틴 함량이 높고, 콩보다 단백질 함량이 높으며, 오렌지보다 비타민 C 함량이 높고, 우유보다 칼슘 함량이 높으며, 바나나보다 포타슘 함량이 높고, 시금치보다 철분 함량이 높다고 찬사를 보냈다. 알비다 아카시아처럼 모링가 나뭇잎도 건기 때 자라서 식량안보와 영양균형에 크게 기여한다.

더 나아가 보고서는 "모링가 제품이 항생제, 항트리파노소마, 혈압 강하제, 진경제, 항궤양제, 항염제, 혈중 콜레스테롤 감소작용, 혈당강하제 기능이 있다"고 밝혔다. 그러니 모링가 제품이 선진국의 건강식품 코너에 등장하게 된 것도 놀랍지 않다. 이는 튀니지 농민들에게 은총이자 저주가 되었는데, 농민들에게 부수입을 늘려주지만 본인들이 직접 쓰기는 더 어려워졌기 때문이다(1장에서 인도의 님나무 열매에 미국이 터무니없는 값을 매긴 사례 참조).

모링가나무는 연해서 목재 가치는 떨어진다. 그렇지만 아주 빨리 자라는 데다 나무를 잘라내도 다시 자라기 때문에 장작으로 적합해서 여성들과 여자아이들이 땔감을 구하러 멀리 갈 필요도 없고 숲을 남벌할 필요도 없다. 농림업의 부산물로 생기는 장작과 효율적인 취사용 스토브가 결합되면(다음 꼭지 참조) 여러 가지 문제를 한꺼번에 해결할 수 있다.

투미가 튀니지에서 아카시아를 통해 이루어낸 것과 같은 농림업은 수천 년 동안 여러 지역에서 다양한 형태로 존재했던 것이지만, 건조지대에서 가장 가치가 크다. 축적된 경험 지식이 아주 중요하지만 기후와 인구조건이 변하는 상황에서 단순한 경험 지식만으로는 충분하지 않다. 더 나아가 농림업 프로젝트가 계속 확대되어 수억 명의 농민이 그 혜택을 볼 수 있게 해야 한다. 농림업에 대한 경험이 전혀 없는 지역의 농민도 당연히 혜택을 볼 수 있어야 한다. 이에 딱 맞는 사례가 하나 있다. 인도네시아 남동부 술라웨시 지방의 슬라탄에 사는 농민 마스쿠리 Maskuri 씨 이야기다. 마스쿠리 씨는 이웃을 대변해 세계농림업센터WAC: World Agroforestry Centre 연구자들에게 이렇게 말했다.

작년까지도 우리 마을 농민들은 좋은 농림업이 뭔지 잘 몰랐습니다. 식물 재배에 대해 우리가 아는 것이라고는 그저 땅에 심고 나서 잘 자라기를, 그래서 우리가 생계를 꾸릴 수 있기를 바라는 것뿐이었습니다. 물론 식물들은 죽고 말았죠. 2008년에 이곳에 온 이후로 몇 년 동안 그랬어요. 2014년이 되어서야 처음으로 에이지포AgFor 팀의 도움 덕분에 코코아 재배에 성공했습니다. 이제 우리는 마당에도 농림업을 실천할 계획입니다. 고무나무와 오렌지, 코코아와 코코넛, 잭푸르트와 후추를 결합하는 식으로요(Lumban Gaul, 2015).

새로운 관심사, 바로 식물과 토양의 탄소 저장력도 살펴볼 필요가 있다. 나무는 보통 탄소 저장력이 뛰어나지만, 특히 더 뛰어난 나무들이 있다(Toensmeier, 2016, 저자는 농림업에 적합한 식물 조합에 대해 놀라울 만큼 다양한 사례를 제시한다). 예를 들어 아카시아가 뛰어나기는 하지만 최고는 아니다. 어떤 농법을 쓰느냐도 중요하다. 요한 록스트룀은 이렇게 역설한다. "가장 전망이 밝은 농법은 쟁기를 쓰지 않는 것이다. 무경운 농법(무쟁기농법)은 토양이 햇빛과 산소에 노출되면서 이산화탄소가 방출되어 토양탄소를 연소시키는 효과적인 방법이라는 것이 입증되었다."(Rockström & Falkenmark, 2015, p. 285)

새로운 생태적·기술적 접근을 탐구하고 시행하고 보급하는 과제를 해결하려면 인적 자원을 더 잘 활용해야 한다. 그런 점에서 여성과 젊은 이들을 전면에 내세우는 게 중요하다. 대부분의 전통사회에서 여성과 젊은이는 그런 기회가 부족하기 때문에 기존 질서를 뒤흔드는 혁신을 환영한다. 유엔세계식량계획WFP: World Food Programme 전 사무총장 캐서린 버티니Catherine Bertini(2004)는 존 크로포드John Crawford 추모 연설에서 "젠더 문제에 주의를 기울이지 않으면 실패할 수밖에 없다"고 여성에 대한 투자를 역설한 바 있다. 사라 투미는 프로젝트, 그 성과와 어려움을 자유롭게 논의하고, 집단역학 안에서 여성과 젊은이들의 참여를 독려하고 그 가치를 인정하는 협회를 설립하기 위해 모든 노력을 기울였다.

해당지역의 생태적·인적 조건에 맞추어 식물 재배에 적합한 환경과 효율적인 작업환경을 고안하고 장려하는 차원에서 농림업의 현대화는 필수적이다. 그러나 안타깝게도 단일경작 중심의 화학 기반 농업이 전 세계를 장악하고 있기 때문에 어려움이 크다. 이에 필요한 투자비용을 금융기관(공공기관이든 민간기관이든)에서 지원받기도 쉽지 않다. 특정 연구개발, 특히 전통작물의 수확량을 크게 높일 수 있는 품종개량에 필요한 연구개발이 어려울 뿐만 아니라 지원도 못 받고 있다. 이런 문제점을 극복하기가 더 어려운 이유는 농림업 시스템이 아주 다양한 요소로 이루어져 있기 때문인데, 이는 광범위한 제품과 서비스를 제공하고 해충의 확산을 막는 것이 농림업의 근본적인 속성이라서 그렇다. 농림업의 다면성에 발맞추지 못하는 편협한 관료주의적 관행도 문제다. 사라 투미도 관료들과 일하면서 노력에 비해 별 성과를 얻지 못했다.

농사짓는 땅에 대한 권리가 제대로 보장되지 않는 지역의 농민이 끊임없이 토지 강탈의 위협을 받고 있다(2장 참조). 그렇기 때문에 농림업을 시작하고 유지하는 데 필요한 투자를 꺼리게 된다. 따라서 장기적인 토지 이용권을 지닌 농민이 부족한 것도 농림업 확대를 저해하는 또 다른 심각한 장애요소다. 토지 이용권은 필수적인 권리이며, 그 중요성에 대해서는 아마티아 센Amartya Sen(1983)도 이렇게 강조한 바 있다. "한 사람의 식량장악력은 사회에서 소유와 이용을 통제하는 자격관계에 달려 있다."(p. 154)

요약해보자면 농림업이 토양을 복원하고 물의 흐름을 조절한다는 것을 알 수 있다. 따라서 농림업은 토지 황폐화를 역전시키고 가뭄을 극복하는 데도 도움이 된다. 게다가 탄소 저장력도 높인다. 농림업은 식량 안보와 영양균형에 근본적인 기여를 한다. 유엔환경계획 산하 토지황폐화 경제학 이니셔티브ELD Initiative: Economics of Land Degradation Initiative 보고서에 따르면 "아프리카에서 이런 활동이 주는 이득은 그에 들어간 비용의 거의 일곱 배에 달한다."(ELD Initiative and UNEP, 2015, p. 11) 앞서 말한 장애를 극복하고 새롭게 자리 잡은 농림업 시스템도 많다. 아프리카뿐만 아니라 아시아와 라틴아메리카에도 있다. 인도네시아 농민들은 농림업이 점점 심각해지는 가뭄 문제를 해결할 유일한 방법이라고 보고 있다. 태국과 베트남에서는 중국의 고무 수요 때문에 부채질되는 히비어Hevea(고무나무 종류—옮긴이) 단일경작의 확대를 막는 게 목표다. 말라위와 잠비아에서는 질소가 고갈된 토양을 복원하는 게 최우선 목표다. 북아프리카에서는 사막화를 막는 게 목표다. 카메룬에서는 20년 전에 시작한 선구적인 노력을 유지하는 게 목표다. 이 밖에도 많다. 그러나 여전히 정보 보급이 부족한 상태다. 세계농림업센터가 추진하는 사업이나 사라 투미와 사하라–사헬 관측소의 파트너십에 구현된 것처럼 초점을 제대로 맞춘 연구개발은 현재의 저개발 상태에 비례하는 개선 효과를 일으킬 것이다. 심리적·사회적·제도적 장벽을 극복하는 데는 지역 차원의 리더십이 결정적으로 중요하다. 이 두 가지 측면에서 사라 투미의 '모두를 위한 아카시아Acacias pour Tous' 운동은 시사하는 바가 크다.

개선된 스토브를 위한 더 깨끗한 연료

지역이나 국가 차원에서 시작되어 확대된 것이 아니라 아예 시작 단계부터 국제적인 이니셔티브도 있다. 유엔재단 주도로 만들어진 안전취사용 스토브 보급을 위한 국제연맹GACC: Global Alliance for Clean Cookstoves이 그 예인데, 이 민관 공동 이니셔티브는 여전히 원시적으로 불을 피우거나 화덕을 이용해 취사와 난방을 해결하는 개발도상국 국민의 건강과 거주환경을 개선할 목적으로 2010년에 창설되었다. 지역 여건에 맞춘 안전하고 효율적인 스토브와 그에 맞는 연료를 고안하고 생산하려는 다양한 노력을 지원한다(Global Alliance for Clean Cookstoves, 2015).

영국 학술지 『랜싯Lancet』(2012)지가 '세계 질병부담연구'의 일환으로 "67가지 위험 요인으로 살펴본 질병과 부상 위험 비교 평가"를 발표했다. 그 가운데 상위 세 가지 요인이 고혈압, 흡연(간접흡연 포함), 고체연료 사용에 의한 가정 내 공기오염이었다. 국제에너지기구에 따르면 "개발도상국, 특히 시골지역에 사는 25억 인구가 장작, 숯, 농작물 쓰레기와 가축 분뇨 같은 바이오매스 연료에 의존해 요리한다. 이런 에너지원이 가정용 에너지 소비의 90퍼센트 이상을 차지하는 나라가 많다."(World Energy Outlook, 2006, p. 419) 그리고 그에 따른 부작용은 다음과 같이 엄청나다.

- 해마다 수백만 명이 조기 사망하고, 수천만 명이 건강쇠약에 시달리며, 그 희생자는 주로 여성과 아이들이다.
- 장작을 모아서 집으로 가져오는 데 허비하는 시간과 에너지 낭비가 심각하다. 5~10킬로미터 거리를 이동하는 경우도 많은데, 역시 주로 여성과 아이들이 그 희생양이 되고 있다. 장작을 모으는 일은 고되기도 하지

만, 특정 지역에서는 여성들이 그 때문에 폭력에 노출되기도 한다. 게다가 교육받을 기회와 더 생산적인 활동을 할 기회도 박탈당한다.

- 온실가스(이산화탄소·메탄가스·질소화합물)와 검은 탄소가 배출된다. 좀 더 효율적인 땔감을 쓰면 이를 극적으로 줄일 수 있다. 가정에서 사용하는 전통적인 화로 때문에 불완전 연소로 생기는 불안정한 부산물인 검은 탄소가 대량으로 방출되는데, 전체 검은 탄소 배출량의 약 25퍼센트를 차지한다. 이 검은 탄소는 어디에 떨어지든 직접적인 태양복사를 다량 흡수한다. 얼음 위에서 특히 흡수력이 강하다(4장에서 살펴본 동쪽 히말라야 빙하의 경우처럼).

- 지역 숲 생태계를 심각하게 파괴한다.

이것이 사람과 자연자본에 미치는 결과는 가혹하다.

이제는 전통적인 방식보다 훨씬 더 효율적이고 깨끗한 스토브와 그에 맞는 연료가 다양하게 나와 있다(International Energy Agency, 2006; Reddy, 2012). 가격도 더 저렴하면서 그 지역의 요리관습에도 더 맞는 스토브는 바로 바이오매스 연료용으로 개선된 모델이다. 이 스토브는 검은 탄소 배출을 최소화하고 그 대신 바이오 숯이라고 불리는 더 안정된 형태의 고체잔류탄소를 배출하기 때문에 탄소 격리에 기여할 뿐만 아니라 토양의 비옥도를 향상시키는 데도 한몫한다.[18] 더 정교한 모델은 바이오가스를 이용한 것인데, 전기가 들어오지 않으면서 바이오가스를 구할 수 있는 곳에서 가장 적합하다(Surendra et al., 2014). 액체연료, 태양열, 전기로 작동하는 스토브도 있다.

스토브를 선택할 때 효율적인 연료가 다양하게 제공되는지가 전제조건이지만, 그것만으로는 충분하지 않다. 가정에서 스토브를 선택하는 데는 다음과 같은 여러 요인이 영향을 미친다.

- 가계 수입: 더 나은 스토브를 사용했을 때 생기는 추가적인 수입을 고려한다.
- 스토브와 연료 가격: 필요에 따라 공공지원이나 민간지원을 통해 가격이 조정될 수 있다.
- 스토브의 품질: 요리시간을 단축해 다른 활동에 쓸 시간을 벌어주면서 전통음식을 요리하는 데 적합한 것(예를 들어 인도의 전통빵인 난, 멕시코의 토르티야, 서아프리카의 조-수수 갈레트 같은).
- 지역경제에 통합될 가능성: 스토브를 현지에서 생산할 경우 소비자를 더 많이 끌어들일 수 있다.

이런 요인의 상호작용이 아직까지는 원하는 만큼 광범위한 소비로 이어지지 못하고 있지만, 안전취사용 스토브 보급을 위한 국제연맹이 2020년까지 달성하겠다고 세운 목표(청정 스토브 1억 개가 전통적인 화로를 대체한다는 목표)를 이룰 가능성은 꽤 높아 보인다. 그러나 그런 대체가 필요한 가정의 수치를 생각하면 보잘것없는 목표다. 각 가정이 결정을 내리는 과정에 대한 정보를 모으는 노력이 더 많이 필요하다(Malla & Timilsina, 2014). 건강을 보호하고 사람들을 힘든 노동으로부터 해방시키며 공동체에 필수적인 자연자본을 보전함으로써 지속 가능한 방식으로 빈곤을 줄이는 것보다 더 가치 있는 일은 없을 것이다.

8장

지속 가능한 발전을 위한
경제수단

애덤 스미스Adam Smith의 『도덕감정론The Theory of Moral Sentiments』 출간 250주년 기념판 서문을 쓴 아마티아 센은 『파이낸셜타임스』에 그 책의 출간을 소개하면서("애덤 스미스의 시장은 결코 혼자가 아니었다Adam Smith's Market Never Stood Alone", 2009년 3월 19일자) 이렇게 말했다.

> 애덤 스미스가 순수한 시장 메커니즘이 독립적으로 훌륭하게 작동한다고 생각한 적도 없고, 이윤만이 시장 메커니즘이 돌아가는 데 필요한 유일한 동기라고 생각한 적도 없다는 사실이 간과될 때가 많다. (……) 시장부터 국가기관에 이르기까지 다양한 조직이 더 나은 경제세계를 만들기 위해 어떻게 함께 기여할 수 있는지에 대한 이해와 더불어 다양한 기관이 어떻게 작동하는지 냉철하게 판단하는 것이 무엇보다 필요하다.[1]

이 인용문은 이번 장의 메시지를 대변해준다. 다시 말해 '독립적인' 시장이 무시할 수밖에 없는 목표를 다루는 규칙과 제도의 틀 안에서 시장 메커니즘, 시장과 양립하는 메커니즘을 최대한 활용해야 한다는 점이다.

이번 장은 세제개혁이나 시장을 통해 자연자본에 효과적으로 가격을 매기는 방법을 살펴보는 것으로 시작한다. 스웨덴과 미국이 이 두 가지 접근법에 성공했는데, 스웨덴은 1990년에 전면적인 세제개혁을 통해, 미국은 1990년에 대기정화법 개정안을 통해서였다. 이 대기정화법 개정안을 통해 미국 내 이산화황 배출권 거래시장이 만들어졌다. 이와 대조적으로 국제 이산화탄소 배출권 거래시장을 설립하기 위한 교토협약은 실패했는데, 미국에서의 성공 요인이 전 지구적 차원에서는 제대로 작동하지 않은 것이 한 가지 원인이다. 사람들이 애덤 스미스의 가르침을 무시한 것으로 보인다. 한편 스웨덴은 지속 가능한 경제와 사회로 전환하는 움직임을 가속화했지만 그 뒤를 따르는 나라가 너무 적다.

금융시장에서 일어난 이른바 투자철회(고탄소 발자국 자산을 버리고)-투자(탈탄소 경제와 조화를 이루는 자산으로) 운동은 2014년까지만 해도 전혀 예상치 못했던 속도의 동력을 얻었다. 투자자들이 이런 방식으로 투자자산 구성의 균형을 재정비하면 새로운 투자에 대한 가치를 높이는 공공정책(예를 들어 더 엄격한 가격책정정책)을 지원할 동기를 얻는다. 이런 의미에서 민간투자와 자연자본 친화적인 공공정책이 하나로 모일 수 있을 것이다. 그러나 화석연료 생산과 소비를 부추기는, 더 일반화해서 말하자면 바다·숲·강·습지 같은 자연자본의 파괴를 뒷받침하는 막대한 공공보조금과 민간투자가 사라지지 않는 한 의미 있는 만남은 불가능하다.

가격책정: 세금과 시장

선구적으로 환경세를 도입한 스웨덴

1972년에 그 유명한 스톡홀름 시청에서 유엔인간환경회의UNCHE: Conference on the Human Environment가 처음 열렸다. 당시만 해도 참가국이 37개국밖에 되지 않았는데, 각 참가국은 자국 고유의 환경 문제와 연관된 사례연구를 준비해와야 했다. 스웨덴은 산성비 문제에 초점을 맞춘 사례연구를 준비했는데, 그 당시 산성비가 스웨덴의 심각한 걱정거리였다. 이 사례연구는 산성비의 피해와 원인에 대한 평가를 담고 있었다. 실현 가능한 해결책에 대한 조사도 이루어졌는데, 이산화황과 질소산화물을 배출해 산성비를 촉발하는 경제 행위자들의 행동변화를 유도할 경제적 유인책을 주로 살펴보았다. 필요한 유인책을 창출할 경제수단 가운데 산성비 피해의 가치를 책정하는 수단으로서 산성비를 초래하는 유해물질 배출 행위에 세금을 매기는 것에 특히 초점이 맞춰졌다.[2]

1990년에 스웨덴 의회가 이를 입법화하기까지 20년 가까운 세월이 흘렀다. 1986년까지도 대다수의 스웨덴 국민과 정치인은 시민의식에 호소하는 명령-통제 접근법을 믿었다. 오염물질 배출에 값을 매기는 일은 그것을 살 여유가 있는 부자들에게 자연을 팔아먹는 행위라고 생각하는 사람이 많았다. 그러나 시간이 흐르면서 숲은 계속 황폐화되고, 물고기들은 산성화된 호수에서 죽어갔다. 1988년 국회의원 선거에서 이 문제가 중요한 쟁점이 된 것도 놀라운 일이 아니다.

여론이 바뀐 것은 뜻밖의 계기 덕분이었다. 소규모지만 점점 세력을 넓혀가던 녹색당이 180도 전환해서 그랜드바겐을 제안했다. 전통적인 방법이 효과가 없다는 것이 분명했기 때문에 녹색당은 오염원을 충분히 억제할 수 있는 수준의 포괄적인 '녹색세금'을 제안했다. 오염이 줄어들기는 했지만 이대로는 완전히 제거될 수 없으며, 이 세금을 통해 생긴 추가세입이 조금이라도 재정에 보탬이 될 수 있다는 논리였다. 이 제안에 따르면 이 추가세입을 통해 경제에 걸림돌이 되고 국민에게 과중한 부담을 주고 있는 현행의 조세·소득세·법인세 세율을 줄일 수 있다는 것이다.[3] 당시 스웨덴의 제1다수당이었던 사회민주당은 이에 편승해서 녹색당과 함께 캠페인을 벌였다. 두 당이 연합해 의회 과반수를 확보했고, 1990년에 마침내 세제개혁법이 통과되었다.

이 법안은 오염을 유발하는 대부분의 행위를 대상으로 삼는다. 대기오염을 유발하는 오염물질 배출 행위에 대한 과세 비율은 유례없는 수준이었다. 고정 에너지원(1년에 최소 50메가와트시를 생산)에서 배출되는 이산화황 1톤에 약 3,000유로(미국 달러로 4,000달러), 질소산화물 1톤에 450유로였다. 이산화황 오염 75퍼센트, 질소산화물 오염 50퍼센트를 줄이는 것이 목표였다. 이산화황 감축 목표를 달성하는 데 10년, 질소산화물 감축 목표를 달성하는 데 17년이 걸렸다.[4] 이 법안은 수질오염과 토양오염에도 적용된다. 농업을 예로 들자면 물과 토양을 비롯해 환경 전반에 해로운 화학물질을 사용하고 쓰레기를 배출하는 행위에 세금을 매기는 방식이다. 주요 환경위협, 다시 말해 기후변화의 예측에 따라 이산화탄소 배출 1톤당 27유로(국제 경쟁산업에는 7유로)의 세금을 부과한다. 이 세금은 꾸준히 높아지고 있다. 다른 나라에서 들으면 깜짝 놀랄 수준이다. 1990년 입법 당시 세액이 최종 목표가 아니었기 때문이다.

미국의 배출권 거래시장

미국도 성공 사례를 보여주었다. 1990년에 미국 의회는 발전소에서 배출되는 이산화황으로 인한 대기오염을 막을 경제수단을 뒷받침하기 위해 대기정화법 개정안을 통과시켰다. 두 나라 모두 심각한 이산화황 오염으로 새로운 접근법이 필요한 상황이기는 했지만, 스웨덴과 미국의 이니셔티브가 같은 해에 입법화된 것은 우연이었다.

1980년대에 미국에서 가끔 조롱 삼아 소비에트식 접근법이라 불리는 명령-통제 시스템으로는 점점 심각해지는 대기오염을 해결하기가 불가능하다는 사실이 분명해졌다. 게다가 기존 시스템의 비용부과 방식은 비효율적이고 일관성이 없었는데, 같은 도시의 두 공해 유발 기업이 20배 이상 차이 나는 한계감축비용MAC: marginal abatement cost(오염물질 한 단위를 줄이는 데 소요되는 비용―옮긴이)을 부담하기도 했다. 그런 불일치가 낳은 수혜자들이 반대했는데도 조지 W. 부시 대통령은 의회에서 유리한 정치적 연합을 이용해 스웨덴 법에 상응하는 이산화황 오염 감축 목표에 맞춘 경제적 유인책 시스템에 합의를 도출하는 데 성공했다. 두 나라 모두 유인책을 쓰는 것은 같지만, 제도적 장치도 다르고 분배 효과도 다르다. 대기정화법 개정안은 세금에 대한 접근방식 대신에 배출권 거래시장이라는 새로운 시장을 만들었다. 이는 금융시장과 마찬가지로 무형의 시장이었다.

이 개정안은 발전소를 대상으로 한다. 당시 대다수 발전소가 다량의 황을 함유한 석탄을 태웠기 때문이다. 이 법안의 부속에는 발전소의 규모에 따라 배출 허용 할당량이 규정되어 있었다. 이는 힘들게 싸워 얻은 타협의 결과였다. 발전소는 배출권 하나당 이산화황 1톤을 배출할 수 있다. 총할당량을 초과하면 시장에서 그만큼의 배출권을 사와야 한다. 할당량을 다 쓰지 않은 경우에는 추후 사용을 위해 보관하거나 시장에 내다 팔 수 있다. 발전소는 황 함유량이 더 적은 연료로 전환하거나(예를 들어 애팔래치아 산맥의 석탄 대신 와이오밍 석탄을 쓰는 식으로), 오염물질 여

과장치를 설치하거나 생산량을 줄여서 배출량을 감축하는 방법을 선택할 수도 있다.

이 배출권 시장은 배출권을 사고파는 행위를 포함한 모든 행위가 가능하기 때문에 오염물질을 줄이는 한계비용을 균등하게 만드는 효과가 있다. 이런 효율성이 바로 애초에 이 시장을 만들 때 추구한 목표였다. 공익 목표, 다시 말해 이산화황 오염 감축 목표는 법안에 명시되어 있다. 배출 허용 총량은 1990년의 오염 수준을 기준으로 상한선을 정한다. 이 배출권 시장의 감축량 효과는 스웨덴보다는 좀 적지만, 차이는 별로 크지 않다. 배출권 시장은 높은 유연성을 보여준다. 누구나 배출권을 살 수 있다. 예를 들어 미국폐재단American Lung Foundation은 이 법안에 지정된 상한선을 더 강화할 목적으로 배출권을 사들였다. 그리고 배출권 거래시장은 현물시장이 아니다. 향후 사용을 위한 배출권 거래도 언제든지 가능하다.

그러나 이 시장은 모든 공공개입으로부터 자유롭지는 않다. 이 시장이 성공한 것은 유연성과 유동성 때문만이 아니라 이 시장이 적절한 체계와 규제의 틀 안에서 작동하는 탓이기도 하다. 그 규제기관은 미 환경보호국인데, 배출권 거래를 기록하고 부정행위가 없는지 점검한다. 미국 환경보호국은 시장의 과도한 긴장과 임의적인 변동성을 막기 위해 배출권을 구매하고 경매할 권한이 있다. 또한 배출권 가격을 조작하려는 시도처럼 반경쟁적인 거래를 예방하는 의무와 그에 상응하는 권한도 부여되어 있다. 이것은 모두 이 개정안의 기본 철학과 일맥상통하는 것이다. 다시 말해 적절하게 규정되고 엄격하게 시행되는 규칙을 따르는 효율적인 시장 메커니즘을 폭넓게 이용하는 것이다.

전 지구적 이산화탄소 배출 상한선 설정이라는 야심 찬 계획의 실패

1997년 가을, 거의 모든 유엔 회원국 대표단이 일본 교토로 모여들었다. 그곳에서 1992년에 체결된 유엔기후변화협약UNFCCC: United Nations Framework Convention on Climate Change 당사국총회COP: Conference of the Parties가 개최될 예정이었다. 대표단이 서명해야 할 교토의정서는 선진국(부속협약 B 국가)에는 이산화탄소 배출 감축을 의무화하는 반면, 개발도상국에는 이산화탄소 배출 억제를 위한 자발적인 노력을 촉구했다. 이 차별화된 협약은 개발 필요성의 차이뿐만 아니라 과거 배출에 대한 책임의 차이를 반영한 것이었다.

부속협약 B 국가에는 1990년 배출량을 기준으로 특정 감축률이 부과되었다. 문제는 이산화탄소 배출 감축을 세금을 통해서 할 것인지, 시장을 통해서 할 것인지를 결정하는 일이었다. 다른 말로 하자면 스웨덴 모델을 따르느냐, 미국 모델을 따르느냐 하는 문제였다. 미국 대표단은 상원에서 이 협약을 승인하게 만들려면 미국 모델을 따라야 한다는 점을 분명히 했다. 다시 말해 부속협약 B 국가들끼리 이산화탄소 배출권 시장을 만드는 것이다.

역설적인 점은 미국 상원이 그 어떤 협약도 승인하지 않으리라는 사실을 미 대표단은 처음부터 알고 있었다는 사실이다(미국 헌법에 따르면 모든 국제협약은 상원의 비준이 있어야 한다). 실제로 교토회의가 열리기 한두 달 전인 1997년 7월에 상원의원 로버트 버드Robert Byrd(민주당)와 척 헤이글Chuck Hagel(공화당)이 다음과 같은 내용의 버드-헤이글 결의안을 발의했다.

개발도상국에도 같은 기간 안에 온실가스 배출 감축 목표를 달성하겠다는 계획이 담긴 새로운 공약을 의무화하지 않는 한 1997년 12월 교토에서든 그 이후에든 미국은 1992년 유엔기후변화협약에 따라 부속협약 B 국가에 온실가스 배출 감축에 대한 새로운 공약을 의무화하는 그 어떤 의정서에도 서명할 수 없다.[5]

이 결의안은 95대 0으로 통과되었는데, 의회에서 이런 만장일치는 드문 일이다. 이에 따라 부속협약 B 국가에 이산화탄소 배출 감축을 의무화하는 야심 찬 시장 구상을 담은 교토의정서는 공표되기도 전에 사실상 무용지물이 되었다.

어차피 그 시장은 제대로 작동하지 않았을 것이다. 미국의 이산화황 배출권 거래시장이 성공한 데는 미국 환경보호국의 규제와 안정화 조치가 결정적 요인으로 작용했는데, 교토의정서에는 그에 상응하는 기관이 없었다. 모든 회원국이 자국의 자주권이 침해되는 것을 꺼렸기 때문이다. 유럽 회원국은 정도는 다르지만 교토의정서에 따른 의무 이행을 준수하려고 그 나름대로 애썼다. 예를 들어 유럽연합 배출권 거래시장을 만든 것이다. 그러나 그 어디에도 비할 데 없는 유럽연합의 초국가성에도 이 시장은 제대로 굴러가지 않았고, 대규모 사기와 사이버 절도에 시달렸으며, 무엇보다 배출권 과잉으로 붕괴했다. 실제로 이산화탄소를 다량으로 배출하는 기업들을 달래기 위해 만성적으로 초과 할당이 이루어졌다. 마침내 2008년에 시작된 경제위기가 악화되면서 수요는 전례 없는 수준으로 떨어졌고, 가격은 곤두박질쳤다. 2013년 1월에는 5유로 밑으로 떨어졌다(지난 2년 동안 배출권 거래시장의 기능이 계속 악화되고 있었기 때문에 일회성의 사고가 아니었다). 이는 재앙 수준이다. 애초 구상보다 유럽의 이산화탄소 배출량이 증가해서가 아니라(사실 전 세계적인 이산화탄소 배출량에 비하면 적당한 수준이다) 전 지구적 차원의 이산화탄소 배출권 거래에 대한 전망이 위태로워졌기 때문이다. 비교적 강력한 유럽연합체제에서도 실패했다면 전 지구적 차원의 혼란스러운 체제에서 이 시장이 제대로 돌아가겠는가?

미국에서는 지역 규모의 이산화탄소 배출권 거래시장이 시험적으로 출범되었다. 2005년에 미국 북동부와 동부 연안의 아홉 개 주의 주지사들이 발전소의 이산화탄소 배출 상한을 정하기 위한 수단으로 이산화탄소 배출권 거래시장을 출범시킨 것이다. 첫 3년 동안의 성과는 고무적이었으나(이산화탄소 배출량이 23퍼센트 감소했다) 이후로는 감축률이 떨어졌다. 2012년에는 대상 범위가 늘어난 광범위한 배출권거래제를 관리하기 위해 캘리포니아대기자원위원회California Air Resource Board가 설립되었다. 이 위원회의 제도적 장치는 그 어느 곳보다 일관성 있고 강력하다. 퀘벡도 이에 동참했고, 온타리오는 2017년에 합류하기로 했다.

다시 스웨덴: 선두인가, 독주인가?

스웨덴에서 이산화탄소 배출에 대한 세금은 1991년 27유로로 시작해 1996년 처음으로 40유로로 늘었고, 2004년에는 100유로로 늘었다. 2009년부터는 이산화탄소 배출 1톤당 117유로다(국제경쟁에 노출된 산업은 늘 50퍼센트 할인을 받는다). 이 20년 동안 한 해의 세금 총액(환경세뿐만 아니라 모든 세금 포함)은 국민총생산의 55퍼센트에서 45퍼센트로 줄었다. 이산화탄소 배출에 대한 세금증액을 사전에 고지해 미리 조정할 수 있게 했던 것이다. 세수입을 회복하는 것은 어렵지 않다. 이산화탄소 배출 관련 상품(주로 화석연료)을 다루는 대략 300개의 경제 행위자로부터 세금이 모이기 때문이다.

노르웨이와 네덜란드도 각자 나름대로 스웨덴의 세금모델을 따르고 있고, 덴마크와 핀란드도 약간의 정도 차이는 있지만 이를 따르고 있다. 그런데 대부분의 나라가 봤을 때 스웨덴의 세율은 (감소된 것조차도) 터무니없이 높아 보인다. 그런데도 스웨덴과 그 추종국은 세계에서 가장 효율적이고 개방적이고 번영한 나라로 꼽힌다. 실업률과 공공 부문 적자는 비교적 낮고, 복지 수준은 높다. 전혀 과장하지 않고 말해서 탄소배출에 높은 가격을 매겨도 경제 경쟁력은 위태로워지지 않는 것 같다.

스웨덴에서는 처음에는 탄소세의 분배 효과가 전반적인 세제개혁 안에서 이루어졌고(Sterner, 2011), 그다음에는 토지 이용 변화와 대중교통 재편성에 의해, 그리고 난방에 우드펠릿과 쓰레기 같은 비과세 연료를 이용하도록 장려하는 정책에 의해 이루어졌다. 탄소세는 스웨덴 의회에서 채택한 환경의 질 목표Environmental Quality Objectives를 달성하기 위해 도입된 아주 중요한 경제수단이기는 하지만 유일한 수단은 아니다. 이 목표들은 광범위한 정치적 합의의 결과이고, 따라서 환경 목표를 위한 초당적 위원회All Party Committee on Environmental Objectives의 감독을 받는다. 스웨덴 환경보호국이 책임기관이다. 이 목표에 따르면 2020년까지 온실가스 배출량을 1990년 수준 대비 40퍼센트 감축해야 한다. 2011년까지 16퍼센트를 감축했는데, 대부분의 감축 효과는 2000년 이후에 이루어진 것이었다. 같은 기간(1990~2011년)에 국내총생산은 58퍼센트 늘었다. 2020년까지 난방용 화석연료 사용을 완전 중단하고, 2030년까지 운송수단에 화석연료를 더는 사용하지 않는 것이 목표다.[6] 2050년까지 온실가스 잔여 배출량이 1990년 수준 대비 10퍼센트를 초과해서는 안 된다. 물론 스웨덴이 극적인 환경 목표를 달성하려고 노력하는 유일한 나라는 아니다. 그러나 그런 극적인 목표를 효과적으로 달성하기 위한 궤도에 단호히 몸을 실은 드문 사례에 속한다.

스웨덴은 이산화황과 질소산화물을 비롯해 삶에 직접적인 영향을 미치는 환경오염 요인에 세금을 부과하는 것을 당연하게 여긴다. 그리고 그렇게 함으로써 환경뿐만 아니라 재정균형, 경제효율성, 복지도 크게 향상되었다. 이산화탄소 배출에 대한 세금은 어떨까? 비용절감 효과가 있는 대안과 혁신을 유도하는 한 이 역시 공공재정과 경제효율성에 기여한다. 일부 대안과 혁신이 새로운 시장을 창출할 수도 있다. 그러나 이런 세금은 개인 생활에 불편을 끼치고, 기업활동에 어려움을 야기할 수도 있다(아무리 감세한다 해도 결코 무시할 수 없는 세율이다). 스웨덴은 왜 자국민에게 이런 부담을 줄까? 인구 비율로 볼 때 스웨덴 국민 1인당 미국은 34명, 중국은 148명이라는 사실을 생각하면 스웨덴이 기후를 지키기 위해 무슨 일을 하든 전 세계에 직접적인 도움은 별로 안 되리라는 것을 누구나 알 수 있다. 그런데도 스웨덴이 이런 노력을 기울이는 이유, 다시 말해 그 밑에 깔린 정신은 스웨덴 의회의 결의안에 압축되어 있다.

스웨덴 환경정책의 전반적인 목표는 국경 밖으로 환경과 건강 문제를 증가시키지 않으면서 다음 세대에게 국내 주요 환경 문제를 해결한 사회를 물려주는 것이다.[7]

그러나 기후 문제에 관한 한 스웨덴 아이들과 전 세계 모든 아이들의 미래는 중국과 미국이 하거나 하지 않는 일에 크게 달려 있으며, 스웨덴이 무엇을 하거나 하지 않느냐는 별로 영향을 미치지 않는다. 그러나 미국도 중국도 스웨덴에 필적하는 목표를 세울 것 같지는 않다. 조지 H. W. 부시 대통령이 1992년 리우정상회의에서 "미국의 생활방식은 협상이 불가능하다"고 선언한 데서 짐작할 수 있듯이 말이다. 이 선언은 지금도 많은 미국인의 감정을 대변해준다.[8] 마찬가지로 2007년부터 2010년까지 중국의 기후변화협상 대사였던 유 칭타이Yu Qingtai는 베이징 국제대학원에서 했던 강연에서 이렇게 말했다. "우리는 기후를 지키는 것이 인류 공통의 관심사라는 것을 무턱대고 받아들일 수는 없습니다. 국가적 관심사가 먼저입니다." 그러나 중국에서도 이와 같은 국가적 관심사에 대한 인식이 "인류 공통의 관심사"[9]에 좀더 가까워진 듯하다.

스웨덴은 자신들의 방법이 전적으로 합리적(경제학자들이 좋아하는 좁은 의미에서)이라고 생각하지는 않지만, 너무 늦기 전에 중국과 미국을 비롯한 다른 나라들이 공포에 질려 기존 방식을 근본적으로 바꾸게 될 때 자신들의 경험에서 영감을 얻기를 바란다.

왜곡된 보조금과 투자에서 금융시장에 대한 새로운 관심사로

자연자본 파괴에 자금을 대다

2014년에 국제에너지기구에서 펴낸 「세계 에너지 전망 보고서 2015」에 따르면 화석연료 생산과 소비에 대한 보조금이 약 5,000억 달러에 이른다. 그러나 이 보조금은 감소하는 추세인데, 주로 석유 가격 하락과 연관이 있다. 명시적인 직접보조금에 화석연료 생산과 소비에 따른 외부비용에 상응하는 암묵적인 간접보조금이 더해진다. 따라서 국제통화기금IMF: International Monetary Fund이 추산한 보조금은 이보다 높다(Coady et al., 2015). 같은 해에 재생에너지원에 대한 직접보조금은 약 1,200억 달러였는데, 화석연료가 실제 비용으로 가격이 책정될 경우 없어도 될 금액이다.

화석연료에 대한 보조금은 에너지 효율성을 높이려는 노력을 약화시키고, 환경과 기후에 해로우며, 국가재정을 갉아먹는다. 개발도상국에서 특히 그렇다. 소비보조금은 불균형하게 도시 중산층 주민에게 큰 혜택을 주고, 빈곤가구에는 미미한 혜택밖에 주지 못한다(Sterner, 2011). 물론 빈곤가구가 받는 것은 그들에게 결코 하찮지 않으며, 다른 보상 없이 없앨 수 없다. 인도네시아에서는 2008년부터 국가 예산에서 화석연료 소비에 대한 보조금이 차지하는 비율이 상당히 줄었지만, 인구의 30퍼센트에 해당하는 극빈층에게는 무조건적인 현금 지원을 해왔다.

화석연료 생산과 소비에 대한 보조금이 대부분 낭비고 폐지되어야 할 것이기는 하지만, 설치보조금은 아프리카·아시아·라틴아메리카 여러 지역에서 유용하다는 것이 증명되었다. 문명의 혜택을 제대로 받지 못하는 지역 주민이 더 효율적인 에너지를 이용할 수 있게 뒷받침해준다. 이런 방식으로 시골에 전력 공급을 확대한 칠레는 긍정적인 사례로 자주 언급된다.

선진국은 어디나 쓸데없는 보조금 규모가 상당하다. 그 가운데 가장 왜곡된 사례를 보여주는 게 미국이다. 유럽은 그보다 조금 덜하기는 하지만 에탄올 같은 1세대 바이오연료를 생산하는 데 들어가는 화석연료 양이 이 바이오연료를 이용한 교통수단으로 절약할 수 있는 양보다 더 많은데도 1세대 바이오연료에 과도한 보조금을 지급한다. 게다가 이런 1세대 바이오연료는 식량 생산과 경쟁한다(3장 참조). 대출 특혜와 결합된 수천 억 달러 규모의 보조금이 천연자원과 생태계의 파괴를 돕고 있다. 특히 광산업, 어업(1장 참조), 농업(5장 참조) 분야에 이런 보조금이 지급된다. 해마다 7,000억 달러가 넘는 공공자금이 자연자본을 파괴하는 활동에 투입된다. 게다가 이런 활동의 결과로 생기는 훨씬 더 큰 '외부' 비용도 면제된다.

단순히 보조금 문제가 아니다. 최근에 일부 은행에서 석탄 채굴부터 발전소에서 석탄을 태우는 것에 이르기까지 석탄 중심 사업에 대한 자금 지원을 중단하기로 결정했지만 대출금은 여전히 부족하지 않다. 중국·유럽연합·미국에서는 정부가 이런 대출을 지원하는 경우가 많다. 화석연료, 특히 석탄과 석유의 생산·소비에 대한 직접투자도 부족하지 않다. 은행들은 핵심 생태계를 철저하게 파괴하는 일에도 대규모로 지원한다(이에 대한 놀라운 사례를 보려면 톺아보기 8-1 참조).

국제에너지기구의 「세계 에너지 전망 2016 요약자료World Energy Outlook 2016 Executive Summary」에 따르면 "2000년부터 2015년 사이 공급 총투자액의 70퍼센트 정도가 화석연료에 들어갔다."(p. 2) 국제에너지기구는 2040년까지는 이런 상황이 개선될 것으로 예상한다. "우리 시나리오에 따르면 전 세계 에너지 공급에 필요한 총투자액은 44조 달러에 이르고, 이 가운데 60퍼센트가 석유·가스·석탄 추출과 공급에 들어가고(여기에는 이 연료들을 이용하는 발전소들도 포함된다), 20퍼센트 정도가 재생

에너지에 들어간다." 말할 필요도 없이 이 전망은 파리기후협약에서 정
한 목표와 양립할 수 없다. 이 목표대로라면 기후변화는 실제로 재앙을
맞이하게 된다.

이와 같은 막대한 불균형을 어느 정도 바로잡기 위해서 중앙은행이
온실가스 배출량을 전반적으로 감축하는 데 기여할 프로젝트에 재정
을 지원하기 위해 상업은행이 제공한 대출을 상환하는 특수 절차를 만
들어야 한다는 의견도 있었다(Espagne, Aglietta, Fabert, 2015). 이때 공공

기관이 온실가스 감축을 입증하고 증명할 책임을 맡아야 한다는 것이다. 그리고 그 감축의 가치를 나타내는 인증서를 발행해 중앙은행에 양도하는 것이다. 그러면 중앙은행은 적절한 때에 이 인증서에 해당하는 금액을 국고에서 지급받는다. 이런 작동망의 정당성은 이런 인증서가 '공해public bad'(공익public good의 반대말로서)를 줄이는 데 투자한 기여도의 가치를 나타낸다는 데 있다. 이 경우 대기 중 온실가스 재고량이 바로 '공해'다. 이 메커니즘은 국가가 온실가스 배출, 특히 이산화탄소 배출에 값을 매기고, 점진적으로 그 값을 높이는 유인책으로도 기능할 것이다. 실제로 온실가스를 배출하는 이들이 그 대가를 더 많이 치르게 만들수록 감축 목표를 달성하는 데 드는 비용은 줄어들 것이다.

그러나 아직까지 중앙은행들의 개입은 이루어지지 않고 있다. 이른바 녹색채권이 발행되기는 하지만, 이 녹색채권이 어디에 쓰이는지 확인할 수 있는 체계적인 검증 절차는 없다. 그런데 중국에서 중앙은행인 중국인민은행과 연계해 방금 말한 것과 비슷한 시스템을 만들려는 움직임이 있다. 유럽연합도 이와 비슷한 인증 절차를 계획 중이지만 아직 유럽중앙은행의 협조는 얻지 못하고 있다.

투자철회-투자 운동

금융시장에서는 더 중요한 진전이 있었다. 기후변화 효과 그리고 기후변화를 억제하기 위한 공공정책, 규제 법규, 사법부 결정, 시민운동의 효과에서 비롯된 기후위기에 직면한 투자자들이 변화의 움직임을 보이고 있다. 시장은 자산을 위협하거나 자산을 늘려주는 것에 반응하는 경향이 있다. 이른바 좌초자산(3장 참조)에 대한 경고, 특히 영국 중앙은행인 잉글랜드은행 총재 마크 카니Mark Carney가 금융안정위원회Financial Stability Board 의장으로서 했던 경고가 특별한 반향을 불러일으키고 있다.[10]

최근까지도 대부분의 투자자가 기후위기를 진지하게 고려하지 않고 그냥 무시하는 경우가 많았다. 어떤 위험이 시장에서 광범위하게 평가절하되면 적절한 보상을 받지 못한다. 어쩌다 이 위기를 진지하게 생각하게 된 투자자들은 고탄소 발자국 자산(석탄·석유·시멘트 생산회사)에서 벗어나 탈탄소 자산(재생에너지 공급업체나 에너지 효율적인 제품 생산회사) 쪽으로 자산 구성을 재정비하려고 시도한다. 스탠퍼드대학재단Stanford University Endowment과 록펠러형제재단Rockefeller Brothers Fund 같은 선구자들이 '투자철회-투자 운동'을 촉발했는데, 이 운동은 금세 추진력을 얻었다(톺아보기 8-2 참조).

대부분의 투자자, 특히 자산관리자들은 시장이 기후위기의 요인을 제대로 고려하기 전까지는 재무 수익을 크게 감소시킬 이런 전환을 피했다. 이 투자자들은 재무 수익 감소에 상한선을 두는 조건으로 기후위기를 회피하는 전략을 채택하는 경향이 있다. 스웨덴 자산관리자 마츠 안데르손Mats Andersson과 미국 컬럼비아 대학 경영학 대학원 교수 패트릭 볼턴Patric Bolton은 공동논문 「기후위기 회피하기」Hedging Climate Risks」(Andersson, Bolton, Samama, 2014)에서 재무 수익 손실이 수용 가능한 상한선(일반적으로 1퍼센트 미만)보다 낮아야 하는 제약조건에서 자산 구성의 탈탄소를 어떻게 극대화할 수 있는지, 다시 말해 탄소 발자국을 어떻게 최소화할 수 있는지 설명했다. 그리고 더 나아가 탄소 발자국이 큰 자산을 버리고 수익 면에서 포트폴리오를 다시 최적화할 것을 제안했다.

수많은 투자자가 참조하는 미국의 S&P 500 지수(국제신용평가기관인 미국의 스탠더드 앤 푸어스Standard and Poors에서 작성한 주가지수—옮긴이)나 유럽의 MSCI 지수(모건 스탠리 캐피털 인터내셔널Morgan Stanley Capital International사에서 작성해 발표하는 세계 주가지수—옮긴이) 같은 표준지수는 이런 맥락에서 새로운 지수를 만들어냈다. S&P는 S&P/IFCI 탄소효율지수Carbon Efficient Index를, MSCI는 MSCI 저탄소지수Low Carbon

Index를 만들었다. 이 새로운 지수는 0.8퍼센트 아래로 내려가는 오류(수익 손실)를 계속 점검하면서 60~80퍼센트 수준의 탈탄소화 비율을 제공한다. 이미 석탄자산에서 벌어지고 있듯이 기후위기의 요인이 시장에 제대로 반영되면 이 새로운 지수가 더 나은 결과를 내기 시작할 것이다.

전환을 위한 민간투자와 공공정책의 공조

투자자가 자산 구성을 재정비하면 기후위기의 요인이 시장에 반영되는 정도가 늘어나는 어떤 상황에서도 이윤이 생긴다. 따라서 기후위기에 대한 인식을 높이거나 다양한 형태의 탄소가격제처럼 탄소 함량이나 탄소의 영향에 대해 직접적인 불이익을 주는 공공정책을 통해서도 이득을 얻게 될 것이다. 그렇게 되면 투자자는 기후변화를 억제하고 줄이기 위한 더 야심 찬 정책을 찬성하는 유권자가 될 것이다(이런 유권자들이 계속 늘고 있다). 투자자들은 더 야심 찬 정책을 요구하게 되고, 그런 정책은 투자자들의 자산 선택을 합법화해준다. 그 규모가 커지면 공공자산과 민간자산이 기후 친화적인 동력에 힘을 보태게 될 것이다.

9장

지속 가능한 발전을 위한 글로벌 거버넌스

환경격변과 국제관계

환경보호·경제성장·사회평등이 결합된 지속 가능한 발전은 이제 범지구적인 과제가 되었다. 아직은 일관성도 부족하고 형태도 제각각이지만 의무사항이 된 것은 분명하다. 모든 국제적·국내적·지역적 행위자와 기관들은 적어도 입으로는 그렇게 말한다. 이는 최근에 나타난 현상인 동시에 오래된 역사를 지닌다. 재화와 자원의 생산·소비·분배방식에 대한 비판적인 논의에 깊이 뿌리를 두고 있는데, 이것이 급진적인 논쟁과 패러다임의 근본적인 변화와 새로운 발전모델을 낳았다. 그리고 지시나 처방보다는 신중한 실험과 학습을 강조하는 동시에 분산적이지만 확장성이 있는 조정양식과 더불어 진화해왔다.

지속 가능한 발전 거버넌스는 실재성과 절차성이라는 이중성을 지니고 있다. 실재성은 목소리를 내고 구현하는 급진적인 비판을 통해, 절차성은 수많은 정치·경제·과학 행위자와 기관에게 의미 있는 학습을 통해 만들어진다. 이 절차성은 시간이 흐르면서 지속 가능한 발전 거버넌스를 변화시켜왔다. 지속 가능한 발전은 비판적 성찰뿐만 아니라 해결책 모색도 뜻한다. 집단행동을 위해 조정하고, 제도를 만들고, 범지구적 강령을 수립하고, 그 결과와 과정을 평가하는 것이 이에 해당한다.

환경 문제가 국제무대에 등장한 것은 1960년대 말에서 1970년대 초다. 지역적·국가적 차원의 문제로 여겨졌던 환경 문제가 국제적 차원의 문제로 처음 다뤄지게 된 것은 1972년 스톡홀름회의 때다. 이 회의 때 자본집약적인 농업, 생물종의 멸종, 초국경적인 오염, 천연자원 고갈 같은 문제가 지역적 차원에서 전 지구적 차원의 문제로 다뤄지기 시작 했다.

스톡홀름에서 '환경 아방가르드'라고 일컬어지는 일부 선구자들이 지구의 자원이 무한하지 않다는 사실을 대다수 사람이 받아들이게 만 드는 데 성공했다. 이는 오늘날에도 여전히 국제적 행동과 조정의 기반 이자 정당화의 근거가 되는 기본 원칙이다. 모든 무질서, 부실한 자원 관리 시스템, 오염 행위는 하나의 국제적 집단행동 문제로 귀결된다. 바 로 인류의 무분별한 천연자원 이용이다. 이 문제가 집단적 성격을 지 닌다는 인식이 '글로벌 거버넌스'의 바탕이 되었다. 물론 당시에는 아직 '글로벌 거버넌스'라는 용어로 불리지는 않았다. 국제환경개발연구소 IIED: International Institute for Environment and Development 설립자인 바버 라 워드Barbara Ward와 미생물학자이자 환경운동가였던 르네 뒤보René Dubos가 스톡홀름회의를 위해 준비한 파급력 있는 보고서 「하나뿐인 지구: 작은 행성의 관리와 유지Only One Earth: The Care and Maintenance of a Small Planet」는 제목을 통해 이 새로운 개념을 분명하게 표현해주었 다. 우리가 살아갈 행성이 오직 하나뿐이므로 우리의 생존수단을 지키 기 위해 더 힘을 합쳐야 한다는 메시지를 담고 있었다(Ward, Jackson, Dubos, 1972).

그러나 스톡홀름회의에서 외친 호소가 그에 마땅한 주목을 받기까 지 정확히 20년이 걸렸다. 이 시기는 인플레이션, 국채, 외환위기 등 거 시경제 문제가 중요시되었던 때다. 그리고 마침내 1992년에 리우데자네

이루에서 열린 지구정상회의에서 178개국 대표단과 국가원수 110명이 모여 20년 전에 시작했던 논의를 이어가게 되었다. 이 정상회의는 환경 문제와 지속 가능한 발전 문제를 국제적 차원으로 '제도화'했다. 리우정 상회의는 기후변화협약, 생물다양성협약, 사막화방지협약을 통해 로드 맵의 초안을 제시했다. 리우정상회의 이후 조정의 기본 틀을 만드는 일 이 가속화했다. 주요 다자간 환경협약(정의에 따라 500~700개 정도)이 조 인되었고, 이 협약의 이행 문제를 논의하기 위한 회의와 감시보고서도 급증했다. 정치적 의사결정과 권고안 작성을 뒷받침하기 위해 자원과 환경적 진화를 측정해 모델을 만드는 대규모 연구가 진행되었다.

1989년 베를린 장벽 붕괴와 2001년 9·11 테러 사이에 세계는 과학 과 합리성에 대한 확신이 두드러지는 국제관계의 '황금기', 더 정확히 말 하자면 '황금 휴지기'를 보냈다. 무엇보다도 효과적인 조율을 이끌 협상 규범과 법률에 대한 확신, 다른 말로 다자주의에 대한 확신이 있었다. 이 '황금기' 동안 환경에 관한 주제는 별다른 어려움 없이 세계 곳곳으 로 스며들었다. 조정 관련 주제, 관련 행위자, 모든 수준의 개입에서 그 영향이 나타났다.

스톡홀름회의에서 전 지구적인 문제로 자리 잡은 환경 문제는 리우 정상회의에서 진정한 접점을 찾았다. 리우정상회의에서 환경정책이 본 질적으로 지속 가능한 발전정책이라는 데 합의가 이루어졌고, 오염통 제 이상의 정부 행동이 합법화되었다. 환경정책은 경제모델에 영향을 주 거나 심지어 경제모델을 바꾸기도 하고, 소득 분배를 조정하며, 그에 따 라 승자와 패자를 새롭게 가려낸다. 환경정책이 지니는 이런 일반적인 특성은 리우정상회의 이후 20년 동안 보여주었듯이 환경정책 이행의 핵심적인 어려움이다.

환경 문제가 국제적인 조정이 필요한 집단행동 문제라는 인식이 처음으로 어렴풋이 싹튼 이후로 50여 년이 넘는 세월이 흘렀다. 2015년 파리에서 열린 제21차 유엔기후변화협약 당사국총회에서 온실가스 배출 감축에 대한 진정한 전 지구적 합의를 도출하기까지 이만큼의 시간이 걸렸다. 이 파리기후변화협약은 2021년 1월 1일부터 적용된다. 이와 같은 합의를 이끌어내기까지 이렇게 오랜 시간이 걸렸다는 사실은 그동안 관련 제도와 이니셔티브가 아무리 늘었어도 스톡홀름회의와 리우 정상회의에서 촉구된 변화를 환경 거버넌스를 통해 실현하기가 얼마나 어려운지를 여실히 보여준다. 유엔 주재 덴마크 대사 카르스텐 스타우르Carsten Staur(유엔개발계획 집행의장―옮긴이)가 국제지속가능발전연구소IISD: International Institute for Sustainable Development에서 펴낸 보고서의 머리말에 쓴 글도 이 점을 부각시켜준다. "제도적 성공과 환경파괴의 모순을 어떻게 극복해야 할지 상상이 잘 안 된다."(Najam, Papa, Taiyab, 2006, p. iv) 이 연구보고서의 저자들도 같은 말을 하고 있다.

탄소 배출 증가, 산림 면적 축소, 어획량 감소, 생물다양성 손실이 벌어지고 있는 현실을 생각해보면 전 지구적 환경 거버넌스가 그 규모와 활동 범위는 확대되었지만 지구환경을 실질적으로 개선하거나 지속 가능한 발전을 이루거나 환경파괴 추세를 역전시키는 것과 같은 더 원대한 목표를 달성하는 데는 효과적이지 못했음이 분명하다(p. 14).

그러나 이들은 이 점도 강조했다. "아직도 진화하고 있는 시스템에서

그런 성과를 찾는 것은 너무 이를지도 모르겠다."(같은 책)

전 지구적 환경 거버넌스의 특징인 모순성은 거버넌스의 다음과 같은 이중성 탓이다.

- 다루는 문제가 근본적이고 교차적이며 형태가 다양하다. 전 지구적 환경 거버넌스에 필요한 능력이 반드시 기관과 행위자의 핵심 역량·특권·권한에 달려 있는 것은 아니다. 한편 이 기관과 행위자 사이에는 반드시 조정이 필요하며, 때에 따라서는 새로운 규칙, 새로운 조정방식, 새로운 제도와 규제, 새로운 숙의의 틀을 수반하기도 한다. 그 과정에서 권력게임의 상호작용이 장려되면서 국제체제의 기본 축인 주권국가 간 권력과 이해관계의 균형을 바탕으로 국제관계의 고전적인 모델이 크게 바뀔 가능성도 있다. 이를 위협으로 받아들이는 이들도 있을 것이다.

- 환경 문제는 기존 제도와 틀에서도 다루어진 바 있다. 따라서 이것들을 서서히 바꾸려고 노력하는 동안 그 매너리즘과 태만 속으로 빠지는 것을 피할 수 없다(안보·무역·보건 같은 문제를 다루면서 얻은 효율성을 이용하더라도 말이다). 각 국가는 이 환경 문제가 각국의 관계를 새롭게 변화시키고 주권을 공유하는 방향으로 이끌 것이라는 점을 공식적으로는 인정하면서도 국가의 특권도, 국가가 뒷받침하고 합법화하는 개인적·국가적·다국적 이권을 지키는 것도 포기하지 않았다.

이 두 가지 특성 때문에 전 지구적 환경 거버넌스를 불안정하고 비효율적이라고, 시급한 현안을 제대로 해결하지 못한다고 생각하는 이들이 많다. 그러나 환경 거버넌스가 생긴 지 얼마 되지 않았고 급진적인 개혁 수준의 국제협력이 필요한 일이라는 점을 고려할 때 환경 거버넌스가 한편으로는 실재성과 시급성 사이에서, 다른 한편으로는 의사결정 절차와 그 이행 사이에서 길을 찾아야 하는, 주목할 만하고 그 어디에도 비할 바 없는 학습과정을 밟고 있다고 주장하는 사람도 있을 것이다.

아직도 환경 문제가 현실주의자들에 의해 좌지우지되고 열외로 밀리는 것은 사실이다. 현실주의자들에게 끊임없이 비판받는 것은 말할 것도 없다. 그들에게 환경 문제는 이권이나 권력보다 중요성이 떨어지는 2차적이고 부수적인 문제일 수밖에 없다. 그러나 점점 복잡해지고 세분화되는 체제에서 차별화된 조정방식이 존재한다는 사실만으로도 오로지 권력관계나 경로의존성에만 초점을 맞춘 이론의 타당성에 의문을 제기할 수 있다.

기존 모델의 급진적 과제

환경 문제가 국제적 의제로 인정받게 된 것, 그리고 그 중요성과 압박이 점점 커진 것은 이중역학 덕분이다. 한편에는 2차 세계대전이 끝나면서 탄생한 국제질서에 대한 과학적·경제적 비판과 사회운동이, 다른 한편에는 지금은 '생산지상주의'라고 불리는 경제적 실증주의의 악영향에 대한 인식이 있다. 이 이중역학과 무엇보다 둘의 수렴은 환경 거버넌스 시스템에 대해 많은 것을 말해준다. 그리고 좁은 범위의 전문가만 다루는 문제로 여겨지던 환경 문제가 여전히 고급정책이기는 해도 어떻게 일반적인 관심사가 되었는지도 말해준다.

사회운동

환경 문제는 1960년대와 1970년대에 정치생태학의 힘이 커지면서 거대한 사회운동에 편입되었다. 이 정치생태학은 1961년에 설립된 세계자연기금World Wide Fund(지금은 World Wildlife Fund로 명칭이 바뀜), 1969년에 설립된 지구의 벗Friends of the Earth, 1971년에 설립된 그린피스Greenpeace 같은 국제적인 비정부기구 환경운동단체가 생기면서 큰 반향을 불러일으켰다. 1967년에 일어난 최초의 대형 석유 유출사고(브르통 연안에서 토레이 캐니언 호가 좌초하면서 생긴 사고)와 1969년에 라인 강을 따라 600킬로미터가 넘는 지역이 오염된 라인 강 폐기물 오염사고 같은 주요 환경재해 때문에 물고기 수백만 마리가 죽었고, 이런 사고를 계기로 대중과 정치인들은 환경 문제를 직면해야 할 필요성을 더 크게 자각하게 되었다. 이런 대형사고 말고도 지역 차원의 환경재해가 수없이 많았다.

환경 문제에 관한 논쟁이 등장한 것이 단지 이런 재해들 때문만은 아니다. 1967-1968 운동의 핵심이었던 학생운동은 좌-우나 보수-진보 진영으로 나뉘어 정치화되기 전까지 소비사회에 대한 논쟁이 중요한 부분을 차지한 사회운동이기도 했다. 이 운동의 이념적 토대는 편협한 자연주의자 또는 자연보호주의자 집단이라는 굴레에서 벗어나 환경보호 문제를 선진국뿐만 아니라 여러 개발도상국의 사회적 명분으로 연결시키려는 환경운동가들의 주장과 통했다.

환경의 개념이 더 폭넓게 주목을 끌기 시작했는데, 단순히 자연을 보호해야 한다는 태도에서 인간과 자연의 관계에 대한 더 폭넓은 이해로 바뀌는 변화가 뚜렷하게 나타났다. 그에 따라 반소비주의 가치를 표방하면서 정의·인권·평화를 위해 싸우는 사회운동에 환경의 중요성에 대한 인식이 통합될 수 있게 되었다. 수많은 과학 분야에서 환경 문제가 시급하며 환경 문제를 사회의 핵심적 관심사로 다루어야 한다는 증거를 해를 거듭할수록 점점 더 많이 내놓으면서 이런 인식이 더 힘을 얻게 되었다. 그리고 타성에 젖은 정치적 의사결정 관행에 직면해 많은 과학자가 사회운동에 참여함으로써 과학과 사회운동이 하나로 이어지기 시작했다.

과학적 경고

1962년에 미국의 생물학자이자 자연보호주의자였던 레이첼 카슨Rachel Carson이 『침묵의 봄Silent Spring』이라는 책을 펴내 집약 농업과 화학제품의 대량 사용이 환경, 특히 먹이사슬에 미치는 영향을 세상에 알렸다. 이 책의 제목은 농약 때문에 멸종해서 새들이 울지 않는 봄을 떠올리게 한다. 카슨의 책은 출간되자마자 엄청난 주목을 끌었고, 기존의 자연보호주의자 단체(1892년에 설립된 시에라클럽 같은)와 국립공원 설립(1876년에 설립된 옐로스톤 국립공원과 1890년에 설립된 요세미티 국립공원 같은)과는 별개로 새로운 환경운동을 촉발했다. 『침묵의 봄』이 출간되고 얼마 되지 않아 대통령 직속 과학자문위원회President's Science Advisory Committee(1963)에서 농약 사용에 대한 보고서를 내놓았다. 이 보고서는 화학제품이 농업에 기여하는 바를 강조하기는 했지만, 농약 사용이 인간의 건강에 해로운 영향을 미칠 수 있으므로 농약 사용을 더 통제해야 한다고 지적했다. 이 간결한 보고서는 미국 환경법의 근간이 되었다. 무엇보다도 새로운 기관이 설립된 것이 주목할 만하다. 이 보고서는 결국 1972년에 DDT 사용 금지로 이어졌다.

당시 경제학 분야에서는 불협화음이 점점 커져갔다. 미국의 경제학자 케네스 볼딩Kenneth Boulding(1966)은 지구는 하나뿐이며 한계가 있다는 사실을 역설하고 지구의 유한한 자원을 더 합리적으로 이용할 것을 촉구했다. 1973년에는 미국의 경제학자 허먼 데일리Herman Daly의 책 『안정 상태 경제를 향해Toward a Steady-State Economy』가 출간되었는데, 이 책은 토머스 로버트 맬서스Thomas Robert Malthus(1836)가 창안한 안정 상태 경제 개념을 되살려 긍정적인 의미를 부여했다. 다시 말해 성장이 경제 시스템의 궁극적인 목표가 되어서는 안 된다는 메시지였다. 그사이 생태경제학의 창시자 니콜라스 게오르게스쿠-뢰겐Nicholas Georgescu-Roegen은 엔트로피 법칙을 기반으로, 재생이 불가능할 정도로 자원을 남용하는 것의 위험성을 경고했다. 뢰겐의 책 『엔트로피와 경제The Entropy Law and the Economic Process』(1971)는 고삐 풀린 물질적 경제성장의 한계와 그에 따른 '탈성장degrowth'이라는 개념에 대한 논쟁의 출발점이 되었다. 이 '탈성장'이라는 개념은 게오르게스쿠-뢰겐이 처음 언급하고 옹호한 개념이다.

더 공식적으로는 1970년에 과학자, 경제학자, 국가 공무원, 국제관료들이 모인 싱크탱크 로마클럽Club of Rome의 의뢰로 미국 매사추세츠 공과대학 연구자 데니스 메도즈Dennis Meadows, 도넬라 메도즈Donella Meadows, 외르겐 랜더스Jørgen Randers, 윌리엄 베렌스William Behrens가 보고서(『성장의 한계The Limits to Growth』, 1972)를 작성했다. 경제활동과 인구 성장이 생태계를 위협하는 것을 부각시킨 최초의 주요 연구였다. 이 보고서는 심지어 경제성장이 어느 순간 멈출 수 있다는 가능성을 제시했다. 그리고 인간활동과 환경 사이의 상호작용을 처음으로 시뮬레이션해본 연구였는데, 컴퓨터 기술의 발전 덕분에 가능했던 일이었다. 이 '메도즈 보고서'는 지나치게 단순한 가정을 전제로 하기 때문에 발표되자마자 엄청난 논쟁을 불러일으켰다. 시장경제 국가부터 사회주의 국가와 제3세계 국가에 이르기까지 국적에 상관없이 여러 생산주의자의 따가운 공격과 격렬한 논쟁이 이어졌다. 그럼에도 경제학에서 처음으로 다음과 같은 메시지를 던짐으로써 근본적인 영향을 미친 연구였다. "각성하라! 이 시스템은 무한정 지속될 수 없다. 재생 불가능한 자원을 너무 많이 그리고 너무 빨리 소비하기 때문이며, 환경에 오염물질을 너무 많이 쏟아내기 때문이다."

그 이후 지구·생명과학 분야에서 인간활동·생태계·지구물리학 균형 사이의 상호작용을 보여주는 연구가 발표되었다. 1장에서 살펴보았듯이 여러 분야에서 내놓는 진단은 한목소리로 인간활동이 체계적인 위기를 불러일으키고 있으며 이미 돌이킬 수 없는 변화를 가져왔다고 말하고 있었다. 심지어 노벨화학상 수상자인 파울 크뤼천Paul Crutzen은 인간활동이 물리환경과 생물환경의 진화를 이끄는 인류세라는 새로운 지질시대로 접어들었다고 주장했다.

메도즈 분석은 처음 발표된 이후 수정되었는데, 요한 록스트뢲 연구진(2009)이 이를 주도했다. 이들은 그 선을 넘을 경우 인류에 재앙이 될 수 있는 생물물리학적 한계라는 개념을 내놓았다. 이는 옥스팜의 '도넛' 모델의 바탕이 되는 개념이기도 하다. 이 모델은 물리적 경계에 현대의

사회적 경계 개념을 덧붙여 도넛 모양으로 시각화한 것으로 이 도넛 모양의 띠가 바로 인간이 넘지 않아야 안전한 한계다(Raworth, 2012).

1972년처럼 지금도 과학은 정치적 논쟁의 틀이 되는 개념과 문제를 다루는 데 도움이 될 수단을 계속 내놓고 있다. 예를 들어 유럽연합집행위원회에서 작성한 2020 유럽연합환경행동계획Union Environment Action Programme의 제목 "지구 한계 안에서 잘 살기Living Well, Within the Limits of Our Planet"에서는 메도즈 보고서와 록스트룀 논문의 메아리가 들린다. 40년 전이나 지금이나 비슷한 단어들이 쓰인다는 것은 환경 거버넌스가 계속 쳇바퀴만 도는 사이에 문제가 본질적으로 달라진 것이 없다는 사실을 드러낸다. 환경위기는 여전히 그때와 똑같이 다급히 행동을 촉구하고 있다. 1990년대 '황금 휴지기' 때처럼 지금의 국제 거버넌스에서 긍정적인 순환이 나타나기는 해도 지금의 상황은 메도즈 보고서가 작성되었을 당시의 상황과 비할 바가 못 된다. 환경 문제에 대한 지식의 정확성은 더 날카롭고 깊어졌지만, 이는 과학 발전 덕분일 뿐만 아니라 환경 문제가 늘어나고 그 규모 또한 커졌기 때문이기도 하다.

무역 자유화는 개발도상국, 특히 신흥국이 선진국을 따라잡는 데 도움을 주었다. 이 '따라잡기'는 세기 전환기 동안 계속 가속화했는데, 가장 주목할 사례는 중국이 세계무역기구에 가입한 일이다. 이와 같은 세계화 흐름에 따라 국가 간 국내총생산의 격차가 줄어드는 현상이 가속화되긴 했지만, 그 바탕에는 집중적인 천연자원 이용이 있었고, 그에 따라 지구에는 해를 끼치는 결과를 낳았다. 사실 그동안 환경위기에 대한 자각은 높아졌지만, 천연자원 파괴 추세는 오히려 가속화했다. 더 중요한 사실은 천연자원 파괴를 성장의 필요조건으로 여기는 이가 과거는 물론 지금도 여전히 많다는 점이다.

경제성장과 환경보호가 양립 가능하다고 생각하는 이들이 등장하고 있지만, 세기 전환기 이후 프레온가스와 이산화황 배출 감축 사례라든지(Antweiler, Copeland, Taylor, 2001), 2009년 이후로 탈탄소 경제성장을 추진하는 나라가 많아지는 사례 같은 변화의 추진력을 얻으려면 경험적인 증거가 더 필요하다.

지속 가능한 발전의 글로벌 거버넌스는 여러 압박의 중심에 있다. 지속 가능한 경제발전으로 전환하는 것을 이끄는 일은 그 일을 수행해야 하는 기관에는 낯선 급진적인 프로젝트다.

집단행동이 필요하다

환경 문제가 지구공학, 생물다양성, 천연자원, 환경오염 등 모든 요소에서 전 지구적인 문제이자 국제적인 집단행동이 필요한 문제라고 할 때 환경위기를 감지하고 평가하고 처리할 방법에 대해 합의를 도출하는 것이 핵심이다. 그리고 장기적으로는 지속 가능한 환경, 평등한 사회, 존립 가능한 경제를 실현할 수 있는 생산·변환·교환·소비 모델을 어떻게 고안하고 검증하느냐가 핵심 문제다.

네 번의 세계화 물결을 거치면서 더 상호의존적이 된 현대사회는 환경 집단행동의 실재적·내재적 문제와는 별개로 그 구조상 필연적으로 국제적 조정 문제가 생길 수밖에 없다. 지금의 세계화 환경은 시간이 흐르면서 상품·서비스·자본 교역 때문에 도입된 규칙·원칙·법률이 작동하고 권력관계 변화가 수반된 특수한 환경이다. 전 지구적 환경 거버넌스를 설계하려면 이런 맥락을 고려해야 한다. 환경 집단행동은 기존의 집단행동 구조에서 맨 꼭대기에 있으며, 좀더 효율성을 높이기 위해서는 기존 시스템의 개혁이 필요한 상태다. 지속 가능한 발전이라는 급진적인 프로젝트는 실제로 기관의 저항으로 제한받는 '메타 집단행동' 문제를 불러일으킨다.

그 밖에 국가 자체의 저항도 있다. 전 지구적인 문제를 처리하려면 정부 간 협력이 필요하지만, 이런 문제는 사실상 이들 정부의 능력을 초월하며, 잘 정립되고 익숙한 역량 분야에서만 처리할 수 있다. 이런 근본적인 모순 때문에 지난 40년 동안 정부 간 협상이 왜곡되었다. 다시 말해 정부에 익숙한 정치권·경제권으로부터 비롯되는 국익과 국력의 결합이 공유재를 위한 행동을 제한하고 방해하는 것이다.

1992년에 리우정상회의에서 처음으로 세계환경기구WEO: World Environment Organization 창설을 진지하게 논의한 후로 지금까지도 실현이 안 되고 있는 것은 국가들이 협상 우위와 주권에 제한받고 싶어하지 않는 저항의 증거로 볼 수 있다. 이런 기구의 창설을 비판하는 이들은 이런 기구가 쓸데없는 메타조정 단계를 만들 뿐이라고 말한다. 그러나 그런 비판의 행간에서 여러 유능한 조직체와 체제의 작업을 하나로 모을 수 있는 보편적 기구에 대한 암묵적 두려움을 엿볼 수 있다. 특히 이 보편적 기구가 특수한 국익을 초월하는 집단행동이라는 이름 아래 강대국의 경제적·전략적 이익의 협상 우위를 드러내고 축소시킬 수 있기 때문에 두려운 것이다.

그 누구한테도 해를 끼치지 않으면서 모두를 만족시키는 '파레토 개선pareto-improving'(어느 누구에게도 손해를 끼치지 않으면서 최소한 한 사람 이상이 이득을 얻도록 자원배분 상태를 바꾸는 것—옮긴이)으로 이어지지 않는 한 환경 문제에 대한 국가 간 협력은 결코 쉬운 일이 아니다. 국가들이 왜 협력하고 싶어하겠는가? 어떤 명분으로, 누구를 위해, 무슨 이유로 그렇게 하겠는가? 전통적인 국제관계 이론에 비추어보면 국가는 국제체제를 이루는 권력 간의 균형이나 불균형에 등 떠밀려 어쩔 수 없을 때만 협조한다. 따라서 헤게모니를 쥔 국가가 대의명분을 내세워 비판적인 국가들을 결집하고, 환경 문제를 국가안보와 국가이익의 문제로 보게 만들 때 그런 협조를 끌어낼 수 있는 것이다. 그런 다음 공익을 대변하는 이 아이디어를 국제적 차원에서 이행하게 만들어야 한다. 1848년에 미국과 영국이 아바나에서 열린 유엔무역고용회의Conference on Trade and Employment(아바나회의)에서 관세와 무역에 관한 일반협정을 발의하고 나중에 결국 협정 체결을 성공시킨 사례처럼 말이다. 염화불화탄소(프레온가스) 사례(톺아보기 9-1 참조)를 빼면 오늘날 환경보전을 위해 그만한 성과를 낼 수 있는 권력이나 권력집단이 과연 있을지 의문이다.

설사 합리적인 근거를 바탕으로 한 것이라 해도 '하나의 공익 비전'을 강요하는 일종의 독재체제(로마시대의 독재 같은)도 바람직하지 않고, 국가 간의 끊임없는 알력과 경쟁에 좌우되지 않는 전 지구적 권한을 지닌 체제도 현실성이 없다. 환경 문제를 해결하는 데 필요한 집단행동은 여전히 국가의 손아귀에 놀아나는 인형처럼 보인다. 다시 말해 국가들에 의해 인가되고 만들어지는 동시에 국가들에 의해 행동의 제약을 받고 힘이 약화된다. 그러나 전 지구적 환경 거버넌스는 국가 주권을 무력하게 만드는 것이 아니라 주권의 의미를 재정의하고 재확인하며, 필요할

톺아보기 9-1 헤게모니와 협력: 염화불화탄소 사례

몬트리올의정서 사례는 특수한 조건에서 지배적인 행위자가 주도하는 행동모델이 가능하고 효율적일 수 있다는 것을 보여준다. 1987년에 체결된 몬트리올의정서는 염화불화탄소 같은 오존파괴의 원인물질을 단계적으로 없애기 위한 것이었다. 몬트리올의정서를 발의하고 모든 국가가 이 의정서를 체결하게 만드는 데 미국이 핵심적인 역할을 했다. 미국 정부는 국내 화학산업의 재정 지원을 받고 있었다. 미국의 화학산업은 이 규제의 적용을 받지 않는 나라의 회사들과 경쟁에서 뒤처질까 우려했다. 그런데 염화불화탄소 사용을 단계적으로 폐지한다는 이 국제조약은 모든 나라에 같은 기준을 적용하는 것이었다. 어떤 의미에서는 이미 염화불화탄소 대체물을 찾은 미국 회사들에 이득이 될 수도 있는 일이었다(Morrisette, 1989).

특정한 문제에 한정된 협정인 몬트리올의정서는 환경 문제에 대한 국제협상의 역사에서 신속하고 효율적인 협정의 전형을 보여준다. 최대 강점은 유연성인데, 그 덕분에 새로운 과학 정보를 신속하게 통합할 수 있었다. 이 협정의 모든 이해 당사자는 과학·환경·경제 분야의 협의체를 만들기로 합의했고, 각 협의체의 새로운 성과를 반영해 협정 조항을 정기적으로 검토하기로 약속했다.

경우 약간의 구속력을 지닌 법적 합의에 따른 권력위임을 통해 새로운 영역으로 확장할 수 있는 기회를 나타낸다.

그러나 국가가 국가의 권한을 행사해 과학 공동체, 정치적 대표자, 기업, 사회단체가 환경 문제에 관여하는 것을 제한하기는 쉽지 않다. 중국의 사례는 이를 뚜렷하게 보여준다. 중국 대도시 시민이 대기질에 대한 정보를 실시간으로 확인할 수 있게 된 후로 중국 정부는 석탄 사용을 점진적으로 폐지하는 것, 그럼으로써 전기를 생산하는 과정에서 발생하는 탄소 배출을 감축하는 것을 검토하고 있다. 10년 전만 해도 그 누구도 예상하지 못했던 일이다.

기존의 협력체제, 특히 경제협력체제를 배제한다면 집단적 환경행동의 중요한 쟁점은 악화·고갈·멸종위기에 직면한 자원을 보전하기 위한 국제협력의 강력한 근거가 될 수 있다. 그 전제조건은 개럿 하딘Garrett Hardin의 설명대로 공유지의 비극을 극복하는 일이다.

> 거기에 비극이 존재한다. 각 개인은 제한된 세계에서 자신의 무리를 무한히 늘리도록 강요하는 시스템에 갇혀 있다. 공유지의 자유를 믿는 사회에서 각자 최대 이익을 추구하면서 모두가 하나의 목표를 향해 달려가고 있다는 데 재앙의 근원이 있다. 공유 속의 자유가 모두를 파멸로 이끈다 (Garrett Hardin, 1968, p. 1244).

천연자원의 관리 부실과 실패는 즉각적인 사익 추구에서 그 원인을 찾을 수 있다. 이는 제한된 공공재를 장기적으로 사용하는 것을 위태롭게 만든다(예를 들어 어장에서 마지막 물고기를 잡겠다고 미친 듯이 달려드는 것과 같다). 하딘은 이 비극을 극복하기 위해 두 가지 해결책을 제시하는데, 민영화라는 유인책을 써서 소유자가 더 합리적으로 관리하게 만들거나 국영화해서 공익을 근거로 국가가 자원에 대한 접근을 규제하는 것이다.

엘리너 오스트롬Elinor Ostrom(1990)은 수많은 경험연구를 바탕으로 쓴 책에서 제3의 방법을 제시했다. 지역사회가 사회규범과 제도적 장치를 통해 공공재를 관리하는 것이다. 그러나 집단행동 이론을 연구하는 학자들이 공유자원의 집단적 관리에 대한 자료를 제시하기는 했지만 이는 대부분 지역 차원의 공유자원에 해당된다. 이 공유자원 관리에 적합한 제도를 만들 수 있었던 것은 이해 당사자의 수가 제한되어 있기 때문이다. 지역 차원의 공유자원을 전 지구적 차원의 환경공공재로 전환할 수 있다는 오스트롬의 가정은 아직 만족스러운 증거를 제시하지 못했다. 그 이유는 두 가지다. 첫째, 전 지구적 공유자원은 그 정의에 따르면 지구에 사는 누구나 쓸 수 있는 것이고, 따라서 소유권과 책임소재를 명확하게 규정하기가 불가능할 뿐만 아니라 특정인이 그것을 소비하거나 사용하거나 이윤을 추구하는 행위를 막는 것도 쉽지 않다. 많은 사례가 있는데, 국제수역의 어류자원이나 이산화탄소를 흡수하는 기후조절장치라 할 수 있는 숲이 그 예다. 이런 배제성 부족 때문에 오스트롬이 주장하는 공동책임이나 공동관리 이행이 어렵다. 이런 공동관리를 하려면 무임승차 태도를 취하는 사람들을 배제할 필요가 있기 때문이다. 둘째, 전 지구적 차원의 환경공공재에 필요한 집단행동 규칙을 고안하고 시행할 제도적 장치는 아직도 구축 단계에 있다. 따라서 공유자원에 대한 책임을 '공유'하는 이해 당사자가 정해지지 않았다.

'하딘-오스트롬' 가설은 권력관계의 패턴과 환경 문제의 사회적 양상에서 벗어나기는 해도 국제적 차원의 조정과정을 촉진해준다. 이와 같은 국제적 집단행동 구축은 암묵적이든 명시적이든 간에 '죄수의 딜레마'(격리된 두 공범이 상대방을 배신하고 자백해서 감형을 받을지 상대방을 믿고 입을 다물지 고민하는 상황으로 협력이냐 비협력이냐의 딜레마―옮긴이)를 줄일 수 있는 가능성, 다시 말해 개인의 상이한 이해관계 대립이 협상을 통해 제재-보상 시스템을 정교화한다고 해서 반드시 그 집단에게 최선인 결과를 낳지 않는 상황을 줄일 수 있는 가능성에 바탕을 두고 있다. 죄수의 딜레마는 집단행동 구성원 사이에 신뢰와 충실의 중요성도 부각시킨다. 정기적인 협상(예를 들어 기후나 생물다양성 주제로 이해 당사자들이 모여서 하는 국제회의)과 여러 실무단이나 전문가 위원회의 활동이 국가 간 신뢰도와 협상 태도에 대한 예측 가능성을 높여주는 이유가 바로 여기에 있다. 죄수의 딜레마를 해결함으로써 '파레토 개선' 효과를 달성하지는 못하더라도 말이다.

물론 이런 반복적인 절차는 진행이 느리고 그렇게 대단한 결과를 이끌어내지 못하기 때문에 쓸데없어 보일 때가 많다. 그러나 집단행동 이면의 합리성을 건설적으로 평가하는 것은 불확실한 결과를 위한 값비싼 대가가 아니라 공동의 비전과 체제를 만들기 위해 일차적으로 필요한 단계다. 이런 장기적인 절차는 서로 간에 신뢰를 심어주고, 지식 공유를 통해 이해관계에 대한 인식을 바꿔준다. 우선권 주기와 권력 게임 사이에는 상호작용이 존재하기 마련이다. 다시 말해 거버넌스는 어느 쪽에서 바라보든 항상 얼굴을 찡그리고 있는 것처럼 보이는 두 얼굴의 야누스 같다.

차별화된 조정방식

'지구공공재'(인류의 공동자산인 지구환경—옮긴이) 관련 집단행동을 단순화하면 세 가지 유형으로 나눌 수 있다. 바로 국제기구, 다자간 협정, 비정부기구 네트워크다. 이들이 등장한 시점은 다르다. 이 세 유형의 집단행동이 지금까지 존속하고 공존하는 것은 아이디어의 발전과 관련이 있지만, 더 나은 결과를 모색하는 과정을 반영하기도 한다. 다시 말해 하나의 방식이 비효율적으로 드러나면 다른 새로운 방식을 도입한 것으로 보인다. 이런 시행착오과정은 환경 거버넌스의 전형적인 특성이다.

국제기구 창설

1972년 6월 16일 스톡홀름에서 열린 유엔인간환경회의는 "인간을 둘러싼 환경을 보전하고 개선하도록 전 세계인을 고취하고 이끌기 위해 공동의 전망과 원칙을 만들 필요성"을 강조했다(p. 1). 그리고 4년의 준비기간 끝에 이 회의에서 논의된 모델에 따라 환경전문 국제기구인 유엔환경계획이 탄생했다.

그러나 유엔환경계획이 국제무대에서 환경 문제를 제대로 관철시키지 못하자 1970년대 말에 새로운 형태의 국가 간 협의체가 등장했다. 주권국가의 대표단이 모여 환경 문제를 규정하고 해결책을 제시하는 전문 국제기구를 창설하는 것이 아니라 주권국가 간의 즉석 협상과 합의에 초점을 둔 것이었다. 이런 경향은 국제정세에서 미국의 주도권이 점차 약해지면서 더 가속화했다. 이렇게 미국의 주도권이 약해지면서 다자간 균형체제(10장 참조)가 새롭게 등장했고, 각국에서 환경부가 만들어지면서 국가정책 의제의 영향력이 점점 커졌다. 1971년부터 1975년 사이에 경제협력개발기구OECD: Organisation for Economic Co-operation and Development 회원국에서 31개의 주요 환경법이 가결되었다(1956년부터 1970년 사이에 가결된 법안 수에 맞먹는다). 이런 움직임이 국제협력에 걸림돌이 될 수도 있지만, 국가 행위자와 이니셔티브가 생긴다는 것은 환경 문제가 국가정책에 편입되는 증거이기도 하다. 오늘날 환경 문제 전담기관이 없는 중앙정부나 지방정부는 상상할 수 없을 것이다.

주권국가 간 협정을 선호하다

1990년에 미국의 정치학자 로버트 코헤인은 다자주의를 "3개국 이상 국가가 함께 국가정책을 조정하는 것"(1990, p. 731)이라고 정의했다. 나중에 또 다른 정치학자 제임스 카포라소James Caporaso는 좀더 엄밀한 원칙을 추가해 다자주의에 대한 정의를 이렇게 수정했다. "조직 원칙으로서 다자주의 제도는 불가분성, 일반화된 행위 원칙, 포괄적 상호성이라는 세 가지 특성에 의해 다른 제도와 구별된다."(1992, p. 1)

다자간 환경협정을 만들자는 아이디어는 1992년 리우정상회의 때 세 가지 주요 협약 설립으로 결실을 맺었다. 정상회의 이후로 국제 거버넌스 구상이 발전하면서 전 지구적 차원의 문제를 해결하기 위해 상호주의 원칙과 협상에 따라 특정 형태의 일방적인 주권을 양보시키는 데 성공했다. 지구공공재를 공급하고 보전하기 위해 각 국가는 상부기구의 요구를 따라야 하는 것이다.

그와 같은 협정의 이행조건을 엄밀하게 분석한 학술 문헌에 따르면 최상의 성과를 내는 환경협약은 각국의 경제발전에 미치는 영향력이 제한되어 있고, 특수한 대상에 국한되어 있다. 멸종위기에 처한 야생동식물의 국제거래에 관한 협약CITES: Convention on International Trade in Endangered Species of Wild Fauna and Flora이나 이동성 야생동물종의 보전에 관한 본 협약Bonn Convention on the Conservation of Migratory Species of Wild Animals이 그런 경우다. 그런 환경협약과 연관된 경제적·사회적 쟁점이 취약하기 때문에 가장 성과가 좋은 전 지구적 환경협약은 엄밀하게 말해서 지속 가능한 발전협약이 아니다. 스콧 배럿Scott Barrett에 따르면 환경협정은 "깊되 좁거나 넓되 얕아야"(1994, p. 2) 한다. 이는 국제협정의 형식과 내용 사이에, 더 정확하게 말하자면 그 범위와 깊이 사이에, 불가피한 힘의 균형이, 때로는 심지어 갈등이 있다는 것을 보여준다(2005).

앞서 말했듯이 거시경제적인 사안들 때문에 스톡홀름회의 때 논의된 사항을 구체화하는 일이 늦춰졌다. 2001년 9·11 테러 이후에 국제적 의제에서 전통적인 외교정책 사안(예를 들어 경제적 이해관계와 안보 같은)이 부각되면서 환경협정은 힘을 잃었고, 환경 문제를 해결하기 위한 외교활동도 끝이 났다. 9·11 테러는 국제관계에 대한 미국의 인식에 엄청난 변화를 불러일으켰다. 다자주의 협상 절차에서 강력한 정치적 리더십을 발휘했던 미국(빌 클린턴의 '민주주의 확산' 정책 참조)은 이제 안보를 최우선으로 삼았다.

제2 부시 행정부는 보편적 약속보다 사안별 약속을 원칙으로 하는 선별적 다자주의 개념을 발전시켰다. 그리고 그렇게 함으로써 특수 목적에 따라 '자발적인 연합'을 결집시켰다.

부시 행정부의 국제협력 규범과 제도 회피는 특히 전 지구적 차원 파괴를 막고 지속 가능한 미래를 만들기 위해 지구공공재를 관리하고자 하는 다자간 노력에 협조하기를 거부하는 것을 포함했다. 2001년 3월, 조지 W. 부시 대통령은 교토의정서는 "죽었다"고 선언함으로써 이 조약을 완전히 철회하겠다는 결정을 밝혔다(미국은 주요 이산화탄소 배출국 가운데 유일하게 교토의정서를 거부한 나라다)(Powell, 2003).

이제 힘의 균형을 바탕으로 하는 전통적인 국제관계론이 전면에 등장했다. 그에 따라 국익이 최우선되었고, 지구공공재(Kaul, Grunberg, Sten, 1999) 개념에 뿌리를 둔 글로벌 거버넌스 프로젝트(1999년 유엔개발계획에서 이론화)는 뒷전으로 밀려났다. 이른바 '현실주의자의 반격'이었는데, 사실 부시 행정부만의 얘기는 아니었다(Lerin & Tubiana, 2005). 1997년 교토회의가 열리기 몇 달 전, 미국 상원의원들이 개발도상국에는 온실가스 배출 감축을 면제해주고 선진국에만 온실가스 배출 감축을 요구하는 조약은 절대 비준할 수 없다는 결의안을 통과시켰을 때 이미 협상국들은 현실주의 원칙을 떠올렸다.

이와 같은 미국의 태도 변화로 국제조정 관심사는 역사적으로 주요 관심사였던 안보 문제로, 운영방식은 헤게모니에 의해 목표와 의제를 설정하는 방식으로 회귀했다.

따라서 새로 출범한 미국 행정부는 2002년 요하네스버그에서 열린 지속가능발전 세계정상회의World Summit on Sustainable Development 의제를 재설정하는 데 아주 적극적이었다. 그 결과, 본래는 지난 10년 동안 환경

협정 분야에서 집중적으로 쏟아부은 노력의 진전을 평가하고 야심 차게 새로운 국제조정 단계를 설정할 계획이었으나, 지속 가능한 발전을 지지하는 자발적인 민간·공공 이니셔티브를 발굴하는 데 그치고 말았다. 그래서 결국에는 빈곤 완화와 생물다양성 보호에 초점을 맞추어 리우정상회의 때보다 구속력이 덜한 목표가 세워졌다(Lerin & Tubiana, 2005, p. 81).

정부 간 협정의 효력 약화와 비정부 행위자의 부상

요하네스버그에서 열린 지속가능발전 세계정상회의는 "환경이 전 지구적으로 중요한 사안이 되고, 그와 더불어 필연적으로 발전 문제와 연계되었던 10년이 끝났음을 알렸고, 전 세계 비정부기구들이 환경 거버넌스에서 더 적극적으로 참여하도록 북돋웠다."(Jasanoff & Martello, 2004, p. 10) 요하네스버그 세계정상회의는 2001년 도하에서 열린 제4차 세계무역기구 각료회의WTO Ministerial Conference 논의 결과를 그대로 채택했는데, 이는 곧 국제무역 자유화가 지속 가능한 발전을 이룰 수단이라는 천명이었다. 이 회의에서 민간 부문·정부·비정부기구·유엔기구의 협력이 지속 가능한 발전 목표를 이행하는 데 핵심적인 역할을 한다는 사실이 인정되기도 했다. 개발협력 담당 독일 대사 이나 폰 프란치우스 Ina von Frantzius의 말을 빌리자면 "시민사회·기업가·정부 관계자 간의 자발적이고 비강제적인 협력관계는 대개 소규모로 지속 가능성 관련 프로젝트를 진행하는 과정에서 나타나는데, 아주 다른 종류의 글로벌 거버넌스를 보여준다. 지금까지 전 지구적 환경 거버넌스의 지배적 모델이었던 국제조약체제와 비교했을 때 훨씬 더 분권화되고 덜 정부 주도적인 방식이다."(von Frantzius, 2004, p. 17) 따라서 요하네스버그 세계정상회의에서 합의된 목표는 국가 간 협정은 비효율적이며 그보다는 비정부 행위자들이 발의한 자발적인 접근법을 장려해야 한다는 생각을 뒷받침하는 것이었다.

10년 뒤 리우+20정상회의에서 이 접근법에 대한 평가가 이루어졌는데, 그 결과는 불확실 그 이상이었다(Ramstein, 2012). 국제연합 회원국들의 자발적 공약은 여러 한계에 부딪힌 것으로 보였다(톺아보기 9-2 참조). 유연하고 구속력 없는 체제에서 여러 당사자들의 자발적인 참여를 바탕으로 하는 '긍정적인' 지속 가능 발전 의제는 이전의 정부 간 협정이 직면했던 것과 똑같은 어려움에 부딪혔다. 바로 낮은 수준의 목표·이행·평가의 문제였다.

2013년 7월 1일, 유엔경제사회사무국은 리우+20정상회의 이후로 등록된 지속 가능한 개발을 위한 파트너십과 이니셔티브에 관한 특별보고서를 발표했다. 이 보고서에 따르면 이 복합적인 행위자들의 기여 가치가 총 6,000억 달러에 이르는 것으로 추산되었다. 공약 분야도 다양했다. 대부분 교육이었는데(328개 이니셔티브), 빈곤 완화도 있었고(304개), 모자 보건(154개), 에너지 접근성(140개), 지구환경기금GEF: Global Environment Facility(12개) 등이 있었다. 이 보고서는 이런 기여를 환영하는 한편, 이런 기여는 각 정부의 공약 이행을 보완할 수 있을 뿐이라는 사실을 환기시키기도 했다(UN Department of Economic and Social Affairs, 2013).

톺아보기 9-2 자발적 공약의 영예와 고난

리우+20정상회의의 자발적 공약은 이 회의의 핵심 유산이었다. 그 밖에는 낮은 수준의 목표와 공식적인 성과 부족으로 비판받았다. 지속 가능한 노력을 강화하기 위한 국제회의에 보완수단으로 제시된 이 공약은 정부에 국한하지 않고 광범위한 이해 당사자들을 더 적극적이고 더 폭넓게 참여시키기 위한 것이었다. 지속 가능한 전략과 정책을 시행하는 데 필요한 재정을 더 많이 동원하고자 하는 목적도 있었다.

그러나 그 자발적 공약이 과연 제대로 이행될 수 있겠는가 하는 의구심은 남는다. 목표 수준은 어느 정도인가? 어떻게 선별되었는가? 타당성과 실행 가능성은 적절하게 평가되었는가? 이 공약을 제대로 지키는지 어떻게 감시하고 증명할 것인가? 법적 구속력이 없으니까 각 정부가 책임과 더 엄격한 규제를 피하기 위해 이 공약을 이용하는 것은 아닐까?

리우+20정상회의 최종 성명에 따르면 이 공약이 지켜지게 만드는 첫걸음은 자발적인 공약과 비자발적인 공약을 전 지구적 시스템에 등록하는 것이다. 이 등록 시스템은 국제회의 안팎으로 이 공약을 상기시켜주는 역할을 하는데, 정기적이고 견고하고 실용적인 선별과 검토 절차가 기반이 되어야 한다. 그리고 다양한 유형의 행위자로 구성된 주제별 자문위원회를 설립해 특정 분야의 공통 지표와 진전을 평가할 수 있을 것이다. 이 등록 시스템을 투명하게 운영하고 누구나 열람 가능하게 한다면 아래로부터 책임의식이 생길 것이고, 이는 공약의 진실성을 확보해줄 뿐만 아니라 '위장환경주의'도 예방해줄 것이다(Ramstein, 2012).

점점 더 복잡해지는 협력체제

이번 장에서 전 지구적 환경 거버넌스가 고유한 학습과정을 밟는 특수성이 있다는 사실을 강조한 바 있다. 이번 절에서는 이런 특수성에서 비롯되는 결과를 더 자세하게 알아보겠다. 극소수의 예외(유엔지속가능발전위원회Commission on Sustainable Development가 고위급 정치 포럼으로 대체된 사례)를 빼면 시행착오를 거듭한다고 해서 그 기관이 반드시 폐지되지는 않으며, 그보다 다른 층위의 기관과 중첩되거나 통합되는 경향이 있다. 실제로는 그 어떤 것도 사라지지 않는다. 그 대신 새로운 이니셔티브가 등장해 기존의 것에 덧붙여지면서 협력의 과부하를 초래한다.

지난 40년 동안 환경 관련 국제행동 분야에 등장한 여러 조정모델은 기존의 것을 대체하지 않았다. 그보다는 이 모델들이 서로 공존하면서 정부·기업·비정부기구·과학 공동체·하위 정부기관 같은 다양한 행위자들이 각자의 전략적 요건이나 신념, 타당성, 효율성에 대한 판단에 따라 이 플랫폼을 이용한다. 조정체제는 시간이 흐르면서 점점 더 복잡해지고 상호의존적이 되었다. 이런 복잡성과 상호의존성은 두 가지 요인에서 비롯된다. 환경 문제와 인간활동 사이의 상호작용에 대한 이해가 높아진 것과 이 문제에 관심을 갖는 행위자가 늘어난 것이다. 이런 관심은 환경 문제와 인간활동 사이의 상호작용이 미치는 영향을 깨닫는 것으로 나타날 수도 있고, 해결책을 모색하는 과정에 참여하는 것일 수도 있다.

이를 잘 보여주는 사례가 하나 있다. 오염, 자원 고갈, 생태계 돌연변이 같은 해양생태계 파괴 분석과 관리에 참여하는 공동체가 특수한 방식으로 조직화되어 독자적인 해양보호체제를 구축했다. 탄소 순환의 상호작용과 탄소 순환이 해양 산성화에 미치는 영향 때문에 이 공동체들은 이 상호작용에 대처할 수밖에 없었고, 다양한 형태로 나타나는 기후변화를 다루는 하나의 시스템을 만들게 되었다. 지구온난화 문제를 개별적으로 다루게 되면 해양생태계에 미치는 부정적인 영향이 완전히 무시될 수 있다. 기후변화를 막기 위해 바다의 탄소 포획을 높이고자 했던 일부 지구공학적 해결책이 무시된 것처럼 말이다.

과학 지식: 국제조정을 위한 주춧돌

이미 앞에서 여러 번 살펴봤듯이 과학연구가 환경위기에 대한 국제 공동체의 대응과 조직 형성을 이끈 바 있다. 따라서 과학은 환경을 위한 행동을 이끄는 가장 중요한 원동력으로 꼽힌다.

환경오염과 기후변화를 평가하고 권고안을 제시하거나 평가방법에 대한 합의점을 찾기 위해 협상 당사자들에게 강력한 지식이 필요하다는 것은 당연하다. 이 지식을 바탕으로 협상 당사자들은 의제를 정하고, 절충안을 만들고, 비준하고, 통제 시스템을 구축할 수 있다. 계획과 정책을 설정하는 전 과정에서 이해 당사자들의 '비준'을 받느냐 못 받느냐가 문제되는 경우가 많기 때문에 과학 지식 생산에 대한 조정의 필요성이 커지고 있다. 이 생산 형태는 다양하다. 기후변화에 관한 정부 간 협의체 같은 지식 공동체부터 어느 정도 정식화되고 일관성이 있으며 호환되는 네트워크까지 있다. 우리의 경제 시스템이 초래하는 환경파괴에 대해 각 사회와 의사결정자에게 경종을 울리는 협의체·과학기관·환경잡지·보고서·여러 학회의 평가 결과가 늘고 있다. 2005년에 발간된 유엔새천년생태계평가MA: Millenium Ecosystem Assessment가 그 예다.[1] 새천년생태계평가는 전 세계 1,360명의 전문가들이 참여한 결과물이다. 주요 결론은 이렇다. "인간은 지난 50년 동안 인류사에서 그 어느 때보다도 급속하고 광범위하게 생태계를 변화시켜왔으며, 그 목적은 주로 식량·담수·목재·의복·연료에 대한 수요 급증을 해결하기 위해서였다. 그 결과 지구 생명체의 다양성이 실질적으로 그리고 상당 부분 돌이킬 수 없는 수준으로 손실되었다."

그보다 16년 전에 미국의 정치과학자 피터 하스Peter Haas는 지중해 연안의 오염통제를 위한 조정체제인 지중해행동계획Mediterranean Action Plan에 관한 연구보고서에서 이미 이렇게 말했다. "이 체제는 하나의 전문가 집단에게 권한을 부여해 지중해 연안 정부들 간의 권력균형에 변화를 불러일으키는 데 결정적인 역할을 했다. 이 전문가들은 이 체제에 부합하는 국가정책 수렴에 기여했다. 그에 따라 이 새로운 행위자들이 의사결정과정에 참여하는 나라들이 이 체제를 가장 강력하게 옹호하는 지지자가 되었다."(Haas, 1989, p. 51)

전문기술과 지식 교환을 위한 국제 네트워크들은 매우 복잡한 문제의 원인과 결과를 규정하고, 국익을 지지하고, 공개토론을 조정하고, 정책시행을 권고하는 데 핵심적인 역할을 한다. 따라서 지식과 정보의 통제는 곧 권력관계 문제이며, 지식과 정보의 전파는 행동변화를 불러일으킬 수 있다. 하스는 더 나아가 이 네트워크들이 지식 공동체를 대변한다고 말했으며, 이 지식 공동체를 "특정 분야에서 공인된 전문성과 역량을 지녔고, 그 특정 분야 관련 정책에 대해 권위 있는 주장을 할 수 있는 전문가 네트워크"라고 정의했다(Haas, 1992, p. 21).

많은 행위자

이 지식 공동체와 더불어 다양한 행위자가 환경협상에 참여하고 있다.

1992년 리우에서 열린 유엔환경개발회의UNCED: UN Conference on Environment and Development는 1980년대에 일어난 수많은 변화의 덕을 보았다. 실제로 여러 행위자가 환경 문제에 대해 더 많이 알고 더 많이 이해하게 되었으며 협상 테이블에도 초대되었다. 그 가운데에는 비정부 기구 활동가와 시민사회 운동가도 있었고 나중에는 토착민 공동체뿐만 아니라 지역 공동체도 포함되었는데, 과거에는 국제관계와 다자기구에서 설 자리가 없었던 이들이다. 오늘날에는 정부 관계자들과 똑같이 "비정부기구 외교관들도 다자간 협상에서 자신에게 힘을 실어주는 수많은 정보에 접근할 수 있다. 군사력을 갖춘 경우는 드물지만, 일부 비정부기구들은 상당한 경제자원, 특히 민간 부문의 경제자원을 보유하고 있다."(Betsill & Corell, 2007, p. 7) 비정부기구는 다음과 같이 다방면의 역할을 한다. "활동가 집단은 연구와 정책자문을 제공하고, 정부의 약속 이행을 감시하고, 정부와 대중에게 자국의 외교관과 협상 파트너들의 활동 내용을 알리고, 국제회의에서 외교관들에게 직접적인 피드백을 제공한다."(Biermann & Pattberg, 2012, p. 14)

1972년 스톡홀름회의 때 비정부기구 대표자의 수가 255명이던 것이 그 후로 꾸준히 증가해 1992년 리우정상회의 때는 1,500명이 참여했고, 그로부터 10년 뒤 요하네스버그 세계정상회의 때는 1만 5,000명으로 껑충 뛰었다. 이 가운데에는 여러 민간 부문 단체도 포함되어 있었다. 민간 부문 단체는 환경협상을 유심히 지켜보았다. 스위스 기업가 슈테판 슈미트하이니Stephan Schmidheiny는 『방향 전환: 개발과 환경에 관한 글로벌 비즈니스*Changing Course: A Global Business Perspective on Development and the Environment*』(1992)의 주요 저자이기도 한데, 세계지속가능발전기업협의회WBCSD: World Business Council for Sustainable Development 설립에 영감을 준 인물이다.

[실제로] 기업은 국제환경정책에 핵심적인 역할을 한다. 민간기업은 직간접적으로 환경 문제를 야기하는 자원 고갈, 에너지 이용, 유해물질 배출에서 가장 핵심적인 부분을 차지한다. 그와 동시에 기업들은 변화의 강력한 동력이 될 수 있다. 기업의 주요 재정·기술·조직자원을 환경 문제에 대처하는 방향으로 재설정할 수 있기 때문이다. 기업활동이 환경에 미치는 영향 때문에 기업은 환경 문제에 대한 사회적 대응과 관련해 중심적인 역할을 맡게 될 것이다(Levy & Newell, 2005, p. 16).

그 당시 민간 부문은, 적어도 일부는 운영방식을 바꿔야 할 필요성을 인식하고 있었다. 이렇듯 리우정상회의는 인간의 소비·생산방식이 환경보전과 양립할 수 없다는 사실에 대해 정부·비정부기구·민간 부문 간에 어느 정도 합의가 이루어진 순간이었다. 그러나 이제는 지지와 정치적 압력을 행사할 수 있는 여지가 예전 같지 않다. 1980년대 말까지만 해도 비정부기구가 정부에 꾸준히 압력을 행사해 글로벌 거버넌스를 조정했다. 리우정상회의 이후로 비정부기구와 기업계 사이에 새로운 유형의 관계가 맺어졌는데, 더는 정부의 중재에 의존하지 않는 전례 없는 파트너십이 형성되었다. 오늘날 국가들이 여전히 국제규정을 제정하기는 하지만 다자기구·사회운동·비정부기구·과학 공동체·민간 부문에 더 의존하고 있다. 이들이 정부가 공약과 정책을 잘 이행하는지 감시하기 때문이다.

이처럼 행위자들의 복합성에서 비롯된 역학 때문에 환경 거버넌스라는 새로운 제도적 장치와 기구들이 탄생했다. 산림(1993년에 설립된 산림 관리협의회Forest Stewardship Council 참조), 해양자원, 채굴(예를 들어 금과 다이아몬드 채굴)처럼 환경적으로 민감한 영역에서 자발적인 인증제도 시행 규범은 그런 혼합적인 접근법을 잘 보여주는 사례다. 이런 규범은 더 지속 가능한 생산방식을 발전시키기 위해 시장의 유인책과 소비자 교육을 활용한다.

이와 같은 복합성은 결국 일종의 메타체제를 낳았는데, 캘리포니아 버클리 대학의 생태학자 케이트 오닐Kate O'Neill은 이를 다음과 같이 정의했다. "어쩌면 규칙, 의사결정 절차, 규범과 원칙, 행위자의 역할로 이루어진 메타체제의 관점을 통해 전 지구적 환경 거버넌스를 보는 것은 진화하는 거버넌스 구조에 대한 역동적이면서 거시적인 관점을 제공해준다는 데 일차적인 유용성이 있을지 모른다. 이 구조에 여러 개별적인 국제환경조약체제가 깃들 수 있기 때문이다."(O'Neill, 2007, p. 12) 환경 문제에 참여하는 행위자들의 복합성은 그 어떤 분야보다 크다. 점점 더 많은 행위자가 환경 문제에 관심을 갖게 되면서 다양한 수준의 집단행동, 다양한 규모, 다양한 성격의 행위자들이 모여 이런 복합성을 이루고 있다. 실제로 최근에 프랑스와 미국에서 일부 지방정부들이 중앙정부보다 더 야심 찬 온실가스 감축 목표를 세우기도 했다. 주지사 제리 브라운 Jerry Brown은 "캘리포니아가 기후변화의 진원지에 있다"고 주장한 바 있다. 더 나아가 기후변화 문제를 캘리포니아 주의 최우선 과제로 삼고 기후변화를 막기 위한 강력한 계획을 실천한 그는 다른 주 정부와 국가 지도자의 동참을 열심히 설득했다(Jennifer Medina, 「캘리포니아 주지사, 기후 문제를 전면에 내세우다In California, Climate Issues Moved to Fore by Governor」, *New York Times*, May 20, 2014).

2015년 파리기후협약을 비롯해 오늘날의 여러 환경협정은 기후변화에 맞서 싸우는 데 지방정부의 역할이 중요하다는 것을 입증해준다. 이들 지방정부는 전 지구적 문제를 해결하기 위해 자신의 몫을 다하고 있으며, 그렇게 함으로써 중앙정부와 지방정부 간의 전통적인 업무 분담에 도전장을 내밀고 있다. 지방과 지역 이니셔티브들은 각 정부의 공약을 상기시키고, 해결책을 제시하며, 마침내 환경 거버넌스를 국제외교의 특징인 지배관계에 덜 종속적으로 만들 수 있는 특별한 능력이 있다.

'2급' 사안

환경 문제는 형태·규모·의미가 다양하고, 본질적으로 급진적·장기적인 데다 논란이 많은 사안이다. 그리고 국제무대에서 안보·경제·발전 같은 더 관습적인 외교 사안에 맞서는 '도전자 입장'에 서 있기도 하다. 환경 문제가 국제적 의제로 처음 등장한 이후 지금까지 꾸준히 논의되어온 역사는 곧 정부 부처와 부서를 구성하는 것부터 그 구성원인 관료 구성에 이르기까지 권력과 지배력을 얻기 위한 투쟁의 역사다.

중력 중심의 이동

2000년에 환경 이슈와 발전 이슈 사이에 균형의 전환이 일어났다. 뉴욕에서 열린 유엔새천년지구정상회의Millennium Summit of the United Nations에서 채택된 빈곤 완화를 위한 유엔새천년발전목표MDG: Millennium Development Goals를 계기로 환경보전과 지속 가능한 발전은 하찮은 문제가 되어버렸다.

이 전환은 많은 결과를 낳았다. 환경보호는 이제 국제적 의제에서 2차적인 목표가 되었다. 기본 환경 목표를 두고 노골적으로 논란을 벌이지는 않았지만, 국제적 의제에서 환경 문제의 시급성과 위계적 지위는 물론 이 문제를 다루는 특수한 방식도 명백하게 도전받았다(Lerin & Tubiana, 2005, p. 82).

2008년에도 여전히 학자들은 '전 지구적 환경 거버넌스의 위기'에 의아해하면서 이렇게 의문을 제기했다.

전 지구적 지속 가능성에 대한 진지한 접근법이 어떻게 그리고 왜 정치적으로 하찮은 문제가 되었을까? 유엔환경개발회의가 열린 지 15년이 지나고, 브룬틀란위원회가 설립된 지 20년이 지나고, 스톡홀름유엔인간환경회의가 열린 지 30년도 더 지난 지금 지구와 인간의 생태적 미래를 보장하고자 하는 위대한 전 지구적 도전이 어떻게 정치적·사회적으로 이렇게 하찮은 문제로 전락해버렸을까? 아니나 다를까, 문제는 강력한 이익집단의 반발에 있다. 그러나 지속 가능성·세계화·거버넌스가 서로 얽혀 있는 난제를 제대로 파악하지 못했기 때문에 문제가 크게 악화된 점도 있다(Park, Conca, Finger, 2008, p. 5).

환경 거버넌스의 유한한 수단

다자간 환경협정의 사무국들은 전 세계 관료들의 총집합소로 발전했다. 그러나 국제관료 인력이 과잉처럼 보여도 실제 현실은 인력이 부족한 상황이다. 실제로 1995년에 『뉴욕타임스』는 람사르협약(물새 서식지로서 국제적으로 중요한 습지보호에 관한 협약Convention on Wetlands of International Importance especially as Waterfowl Habitat, 1971) 사무국 직원이 총 열일곱 명인데, 그 가운데 여섯 명이 전문가들이고, 이들이 85개 단체를 지원하고 있다고 지적했다. 멸종위기에 처한 야생동식물의 국제거래에 관한 협약CITES 사무국 직원은 모두 스물두 명(열네 명이 전문가)이고, 이들이 128개 단체를 지원한다. 유해폐기물의 국가 간 이동과 그 처리통제에 관한 협약Convention on the Control of Transboundary Movements of Hazardous Wastes and Their Disposal(1989) 사무국은 네 명의 전문가가 83개 단체를 맡고 있고, 유엔기후변화협약(1992) 사무국은 전문가 열아홉 명을 포함해 총 서른한 명의 직원들이 118개 단체를 지원하고 있다. 이 기구들이 제대로 돌아가는 것은 오로지 직원들의 열정 때문이라고 주장하는 이들도 있다.

국제환경조약 시스템에서 사무국은 신데렐라들이다. 그들은 자주 무시당하고, 정기적으로 비난받으며, 정부가 협약 의무를 이행할 수 있게 지원하는 업무에 대해 거의 보상받지 못한다. 대체로 직원들이 어려운 조건 속에서 조약 이행을 돕기 위해 헌신한 대가로 얻는 것은 그저 만족감인 것 같다. 사무국들은 또한 제한된 권한과 자원이라는 조직적 한계를 효율적으로 극복하기 위해 자신들의 핵심 지위, 경계를 넘나드는 활동, 네트워크, 전문 지식을 활용하는 것으로 보인다(Stanford, 1996, p. 11).

증명 부담

환경 문제를 과학적으로 정당화하는 일은 끝이 없는 것 같다. 소수의 전 지구적 환경 문제를 둘러싸고 거의 영구적인 증거수집 절차가 진행 중이고, 과학 논쟁도 아주 많다. 가장 주목할 만한 것은 기후 관련 논쟁이다. 클라크 밀러Clark Miller와 폴 에드워즈Paul Edwards에 따르면 "새롭게 등장하는 기후체제, 계속되는 과학 논쟁, 단순한 해결책마저 부족한 현실 때문에 전문 지식과 환경 거버넌스의 관계가 오히려 더 중요해지고, 훨씬 더 치열해진다."(Miller & Edwards, 2001, p. 3)

예를 들어 2012년에 세계은행이 과학보고서를 하나 의뢰했다. 이 과학보고서는 기후변화를 막기 위해 구체적인 조치를 취하지 않는다면 전 세계 공동체는 이 세기가 끝나기 전에 지구 평균기온 4도 증가가 초래할 재앙(폭염, 식량 재고량 감소, 해수면 상승 등)에 직면할 수밖에 없고, 그 결과 수백만 명이 타격을 입을 것이라고 강조했다(Potsdam Institute for Climate Impact Research and Climate Analytics, 2012). 최신 기후 관련 과학자료를 모아놓은 이 보고서는 현행의 온실가스 배출 감축 공약으로는 지구 평균기온 상승을 늦출 수 없다고 암시했다. 그 이후에 새로운 자료들로 업데이트된 출간물은 모두 지구온난화 속도와 그 심각한 영향에 대해 점점 더 비관적인 결과를 내놓았다.

국제기관이 기후변화의 정당성을 찾는 것은 때로는 폭력적이기까지 한 과학의 탈을 쓴 수많은 비합법화 운동을 은폐하고자 하는 피나는 노력의 일환이다. 이 과학적 비합법화는 온실가스 배출 감축 실천을 하지 않는 핑계로 불확실성을 이용한다. 이 '환경회의주의'는 비외른 롬보르Bjørn Lomborg의 논쟁적인 책『회의적 환경주의자The Skeptical Environmentalist』가 출간된 때로 거슬러 올라간다. 이 책은 "인구 과잉, 에너지자원 감소, 산림파괴, 생물종 손실, 물 부족, 지구온난화의 특정 측면을 비롯한 전 지구적 환경 문제를 뒷받침해주는 타당한 데이터 분석이 없다"(2001, p. 6)고 주장했다. 환경보전 문제는 정치적 중재에 크게 영향을 미치는 적대적인 이해관계의 결탁에 주기적으로 시달린다. 특히 경제위기가 닥쳤을 때 그러한데, 그러면 또다시 환경 문제는 (사실은 환경문제를 해결하기 위해 바꾸어야 할) 시스템과 무관한 우발적 사고가 되어버린다. 그럼에도 환경보전을 뒷전으로 미뤄두려는 주기적인 시도는 쌓여가는 증거와 시민의 각성으로 도전받고 있다.

하나의 전망: 성공으로 가는 길

통합 의제: 환경비용과 편익에 값을 매기기

여전히 환경 공동체가 선호하는 해결책은 외부성의 내부화다. 그러나 지금까지 성과는 제한적이고 실망스러웠다. 이산화탄소 배출에 값을 매기는 탄소세나 탄소 배출권거래제가 있기는 하지만 아직은 미미한 수준이다. 점점 심각해지는 환경 문제를 해결하기에는 역부족이다.

시장 실패를 바로잡는 이론적 근거에 따라 환경이 제공하는 서비스의 경제적 가치를 드러내기 위한 시도들이 이루어졌다. 그 좋은 사례가 도이치뱅크에서 일했던 경제학자 파반 수크데브Pavan Sukhdev가 이끄는 생태계와 생물다양성의 경제학TEEB: The Economics of Ecosystems and Biodiversity(2008) 이니셔티브다. 수크데브는 『가디언』지에 쓴 기사에서 이렇게 주장했다.

새로운 '녹색경제'를 위한 발판을 마련하려면 전체론적인 경제학, 다른 말로 하자면 자연이 제공하는 서비스의 가치와 그 손실이 유발하는 비용을 인정하는 경제학이 필요하다. (……) 생물다양성 손실 위기는 생물다양성과 생태계 서비스의 가치가 온전하게 인정받고 의사결정과정에 반영되어야 비로소 제대로 다룰 수 있게 된다. 그렇게 되면 지금 이루어지고 있는 거래들의 진정한 본질이 드러나게 될 것이다("자연에 가치를 매기는 것이 진정한 녹색경제를 위한 무대를 마련할 수 있다Putting a Value on Nature Could Set Scene for True Green Economy", *Guardian*, February 10, 2010).

영국 경제학자 니컬러스 스턴도 영국 정부의 의뢰를 받아 비슷한 맥락의 연구보고서를 작성했는데, 기후변화에 대해 아무 조치도 취하지 않았을 때 생기는 비용을 수량화한 것이었다. 스턴은 『옵서버*The Observer*』지와 나눈 인터뷰에서 자신의 보고서가 기후변화의 위험성과 비용을 과소평가했다고 시인했다. "지구와 지구의 대기는 우리의 예상보다 탄소를 더 적게 흡수하는 것으로 보이며, 탄소 배출은 꽤 심각하게 증가하고 있습니다. 그 영향이 당시 우리가 생각했던 것보다 더 빨리 나타나고 있습니다."(Stewart & Elliott, 2013) 2006년에 발간된 『기후변화의 경제학에 관한 스턴 보고서』는 지구 평균기온이 2~3도 높아질 가능성이 75퍼센트라고 했다. 그러나 인터뷰에서 스턴은 "4도 증가를 향해 가고 있다"고 말했다. 그리고 상황이 어떻게 전개될지 그때 미리 알았더라면 "조금 더 솔직했을 겁니다. 4도나 5도 상승할 위험을 더 강력하게 주장했을 겁니다"라고 덧붙였다.

이와 같은 시장 메커니즘의 문제점은 일부 비정부기구의 맹비난대로 이 접근법이 자연을 '상품화'시키느냐 아니냐 하는 문제가 아니라, 이 방법이 성공 가능성이 있느냐 없느냐 하는 문제다. 전문가·기업·시민 사회·유럽연합 대표로 이루어진 위원회에서 사전준비를 잘했는데도 2009년에 프랑스의 탄소세 개혁 시도가 실패한 사례는 아주 세부적인 사항이 얼마나 심각한 걸림돌이 될 수 있는지를, 그리고 경제 전문가들이 때로는 실행 여건에 대해 아주 무지한 상태에서 정책을 제안한다는 사실을 잘 보여준다. 가격 메커니즘에 바탕을 둔 거버넌스모델은 경제적 효과가 확실하기는 해도 높은 처리비용(교육의 필요성·세수입 사용에 관한 논쟁·보상 문제·세금공제 문제)이 발생할 수 있다는 심각한 단점이 있다. 시민과 경제 운영자들이 그 인센티브 효과를 믿지 못할 경우 특히 그렇다.

기업가 네트워크와 국제통화기금·세계은행 같은 국제기구가 장려하는 탄소가격제가 최근에 진전을 보이자 전 세계 기업계와 정부의 인식에도 변화가 나타나는 이유가 여기에 있다. 국제통화기금 총재 크리스틴 라가르드Christine Lagarde와 김용 세계은행 총재가 2014년 9월에 출범시킨 탄소가격선도연합Carbon Price Leadership Coalition에 74개국 1,000개가 넘는 기업이 참여해 탄소가격정책을 홍보하고, 경험을 교환하고, 관리자 교육을 실시하고 있다. 주요 기업들은 이제 기업활동을 벌이고 있는 나라들에서 탄소가격제를 지지한다. 이와 같은 종류의 정책이 점진적으로 지지를 받는다면 분배 측면을 둘러싼 새로운 문제가 제기될 것이다. 게다가 탄소가격제 시행이 시작되면 상이한 경제체제가 차별화된 상태로 남을 것이고, 적어도 당분간은 경쟁력 문제가 다시 전면에 등장할 것이다.

다층적인 이해 당사자들의 참여 절차를 통한 의견 수렴

1992년에 발표된 환경과 개발에 관한 리우선언 열 번째 원칙에 따르면 "환경 문제는 관련된 시민 모두가 적절한 수준으로 참여할 때 가장 효과적으로 다룰 수 있다. (……) 국가는 누구나 정보를 쉽게 이용할 수 있게 널리 보급해 대중의 각성과 참여를 촉진하고 장려해야 한다." 1992년 이후로 지속 가능한 발전에 관한 정상회의 틀 안에서 시민사회의 직접적인 참여 형태, 다시 말해 정책결정과정에 참여하는 움직임이 나타나기 시작했다. 다양한 이해 당사자들의 대화와 인터넷 협의 같은 메커니즘이 전통적인 시민사회 참여 형태를 보완해주고 있다. 리우기후회의 의제 21을 통해 설립된 메이저 그룹Major Groups도 그런 예인데, 유엔체제 안에서 지속 가능한 발전을 성취하기 위한 국제적인 노력에 시민들이 참여할 수 있는 소통의 장을 마련하기 위해 설립되었다.

이렇듯 정부와 국제기구가 조직하거나 후원하는 시민사회 협의체가 증가한 것은, 정부 간 정책입안에 관련 시민사회가 직접 참여하는 것이 지속 가능한 발전정책을 성공적으로 시행하는 데 필수적이라고 여겨지게 되었다는 것을 암시한다. 반기문 유엔 사무총장도 이와 일맥상통하는 언급을 한 바 있다. "2015년 이후 발전체제는 다양한 이해 당사자들이 포괄적이고 개방적이며 투명한 절차를 통해 참여할 때 최고의 효과를 낼 것이다."(UNSG report General assembly, 2011)

그러나 시민사회 협의과정이 포괄적이고 개방적이며 투명한지 아닌지 하는 문제는 주로 두 가지 이유에서 논란이 되고 있다. 글로벌 거버넌스에서 시민사회의 민주화 잠재력에 대한 의구심, 협의체의 대표성과 정책산출의 질에 대한 회의다. 시민사회에 대한 문제는 시민사회가 세계질서의 민주화를 이끌 동력이라고 보는 글로벌 거버넌스에 관한 문헌에 반복적으로 등장하는 가정에 논쟁의 뿌리가 있다. 시민사회가 전문적인 능력을 발휘하고 소외된 당사자들의 이익을 대변하는 목소리를 낼 수 있는 건설적인 힘이 있다고 많은 저자가 인정하는 한편, 사리사욕이 없는 공익 대변자로서 시민사회단체가 보여주는 순진성을 경고하기도 한다(Bäckstrand, 2006). 실제로 시민사회가 시장이나 공공 부문보다 반드시 더 포괄적이거나 더 책임감이 강하거나 더 대표성을 띠는 것은 아니다(Scholte, 2002). 시민사회가 당면한 난제들 때문에 참여 절차와 정부 간 정책결정의 민주적 적법성이 약화될 수도 있다.[2] 예를 들어 참여 절차에서 시민사회 구성원의 불공정한 대표성 문제가 나타날 수도 있고, 가진 자원도 없고 사회적 동원력도 부족해서 더 광범위한 여론보다 이익집단의 영향력에 휘둘릴 수도 있다(Downs, 1957; Breyer, 1993; Gastil & Levine, 2005). 시민사회의 포괄성이 지속 가능한 발전정책의 효율성을 저해할 수 있다고 강조하면서 시민참여 절차가 바람직하지 않은 정책을 산출해 상당한 비용을 초래할 수 있다고 주장하는 학자들도 있다 (National Research Council, 2008). 또한 시민사회 협의체가 제시한 권고들이 국가원수나 총리들에게 전달될지라도 실제로 지속 가능한 발전에 관한 정부 간 협상에 직접적으로 영향을 미치는 경우는 아주 드물다고 지적하는 이들도 있다(Rask, Worthington, Lammi, 2012).

이러한 배경에서 앞서 말한 간극을 이어줄 다리 역할을 하는 이니셔티브들이 등장했다. 리우+20정상회의 때 브라질 정부에서 유엔개발계획의 지원을 받아 지속가능발전대화SDD: Sustainable Development Dialogues를 조직했는데, 193개국 출신의 6만 명이 넘는 사람들이 참여했다. 이 대화는 이해 당사자들과 시민들이 열 가지 주제로 서로 토론을 벌이는 형식으로서 두 단계로 이루어졌다. 먼저 디지털 플랫폼[3]이 열리면서 대화가 시작되는데, 이 플랫폼을 통해 각 개인이 대화에 참여한다. 열 가지 주제에 관한 이 온라인 토론에는 각계 전문가도 힘을 보탰다. 대화가 끝나면 이 플랫폼의 온라인 투표 시스템을 통해 최종적으로 일련의 권고안을 산출했다. 이 권고안들은 회의 참석자들에게 전달되었다. 2단계에서는 리오센트로 회의장에서 시민사회 최고 대표자들이 '개방적이고 행동 지향적인 토론'을 벌여 앞서 온라인 협의에서 도출된 권고안 가운데 각 주제별로 세 개씩 30개의 권고안을 추렸다. 이 최종 권고안은 리우+20정상회의에 참여한 국가원수와 총리들에게 전달되었고, 이는 회의보고서에 부속으로 첨부되었다. 게다가 각 주제별 권고안은 더 광범위한 대중의 투표를 거쳤다.[4] 이 이니셔티브들을 더 광범위한 대중 토론과 더 좁은 범위의 협상가·관료집단과 연결시키는 것이 리우 실험을 성공으로 이끄는 길이다.

민간자산 풀기

2012년 멕시코에서 열린 G20 정상회담 때 출범한 녹색성장실천연 맹G2A2: Green Growth Action Alliance(여러 기업·공공금융기관·민간금융기관·연구단체로 이루어진 복합적인 이해 당사자 모임)은 2013 세계경제포럼 World Economic Forum을 맞이해 첫 보고서를 발표했다. 이 보고서는 기후변화가 세계경제를 뒤흔드는 구조적인 위협이라고 규정하고, 적응과 완화조치에 필요한 재원 마련 방법과 수단을 모색했다. 2012년에 기후변화가 세계경제에 끼친 비용은 세계총생산의 1.6퍼센트인 1조 2,000억 달러에 달하고, 이는 500만 명의 죽음이라는 결과를 낳았다. 2030년이면 이 비용이 세계총생산의 3.2퍼센트에 달할 것이고, 이는 최저개발국 총생산의 11퍼센트를 삼켜버리는 셈이다. 이 연구보고서에 따르면 기후변화 완화 목표를 존중하면서 지속 가능한 경제성장을 뒷받침하려면 전 세계적으로 총 7,000억 달러의 투자가 필요하다고 한다. 기관투자자들이 솔선수범해서 기부금을 360억 달러로 늘려야 전 세계 공공예산이 960억 달러에 이를 것이라고도 했다. 그러한 참여는 총금액의 증가에 국한되지 않고 투자환경 조성에도 기여할 것이다. 개발도상국에서 정치적 위험 보험을 제공하고, 에너지와 기후정책의 안정화를 보장해주기 때문이다. 그런 환경은 민간투자자들에게 강력한 인센티브가 될 것이며, 그에 따른 민간투자자들의 기여는 5,700억 달러에 이를 수 있다고도 했다(Green Growth Acton Alliance, 2013).

녹색성장실천연맹의 연구보고서가 발간된 이후로 지속가능발전목표SDG: Sustainable Development Goals와 건전한 기후정책을 펼치는 데 필요한 새로운 금융 생태계를 설계하기 위한 많은 연구가 시작되었다.

G20 체제 안에서는 물론 비공식적으로도 협의기구와 연구단체가 많이 늘고 있다. 이런 연구들이 장차 체계적인 변화를 이끌 수도 있다.

지속가능발전목표 실험과 설명의 틀 구축하기

지속가능발전목표SDG는 리우+20정상회의가 낳은 핵심적인 성과 가운데 하나였다. 이번 장에서 보여주었듯이 1992년 리우정상회의 이후 이룬 성과와 한계에 대한 분석 결과인 지속가능발전목표는 두 가지 도전을 감행하는 데 도움을 '주어야' 한다. 바로 모든 나라가 소득 수준과 상관없이 지속 가능한 발전정책을 이행하고 지속해나가는 것이다. 따라서 지속가능발전목표는 지속 가능한 발전을 경제현실에 편입시키고, '해결책'과 처방이 부족한 상황에서 학습과 실험을 장려하며, 그렇게 함으로써 협력이라는 미덕을 회복시킬 필요가 있다. 그래도 여전히 성공을 위해 필요한 조건은 만만치 않다.

지속 가능한 발전을 경제현실로 번역하는 일은 패자를 낳는다. 이익에 대한 불확실성이 행동비용에 대한 불확실성을 초과하기 때문에 그 부가가치가 불확실성에 발목 잡히는 것이다. 지속 가능한 발전을 경제현실로 번역하는 일에 앞서 정치현실로 번역하는 일이 우선된다. 지속 가능한 발전이 제대로 굴러가게 만들려면 각 나라나 지역에서 '내부적으로' 정치적 타협이 이루어져야 하고, 원원 솔루션이라는 너무 단순한 발상을 거부할 필요가 있다. 1992년에 국가 간 타협 덕분에 지속 가능한 발전이라는 발상이 생명력을 얻었고, 2015년에는 국가 간 타협 덕분에 그 발상이 실행 가능해졌다. 협상 자리에서 다른 나라, 특히 개발도상국과 최저개발국에만 이득이 되는 게 아니라 자국에도 이득이 되는 것에 대해 말할 기회를 마련해주었기 때문이다. 사실 그것은 합의하기 아주 어려운 문제였다.

지속 가능한 발전을 실행 가능하게 만들려면 모든 관계자가 서로 뭔가 배울 수 있고 혁신적인 해결책을 시험해볼 수 있는 포괄적이고 일관성 있는 설명의 틀도 필요하다. 2030 의제와 지속가능발전목표는 이 모든 것을 제공할 수 있을 것이다. 우리 앞에 놓인 난제와 전망이 무엇인지는 분명해졌다. 남은 것은 2030 의제와 지속가능발전목표를 실제로 이행하는 일이다. 좋은 소식은 많은 이해 당사자와 정부가 지속가능발전목표를 이행하는 데 필요한 조건을 연구하느라 애쓰고 있고, 그 성과를 보고하기 시작했다는 점이다.

10장

환경의
지정학

미국과 중국의 G2 모델

9장에서 보여주었듯이 전 지구적 환경 문제가 국제적 의제에서 종종 뒷전으로 밀리기는 해도 국제관계의 근본 문제임에는 변함이 없다. 따라서 환경 거버넌스는 본질적으로 주권 문제와 연결되어 있다. 전 지구적 환경 거버넌스는 주州 단위(시 정부·지방정부·연방 주)와 영향력 있는 네트워크를 지닌 비정부 행위자들과 참여 민주주의 행위자들(예를 들어 시민사회·협회·비정부기구·기업)이 맡아오기는 했지만, 주도권은 계속 국가가 쥐고 있다. 사실 국가가 집단행동의 틀을 짜고 모양을 빚어내는 데는 여전히 탁월하다(Lerin & Tubiana, 2005; Tubiana & Voituriez, 2007). 미래에는 전 지구적 사안을 조정하는 데 국가 단위의 위상이 약해지리라는 1990년대의 예측은 오늘날 자국의 발전 방향을 스스로 결정하려는 국가 주권의 저항에 부딪혀 부정되었다.[1] 국가의 존속은 집단행동을 합법화하는 국제적 방식의 이원성에 있다. 바로 국가가 세운 법질서와 그것을 초월하는 공통 문화다.

지난 20년 동안 정부는 국제관계에 크게 힘을 쏟아왔다. 앤젤라 카펜터Angela Carpenter의 분석은 이를 잘 반영해준다. "리우에서 열린 첫 정상회의 때는 주로 과학자들이 참석했는데, 그 후에는 비정부기구 대표들과 더불어 각국의 환경부 대표들도 회의에 참석해서 자국의 이익과 협상 입장에 따라 국가 간 동맹이 바뀌는 것을 지켜봤다."(2012, p. 163)

이번 장과 다음 장에서는 전 지구적 환경 거버넌스의 지정학을 통해 집단행동 구축에서 국가 간의 고전적인 권력관계와 이해관계, 다시 말해 가장 힘 있고 조직력 있는 국가들이 자국의 이익을 높여줄 의제를 다른 나라에 강요하는 관계를 밝히겠다. 이런 관계는 전 지구적인 환경 거버넌스 그 자체와는 구별되어야 한다. 전 지구적 환경 거버넌스의 목표는 지구공공재 관리를 위한 제도(또는 복합체제)를 정하고, 그 성과를 목표와 비교하는 것이기 때문이다.

전 지구적 환경위기가 미칠 영향을 해결·완화·상쇄하기 위한 집단적 규범과 기준은, 지속 가능한 발전에 참여하는 많은 공동체가 생산하는 지식체계와 상호작용하는 국가권력과 이해관계가 반영된 공동의 결과물이다. 앞으로 보게 되겠지만, 국가의 '저항', 특히 9장에서 언급한 2002년 몬테레이회의(전 세계의 빈곤 퇴치를 위해 2002년 3월 멕시코 몬테레이에서 개최된 유엔 개발재정 지원 국제회의—옮긴이)로 상징되는 현실주의자의 반격 이후에 나타난 국가의 '저항'은 국가들이 자연이 제공하는 특정 서비스를 지구공공재나 공공자산으로 여기는 계기가 된 한편, 지구공공재를 전 지구적 차원에서 효과적으로 관리하는 데 필요한 조건을 만드는 대신 지구공공재를 보호하려는 노력을 제한하는 결과도 낳았다.

10장과 11장에서 다음 네 가지 특수 사례를 지정학적으로 분석함으로써 이와 같은 역설을 넘어서보고자 한다.

- 첫째 사례는 미국의 입장이다. 미국은 역사적으로 다자주의 체제 운동의 선도자였으나 나중에는 국익 방어 정당화의 선봉장이 되었다.
- 둘째 사례는 중국의 상황이다. 엄청난 경제성장과 그로 인해 국내외에

미친 영향 때문에 중국의 협상 태도는 제3세계와 같은 '관망정책'에서 적극적이고 혁신적인 태도로 점차 바뀌고 있다. 그런 점에서 국제협상에서 신흥국에 일종의 훌륭한 선구자 역할을 할 수 있고, 이는 '제3세계 국가들'이 행사할 수 있는 선택권을 넓혀줄 것이다.

- 셋째 사례는 유럽연합의 태도다. 유럽연합이 지구공공재를 보호한다는 명분으로 초국가적이고 구속력 있는 공약을 독려하는 데 기여한 사실은 논쟁의 여지가 없다. 적어도 2009년 유엔기후변화회의 때까지는 그랬다. 그러나 공동체 안에서는 물론 각 회원국 차원에서 유럽연합의 영향력은 점점 약화되었다.

- 마지막 사례는 국제무대에 새롭게 등장한 중간소득국의 역할이다. 중간소득국들은 환경 문제를 국제무대에서 자국의 영향력을 높여줄 긍정적인 지렛대로 여긴다.

10장은 이 가운데 미국과 중국에 초점이 맞춰져 있다. 두 나라는 온실가스 주요 배출국이자 천연자원 주요 소비국이다. 두 나라는 국제무대에서 거물이고, 어떤 합의든 이 두 나라가 그 중심에서 결정권을 행사하는 경우가 많다.

중국은 전 지구적 환경 거버넌스에서 자국의 입장을 점점 더 강력하게 내세우며, 미국과 대등한 지위를 원한다. 미국은 환경규제가 자국의 경쟁력에, 특히 중국에 대한 경쟁력에 영향을 미칠까 우려한다. 따라서 필연적으로 두 나라의 입장 차를 조율하고자 하는 움직임이 생겼다. 전지구적 환경 거버넌스에서 G2 체제가 실현 가능할까? 이번 장에서는 두 나라의 국제환경정책 이면에 숨은 정치경제학을 분석하고, 그 접점과 간극을 평가해보겠다. 더불어 오바마 행정부의 (성공적인) 노력에 반기를 들고 있는 최근의 미국 정치 상황도 살펴볼 것이다.

미국 리더십의 점진적 약화

미국의 외교정책과 그 신조는 원칙적으로 두 개의 축 사이에 있다. 첫째 축의 두 극단은 고립주의와 간섭주의이고, 둘째 축의 두 극단은 일방주의와 다자주의다. 권력과 주권 사이의 균형을 뛰어넘는 국제조정이 시작된 것은 1차 세계대전이 끝난 후 국제연맹League of Nations이 탄생하면서부터다. 미국은 이 국제연맹 탄생에 힘을 실어주기도 했지만 결국 망쳐놓기도 한 장본인이다. 미국이 일본 제국주의와 나치 전체주의에 맞선 2차 세계대전에 참전했을 때 사실상 포함과 배제(공산주의 국가는 포함시키고 비동맹 국가는 배제시키는) 원칙에 따라 국제질서를 편성하기 시작한 셈이었다. 이 모든 나라에 대해 미국은 다자주의 조정 시스템을 규정하는 동시에 자신의 세력권에 유리한 규칙과 방식을 수립했다. 미국은 이념전쟁 맥락에서 한쪽 편을 위한 해결책뿐만 아니라 전 세계적으로 유효한 해결책을 수립하고자 하는 야망이 있었다. 이러한 보편주의 야망은 두 세력권의 이해관계가 엇갈리고 심지어 모순되기도 하는 현실의 장벽에 부딪혔다. 미국은 대립모델에 대한 반대로부터 자유로운 온전한 보편주의를 정립하는 데 결코 성공하지 못했다.

환경 문제도 미국 리더십의 핵심인 이 이중성에서 자유롭지 못하다. 미국 헤게모니는 늘 불완전했고, 미국 모델이 내부적으로나 본질적으로 그 효율성을 입증해야 하는 사실에 의해 약화되었다. 결국 구소련, 더 일반적으로 말하자면 20세기 말 공산주의 체제가 붕괴하면서 미국 모델의 효율성은 자동적으로 입증되었다. 국제 차원에서 환경 문제를 다루는 일은 미국의 역할과 이해관계가 달라지는 현실에서 자유롭지 않았다. 전 지구적·다자주의적 해결책은 반드시 국내 차원에서 먼저 그 효율성이 입증되어야 한다. 이와 똑같은 실용주의적인 논리에 따르면 전 지구적이고 보편적인 제도들은 그 이행과 성공을 보장하기 위해 그 가치를 입증하거나 파편화된 의제와 병행해서 추진해야 한다.

환경 문제 처리방식의 특징인 부문별·제도별 접근은 미국 행정부의 운용방식에 직접적인 영향을 받는다. "1970년대부터 전 지구적 환경 문제는 사안별로 조약을 협상하고 관련 제도를 수립하는 분리방식으로 다루어졌다."(Held, 2013, p. 104) 미국의 보편주의 야망은 한편으로는 실용주의가 강하게 가미되었고, 다른 한편으로는 '예외주의'(19세기 프랑스 사상사 알렉시 드 토크빌이 『미국의 민주주의』라는 책에서 미국과 러시아가 세계의 운명을 책임질 예외적 지위에 있다고 주장한 바 있다―옮긴이)의 영향을 받고 있다. 실질적으로 미국에 이익이 되는 것이 세계에도 좋다는 생각, 더 정확하게 말하자면 전 지구적 문제를 극복할 혁신적인 해결책이 미국에 있다고 단언하는 셈이다.

전 지구적 환경 거버넌스가 현재 맞닥뜨린 현실의 모호성은 분명 미국이 항상 자국 모델을 모범으로 삼는 헤게모니를 추구한 데서 비롯된다(헤게모니는 결과지 원인이 아니다). 그와 동시에 보편성에 대한 미국의 관점을 개념화한 미국의 국내 정책과 모델을 퍼뜨린 데서 유래하기도 한다. 본래 이런 상황에서 협상하기란 쉽지 않다. 그러나 미국의 참여는 국제환경체제의 효율성과 성공을 보장해온 경우가 많다. 그 결과, 미국 행정부가 계승해온 비전이 모든 국제협상에 영향을 미치면서 미국의 참여 의지와는 상관없이 협정의 형식과 범위를 좌우한다.

기후정책의 실례

1997년에 채택된 교토의정서는 미국이 채택한 마지막 보편적 환경협정이라고 할 수 있다. 교토의정서는 "책임 분담이라는 합의된 원칙을 모든 나라에 적용하는 것을 목표로 하고, 유엔체제의 우월성을 바탕으로 한 협상과 의사결정과정은 보편적이며, 법적 구속력이 있는 국제적 의무를 수립하고자 한다." 또한 기후변화가 초래하는 전 방위적인 문제에 대응한다는 야심 찬 목표에 따라 환경 문제에 대해 광범위한 접근법을 제공하기도 했다. 교토의정서는 "일반적으로 이해되는 원칙에 기초한 일반적으로 적용 가능한 정책을 하향식으로 지시하고, 포괄적인 방식으로 기후 거버넌스의 목표와 수단(완화조치·탄소 흡수원·적응 노력)을 발전시키고자 노력한다."(Falkner, Stephan, Vogler, 2010, pp. 256~257) 그에 따라 교토의정서는 특정 기간 내 온실가스 배출 감축 목표를 설정했다. 그리고 완화 노력을 조직화하기 위해 탄소세라는 유럽의 방식이 아니라 미국의 이산화탄소 배출권거래제를 모방해 배출 규제를 위한 시장 메커니즘을 만들었다. 그러나 알다시피 미국은 결코 교토의정서를 비준하지 않았다.

미국의 유보적 태도는 기후 의제가 설정되는 첫날부터 감지할 수 있었다. 사실 미국은 1992년 리우기후변화협약에 마지못해 서명했을 뿐이다. 리우에 간 조지 H. W. 부시 대통령은 "미국에 구속력 있는 제한을 가하는 조항이 없었기 때문에…… 주저하면서도 압박감에 떠밀려"(Roberts, 2011, p. 777) 유엔기후변화협약에 서명했던 것이다.

클린턴 행정부(1993~2001년)는 앨 고어Al Gore 덕분에 환경 의제에 좀 더 개방적이었고, 1997년 교토에서 채택되기까지 교토의정서 협상에 참여했다. 그렇긴 해도 클린턴 행정부는 이산화탄소 배출 억제 규제를 인도와 중국 같은 신흥국에도 적용할 필요가 있다고 주장하면서 '책임 분담'이 선진국만의 몫이 되지 않도록 만들려고 신경 썼다. 그러나 다른 당사국들이 많이 양보했는데도 클린턴 행정부는 버드-헤이글 결의안 때문에(8장 참조) 결국 의회 비준을 얻어내지 못했다.

2001년에 새로 취임한 조지 W. 부시 대통령은 선임자의 정치 공약을 맹비난했고, 국제 공동체의 항의를 무릅쓰고 교토의정서를 철회하겠다고 선언했다. 부시 대통령은 리우정상회의의 유산을 줄이려고 했다. 리우회의 10주년 기념 회의가 준비 중인 상황이었다. "새로운 행정부는 입장을 새로 설정했고, 요하네스버그 의제를 수정하는 데 아주 적극적이었다."(Lerin & Tubiana, 2005, p. 81) 백악관은 리우선언 이후 10년 동안 이룬 진전에 대한 평가가 포함된 모든 의제를 막았다. 대신 지속 가능한 발전을 장려하는 공공기관의 활동과 나란히 민간 부문의 기여를 이끌어낼 공공-민간 파트너십 '이니셔티브'를 지원했다. 이는 환경 관련 국제협상에 민간 부문이 새롭게 참여하는 결과를 낳았으며, 역설적으로 13년 뒤에 유력 기업가들이 야심 찬 기후변화협약을 적극 지지하는 운동으로 이어진다.

부시 행정부는 국제적으로 환경보호 책임을 더 평등하게 분담할 방법을 찾아야 한다고 선언했다. 신흥국, 특히 중국이 미국과 똑같은 제한

조치를 받아들여야 한다고 요구한 것이다. 미국은 유엔기후변화협약에 명시된 '차별적 공동책임'이라는 원칙을 기이하게 해석했다. 다시 말해 '책임 분담' 목표를 자국 이익보호로 해석해 기회만 있으면 일방주의 입장을 강요하려고 애썼다. 미국 행정부의 의도는 기술적 감축수단이나 아니면 적어도 구속력이 없는 감축수단을 장려하는 동시에 협력체제에 대한 권한 위임을 최소화하는 것이었다.

이런 태도는 궁극적으로 유엔기후협상에서 미국을 고립시키는 결과를 낳았다. 1990년 이산화탄소 배출량의 55퍼센트를 차지하는 최소 55개국 선진국이 비준해야 한다는 조건이 마침내 충족되어 2005년에 교토의정서가 발효되었다. 유럽연합의 설득으로 러시아가 이 협약을 비준한 덕분이었다.

자국의 이익을 보호하려는 태도 때문에 미국은 전 지구적 사안을 다루는 데 비협조적이고 고립주의적인 국가로 여겨지는 상황에 이르렀다. 부시 행정부는 이런 명예 실추를 만회하기 위해 여러 번 반격을 시도했지만, 유엔협상을 무효화시키는 데 실패했다.

2005년 7월 부시 행정부는 새로운 파트너십을 통해 병행 트랙을 만들고자 했다. 바로 미국을 비롯해 오스트레일리아·중국·인도·일본·한국이 포함된 기후변화아시아태평양파트너십이었다. 이 파트너십의 목표는 경제발전, 빈곤 완화, 신에너지 기술 개발과 확산을 촉진하는 것이었다. 그러나 구체적인 실행조건이 없는 공동성명에 그쳤다.

어떤 의미에서 좀더 성공적이었던 두 번째 이니셔티브는 유엔 논의에 대한 대안을 창출할 목적으로 만들어졌는데, 핵심 주요국만으로 이루어진 국가연합체였다. 바로 기후와 기후변화에 관한 주요국 포럼Major

Economies Forum on Energy and Climate Change이었다. 이 포럼은 2007년 발리회의 개최 2~3주 전에 미국 정부의 초청으로 개최되었는데, 신흥국 8개국을 포함해 주요 온실가스 배출국 16개국이 모여 청정기술과 기후변화에 관한 공동선언을 작성했다. 이 포럼은 별로 주목받지 못했다. 부시 행정부가 바랐던 다자주의 협상 약화도 이루어내지 못했다. 유엔체제 안에서도 협상 절차가 계속 진행되었기 때문이다. 그러나 이 포럼을 통해 비공식적인 의견 교환에 유용한 플랫폼이 만들어졌다. 이 포럼은 이름은 계속 바뀌었지만 지금까지도 이어지고 있다.

2008년 11월, 버락 오바마가 대통령으로 선출되면서 환경에 대한 일부 쟁점에 새로운 장이 열렸다. 특히 에너지 문제에 진전이 있었다. 민주당 출신의 오바마 대통령은 2009년 1월 20일 취임연설에서 국가안보, 에너지, 환경의 관계를 이렇게 재정의했다. "우리가 에너지를 소비하는 방식이 우리의 적을 강하게 만들고 지구를 위협한다는 증거가 날마다 새로 쏟아져 나오고 있습니다."[2] 오바마 행정부의 국내 투자계획도 이런 새로운 변화를 뒷받침했다. 투자예산 780억 달러 가운데 420억 달러가 재생에너지 기술 개발에 할당되었고 5억 7,000만 달러가 기후변화에 관한 연구 프로젝트에 할당되었다(Pew Center on Global Climate Change, 2009).

지방정부의 온실가스 배출 규제정책도 탄력을 받았다. 캘리포니아 주에서 시작한 온실가스 배출 감축정책과 기후변화 억제정책이 그 예다. 예를 들어 샌프란시스코 시는 2002년에 자체 기후행동계획을 출범시켰는데, 재생에너지 개발을 장려하고, 재활용 프로젝트를 가속화하고, 교통 효율화를 개선하는 조치가 포함되어 있다. 이 계획은 2006년에 주 전체로 확대되었다. 캘리포니아 주는 탄소시장과 배출 규범을 비롯한 여러 온실가스 배출 감축조치가 포함된 새로운 법을 채택했다. 2014년에는 2050년까지 온실가스 배출을 1990년 수준 대비 80퍼센트 감축하는 계획이 채택되었다. 2015년 9월에는 제리 브라운 주지사가 2050년까지 온실가스 배출량을 1인당 2톤 수준으로 감축하는 목표로 미국의 주와 캐나다 지방의 연합을 추진했다.

2015년까지 미국 50개 주 가운데 33개 주가 재생에너지 생산을 강제하는 시스템인 신재생에너지 포트폴리오 기준을 적용하게 되었다. 더 나아가 온실가스 배출 감축 공동 시스템을 구축하기 위해 일부 주가 연합했다. 예를 들어 2005년부터 미국 북동부 10개 주가 참여하는 지역온실가스이니셔티브RGGI: Regional Greenhouse Gas Initiative에서 탄소시장을 채택했다. 이와 쌍을 이루는 서부 해안지역의 서부기후이니셔티브Western Climate Initiative에는 캐나다 지방들도 포함되어 있다(Schiavo, 2011).

두 번째 임기 때 오바마 대통령은 이런 움직임을 가속화했다. 2013년 6월 17일, 오바마 대통령은 에너지 효율성에 중점을 둔 기후행동계획을 출범시켰다.

이 계획은 유해한 온실가스 배출을 포괄적으로 감축하고, 우리가 이미 당면하고 있는 파괴적인 기후의 영향으로부터 국가를 보호하기 위한 것이다. 정부는 명확하고 적절한 국가전략과 구체적인 실행조치를 통해 국내적으로는 국민을 보호하고, 국제적으로는 더 야심 찬 계획을 독려할 수 있다. 중요한 것은 미국이 2020년까지 온실가스 배출량을 2005년 수준 대비 17퍼센트 감축하는 목표를 준수할 것을 대통령이 거듭 촉구한 다는 점이다(Morgan & Kennedy, 2013).

2013년 8월 22일, 캘리포니아 주는 처음으로 이산화탄소 배출권이 모두 판매되었다고 발표했다.

2013년부터 캘리포니아 주의 주요 탄소 배출 기업들은 탄소오염 1톤당 탄소 배출권 한 개를 제출해야 한다. 캘리포니아 주는 2020년까지 편성 된 '허용량'을 토대로 산업계에서 배출하는 온실가스의 '총량 규제'를 위 해 탄소 배출권 공급량을 고정하기로 했다. 해마다 이 총량이 감소하기 때문에 캘리포니아 주의 기업들은 점차 배출량을 감축해야 할 것이다 (Kennedy, 2013).

이처럼 눈에 띄는 국내 추세에도 국제협상에서 미국 행정부의 방침 은 변한 게 없었다. 미국 의회가 국가경제의 경쟁력을 위험에 빠뜨릴 수 있는 공약은 모두 거부하기 때문이다.

대통령이 환경에 관한 외교정책을 책임지고는 있지만, 국내적으로 두 가 지 강력한 제약에 직면해 있다. 하나는 기후변화에 관한 국내법의 방향 과 속도를 결정하는 미 의회의 정치연합이고, 다른 하나는 의회와 국제 무대에서 힘을 쓰려고 노력하는 이익집단, 즉 기업계와 비정부기구의 활 동이다. 다시 말해 미국의 기후정책 방향은 국내에서 국제로 이어지며, 신뢰할 만한 전 지구적 환경 리더십을 얻으려면 다른 무엇보다도 국내 차원의 강력한 행동이 필요하다(Falkner, 2010, p. 38).

미국은 계속 환경 문제에 대해 분열된 접근법을 취했고, 환경 문제를 광범위하고 심층적이며 구속력 있는 합의가 필요한 개념과 반대되는 최대한 좁은 의미로 규정하고자 했다. 미국의 이러한 접근방식은 환경 문제를 영역별로, 그리고 기술적으로 처리하는 방식을 옹호하는 것이었다. 다음 두 가지 사례는 이를 잘 보여준다.

수은 사례: 유연성 찾기

인간과 환경에 유해한 신경독소물질인 수은 문제는 수십 년간 국제적 의제로 다루어졌다. "수은오염은 적어도 1950년대부터 중요한 국내 정책사안이었고, 1970년대부터 관련 국제정책이 꾸준히 만들어졌다. 그런데도 대기 중 수은 농도는 산업혁명 이후로 세 배 증가했다."(Selin & Selin, 2006, p. 258)

1990년대까지 유럽과 미국은 주요 수은 소비국이었다. 유엔환경계획은 국제적으로 수은 문제를 무시할 수 없는 사안으로 만들기 위해 전문가들의 의견을 동원했고, 마침내 2000년대 초에 목적을 이루었다. "국제조약 체결과정은 2002년 '전 세계 수은 평가Global Mercury Assessment'라는 과학보고서로 시작되었다. 이 평가보고서의 주요 결론은 수은이 환경에 방출됨으로써 인간의 건강과 환경에 미치는 위험을 감소시키기 위한 국제적 행동을 정당화해줄, 전 세계적으로 심각한 악영향의 증거가 충분하다는 것이었다."(Selin, 2013) 그리고 세 가지 진행 방향이 제시되었다.

- 중금속 주요 개발국인 미국·캐나다·오스트레일리아·뉴질랜드와 중금속 주요 소비국인 중국·인도가 국제협약 체결을 거부했다.
- 잔류성 유기오염물질에 관한 스톡홀름협약Stockholm Convention on Persistent Organic Pollutants에 따른 규제는 127개국과 유럽연합이 비준했는데도 미국이 비준하지 않았기 때문에 정치적 설득력이 없었다. 따라서 적법성과 효율성이 부족했다.
- 자발적인 파트너십을 발전시키는 것이 부담이 가장 적은 해결책으로 보였다. 생산자에게만 해당이 되고, 국내 입법이 필요 없었기 때문이다 (Selin & Selin, 2006).

2003년에 미국은 세 번째 옵션을 선택했고, 마침내 2005년 2월에 유엔환경계획 관리이사회Governing Council of the United Nations Environment Programme와 제23차 세계환경장관회의Global Ministerial Environment Forum 때 이 옵션을 사용했다(UN Environment Programme, 2005). 이 자발적인 파트너십 이니셔티브에 따라 배출 감축과 특정 상품 폐지를 목표로 하는 국제협약에 대한 구상이 유럽연합과 미국의 지지를 받으며 발전했다. 2009년 2월에 구속력 있는 조치를 만들기 위한 협상이 시작되었고, 마침내 2013년 10월 19일에 일본 미나마타에서 서명식이 이루어졌다. 미나마타는 안타깝게도 20세기 중반 수은 중독으로 인한 환경 재앙으로 악명 높은 도시였다. 미국은 미나마타협약에 처음으로 서명하고 비준한 국가였다.

이 협약은 두 가지 측면에서 비판받았다. 첫째, 과학 전문가들이 현실적인 감축 목표를 결정하는 데 필요한 자료를 충분히 제공했는데도 배출 재고량에 할당된 기간이 너무 길다는 점(약 5년), 둘째, 감축 목표량과 감시 절차가 여전히 결정되지 않았다는 사실이다. 이 협약의 기본 원칙은 일차적으로 수은 채굴을 금지하고, 안전한 대체물이 존재하는 제품 생산에 수은 사용을 금지하는 것이다. 이 원칙은 몬트리올의정서에서 영감을 받은 것이 분명하다. 예상대로 '이용 가능한 대체물' 규정은 협상하기 어려운 문제였다.

수소불화탄소에 관한 중미협정

2013년 6월 8일, 캘리포니아 주 랜초 미라지에서 미국과 중국의 국가원수가 모여 수소불화탄소의 생산과 사용을 점진적으로 폐지하자는 협정에 서명했다. 수소불화탄소는 냉장고와 에어컨 등에 쓰이는데, 지구온난화에 끼치는 영향력이 이산화탄소보다 평균 2,800배 더 강력하다. 1987년 몬트리올의정서에 따라 오존층 보호를 위해 일명 프레온가스로 알려진 염화불화탄소와 수소염화불화탄소 사용이 단계적으로 폐지되면서 수소불화탄소 사용량이 늘었다. 수소불화탄소는 현재 전 세계 온실가스 배출량의 2퍼센트밖에 되지 않지만, 이대로 가면 2050년쯤에는 20퍼센트에 달할 수도 있다. 해마다 수소불화탄소 배출량이 10퍼센트씩 증가하고 있는 아시아에서는 핵심 사안이다. 중국은 수소불화탄소 가스 주요 생산국인 인도와 브라질도 감축운동에 참여하도록 설득하고 있다.

게다가 유럽연합은 2030년까지 불화가스 배출량의 최대 3분의 2를 감축하고, 유럽연합 내 수소불화탄소 판매량을 80퍼센트까지 감축하겠다고 발표했다. 전 지구적으로 제한조치를 취할 경우 2050년까지 이산화탄소 등가 배출량 90기가톤에 해당하는 수소불화탄소 감축을 달성하게 될 것이다. 이는 대략 2년 동안의 온실가스 총배출량에 해당한다.

중미 이니셔티브는 환경 문제에서 두 나라의 실용주의와 현실주의가 서로 통한 사례다. 이는 미국이 유엔기후변화협약 지지와 상관없이 이 문제를 기술적으로 "고칠 수 있고", 경제적으로 용인할 수 있는 범위에서 제한조치를 취할 의지가 있음을 보여주는 것이다.

2015년 12월, 파리기후변화협약의 여파와 열광 속에서 중미 이니셔티브는 몬트리올의정서에 수소불화탄소를 포함시키는 개정안 협상을 추진하는 계기가 되었다. 자발적인 양자 협정과 연결되는 '도킹 스테이션'이 포함된 개정안이었다. 몇 달에 걸친 집중적인 외교 노력, 특히 미국 관료들의 노력 끝에 2016년 10월 르완다 수도 키갈리에서 개정안이 승인되었다. 여러 정부와 자선재단들이 전례 없는 연합으로 개발도상국에 재정 지원을 약속했기에 가능한 일이었다. 양자 협정은 결국 파리기후협약 같은 다자주의 협정과 다시 이어졌다.

미국이 전 지구적 틀을 짜는 다자주의 절차에 참여하기를 꺼리고, 자발적인 약속에 의존하는 파편화된 방식과 상향식 절차를 선호하는 것은 전 지구적 환경 거버넌스의 최근 변화에 크게 영향을 끼쳤다. 이 과정에서 180도 다른 결론이 도출될 수 있다. 문제 상황에 맞는 적절한 행동의 필요성이라는 실질적 사안에 초점을 맞춘 결론 대 기존 틀과 그 한계(특히 여러 국제 행위자들의 다양한 이해관계)에 초점을 맞춘 결론이다.

첫째 관점에 따르면 절충안은 환경위기의 규모에 맞지 않는다. 경제적 이해관계와 국익을 지나치게 고려한 결과 느슨해져버렸기 때문이다. 둘째 관점은 세계 각국의 이해관계를 있는 그대로 인정하는 것인데, 미국의 실용주의와 현실주의가 당사자들이 다양한 환경조건에서 정기적으로 만나 협의·대화·학습할 수 있는 기회를 열어줄 수 있다고 본다. 실용주의, 기술적 해결책에 대한 의존, 국가 주권을 침해하지 않는 상향식 협정에 대한 선호는 중국의 국제정책에서 긍정적인 반향을 일으켰으므로 전 세계적인 호응도 이끌어낼 수 있을 것이다. 다만 당사국 간에 신뢰를 구축하고, 참여를 꺼리는 국가들의 태도 변화를 이끌어내고, 적용 가능한 합의를 도출하고, 국제적 목표의 기대 수준과 포부를 점진적으로 높이기 위해 이와 같은 특수한 절차를 더 광범위한 체제에 '연결'시킬 수 있는 능력이 중요하다.

격변하는 중국

2007년 10월, 중국공산당 제17차 전국대표대회에서 후진타오 국가주석은 중국의 미래 발전을 위해 '생태 문명'이라는 새로운 정책기조를 발표했다. 국가의 경제·정치·사회·문화 발전 목표에 생태라는 차원을 덧붙이겠다는 뜻이었다. 이는 2020년까지 '네 개의 중국'을 건설하겠다는 2002년 슬로건처럼 중국에 환경재앙을 몰고 온 전통적인 입장의 대전환을 보여주는 것이었다.

2012년 중국공산당 제18차 전국대표대회에서 중국의 리더십은 통제되지 않은 경제발전의 문제점과 환경파괴 위기를 강조했다. 이런 발전은 중국 안팎으로 중요한 결과를 낳았는데, 경제발전과 빈곤 완화를 명분으로 환경규제에 반대하는 나라에서 이제 막 탐험을 시작한 신개척지로 중국의 입지가 바뀌었기 때문이다.

과잉 소비 경제모델

중국은 1990년대에 놀라운 속도로 경제발전을 이루었고, 아주 최근에
이르러서야 그 발전 속도가 주춤해졌다. 2012년 중국의 국내총생산은
중국이 경제개방을 단행했던 1978년보다 24배 늘었다(China economic
information network statistics database, http://db.cei.gov.cn). 1998년부터
는 제조업 생산량이 5배 증가했는데, 그에 비해 유럽과 미국의 제조업
생산은 실질적으로 제자리걸음 상태였다. 세계은행 수치에 따르면 이제
중국은 세계 주요 수출국이자 1차 상품 세계 최대 수입국이고, 국가경
제 규모가 미국 다음으로 세계에서 두 번째다(World Bank, 2012).

이와 같은 경제추격과 놀라운 산업실적과 더불어 내부적으로 가장
심각한 대변동이 일어났는데, 특히 도시화가 두드러졌다. 1978년에 도
시 거주 인구가 17.9퍼센트밖에 안 되던 것이 2013년에는 53.7퍼센트로
늘었다. 2030년까지 해마다 적어도 1,000만~1,600만 명이 도시로 유입
될 것으로 예상된다.

이와 같은 도시화로 중국 내에서 막대한 규모의 상품과 서비스 시장
이 등장했을 뿐만 아니라 천연자원도 집중적으로 동원되었다. 2012년
중국의 천연자원 소비량은 전 세계 천연자원 수요의 40~50퍼센트에
달했다. 중국의 원료와 환경자원 소비는 국내 수요와 중국 상품을 수입
하는 국가들에 의한 간접수요라는 이중수요에 따른 것이다. 중국이 생
산하는 저가 상품은 선진국에서 대량 소비를 부추겼다. 사실은 대량 생
산의 부정적인 외부효과를 아웃소싱하는 셈이었다. 이와 같은 외부효과

의 영향, 다시 말해 다양한 형태로 나타나는 오염의 영향을 중국인들은 지금 절감하고 있다.

환경파괴의 대가

이와 같은 성장에 대한 첫 번째 우려는 대중 여론에서 시작되어 중국 지배층으로 번졌는데, 바로 지방에서 겪는 환경파괴의 결과, 주로 대기오염과 수질오염의 결과였다. 2010년 7월, 중국 환경보호국은 그해 상반기에 환경재해 수치가 거의 두 배로 늘었고, 대도시의 대기질이 5년 만에 처음으로 악화되었다고 발표했다. 그리고 주요 강의 4분의 1이 심각하게 오염되었으며, 180개 도시에서 산성비의 피해가 심각하다고도 했다. 2010년 11월, 환경보호국은 상황이 계속 나빠지고 있다고 했는데, 예를 들어 차량 운행으로 여러 대도시에서 스모그 발생 일수가 증가한 수치를 밝혔다(Jing, 2010).

그 후로도 상황은 계속 나빠졌다. 2012년에는 세계보건기구가 정한 대기질 기준을 충족한 도시가 전체의 1퍼센트도 안 되었다. 2013년과 2014년에는 베이징·하얼빈·상하이에서 오염 수준이 절정에 달했는데, 대기 중 유해 미립자 농도가 (특히 2013년 1월에) 세계보건기구 기준치의 40배에 이르렀다. 시민들은 불만을 쏟아냈다. 시민들은 심지어 '에어포칼립스airpocalypse'라는 신조어를 만들어 현 상황을 빗댔다. 베이징의 PM2.5(2.5마이크로미터보다 작은 미립자로 폐에 침투될 수 있다) 수준 미세먼지 농도는 세계 최악이다.[3]

중국 언론은 환경오염이 건강에 미치는 영향을 정기적으로 발표하고 있고, 여러 연구보고서가 환경파괴의 경제적 비용을 지적하고 있다. 예를 들어 미국 국립과학원이 발표한 연구보고서에 따르면 오염지역에서 환경파괴와 질병(암·폐렴·설사)의 증가 때문에 인간 수명이 5.5년까지 감소할 수 있으며, 산업계에서 배출하는 유해물질이 그 원인일 수 있다고 한다.(Pope & Arden, 2013) 중국 소셜 미디어는 특히 오염이 심한 마을을 '암 마을'이라고 부르기도 한다(Jing, 2010).

환경파괴의 경제적 비용은 이미 체감되고 있는데, 특히 어업과 농업에서 심각하다. 어업의 경우 오염된 강이 수산양식과 어로에 악영향을 미치고 있고, 농업의 경우는 수질오염이 농산물의 질에 영향을 미치기 때문이다. 세계은행 평가에 따르면 환경파괴로 인한 손실이 국내총생산의 9퍼센트에 이른다고 한다(Economy, 2007). 정부기관 소속을 비롯한 대부분의 전문가들은 부정적인 환경의 외부효과를 고려할 때 중국 경제가 계속 성장할 가능성을 아주 회의적으로 본다.

중국의 급속한 성장에 대한 두 번째 우려는 지구환경에 미치는 영향이다. 현재 중국이 온실가스 최대 배출국이기 때문이다. 지금 추세가 계속된다면 1990년부터 2050년 사이에 에너지 생산과 소비에 따른 이산화탄소 총배출량은 1970년 산업혁명 이후 온실가스 총배출량에 맞먹을 것이다. 중국인 1인당 온실가스 배출량이 대체로 선진국 국민 1인당 온실가스 배출량보다 적기는 하지만(일부 유럽 국가 국민 1인당 배출량보다는 많다), 중국 경제는 이미 지구온난화를 유발하는 주요 요인이 되었다. 중국 국민 1인당 온실가스 배출량이 전 세계 평균보다 훨씬 높다는 사실도 주목해야 한다. 기후변화에 대한 중국 정부의 입장이 바뀐 것은 이런 현실에서 비롯되었다. 자국의 이산화탄소 배출량을 통제하지 않는 한 제 발등을 찍는 셈이기 때문이다. 실제로 미국 국립학술원에서 발표한 여러 보고서(National Assessments of Impacts of Climate Change, 2007, 2011, 2016; Gao Yun, 2016, pp. 236~237에서 인용)는 중국이 사막화, 해수면 상승, 물 순환 장애(홍수와 가뭄 포함)를 통해 지구온난화의 영향을 이미 크게 받고 있다는 것을 잘 보여준다.

지구온난화가 티베트 지역에 미치는 영향은 중국에도 아주 중요한데, 빙하가 녹으면서 대규모 홍수와 산사태 피해가 일어나고, 양쯔 강과 황허 강의 유수량이 감소하기 때문이다. 티베트의 표면 온도가 전 세계 평균보다도 빨리, 게다가 점점 더 빨리 증가함에 따라 앞으로 양쯔 강의 자연 유수량이 25퍼센트까지 감소할 것으로 보인다. 해수면 상승 관측 결과도 똑같은 양상을 보인다. 중국 해안지역의 해수면 상승 비율은 세계 평균 이상이다. 예를 들어 상하이와 톈진은 빌딩이 고도로 밀집되어 있고 지하수를 남용한 탓에 해수면 상승 비율이 더 높은데, 이는 땅의 지지력을 약화시키고 지반 침하를 가속화시킨다. 중국 기상청의 예측에 따르면 중국의 기후변화 추세는 중국 북부에서 황사가 점점 더 빈번하고 심해지는 것, 중국 동부 해안지역에서 강우량이 감소하는 것, 중국 남부와 중부에서 눈보라가 더 강력해지는 것을 포함한다. 해안지역에서 가장 주목할 만한 기후변화 추세는 해수면 온도 상승으로, 이는 점점 더 강력해지는 열대 사이클론을 낳게 될 것이다.

시간과의 싸움

중국이 겪고 있는 지역적·전국적 환경위기는 수많은 정책대응을 낳았다. 시민단체의 비판과 시민의 시위로 지속적인 압박을 받기 때문에 더 그렇다. 중국 국민은 중국의 환경 상황에 점점 더 큰 영향을 받고 있고,

그 때문에 격분까지는 아니더라도 걱정이 커지고 있다.

2005년에 100명 이상이 참가한 시위가 8만 7,000건에 달했다. 기록에 따르면 이런 사회운동이 토지 몰수, 오염 증가와 관련이 있다고 한다. 2002년 이후로 환경 문제에 대한 불만 건수가 30퍼센트 늘었다. 대규모 시위는 해마다 29퍼센트씩 늘었고, 2012년과 2013년에는 산업계획에 반대하는 대규모 시위운동이 일어났다. 2005년에는 동양시 최초로 화학오염에 따른 피해를 항의하는 대규모 시위가 일어났다. 2012년부터는 샤먼, 스팡, 더 최근에는 종타이 사례처럼 예방 차원의 시위가 증가하고 있다.

1988년에는 국립환경보호국이 창설되었다. 국무원의 감독을 받으면서 환경법 입법, 국가 기준 정교화, 오염 문제 관리, 유엔 협력 업무를 담당하는데 실질적인 권한도 없고 인력도 충분하지 못했다. 그러다가 2008년에 제도개혁을 통해 초정부 부처로 승격되었다. 게다가 환경 목표가 의사결정과정에 도입되었다.

중국은 11차 5개년 계획(2006~2011년)에서 처음으로 구속력 있는 목표가 담긴 포괄적인 환경정책을 수립했다. 이산화황과 디젤 오염물질 배출량을 10퍼센트까지 감축하고, 에너지 집약도를 2005년 수준 대비 20퍼센트까지 낮추는 것이 목표였다. 이는 쉬운 과제가 아니었다. 이 목표를 달성하기 위해 정부는 예외적인 조치를 취해야 했다. 주로 국유회사에 직접 통제조치를 썼는데 규모 1,000위에 드는 대기업들이 에너지 소비를 1억tce(석탄 환산 톤수)만큼 감축하도록 하는 계획이었다. 지방정부들은 이 계획을 따르기 위해 각 발전소에서 디젤 발전기 사용을 의무화해 전기공급을 줄이기로 결정했는데, 이런 조치는 오염물질 배출 증가와 석유 부족 사태를 낳았다. 그런데도 중국 국가발전개혁위원회 차관은 11차 계획이 끝날 무렵까지 에너지 절약 수준이 6억tce를 넘길 것이라고 발표했다. 이는 이산화탄소 배출량 15억 톤에 맞먹는 양이었다.

중국 정부는 비화석연료에너지에도 막대한 투자를 쏟아 중국은 재생에너지와 원자력에너지 최대 투자국이 되었다. 중국 공식 자료에 따르면 2011년에 수력발전을 통한 출력량이 2억 3,000만 킬로와트에 달했는데, 세계 1위 수준이었다. 원자력발전소 15기가 가동 중이었고, 총출력량은 1,254만 킬로와트에 달했다. 추가로 원자력발전소 26기가 건설 중이었는데, 예상 총출력량이 2,924만 킬로와트로 세계 최대 규모였다. 전력망에 연결된 풍력발전의 총출력량은 4,700만 킬로와트로 역시 세계 1위 규모였다. 태양광발전도 빠르게 성장하고 있었는데, 총출력량이 300만 킬로와트에 달했다. 중국 정부는 바이오가스·지열·조수력에너지를 비롯해 다른 재생에너지원 이용도 촉진하고 있다.

중국은 11차 경제계획을 달성하기 전에 2020년까지 탄소 집약도 증가세를 2005년 수준 대비 40~50퍼센트까지 줄이기 위해 노력했다. 2010년 칸쿤협정 때 중국이 서약한 바였다. 이 서약을 지키기 위한 주요 목표가 12차 경제계획에 포함되었다. 더 나아가 중국은 청정에너지(비화석연료) 개발에 3,600억 달러 이상을 투자할 계획이며, 2020년쯤이면 중국의 청정에너지원이 1차 에너지 수요의 15퍼센트까지 차지하게 될 것으로 예상된다.

실제로 청정에너지 개발은 엄청난 투자 증가의 혜택과 강력한 인센티브 지원을 받았다. 2006년에 제정된 법에 따르면 전기배급회사들이 태양광발전소나 풍력발전단지에서 생산된 전기를 구매해야 하고 그 추가

비용은 소비자에게 분담시키도록 되어 있다. 그리고 설비 용량이 5기가 와트 이상인 생산자들은 2010년에는 전기 생산량의 최소 3퍼센트를 청정에너지에서 생산하되 2020년까지 그 양을 8퍼센트로 증가시킬 것을 의무화했다. 그러나 2016년에 일부 지방에서 풍력발전단지에서 생산된 전기의 40퍼센트가 전기회로망으로 전송되지 못했고, 같은 해에 풍력발전단지에서 생산된 전기의 21퍼센트가 전력망으로부터 거부당했다 (Zhang, Tang, Niu, Diu, 2016).

한편 중국 7개 지역에서 탄소시장이 시범 운영에 들어갔고, 2016년에 국영시장을 출범할 계획이었으나 연기되었다. 이 국영시장은 2020년까지 이산화탄소 규제량을 약 두 배(30억~40억 톤)로 늘려야 하는데, 이는 유럽연합시장 규모와 맞먹는 셈이다. 이로써 세계 탄소시장의 가치가 두 배로 늘어날 수 있다(Reuters, 2014).

12차 5개년 계획(2011~2015년)에서는 처음으로 산화질소와 암모니아질소 배출 감축 목표가 포함되었다. 산화질소는 산성비를 유발하고, 암모니아질소는 부영양화에 영향을 미친다고 알려져 있다. 중국 국무원에 따르면 환경보호와 에너지 효율성 개선에 4,500억 달러가 투입되었다.[4] 게다가 12차 5개년 계획에는 기업의 환경행태를 평가하는 신용 등급 시스템을 수립할 것이며, 환경정책과 신용 원칙을 준수하는 기업과 프로젝트에 신용 지원을 강화하겠다고 명시되어 있다. 그리고 중국 정부는 은행에 녹색 등급 시스템을 구축해 녹색신용대출 실적을 은행 직원의 업무 평가, 기관 승인, 사업개발 같은 다른 요인과 결합할 계획이다. 그런데 중국 정부는 2015년에 에너지 집약도와 탄소 집약도, 국가에너지 총소비량에서 재생에너지가 차지하는 비율과 관련한 12차 5개년 계획 목표 대부분을 달성했다.

그러나 12차 5개년 계획에 따른 조치가 충분한 성과를 내지 못했기 때문에 2013년에 도시의 대기오염 심화로 일련의 정책 이니셔티브가 촉발되었다(Jin, Yana, Henrik Andersson, Shiqiu Zhan, 2016, pp. 4~5). 그해 6월 중순부터 대기오염을 통제하기 위한 일련의 규제가 새로 발표되었고, 환경범죄에 대한 기소가 쉬워졌으며, 지방 공무원들에게 관할구역의 대기질에 대한 책임이 더 높아졌다. 그와 동시에 중국 정부는 향후 5년 동안 대기오염 정화를 위해 2,750억 달러를 투입하겠다고 약속했다. 연간 국방비 예산의 두 배에 해당하는 금액이었다.

2013년 10월, 베이징 시는 운행 차량 수 제한부터 휴교에 이르기까지 대기오염 응급상황이 발생했을 때 발동할 일련의 조치를 발표했다. 그로부터 며칠 뒤 겨울 난방철이 시작되면서 촉발된 대기오염 때문에 중국 헤이룽장 성의 성도省都 하얼빈이 마비 상태에 빠졌다. 학교는 휴교했고, 대중교통은 마비되었으며, 비행기도 이륙하지 못했다. 같은 달, 전국인민대표자대회 상무위원회 격월 회기에 앞서 더 강력한 환경보호법 초안이 제3독회에 붙여졌으나 투표는 연기되었다. 입법자들이 심각한 환경오염을 해결할 더 엄격한 조치를 요구했기 때문이다. 중국의 환경위기는 점점 심각해지고, 이 추세를 뒤집기에는 정부의 무능력이 명백한데도 1989년에 통과된 이후 법 개정이 이루어지지 않고 있다. 개정원안은 모든 정부 단위에서 환경보호 문제에 더 많이 책임지고 더 많이 지출할 것을 거듭 요구했고, 정부의 성과 평가에 환경보호 성과의 비중을 높였다. 실제로 공무원들은 재임기간이 끝나고 수년 뒤에도 환경파괴 문제에 책임을 져야 한다. 그러나 환경 관련 소송을 제기할 수 있는 시민사회단체를 엄격하게 제한하려는 조항도 담겨 있는데, 이는 논쟁의 여지가 많다.

새로운 법안은 중앙정부의 평가를 받는 지방 공무원들에게 막대한 압박을 줄 것이다. 지금까지는 환경개선 성과 기준이 이미 마련되어 있는데도 제대로 집행된 적이 없다. 지역 경제 행위자들이 지방 공무원들을 쉽게 매수해 의무 준수를 면제받기 때문이다.

환경에 관한 외교전략의 수정

중국이 더 명확한 환경 의제와 더 엄격한 정책 방향으로 나아가다 보면 국제무대에서 취했던 기존 태도를 바꾸게 될까?

이제 환경 문제는 중국 내부적으로도 피할 수 없는 중대 사안이 되었다. 중국 정부는 더는 수사적이거나 허울뿐인 답변을 내놓을 수 없게 되었다. 그러나 환경 문제가 중국의 국제협상 태도에 반드시 직접적인 영향을 미치지는 않는다. 중국과 그 동맹국들(브라질·인도·남아프리카공화국 등)은 여전히 일차적으로 모든 주요 협상안에서 다자주의 방식을 거부하면서 '추격' 국가들에 대한 차등화된 조치에도 유연하지 못하게 대응하고 있다. 미국이나 유럽연합과 다르게 국제사회에서 보여주는 중국의 태도는 국내 발전 수준에 미치지 못하고 있다.

중국은 경제적 추격기 동안 국제체제와 G77 체제 안에서 수동적인 역할만 했다. 바로 고전적인 제3세계의 태도였는데, 자국의 참여는 줄이고 선진국에 책임을 떠넘기면서 시간 연장과 기술이전을 요구했던 것이다. 중국은 후진타오 정부(2003~2013년)에 이르러 비로소 좀더 적극적인 입장을 취하기 시작했다. 2013년에 시진핑이 권력을 잡으면서 더 나아졌는데, 이 시기는 중국에 대한 외교적 공세가 증가한 때이기도 했다. 같은 시기에 미국이 국제기후협약에서 탈퇴함으로써 다자주의 체제에 차질이 생겼고, 국익을 최우선으로 하는 분위기가 재확인되었다. 따라서 중국은 비슷한 입장을 취해 자국의 천연자원에 대한 주권은 물론 경제발전 보장을 정당하게 방어할 수 있었다.

중국 정부는 탄소배출 감축정책과 대대적인 산림녹화사업 같은 국내 정책의 진화가 전 지구적 영향을 미치는데도 여전히 국가 차원의 선택에 의해서만 결정될 수 있다는 입장을 되풀이한다. 중국은 자발적으로 2020년까지 중국 경제의 탄소 집약도를 줄이고 재생에너지에 투자하기로 약속했다(역시 내적 동인에서 비롯된 결과였다). 이런 입장은 국제협상, 특히 국가 간 배출 감축 분배 문제에서 '약속과 확인' 체제가 하향식보다 우세한 기후협상의 진화와도 일맥상통한다.

그러나 중국은 전환기에 서 있다. 여전히 G77에 속한 개발도상국의 방어적 외교술을 쓰는 나라로 보이지만, 게임의 규칙을 정하는 데 점점 적극적인 역할을 하고 있는 신흥국 그룹(BASIC: 브라질·남아프리카공화국·인도·중국)에서는 주도적인 역할도 하고 있다. "G77 회원국은 국제기구와 국제사건에 대한 규칙을 제정하는 데 도움이 되지 못했다. 이와 대조적으로 BASIC 국가 내 다수의 지방 세력은 국제적으로 점점 더 많은 관심을 끌어왔고, 꼭 긍정적인 의제를 주장하지는 못하더라도 국제협상과 규칙 제정에서 일종의 거부권을 행사할 수도 있다."(Hochstetler, 2012, p. 53)

실제로 많은 국제사안에서 최근 중국은 놀라운 발전을 보여주고 있다. 미국과 수소불화탄소에 관한 협정을 맺은 것은 중국이 2015년 파리

기후변화협약에서 이전과는 다른 태도를 보여주리라는 것을 암시한 중요한 신호다. 중국은 파리기후변화협약에 대한 기여로서 2030년이나 그전에 이산화탄소 배출량이 절정에 이를 것이라는 전망에 따라 온실가스 절대 배출량 감축을 받아들였다. 이는 전통적인 입장의 대전환이다. 중국이 전 지구적 환경 문제에 부드러운 힘을 행사한 것은 완전히 새로운 일이다. 외교정책에 대한 통제는 전통적으로 아주 엄격했다. 그러나 지난 몇 년간 중국 정부는 기후변화를 담당할 기관을 설립했고, 이 분야에서 대학들의 국제협력을 장려했으며, 수많은 국제 전문가를 초대해 토론회를 열었다.

중국의 새로운 태도는 환경위기 인식의 변화, 국제협정에 기여하고자 하는 의지, 세계 공동체의 책임 있는 시민으로 인정받고자 하는 욕망 때문이다. 중국의 이런 태도 변화 덕분에 미국과 기후협상을 하면서 마지막 단계까지 원활하게 조율하고 최종 결론을 이끌어낼 수 있었던 것이다.

G2를 모색하며: 미국과 중국의 대화

기후협상: 공동목표 설정이 아니라 노력 평가에 따라 '책임 분담' 줄이기

미국의 입장에서 온실가스 배출 감축량 측정은 기후협약에 꼭 필요한 협상 불가능한 조건이다. 미국은 측정-보고-검증MRV: Monitoring, Reporting, Verification 제도를 장려한다. 실제로 서로 약속 이행을 확인할 수 있느냐 없느냐는 신뢰 구축을 위해 중요한 요소다. 미국은 이미 국제

공동체 간 신뢰 구축을 위해 국내 완화조치를 엄격하게 보고하고 있고, 다른 나라들, 특히 선진국으로부터 완화조치에 필요한 재정 지원을 받고 있는 개발도상국들도 똑같이 해야 한다고 요구한다. 그러나 중국은 이에 맞서왔다. 중국은 국제적 재정 지원을 받은 게 아닌 한 자국의 환경보호를 위한 노력을 외국 전문가에게 보고하는 것을 원칙적으로 거부했다(Colombier et al., 2011).

2012년 칸쿤에서 열린 제16차 유엔기후변화협약 당사국총회는 이 문제에 대해 놀라운 타협점을 끌어냈다. 이는 특히 인도의 협조로 가능했던 일이었다. 그러나 먼저 코펜하겐협정에 명시된 온실가스 감축 목표에 선진국의 노력이 검증되어야 했다. 이 획기적인 타결은 오바마 대통령이 중국과 협상을 맺기 위해 끈질기게 노력한 것과 연관이 있어 보인다. 미국 특사 토드 스턴Todd Stern과 중국 측 협상자 시에 젠후아Xie Zenhua의 집중적인 양자 협상을 통해 처음 칸쿤에서 두 나라 간의 의견 차이를 좁히고 나서(*New York Times*, December 8, A15) 그사이 6주 동안 두 나라 대표단이 톈진과 칸쿤에서 여러 차례 만났다. 오바마 대통령은 당시 대화 분위기가 꽤 솔직하고 화기애애했다고 말했다. 마찬가지로 중국의 쑤 웨이Su Wei 수석대표도 언론과의 인터뷰에서 미국을 비판할 기회가 여러 번 있었는데 이를 피하면서 완곡하게 이렇게 말했다. "오바마 대통령이 취임한 이후로 미국이 꽤 많은 일을 하고 있다고 생각합니다."

미국 협상자들은 다음 두 가지 주요 진전을 얻어냄으로써 의회와의 관계에서 유리해졌다.

- 신흥국 공약의 투명성: 칸쿤 결정문에 따라 모든 주요 배출국은 정기적으로(최소 4년에 한 번씩) 온실가스 재고량을 발표해야 한다. 모든 국가는 가능한 한 자주 발표하는 것을 목표로 삼아야 한다. 제16차 기후변화협약 당사국총회 결정문에 따라 격년 보고서에 대한 국제협의와 분석을 실행하기로 한다. 이는 "비간섭·비처벌, 국가 주권 존중 원칙에 따라 이루어질 것이며, 국제협의와 분석은 완화조치와 그 효과의 투명성 개선을 목적으로 당사국과의 협의에 따라 기술 전문가들의 분석을 통해 실시될 것이다."(UNFCCC 1/CP16) 실제로 제16차 당사국총회는 코펜하겐 합의 논리에 따라 선진국과 개발도상국 간의 엄격한 차별화를 꾸준히 약화시켜가기로 합의했다.
- 노력의 동등성: 2차 목표는 칸쿤협약에 포함된 미국과 중국의 약속이 법적 동등성을 지니게 만드는 것이다. 미국은 선진국과 개발도상국의 약속이 최종 결정문에 모두 '명시'되게 만듦으로써 이 목표를 달성했다(UNFCCC 1/CP16, Morgan & Seligsohn, 2010).

더 좋은 점은 미국과 중국이 각자 자국의 국익 관점에서 환경 문제에 관해 폭넓은 대화를 시작했다는 것이다. 주요 온실가스 배출국인 두 나라 간의 대화는 주요 배출 요인을 망라했고, 기준 일치를 위한 협력 강화와 새로운 기술의 응용과 개발도 다루었다(U.S.-China Climate Change Working Group, 2014).

주요 관심 분야는 교통수단 관련 이산화탄소 배출 감축, '스마트 그리드Smart Grid'(기존 전력망에 정보통신기술을 접목해 에너지 효율을 최적화하는 차세대 지능형 전력망—옮긴이) 기술, 이산화탄소 포획·저장·이용 기술, 건물과 공장의 에너지 효율성 개선이다. 더 중요한 것은 온실가스 배출량을 제한하기 위한 포스트 2020 계획 관련 정보를 공유하고, 2015년 협정을 위한 탄탄한 기반을 만드는 데 기여하기로 결정했다는 점이다.

다자주의 협정에 대비해 두 나라가 양자 협정을 준비하는 것은 전례 없는 일이었다. 이는 미국의 집요한 외교적 노력의 결과였다. 중국 정부는 미국의 이런 노력을 더욱더 반겼다. 이런 협력은 사실상 미국에 꼭 필요한 것이었다. 미국 정부는 중국과 조율함으로써(2015년 공약을 포함해서) 자국의 의무와 주요 경쟁자의 의무를 가장 완벽하게 일치시켜 버드-헤이글 결의안에 대응하고자 했다.

중국은 경제발전을 원하므로 무역보복을 두려워한다. 중국의 가장 중요한 무역상대인 미국과 유럽연합이 중국의 기후정책 때문에 자국 경제가 제약과 불이익을 당한다고 여겨서 국경세 조정 같은 무역조치로 국가산업의 경쟁력을 회복하려고 할 수도 있기 때문이다. 따라서 중국 입장에서 미국과 양자 대화를 해서 환경과 경제 문제의 주요 접점에 관해 균형 잡힌 해결책을 조율하는 것은 일종의 안보 해결책이다. 이렇듯 세계 주요 강대국인 두 나라 간의 논의는 오로지 국익보호와 권력균형에 초점이 맞춰져 있다. 분명한 것은 중국이 새로운 권력을 발휘해 미국과 대적할 결의가 있다는 점이다.

판도를 바꿀 G2

의심의 여지없이 2014년 11월 12일에 체결된 중국과 미국의 거래는 이 힘의 균형을 입증했다. 중국은 2030년 이후, 가능하다면 그전에라도 온실가스 배출을 억제하는 데 동의했다. 반면 미국은 2025년까지 2005년 수준 대비 27퍼센트 감축을 발표했다. 이 거래는 1년에 걸쳐 비밀리에 이루어진 협상의 결과였다. 유엔기후변화협약 틀에서 이루어진 것은 아니었지만, 중국과 미국의 거래는 기후변화 다자주의 협상의 판도를 바꿀 가능성이 높다. 이 거래는 언뜻 보기에 실질적인 배출 감축 노력을 2025년과 2030년으로 연기한 것처럼 보인다. 2050년까지 지구 평균기온 2도 상승 목표를 달성하려면 전 지구적으로 온실가스 배출량을 절반으로 줄여야 한다. 역사적으로 온실가스 최대 배출국인 유럽연합과 미국은 약 80퍼센트를 감축해야 한다. 미국의 경우 2014년 11월 12일 협정에서 약속한 목표대로라면 1990년부터 2025년까지 해마다 0.45퍼센트씩, 2025년부터 2050년까지는 연간 4~5퍼센트씩 배출을 감축한다는 뜻이다. 그러나 두 기간으로 나누어서 보면 이 평균치는 배출량 추세의 명확한 변화를 가린다. 2025 목표 덕분에 2005년부터 2025년 사이의 배출량 감축 추세는 1990년부터 2005년 사이에 비해 훨씬 더 급격해질 텐데, 이는 미국이 탈탄소 추세에 접어든다는 것을 뜻한다. 중국도 마찬가지다. 처음으로 중국이 미국뿐만 아니라 세상을 향해 배출 정점을 발표한 것이다. 중국은 이제 책임을 분담하고 있다.

2015년 9월, 미국과 중국은 또 양자 전략을 써서 새로운 성명을 발표했다. 이 성명은 코펜하겐/칸쿤협정과 비교해 양국의 기후조치 투명성에 관한 비교 가능성을 규정하기 위한 것이었다. 이는 오바마 행정부의 승리이자 오랫동안 숙원이었던 버드-헤이글 결의안에 대한 대응이었다. 마침내 미국은 집중적인 양자 협상을 통해 중국과 협정을 맺어 국제협정의 주요 장애를 극복한 것이다. 2015년 9월에 체결된 기후변화에 관한 미중 공동성명은 "이행조치를 보고·검토하고 적절한 방식으로 지원하는 것을 포함해 상호 신뢰를 구축하고 효과적인 이행을 장려하는 투명성 개선 시스템을 파리협약에 포함"(White House Office of the Press Secretary, 2015)시킬 필요성을 표명한다.

이 두 거인은 환경 문제를 실험하고 G2의 모습을 설계하면서 앞으로 나아갔다. 놀랍게도 두 거인의 실험은 국제체제의 틀을 약화시키지 않았다. 두 나라는 어느 선에서 협상에 동의할 수 있는지 그 경계선을 정했다. 사전에 두 주요 선수의 윈셋을 확인함으로써 파리기후협약 전야에 여러 협상 그룹이 이 단계적 접근방식을 채택하기도 했다. 따라서 기후변화에 관한 정책 때문에 구축된 G2는 새로운 형태의 다자주의를 만들어냈다고 할 수도 있다.

그러나 2016년 미국 선거는 이 실험에 종지부를 찍었다. 의회 다수당인 공화당의 지지를 받는 트럼프 행정부는 미국 환경규제의 근간이라고 할 수 있는 대기정화법까지 공격하고, 파리기후변화협약에서 탈퇴하기로 결정하는 등 여러 환경규제에 대해 공격적인 행동을 취했다(2020년 11월 3일에 치러진 미국 대선에서 역대 최다 득표로 트럼프를 꺾고 2021년 1월 20일 46대 대통령으로 취임하게 될 조 바이든은 파리기후변화협약 재가입을 선언하고 대기정화법 강화, 신재생에너지 100퍼센트 달성을 약속한 만큼 새로운 변화를 기대해본다—옮긴이). 그러나 규제 완화 의도가 분명하더라도 그런 움직임의 깊이와 효과를 평가하기에는 아직 너무 이르다. 여러 견제와 균형이 그런 공격적인 입장을 완화할 수 있다. 다시 말해 텍사스와 캘리포니아주 정부의 정책은 재생에너지, 에너지 효율성, 탄소가격제 지지로 입장이 갈릴 것이다. 게다가 급격한 환경규제 완화 움직임을 지연시키거나 제동을 걸 소송이 진행 중이다. 기업 경쟁력을 약화시킬 수 있는 조치에 반대하는 글로벌 기업도 있을 것이다. 과학 공동체와 사회운동단체도 여론을 동원하려고 할 것이다. 그럼에도 미국-중국 파트너십의 국내 동인은 이제 막혀버렸다.

중국은 환경 의제에 대한 공약을 축소하지 않았다. 시진핑 국가주석은 파리기후변화협약을 이행할 의지를 강력하게 표명했고, 미국에 책임 있는 태도를 촉구했다. 석탄 소비에 대한 결정이 석탄화력발전 프로젝트 100개를 철회하는 것으로 이어지기도 했는데, 그 규모가 120기가와트에 달한다. 또한 석탄 광산 폐쇄로 파리에서 발표한 것보다 훨씬 더 일찍 배출 절정에 이를 것으로 보인다. 그래도 중국이 미국의 빈자리를 채울 수는 없다. 그리고 중국은 동맹이 필요하다. 따라서 지금은 유럽이 나서서 중국이 이런 움직임을 지속할 수 있도록 힘을 써야 할 때다.

11장

지속 가능한 발전의
새로운 다극화

10장에서 미국과 중국의 국제정책을 살펴본 것에 이어 이번 장에서는 전 지구적 환경 영역에 작동하는 다른 역학관계를 알아보겠다. 각국이 최대 영향력을 행사하려고 애쓰는 가장 정치적인 장이라 할 수 있는 기후변화체제의 역학관계를 밝혀보고자 한다.

특히 중요한 경향은 코펜하겐기후회의 위기에서 신흥국의 부상과 미국 리더십의 종말이 드러났다는 점이다. 브라질·남아프리카공화국·인도·중국BASIC이 연합해 미국과 유럽의 제안을 거부한 이 놀라운 정치적 사건을 통해 구세계의 종말이 선언되었다. 국제체제의 새로운 다극화는 일부 국가, 특히 미국과 유럽의 반대편에 있는 BASIC 4개국 연합의 '추격'이 낳은 결과로 보였지만 현실은 좀더 복잡하다. 코펜하겐회의 이후 기후체제는 개발도상국들의 파편화를 보여주었는데, 지속 가능한 발전과 강력한 기후행동을 지지하는 좀더 진보적인 입장을 지닌 국가들의 연합이 새롭게 등장했다.

유럽연합은 이런 연합들의 등장을 돕는 중요한 역할을 했다. 그리고 그 과정에서 솔선수범하는 선구자 입장에서 더 광범위한 운동의 조력자로 발전했다. 이번 장은 국제사회에서 유럽연합의 역할과 개발도상국들의 파편화에 대한 재평가에 초점이 맞춰져 있다. 1985년 1월에 출범한 G77과 중국의 전통적 위상에 도전하면서 녹색발전을 지지하는 진보적인 국가들의 등장을 살펴보겠다. 여러 경제적 어려움에도 개발도상국에서 지속 가능한 발전 방침이 유지되고 국내 정책에 주류로 자리매김하는 이유가 밝혀질 것이다.

환경 분야의 지정학은 안보나 무역 분야와 별반 다르지 않은 힘의 정치와 실리 기반 전략의 사례를 통해 알 수 있다. 기후체제 안에서 두 주요 경제대국, 다시 말해 미국과 중국의 대립과 협력은 잠재적 기후협정에 상대국이 무임승차하는 것을 막으려는 이해관계에 따른 것이다. 그렇더라도 힘의 정치와 실리만으로는 전체 그림을 설명하기에 부족하다. 중국 리더십이 보여주는 태도 변화, 다시 말해 기후회담을 무시하거나 꺼리던 태도에서 적극적인 참여로 변한 것은 경제발전정책의 철저한 수정에서 비롯된 것이다.

유럽의 정치와 기후변화정책의 역할은 특정 핵심 아이디어가 어떻게 협상 태도로 형성되는지 분석할 때 더 명확해진다. 유럽연합이 초기에 기후 문제에 적극적인 입장을 취한 것은 1990년대에 여러 유럽 정부에 녹색당이 참여하고 있었던 특수한 정치 상황 때문이었다. 북유럽 국가의 더 진보적인 정치도 영향을 미쳤다. 1990년대 초에는 새로 창설된 유럽연합이 국제환경 분야에서 새로운 리더로 자리매김했다. 과거 미국이 지배하던 판에 전환이 일어난 것이다. 심지어 유럽연합은 '솔선수범'이라는 리더십 이론을 만들어내기도 했다. 이는 유럽 거버넌스의 핵심인 진보적 규칙과 규범을 바탕으로 한다. 규범 설정을 통한 통치는 내외적으로 유럽연합이 취하는 태도의 근간이다. 따라서 다른 강대국들이 다른 나라의 눈치를 보면서 결정에 신중을 기할 때 유럽연합 단독으로 공익을 위해 행동하기로 결정한 적이 여러 번 있다.

유럽은 지금 안팎으로 전환점에 서 있다. 내부적으로는 그런 단독정책에 대한 비판이 늘고 있기 때문이다. 다른 경쟁국들은 서로 비슷한 행동을 취할 때 유럽경제에 미치는 비용 부담에서 비롯된 비판이다. 외부적으로는 유럽연합이 기존 방침을 계속 밀고 나갈 능력이 있느냐 하는 의구심이 커지고 있기 때문이다. 이제는 유럽연합이 지금까지 기여한 가치를 지키기 위해서 기존 태도를 바꿔 동맹과 연합을 모색할 때다. 기존과는 아주 다른 기후 관련 집단행동의 새로운 틀이 중요한 기회를 마련해주고 있다. 파리기후협약 준비과정에서 토론 방향이 탄소 배출 감축 목표에서 에너지 전환과 경제체제 변화로 더 광범위해졌다. 이런 방향 전환은 2020년 이후 신기후체제에 맞춰 기후정책을 준비하고, 아주 다양한 에너지원에 의존하는 국가 간에 엇갈리는 이해관계를 극복해야 할 내적인 이유로 유럽에 필요한 변화였다. 그런데 이런 관점의 확대로 파트너십의 확대도 가능해졌다. 각 나라가 고유한 방식으로 기후위기에 대응하고자 노력하게 되면서 이제 유럽은 개발도상국을 포함한 모든 나라가 받아들일 수 있는 조건으로 말할 수 있게 되었다.

전 지구적 환경행동이 성공하려면 앞으로 나아가는 나라, 생산과 소비방식을 바꾸는 나라, 다른 나라가 먼저 행동하기를 기다리지 않는 나라가 충분히 많아져야 한다. 그렇게 될 때 생각이 같은 나라들로 이루어진 더 광범위한 지지층이 유럽과 뜻을 같이하게 될 것이다.

유럽연합: 리더에서 동지로

환경보호는 30년 넘게 유럽연합의 핵심 요소였다. 1986년에 체결된 단일유럽의정서Single European Act에는 환경 문제가 유럽경제공동체EEC:

European Economic Community의 세 기능 중 하나로 명시되었다. 1992년에 체결된 마스트리히트 조약Maastricht Treaty은 공동시장 완성, 유럽 화합 증진과 더불어 환경보호를 유럽경제공동체의 목표에 포함시켰다. 1997년에 체결된 암스테르담 조약Treaty of Amsterdam에서는 드디어 지속 가능한 발전이 유럽연합의 목적에 추가되었다. 이는 2000년 리스본 전략Lisbon Strategy과 2001년 유럽이사회European Council에서 미국의 철회에도 아랑곳없이 교토의정서 지지 결정을 내리는 밑바탕이 되었다.

유럽은 1986년부터 지금까지 초국가적인 환경정책을 구축해왔다. 유럽 각국의 국내 환경정책은 초국경적인 협정에 크게 의존하기 때문에 그와 같은 주권 이양의 혜택을 경험했다. 예를 들어 산성비 문제가 개선되었고, 그에 따라 라인 강과 북해와 발트 해의 수질이 개선되었다. 그리고 오존층·기후·생물다양성 보호를 위한 국제협약이 체결될 때도 유럽은 논의에 적극적으로 참여하기가 수월했다(Lönnroth, 2006). 게다가 부분적으로 주권을 포기한 회원국을 대신해서 규범과 규제 기반의 집단행동 시스템을 위해 싸운 유럽연합으로서는 규범 설정의 다자주의 시스템을 지키는 것이 유럽 모델을 지키는 당연한 길이었다.

유럽 프로젝트는 각 나라가 인류 역사상 그 어느 때보다 공익을 위해 서로 협력할 수 있고 또 협력해야 한다는 열망을 구현한다(Grubb & Gupta, 2000). 국익을 초월한 공익 지원은 유럽연합 가입과 공동체 기금 할당조건 규범에 반영되어 있다. 전 지구적 환경 목표를 달성하기 위한 유럽의 공약은 유럽 예산구조와 사용방식에 부합하는 구체적 적용을 바탕으로 한다.

기후행동에는 강력한 리더십이 필요하다

모든 환경협상에서 다 그렇긴 하지만 유럽연합이 리더십을 행사하고 국제체제를 도입하는 데 가장 적극적이었던 분야는 의심의 여지없이 기후변화 분야다.[1] 교토의정서가 채택되기 전이었던 1996년에도 유럽연합 각료이사회는 지구 평균기온 상승폭을 최대 2도로 설정한 바 있다. 시간이 흐르면서 다음과 같은 성과도 있었다(Tubiana & Wemaëre, 2009).

- 기후체제를 위해 야심 찬 목표들을 계속 지지해왔다.
- 2000년 3월 유럽연합집행위원회에서 발족한 유럽연합기후변화프로그램ECCP: European Climate Change Program을 통해 포괄적이면서 통합적인 일련의 정책과 조치를 발전시켰다.
- 교토의정서의 유연한 메커니즘(배출 감축 목표를 준수하기 위한 국제산림탄소상쇄제도와 산림사업을 통한 탄소 격리가 지니는 임시성과 가역성 때문에 산림 금융을 꺼리는 문제)이 환경 문제를 온전하게 다룰 수 있는지 우려를 표했다.
- 2005년 유럽연합 배출권거래제ETS: European Union Emissions Trading System가 출범하면서 의무화된 지역 배출권 거래 시스템이 처음 생겼다. 유럽연합의 핵심 탄소 배출 영역인 발전소와 에너지 집약산업에서 탄소에 가격을 매기는 시스템이었다.

유럽연합의 리더십이 확고해진 것은 조지 W. 부시 대통령 시절에 미국이 기후협상에서 빠진 덕분이기도 하다. 특히 2001년에 미국이 교토의정서를 철회하고 나서 2004년에 유럽연합이 러시아를 설득해 교토의정서를 구한 일로 유럽연합의 국제적 위상이 크게 높아졌다(Afionis, 2010).

따라서 기후변화에 대한 유럽의 입장은 국제 전반의 입장을 상징하는 것으로 여겨졌다. "기후변화는 극도로 심각한 국제 문제일 뿐만 아니라 파괴적인 영향을 미치는 세계화에 맞서 싸우는 시위운동에서도 상징성 있는 사안이다. 따라서 교토의정서 체결은 세계화 규제와 국제 거버넌스 규제를 위해 중요하다고 할 수 있다."(European Parliament, 2002, pp. 7~8) 2001년 6월 유럽이사회 정상회의가 끝나고 나서 유럽 환경위원 마르고트 발스트룀Margot Wallström이 다음과 같이 더 명확하게 밝힌 바 있다. "오늘 미국과 유럽연합의 힘의 균형에 변화가 일어났다고 생각합니다."

사실 기후변화와의 싸움에서 유럽연합이 지도자가 된 것은 아무도 그 자리를 원치 않았기 때문이기도 하다(Martin, 2012). 기후체제가 소멸 직전에 있다고 본 나라가 많았는데도 유럽연합이 기후체제 유지를 위한 협상을 성공적으로 이끌어왔다는 사실도 한몫했다(Victor, 2001). 그러나 2000년대 초, 국제정세와 유럽연합 내부 균형의 변화 덕분에 교토의정서가 발효된 이후로 환경 문제에 대한 유럽연합의 동력은 약해졌다.

위기의 시대

유럽연합의 지도력이 위기에 처한 이유는 크게 두 가지다. 하나는 유럽연합의 규모가 커지면서 환경정책에 대한 내부 합의가 어려워졌기 때문이고, 다른 하나는 2008년 이후 전개된 경제위기 탓이다.

2004년에 경제발전 수준과 경제구조 때문에 환경 문제가 일차적

관심사가 아닌 나라들이 유럽연합에 새로 가입했다. 이렇게 유럽연합이 확대되면서 유럽연합집행위원회뿐만 아니라 여러 회원국 정부에서도 환경 문제에 대한 관심이 줄어든 것이 눈에 띈다. 동유럽과 중유럽 국가들은 유럽연합의 모든 법안과 관행을 일컫는 공동체법acquis communautaire 가운데 환경조항을 이행하는 데 어려움이 있었다. 조약 이행 유예기를 이용하는 실태가 만연해 있는 현실은 환경정책 입안의 부분적 '재자국화renationalization'가 지닌 현실적 위험을 드러냈다. 그와 같은 재자국화를 피하려면 막대한 시간과 자원을 투자해야 하기 때문에 새로운 회원국이 유럽연합의 기존 법규를 준수할 수밖에 없었다.

유럽연합의 환경정책 채택이 신입 회원국의 환경 문제에 대한 태도와 전략에 긍정적인 영향을 미치긴 했지만, 중요한 정치적·경제적 비용을 치러야 하는 상당한 노력이 필요한 일이었다.

유럽연합은 이제 혼자 싸우지 않는다

이런 어려움은 2009년에 유럽연합집행위원회가 교토의정서 2단계(1단계는 2012년에 만료)와 더 광범위한 협정 체결을 위해 국제협상을 준비할 때 환경정책을 부활시키는 과정에서 특히 두드러졌다. 유럽연합은 협상에서 주도적인 역할을 하기 위해 공동의 입장을 정립하고자 했고, 기후변화에 대처하기 위해 고유한 조치를 이행했다. 2008년 12월에 유럽이사회는 '20-20-20 목표'라는 이름의 일괄정책을 최종 결정했다. 2020년까지 온실가스 배출을 20퍼센트 감축하고, 에너지 효율성을 20퍼센트 높이고, 에너지 총소비량 가운데 재생에너지 비율을 20퍼센트로 끌어올리는 목표였다. 게다가 점진적으로 온실가스 배출 할당량을 모두 경매해야 했다. 기업들이 온실가스 배출 할당량을 2013년에 20퍼센트, 2020년에는 70퍼센트, 2027년에는 100퍼센트 구매해야 한다는 뜻이었다. 전기 부문의 경우 새로운 회원국에 한해서는 2020년까지 면제되지만, 다른 회원국의 경우 2013년부터 전기 할당량에 대한 경매가 효력을 발휘했다.

그러나 유럽연합은 처음으로 정책이행에 조건부 조항을 도입하기도 했다. 코펜하겐에서 국제적 합의가 제대로 이루어진다면 배출량 감축을 1990년 수준 대비 30퍼센트까지 확대할 수 있었다. 반면에 국제경쟁에 많이 노출된 기업, 다시 말해 지구온난화 억제정책에 소극적인 나라의 기업과 경쟁해야 하는 기업에게는 가장 오염이 심한 산업의 아웃소싱을 피하기 위해 무상 할당 혜택을 준다.

주로 석탄에 의존해 전기를 생산하는 대다수 신입 회원국들은 이 개혁정책을 꺼렸다. 전기료가 올라가 경제성장을 더디게 하고 에너지 안보를 약화시킬 수 있기 때문이다. 특히 폴란드와 발트 해 국가들은 이 일괄정책 때문에 온실가스 배출 감축을 위해 러시아로부터 가스를 수입해서 에너지 독립성이 줄어들까 봐 두려워했다. 이런 우려는 유럽 전기시장 내에서 전력 연결을 개선하자는 집단 대응으로 이어졌다. 유럽 일괄정책은 승인되었지만, 협상의 어려움 때문에 유럽연합 핵심 국가들이 적극적인 기후정책 추진에 대해 침묵하는 결과를 낳았다.

계속되는 경제위기는 초국가적 실체로서 대응할 수 있는 유럽연합의 역량에 영향을 미쳤을 뿐만 아니라 투기 거품(은행·금융·부동산 부문 등)에서 비롯되는 적자를 막고 더 엄격한 예산정책으로 공공적자를 줄일 수 있는 국가 역량에도 영향을 미쳤다. 전략적 에너지 안보에 대한 우려가 커지면서 배출 감축 목표와 상충하기도 했다. 석탄에서 천연가스로 에너지를 전환하는 것이 이산화탄소 배출을 줄이는 대표적인 방법이지만, 까다로운 정치 상황에서 수입가스에 의존하게 될 위험성 때문에 석탄의 역할이 다시 중요해졌다. 탄소 누출 문제도 마찬가지다. 모든 기후정책에서 유럽의 산업이 외국 기업에 경쟁력에서 밀리는 결과를 피할 수 없었다. 따라서 유럽연합이 국경세를 조정하거나 해외 경쟁에 노출된 산업 부문에 면제조건을 주는 무역조치를 통해 스스로 자신을 보호하지 않는 한 경쟁국보다 더 엄격한 환경정책을 펴는 것은 불가능하다.

설사 경쟁력 상실에 대한 두려움이 지나친 과장이더라도 기후정책을 온전하게 이행하는 데 제약을 초래할 수밖에 없었다. 가장 큰 영향을 받은 것은 당연히 유럽연합 탄소 배출권거래제였다. 배출권 초과 할당 수요와 유럽 경제성장의 둔화로 탄소 가격이 붕괴했기 때문이다. 현재 탄소 가격 수준은 별 의미가 없기 때문에 시스템의 철저한 개혁이 필요한 상태다. 유럽연합 공동농업정책 같은 개혁정책이나 주요 공동연구 프로젝트가 재고되지는 않지만, 환경 문제는 이제 국가 차원은 물론 유럽연합 차원에서도 뒷전으로 밀려났다.

여러 국가가 교토의정서를 철회한 여파 속에서 유럽연합은 여전히 중요한 역할을 하고 있다. 규제·기준(예를 들어 자동차 배기가스 기준)·배출권거래제 수립에 힘을 실었고, 그에 따라 재생에너지와 에너지 효율성 개선을 장려했다. 유럽연합 기후정책의 주요 특징은 중국을 비롯해 점점 많은 나라로 퍼져나갔다. 국제조정에서 보여준 특징도 마찬가지다. 예를 들어 배출권거래제가 여러 국가(뉴질랜드와 스위스를 비롯해 곧 중국에서도)와 여러 지역(캘리포니아, 퀘벡, 미국 북동부 지역)에서 채택되었다. 게다

가 더 많은 국가와 지방과 도시들이 배출권거래제나 탄소세 도입을 고
려 중이다(2014년에 세계은행이 발족한 탄소가격선도연합도 그중 하나다). 지난
10년 동안 전 세계 여러 나라에서 차량연료 기준, 에너지 구성비에서 재
생에너지 확대정책, 친환경 조달정책 등이 도입되었다(Bals et al., 2013).

90개국이 2020년까지 온실가스 배출 감축을 약속한 칸쿤합의와
2015년 12월 파리기후변화협약 전에 발표된 189개국의 자발적 감축
목표는 유럽연합이 지난 15년 동안 발전시켜온 구상·정책·목표의 구
현을 보여준다. 이제 유럽연합은 기후변화행동에서 혼자가 아니다. 따
라서 유럽연합이 리더십의 일부를 잃은 것은 사실상 '솔선수범'이라는
선구적인 전략에서 비롯한 것이다. 유럽연합이 솔선수범을 보인 결과는
만족스럽지 못하더라도 이 전략은 아주 효과적이었다.

이제 유럽연합이 세계적 지도자로서 위상을 되찾기 위해 내부 역학관
계에 의존하기는 더 어려워졌다. 그렇다 해도 신기후체제post-2020 협상
은 유럽연합이 국내 정책과 국제전략을 재정의할 기회다.

신기후체제: 탄소 배출 감축에서 에너지 전환으로

유럽연합은 다른 나라와 마찬가지로 2015년 파리유엔기후변화협약 당
사국총회에 제출할 제안서를 준비해야 했다. 교토의정서를 대체할 새로
운 국제협약 체결을 위한 협상이 예정되어 있었기 때문이다. 교토의정
서에서는 선진국만 온실가스 감축 의무가 있었지만, 이제 모든 회원국
이 감축 공약을 해야 했기 때문에 파리기후회의는 아주 특별했다. 유럽
연합은 이제 선진국의 입장만 대변할 수 없었고, 더 광범위한 국가들까
지 아울러야 했다. 그야말로 전 지구적 협정을 위한 구조와 규칙을 제안

해야 했던 것이다. 유럽연합은 2015년 파리기후회의에 대비해 2020년 이후를 위한 정책을 개발하는 한편 유럽연합의 비전과 이해관계에 부합하는 전 지구적 체제를 옹호해야 했다.

2020년이면 유럽은 2008년에 세운 목표, 다시 말해 1990년 수준 대비 탄소 배출 20퍼센트 이상 감축, 에너지 구성비에서 재생에너지의 비율을 20퍼센트 또는 그 이상으로 확대하는 목표를 크게 달성해야 한다. 다만 에너지 효율 개선이라는 구속력 없는 목표는 달성하기 어려울 것같다. 이 기후·에너지 일괄정책은 비판받았다. 특히 2008년 이후 유럽이 겪고 있는 경제위기 때문이었다. 유럽의 산업계와 소비자들은 탄소 가격과 재생에너지에 대한 재정 지원으로 에너지 비용이 높아지고, 기업의 경쟁력이 약해진다는 이유로 이 일괄정책에 반발했다. 미국의 셰일가스와 석유 남용, 그에 따른 천연가스 가격 하락이 이런 비판을 더욱 강화시켰다.

따라서 유럽의 에너지정책은 기후정책이 경제성장의 장애물로 보이는 새로운 상황에 맞춰야 한다. 배출 감축 목표와 경제성장의 조화는 전 지구적 협정 체결과 그 이행을 위한 조건이다.

유럽의 무역균형에서는 화석연료 순수입량이 큰 비중을 차지하는데, 2013년 유럽연합 회원국 28개국의 국내총생산에서 약 3.3퍼센트를 차지했다. 유럽은 신기후체제에 대비해 에너지 안보라는 시급한 과제를 해결할 제안서를 작성해야 했다. 조달정책 조정과 에너지 효율성 개선 노력이 실현 가능하면서 수입 의존도를 줄일 최고의 방법이었다. 유럽의 새로운 기후·에너지 일괄정책협상은 온실가스 배출을 1990년 수준 대비 '최소' 40퍼센트 감축하는 목표에 초점이 맞춰져 있었다. 2030년까지 에너지 구성비 가운데 재생에너지 비율을 27퍼센트로 높이는 목표도(30퍼센트로 상향 조정될 수도 있는데) 에너지 효율성 개선 계획과 더불어 최종안에 포함되어 있었다. 경제위기 이후 유럽협상은 국제기후협상과 비슷하게 흘러가고 있다. 다시 말해 유럽연합 회원국들은 에너지 선택의 자율성은 보장받고 과도한 비용은 피하고 싶어한다.

에너지 선택의 자율성을 주장하는 것은 재생에너지 확대 목표와 상충될 수 있는데, 이 때문에 유럽의 입장을 정하는 방식에 변화가 생겼다. 이산화탄소 배출이나 화석연료에 의존하는 나라들에 대한 지원이 정책에 포함되면서 유럽연합의 입장은 더 상향식으로 바뀌었다. 다양한 자원과 경제구조를 지닌 다양한 나라에서 국가 차원의 에너지 전환을 이룰 수 있게 하기 위한 것이다. 그런데 유럽에서 온실가스 배출 감축을 가장 꺼리는 나라들은 주요 온실가스 배출국인데, 사실 에너지 효율성 개선 역량을 갖추었기 때문에 온실가스 배출 감축비용이 가장 적게 나올 나라들이라는 데 모순이 있다. 탄소 잠김carbon lock-in(특히 에너지 기반시설과 전기 생산 부문에서)과 그에 필요한 직업 재교육 프로그램 구축이 주요 장애물이다.

탈탄소 경제는 이와 같은 구조적 변화를 일으키기 위해 에너지 생산에서 에너지 수요에 이르기까지, 에너지 소비 양식에서 에너지 구성비에 이르기까지 모든 부문을 아우르는 에너지정책이 필요하다. 독일·프랑스·덴마크·영국을 포함해 대부분의 유럽 국가는 포괄적인 에너지 전환정책 개발에 참여해왔다. 탈탄소 목표가 광범위해질수록 그에 필요한 구조적·기술적 변혁도 더 중요해지고, 정책범위도 더 광범위해진다. 유럽연합의 탈탄소 목표는 아주 야심 차다. 2050년까지 온실가스 배출을

1990년 수준 대비 80~90퍼센트 감축하는 것이다. 일부 선두주자들(예를 들어 스웨덴과 프랑스)은 2050년이나 그전에 탄소 배출 제로 목표를 달성할 것이라고 발표했다. 따라서 유럽의 기후정책은 더는 가격수단(탄소세와 탄소시장)에 국한되지 않는다. 물론 이 가격수단은 여전히 결정적으로 중요하긴 하다. 그러나 이제 유럽의 기후정책은 특히 에너지 시장과 관련해서 기술·재정·규제 측면을 망라한다.

리더에서 동지로

유럽연합의 확대는 국제협상에서 유럽 제도의 문제점을 더 두드러지게 만들기도 했다. 회원국이 25개국으로 늘어나자 유럽연합은 하나의 국가도 아니고, 정통성을 지닌 국제조직도 아니게 되었다. 유럽연합은 통상적으로 기후협상에서 자율성과 자유의지를 지닌 하나의 행위자 취급을 받았지만, 회원국 간의 의견 차이가 뚜렷했고, 조정 절차도 아주 까다로웠다. 유럽연합의 내부 운영 시스템은 하나로 뜻을 모으기 힘든 구조다. 유럽연합 대통령이 순번제이기 때문에 특히 더 그렇다. 현직 대통령이 이전 대통령, 차기 대통령과 계속 소통하면서 조율하고 합의점을 찾아야 하는 현실은 '논쟁적일 수' 있다(Martin, 2012, p. 200).

유럽연합정책은 이제 27개국 회원국 간 타협의 산물이다. 이 회원국들은 경제수준도 경제구조도 에너지 구성비도 다르다. 저탄소 경제로 전환하는 것과 2050년 이후 기후변화가 초래할 비용 문제가 유럽집행위원회의 의제인 반면, 회원국의 관심사는 여전히 기존 사업의 단기적 보전과 유권자들의 일자리다(Tubiana & Wemaëre, 2009). 코펜하겐지구정상회의에서 이런 추세가 두드러졌다. 회원국의 이해관계가 다양하고 유럽연합의 역할에 대해서도 의견이 갈렸다. 재원을 어떻게 마련할 것인지, 어떤 공약에 서명할 것인지, 어디에 초점을 맞출지, 예를 들어 기후변화인지(프랑스와 스웨덴의 입장), 에너지 안보인지(체코의 입장) 서로 의견이 분분했다. 결국 마지막 순간에 합의점을 찾긴 했지만 그 공통분모는 아주 작았다. 다음 단계로 넘어갈 때마다 모든 회원국의 협의를 거치다 보니 결정이 너무 늦게 이루어졌기 때문에 최종 협상에서 유럽연합이 할 수 있는 일이 별로 없었다. 제때에 유연하게 대처할 수 없었던 것이다. 그사이 미국과 주요 신흥국들은 유럽의 주요 관심사는 빠뜨린 채 자기들이 원하는 대로 타협안을 도출했다. 코펜하겐회의에서 유럽연합은 그저 수동적 대응만 했을 뿐 능동적 제안은 하지 못했다(Martin, 2012).

그러나 코펜하겐회의에서 보여준 리더십 부족은 유럽연합이 공동입장을 도출하고, 유럽연합 내 배출 감축 목표를 설정하는 데 성공하면서 만회되었다. 이런 방식으로 유럽연합은 저탄소 경제로 나아갔고, 모범적인 역할을 유지했다. 회원국 정책의 조정은 여전히 강력하고, 유럽연합 내 다양한 규모의 영토별 거버넌스에 맞추는 노력 역시 중요하다. 그 덕분에 국제적으로 유럽연합의 위상뿐만 아니라 공동입장도 유지할 수 있는 것이다.

그러나 유럽 지도자들이 볼 때 코펜하겐회의의 최종 합의문은 실망스러웠다. 심지어 실패라고 할 수 있었다. 그래서 다른 나라들과 마찬가지로 유럽연합은 이제 성공을 위해 야망을 낮춘다. 코펜하겐회의 전후를 기준으로 유럽연합의 역할을 비교한 리자네 그뢴Lisanne Groen, 아르네 니만Arne Niemann, 제바스티안 오버튜어Sebastian Oberthür(2012)에 따르면 "2010년 칸쿤협상에서 유럽연합은 훨씬 더 제한된 목표를 달성했고 코펜하겐합의에 담긴 다양한 조항 이행에 필요한 일련의 구체적인 결정을 지지했다. 그리고 유럽연합은 각 사안에 대한 유럽연합의 입장을 바탕으로 적극적으로 연합을 형성하면서 다양한 국가연합 사이에 가교 역할을 해내기도 했다."

그 후 이런 방향성과 접근방식은 더욱 뚜렷해졌다. 코펜하겐협정 이후로 유럽연합은 지구 평균기온 상승폭 2도 유지라는 전 지구적 목표에 부합하는 야심 찬 배출 감축 목표와 강력하고 투명한 이행 규칙을 공유할 동맹을 적극적으로 모색했다(특히 도서국가, 라틴아메리카, 아프리카를 대상으로). 2012년 더반회의에서 유럽연합은 교토의정서를 계승할 국제협정 체결에 필요한 협상을 재개하기 위해 새로운 동맹을 맺었다. 파리에서 열린 제21차 유엔기후변화협약 당사국총회에서는 이 연합 전략이 잘 통해서 일부 도서국가와 '야심 찬 감축 연대'를 출범할 수 있었다. 이 국가들은 협정 체결에 결정적인 역할을 했다.

유럽은 과거 실수로부터 교훈을 얻었다. 먼저 내부 조정을 하고 그다음에 다른 나라와 협상하는 2단계 절차는 유럽이 다른 나라와 접점을 찾는 데 방해되지 않는다. 이제 유럽은 비공식적인 절차를 통해 '다른 나라'의 요구가 더 잘 반영된 비전과 타협안을 모색할 수 있는 더 유연하고 더 준비된 조직이 되었다. 유럽연합의 파리기후협약 준비는 실로 치열했다. 다양한 주제로 중국과 비공식 논의를 펼쳤는데, 특히 배출 추세와 지구 평균기온 상승폭 2도 제한 목표의 간극을 좁혀가기 위해 단계적으로 공약을 수정할 수 있는 가능성과 그 투명성에 대해 논의했다. 더 중요한 것은 유럽이 라틴아메리카 국가들과 연합했다는 점이다. 카르타헤나 대화Cartagena Dialogue를 거쳐 파리기후회의 전야에 마침내 선진국·개발도상국·신흥국 35개국으로 이루어진 '야심 찬 감축 연대'가 탄생한 것이다.

개발도상국의 파편화와 중간소득국의 도전

냉전 시대가 끝나고 국제정세는 점점 더 파편화되었다. 환경 분야에서 이런 파편화가 가장 극명하게 나타난다. 1964년 6월 첫 국제연합무역개발회의UNCTAD: United Nations of Conference on Trade and Development 때 출범한 G77(2018년 현재 133개국이 가입되어 있다)과 중국의 연합은 개발도상국의 이해관계를 대변하는 유일한 조직은 아니다. 현재 15개가 넘는 협상 집단이 존재하며, 꾸준히 새로운 집단이 탄생하고 있다.[2] 이와 같은 다극화는 주요국들의 힘이 약해졌음을 반영할 뿐만 아니라 이제 하나의 국가가 헤게모니를 잡기는 불가능하다는 것을 보여준다(Roberts, 2011). 그리고 무엇보다도 개발도상국의 이해관계와 관심사가 점점 다양해지고 있다는 표현이기도 하다. 이렇게 이해관계가 다양해지면서 기후협상에서 특정 측면에 초점을 맞춘 국가연합이 급증했다. 군소도서국가연합AOSIS: Alliance of Small Island States과 군소도서개발국 SIDS: Small Island Developing States 같은 섬 국가연합이 이런 추세를 잘 보여주는데, 기후변화가 자국 영토에 끼치는 영향에 초점을 맞춰 좀더 엄격한 감축 공약과 좀더 야심 찬 목표(지구온난화 안정화 목표를 2도가 아니라 1.5도로 설정)를 끌어내기 위해 로비활동을 벌인다. 수많은 나라가 이처럼 특정 사안을 중심으로 연합을 만들고 있다(예를 들어 내륙국·산림국가·취약국가 등). 이 연합은 온실가스 배출 감축 노력뿐만 아니라 기후변화, 산업과 에너지정책, 임업과 농업의 영향을 다루는 협상과 활동이 이루어지는 기후체제의 복잡성을 반영한다.

새롭게 떠오르는 중간소득국: 예방적이거나 방어적이거나

G77의 파편화는 특히 중간소득국에서 두드러진다. 가장 눈에 띄는 것은 브라질·남아프리카공화국·인도·중국의 연합인 BASIC 국가다(가끔 러시아도 포함된다). 이들 국가는 가장 강력한 신흥국 그룹으로, 정기적으로 입장 조정을 한다. BASIC 국가는 개발도상국에 온실가스 배출 제한을 요구하면서 자국의 관심사와 우선순위를 지키려는 선진국에 대응하기 위해 조직되었다. 다시 말해 경제적 추격과 주권보전이 목적이다. 2009년 설립 당시 BASIC 국가들은 환경 협상, 특히 기후 관련 협상을 '제로섬 게임'(승자의 이득과 패자의 손실의 총합이 0이 되는 게임―옮긴이)으로 여겼다. 사실 BASIC 국가들의 온실가스 배출량이 끊임없이 증가해서 기후 안정화 목표 달성이 불가능한 상황이었기 때문에 선진국들뿐만 아니라 다른 개발도상국들로부터 이중의 압박을 받고 있었다. 장기적으로 봤을 때 기후협정의 성공은 이 신흥국들이 온실가스 배출량을 절대적으로 감축하는 것에 달려 있지만, 에너지 시스템과 경제성장 모델을 철저하게 바꾸지 않는 한 이 목표를 달성하기는 매우 힘들어 보인다.

따라서 BASIC 그룹은 개발 제약을 최소화하고 선진국에 구속력 있는 감축 의무를 부과하되 개발도상국에는 유연하게 적용하는 것을 지지하면서 아주 방어적인 태도를 견지하고 있다. 이 그룹은 미국과 더불어 협상의 균형점을 규정할 수 있는 강력한 세력으로 국제협상의 새로운 요소이자 기후협상을 위해 결정적으로 중요한 요소다. 이렇듯 기후협상은 다른 협상보다 더 꼼꼼한 전략조정과 더 신중한 이해관계 조율이 필요하다.

그런데 이 그룹 안에서도 이해관계가 점점 벌어지고 있다. 중국은 자기만의 접근방식을 발전시켰는데, 다른 파트너 국가들과 조화를 이루지 않을 때가 많다. 온실가스 저배출국인 브라질은 저탄소 경제가 자국 경제에 긍정적인 영향을 미친다고 보고 '야심 찬 감축 연대'에 참여하면서 좀더 능동적인 태도를 취해왔다. 1인당 온실가스 배출량이 적은 나라인 인도는 점점 커지는 에너지 수요와 분투하고 있는데, 주로 석탄 기반 전기에 의존하고 있기 때문에 석탄 에너지원과 재생에너지원 사이에 균형을 맞추기 위해 노력하고 있다.

중간소득국: 예방 전략

이처럼 '방어적인' 그룹에 속하지 않은 중간소득국들은 다른 역할을 모색한다. 대부분 라틴아메리카와 아시아 국가들인데, 지난 20년 동안 높은 경제성장을 이루었기 때문에 이제 국제적 영향력을 원하고 있다. 선진국과 개발도상국 사이에 '중개인' 역할을 함으로써 영향력을 확대하고자 하는 열망을 가지고 있다. 그러면서 자국의 국내 정책을 국제정책을 위한 시험대로 이용한다. 이 나라들은 BASIC 그룹과는 다른 입장, 즉 일종의 도전자 태도를 취한다. 이 나라들은 환경 문제를 제로섬 게임으로 보지 않으며, 국제적인 집단행동으로 이득을 볼 것이라고 예상한다. 국제적인 조정은 전 지구적 이득을 가져올 것이고, 지식 공유와 개발은 장기적으로 이해관계를 재편할 것이다. 게다가 이 나라들은 상대적으로 온실가스를 적게 배출하기 때문에 외부의 압박도 적다.

코펜하겐회의 이후로 이 그룹에 속한 나라 가운데 일부가 저탄소 경제 전환을 지지하고 있다. 그리고 전통적인 선진국-개발도상국 구분에서 탈피하라고 주장하면서, 개발도상국의 환경공약조건으로 선진국의 선제 행동을 요구하는, 이른바 선진국의 역사적 책임을 들먹이는 담론보다는 새로운 길을 제시함으로써 국제적 행동을 촉발하고자 꾀한다.

선진국과 개발도상국 사이에 필요한 중개인

이 가운데 일부 국가는 새로운 발상과 개념을 토대로 합의를 이끌어내려는 진정한 중개인이다. 멕시코는 코펜하겐기후회의 때 노르웨이와 함께 개발도상국이 저탄소 경제로 전환할 수 있도록 재정 지원을 해줄 녹색기금설립운동을 발족시킴으로써 이 역할을 성공적으로 해냈다. 이 기금은 경제발전 수준이 다른 두 나라에 의해 발의되었고, 기부 국가가 주도하는 공식적인 개발원조에 초점이 맞춰진 국제개발금융의 전통적인 관례를 깼다는 점에서 독창적이다. 또한 선진국과 개발도상국을 국제 거버넌스의 평등한 파트너로 본다. 더 나아가 기금 설계에 국제적 재원(탄소 배출권 판매 수익과 다른 국제적 재원 포함), 공공기금, 민간자금을 포함시켰다. 2010년 칸쿤에서 열린 유엔기후변화협약 당사국총회에서 마침내 녹색기후기금GCF: Green Climate Fund이라는 이름으로 기금 설립이 승인되었다. 멕시코는 완전히 새로운 분야에 자리매김함으로써 중요한 외교적 성공을 이루었다. 멕시코의 펠리페 칼데론Felipe Calderón 대통령이 이 프로젝트에 개인적으로 투자한 사실은 기후변화 분야가 국제관계에서 영향력을 획득할 수 있는 전략적인 영역으로 여겨진다는 점을 잘 보여주었다.

능동적인 중개활동을 보여주는 또 다른 사례는 카르타헤나 그룹 Cartagena Group 설립이다. 코펜하겐기후회의 때 기후변화에 관한 진보적 대화를 위해 만들어진 이 그룹은 개발도상국(콜롬비아와 코스타리카)과 선진국(오스트레일리아와 영국)이 공동으로 발의했다. 이 그룹의 목적은 다양한 발전 수준의 중소국가들이 지닌 잠재력을 개발해서 협력을 통해 협상과정의 장애를 극복하는 것이다. 여러 나라가 연합해 협상과정에서 한목소리를 낸다면 중도적 입장이 힘을 얻을 수 있다는 발상이었다. 그렇게 해서 2010년 콜롬비아에서 카르타헤나 대화가 출범했다. 현재 "방해자를 방해한다"는 목표로 40개국이 가입해 있다. 이 그룹은 양극화된 입장을 거부하고 실용적인 해결책을 모색한다. 라틴아메리카, 아프리카, 아시아, 군소도서개발국, 유럽, 오스트레일리아, 뉴질랜드 등이 회원국으로 있으며, 라틴아메리카가 처음부터 강한 존재감을 드러냈는데, 특히 콜롬비아·코스타리카·칠레·페루·과테말라·파나마가 적극적으로 참여하고 있다.

카르타헤나 대화는 제 나름의 경제력에 따라 모든 나라가 탄소 배출을 줄이는 방식으로 책임을 분담할 것을 지지한다. 이 연합은 모든 당사국총회에 긍정적인 영향을 미쳐왔는데, 특히 전 지구적이면서 법적 구속력이 있는 합의가 시작된 칸쿤회의와 더반회의에서 중요한 영향력을 행사했다.

국제자산이 되는 국내 정책

개발에 필요한 새로운 투자 여유를 갖게 된 중간소득국들은 지속 가능한 경제성장을 장려하고 혁신적인 국가정책을 시행하기로 결정했다. 국제사회에서 더 큰 목소리를 내고자 하는 열망과 맞아떨어지는 결정이었다. 게다가 이런 방향 전환은 자국의 천연자원이 지닌 가치를 제대로 인정받고 세계경제에 더 긴밀하게 통합되기 위한 투자로 간주되기도 한다. 대다수 중간소득국들이 20여 년 전에 채택했던 경제개방이 경제적 추격을 실현해줄 것 같아 보이지는 않는다. 그보다는 지속 가능한 발전, 녹색경제, 높은 혁신을 선택하는 것이 중간소득이라는 덫에서 빠져나올 최선의 길로 보인다.

콜롬비아는 2000년에 보고타에서 급격하게 팽창하는 교통난을 해결하기 위해 도입한 버스 전용차로 시스템을 재정 지원했다. 2008년에 칠레는 2024년까지 전력설비에 의해 생산되는 에너지의 20퍼센트를 재생에너지로 생산하겠다는 목표를 세웠다. 코스타리카는 환경 서비스 프로그램(특히 산림보호)에 4억 달러 넘게 투자했으며, 2050년까지 탄소중립 국가가 되겠다고 공약했다. 페루는 2008년 제14차 당사국총회에서 개발도상국으로서는 처음으로 자발적 배출 감축 목표를 제시했다. 그 안에는 1차 산림파괴율을 2021년까지 제로로 줄여가는 것이 포함되어 있다. 2012년 6월에 멕시코 칼데론 대통령은 기후변화법에 서명했다. 이 법안에는 온실가스 배출을 2020년까지 30퍼센트, 2050년까지 50퍼센트 감축하는 반면, 멕시코 에너지 구성비에서 재생에너지가 차지하는 비율을 2024년까지 35퍼센트로 끌어올리겠다는 목표가 포함되어 있었다.

또 다른 사례로 이미 경제협력개발기구 회원국인 한국은 자국 홍보 차원에서 '녹색성장' 정책에 참여했다. 실제로 한국은 재생에너지정책 차원에서 바이오매스 활성화, 재활용정책, 친환경 자동차 개발, 대규모 에너지 효율성 프로젝트 같은 여러 이니셔티브를 추진했다. 한국은 이런 이니셔티브들과 막대한 녹색성장정책 캠페인을 기반으로 새로운 국제환경기구에서 국가 위상을 높였고, 마침내 녹색기후기금 사무국을 유치하는 성과를 이루었다(Manzanares, 2017). 한국은 자발적으로 개발도상국의 온실가스 배출 감축 이행을 지원했고, 현행 기후체제의 특징인 약속-확인 시스템에 필수적이라 할 기후행동 등록과 MRV(측정-보고-검증) 절차 제안에 기여했다.

박근혜 대통령의 집권으로 기존 방침이 바뀌지는 않았다. 그와 반대로 환경단체와 더불어 이전 정부의 환경정책을 비판했는데, 환경보호에 충분히 힘쓰지 않았다는 이유 때문이었다. 비판은 본질적으로 환경정책의 외적인 이미지와 실상의 간극에 초점이 맞춰져 있었을 뿐 지속가능한 발전정책이 한국에 어떤 가치가 있고 어떤 기회를 가져다줄 것인지를 따져보지는 않았다(Seong-kyu, 2013). 새롭게 선출된 문재인 대통령은 청정에너지로 전환하는 것을 가속화하겠다고 발표했다(*Korean Herald*, May 10, 2017).

새로운 연합

중간소득국들은 중개인 역할로만 만족하지 않는다. 2012년 도하기후회의에서 일부 중간소득국들이 새로운 협상 집단을 만들었다. 카르타헤나 대화의 성과에 고무되어 콜롬비아·코스타리카·칠레·페루·과테말라·파나마 6개국이 도미니카공화국의 지원을 받아 라틴아메리카 카리브 해 국가연합AILAC: Association of Independent Latin American and Caribbean states이라는 새로운 협상연합을 만든 것이다.

이 나라들은 가장 가난한 나라도 아니고 가장 부유한 나라도 아닌 중간소득국의 반란을 대변한다. G77과 중국의 그늘을 벗어나 진정한 야망을 펼치고 싶어하는 개발도상국 집단이라고 할 수 있다. BASIC 그룹과 미주대륙을 위한 볼리바르연맹ALBA: Bolivarian Alliance for the Peoples of Our America의 영향력이 커지는 것에 맞서고자 하는 목적도 있었다. 이 두 그룹이 모든 나라의 경제현실을 반영하지는 않기 때문이다. 멕시코 같은 주요 당사국과 시민사회도 이 연합을 건설적인 방향이라고 보고 지지를 보냈다.

미주개발은행(2012)에 따르면 2012년 라틴아메리카의 온실가스 배출량은 전 세계 배출량의 11퍼센트로 추산된다. 1인당 배출량과 경제 규모의 비율로 볼 때 라틴아메리카는 중국과 인도보다 온실가스 배출에 더 많이 기여하고 있다. 라틴아메리카·카리브해 국가연합AILAC 회원국들은 선진국의 배출 감축이나 재정 지원을 더는 기다리지 않기로 하고, 나라 안팎으로 저탄소 발전을 지지했다. 코스타리카 협상자인 모니카 아라야Mónica Araya는 스페인 신문 『엘빠이스El País』와의 인터뷰에서 이렇게 말했다. "(협상이) 항상 선진국 대 개발도상국, 부유한 나라 대 가난한 나라의 싸움이라고들 하지만, 실제 현실에서는 이 논리가 점점 더 들어맞지 않습니다. (……) 모든 나라가 구속력 있는 의무를 떠맡기를 바라는, 그리고 변화하는 세계에 맞춰 협상 절차가 바뀌기를 원하는 나라

들의 연합이 있습니다."(Edwards & Timmons, 2012)

　AILAC의 전략은 국제사회에서 중간급 나라들의 존재감을 강화하고, 새로운 바탕에서 유럽연합과 라틴아메리카 국가 간의 대화에 자양분을 공급해준다. 이 새로운 바탕이 여러 기후협상에서 공동전략의 토대가 되었다. 2015년 12월에 AILAC이 과학연구 결과에 부합하는 야심 찬 목표를 협상에서 관철하기 위해 '야심 찬 감축 연대'라는 새로운 연합을 출범시켰을 때 유럽연합·미국·브라질은 모두 즉각 BASIC 그룹과 거리를 두면서 이 연합에 동참했다. 이 연합은 21세기 후반까지 지구 평균기온 상승폭 1.5도 유지와 탄소 배출 제로 목표를 협정 조항에 포함시킨다는 특수한 목적을 가지고 있다. 이 연합 때문에 G77과 중국의 파편화가 정치적 현실이 된 면도 있지만, 미래 발전 가능성이 있는 새로운 연합이 탄생되기도 했다.

지속가능발전목표: 중간소득국을 위한 새로운 리더십

리우+20정상회의는 국제협력에서 중간소득국들의 영향력이 두드러진 또 하나의 사례다. 1992년에 개최된 지구정상회의 기념회의인 리우+20정상회의는 2009년 9월 제64차 유엔총회 때 브라질의 룰라 다 실바Lula da Silva 대통령이 제안했다. 선진국과 개발도상국 대표가 회의 준비를 총괄했는데, 바로 프랑스 대사 브라이스 라론데Brice Lalonde와 바베이도스 전 환경부 장관 헨리에타 엘리자베스 톰슨Henrietta Elizabeth Thompson이었다. 준비위원회는 한국과 안티구아가 주재했다.

이 회의 주제 가운데 하나는 지속 가능한 발전과 빈곤 퇴치 맥락에서 녹색경제로 전환하는 데 필요한 조건이었다. 이 결정은 역사적 갈등에 불을 붙였다. 개발도상국들이 협상에서 새롭게 설정된 원칙에 의구심을 품었기 때문이다. 이 새로운 원칙을 자국의 발전을 제약하거나 자연을 상품화하려는 시도로 받아들였던 것이다. 따라서 이 협상은 성공할 가능성이 거의 없었고, 다자주의 절차에서 전통적으로 겪는 애로사항을 피하기 힘들었으며, 주요 신흥국들이 자주 옹호하는 국제협정의 최소주의 접근법에 빠질 가능성이 아주 높았다. 개발도상국이 국내 난제에 추가적인 부담을 안겨줄 외부제약을 받아들이려고 하지 않았기 때문에 리우+20정상회의 선언문 여기저기에서 언급되는 '차별적 공동책임' 원칙과 국가 주권의 최우선 재확인에서 개발도상국의 영향력을 추적해볼 수 있다.

결국 이 회의를 수렁에서 구하고 해결책을 제시한 것은 중간소득국들이었다. 어떤 협정이 체결된다면 그것은 콜롬비아와 과테말라 같은 나라들의 중재 덕분이다. 리우+20정상회의에서 주요 진전은 2015년 이후로 개발도상국에 국한되지 않는 보편적인 성격의 지속가능발전목표를 이행할 준비를 하기로 결정한 것이었다. 전적으로 중간소득국 덕분에 이룬 성과였다. 지속가능발전목표의 아이디어는 본래 2011년 7월, 콜롬비아와 과테말라 정부가 인도네시아 솔로에서 열린 비공식 정부회의에서 제안한 것이었다. 두 나라는 당시 상당한 정치적 동력을 얻었다. 그렇게 해서 2011년 9월 유엔총회 때 성공적인 외교 공세를 이끌었고, 리우+20정상회의 전에 뜻을 같이하는 나라들끼리 연합을 형성했다.

이 두 중남미 정부는 이것이 국가의 지속 가능성을 위한 정책의 미래를 위해 공통지침을 수립하기 위한 첫걸음이라고 본다. 그 목적은 의제 21과 요하네스버그 이행계획의 이행을 뒷받침하고, 환경 의제와 경제발전을 통합하는 목표 지향적인 기본 틀을 구축하는 것이다. 지속가능발전목표는 서로 경계를 넘나드는 환경적·경제적·정치사회적 지속 가능성이 유엔체제에서 이루어지는 모든 활동에 자리매김하는 데 기여한다.

콜롬비아는 과테말라 정부를 대신해서 지속가능발전목표에 국가가 당면한 다차원적인 난제들이 반영되도록 조정해야 한다고 강조했다. 콜롬비아는 각 나라가 국가 목표와 우선순위에 따라서 서명할 수 있는, 자발적이고 유연하고 역동적인 목표와 지표가 담긴 '계기판'을 지지했다. 콜롬비아 환경지속가능발전부Ministry of Environment and Sustainable Development of Colombia 국제부 부장이자 주요 협상가인 알레한드라 토레스Alejandra Torres에 따르면 "지속가능발전목표는 보편적이어야 한다. 일부 국가가 아니라 모든 국가에 적용되어야 한다. 따라서 빈곤 완화에 초점이 맞춰져 있는 새천년발전목표가 지속가능발전목표에서도 핵심적인 부분이긴 하지만, 지속 가능한 소비와 생산활동을 장려할 수 있는 목표들로 보완될 것이다."(Watt, 2012, p. 1) 콜롬비아와 과테말라는 목적을 이루었다. 전 지구적인 지속가능발전목표에 대한 협상이 시작되었고, 1년의 작업 끝에 지속가능발전목표 실무단 공동의장에 의해 문서화된 것이다.

이 모든 행동이 모두 지속 가능성을 위한 정책으로 수렴될까? 적어도 지속 가능성을 위한 전 지구적 행동을 옹호하는 이들이 존재한다는 것은 시스템의 안정성을 보여주는 요소다. "다극화된 권력균형에서 힘의 평형 이동은 화해를 북돋는다. (……) 누구나 동지가 될 수 있고, 그 누구도 영원한 적이 아니다."(Kegley Jr. & Raymond, 1994, p. 51) 더 나아가 비협조적인 태도가 일의 진행을 망친다 싶으면 이 옹호자들이 바로 그에 맞설 핵심 요인이다.

기후협상 사례처럼 이 나라들은 국제권력균형의 재편성과 국제체제의 다극화에서 끌어낼 수 있는 교훈을 이용한다. 이 나라들은 경제모델 전환과 이 새로운 발전경로가 제대로 작동하게 해줄 집단행동을 옹호한다. 이 '중간국가middle country' 가운데 일부는 이런 방향성을 자국의 정책 속에 확립해가는 반면, 가장 강력한 신흥국들은 환경행동을 추진하는 데 크게 어려움을 겪고 있다. 신흥국들은 새로운 길을 뚫는 데 필요한 내부적 합의가 부족하기 때문에 자기들이 준거로 삼고 있는 궤도를 거스르지 않으면서 시간을 아껴 경제추격을 완성하고자 한다.

환경공공재와 지속 가능성을 수호한다는 도덕적이면서 실용적인 입장은 이 중간국가들에 새로운 차원의 힘을 실어주며, 이는 국제관계에서 이 사안이 커다란 상징적·정치적 잠재력을 지니고 있음을 반영한다. 이 국가들이 국제사회에서 새롭게 자리매김한다고 해서 주요국들의 위상이 근본적으로 바뀌지는 않는다. 그러나 이 중간국가들은 유럽연합과 나란히 게임 규칙을 더 투명하고 더 엄격하게 만들고 목표를 개선함으로써 기존 균형을 바꿀 수 있다. 이런 의미에서 중간국가들은 지금 단계에서 유럽연합에 가장 좋은 동맹국이다.

실제로 파리기후협약은 힘의 수렴이 낳은 결과다. 중국과 미국의 양자 타협이 기반을 마련해준 것이다. 다른 나라들은 더 야심 찬 목표를 세우고 더 엄격한 규칙을 만드는 것을 지지하기 위해 유럽연합과 라틴 아메리카 국가들을 중심으로 모였는데, 그게 바로 '야심 찬 감축 연대'

였다. 그리고 결국엔 미국과 브라질도 이에 동참했다. 이런 힘들이 모여 제21차 유엔기후변화협약 당사국총회는 보통의 예상을 뛰어넘는, 그리고 국제언론이 역사적 협정이라고 인정한 파리기후협약을 체결할 수 있게 되었다. 대부분의 국제관계 이론에 비추어볼 때 다극화된 세계에서 협력한다는 것은 각 나라가 자국의 주권을 재확인하는 중대한 선택이 될 수 있다.

피할 수 없는 인구 성장과 임박했지만 피할 수 있는 자연자본 파괴의 충돌은 인간을 비롯해 대부분의 살아 있는 유기체에게 치명적일 것이다. 최악의 시나리오다.

내륙지역은 사막화나 홍수에 의해, 해안지역은 해수면 상승에 의해 삶의 터전이 사라질 것이다. 기상이변·물 낭비·지력 소모·해양 피폐화 때문에 물과 식량 가용량은 극적으로 줄어들 것이다. 기온이 상승하고, 기후양상이 변하고, 산림 남벌로 열대우림에 잠복해 있던 감염원이 방출되면서 전염성 질환이 퍼지게 될 것이다. 절박한 난민 신청자들은 어딜 가든 온갖 방법으로 거부당할 것이다. 민주주의 제도와 그나마 남아 있는 국제질서, 도덕관념도 희생자 명단에 오를 것이다.

그러나 극적인 방향 전환이 불가능한 일은 아니다. 니컬러스 스턴의 주장[1]처럼 과학과 기술은 우리를 파멸로 이끌 발전의 뿌리이자 또 다른 끔찍한 충격을 불러올 수도 있지만, 우리에게 필요한 전환을 가능하게 해줄 광범위한 수단도 제공하며, 보너스로 세계경제를 지금의 불경기에서 벗어나게 해줄 수단도 제공한다. 2차 세계대전이 대공황을 종식시켰던 것보다 확실히 긍정적인 방식으로 말이다.

이렇듯 과학과 기술은 강력한 지렛대가 될 수 있다. 자연도 도움이 될 수 있다. 바다와 숲은 현명하게만 관리하면 놀라운 속도로 생명의 다양성을 회복한다. 이미 벌어진 파괴를 되돌릴 수는 없지만, 앞으로 벌어질 파괴를 열심히 막는다면 분명 나아질 것이다. 기후변화를 막기 위해 우리가 할 수 있는 일은 대기 중 이산화탄소를 뽑아내 대안연료를 생산하는 데 투입하는 것이다. 그렇다고 해서 현재의 배출량을 상쇄할 수는 없겠지만, 이산화탄소 배출량을 줄이고자 하는 노력에 보탬이 될 것이다.

법과 경제도 유용한 수단이 될 수 있다. 법은 자연자본 이용에 대한 규제와 자연자본 남용을 처벌할 제도를 만들 수 있고, 기술혁신 보급을 위한 기본 틀을 제공할 수 있다. 경제는 자연자본과 관련해 적절한 선택을 내리도록 강력한 유인책을 제공할 수 있다. "사람은 빵만으로 살지 않는다."(신명기 8장 3절) 의식적이고 결단력 있는 행동의 변화 없이는 결정적인 전환은 일어나지 않는다. 사람은 빵만으로 살지 않고 온갖 상품과 서비스가 필요하며, 이것들의 값이 꽤 오른다면 인간의 행동도 크게 바뀔 것이다.[2] 따라서 시장이나 세금을 통해 자연자본의 가치에 값을 매기고, 긍정적인 행동에는 보상을 주고 부정적인 행동에는 벌을 주는 것이 아주 중요하다.[3] 이런 의미에서 국제조정을 통해 탄소 가격을 책정하는 일이 필수적이다. 탄소뿐만이 아니다. 자연자본 파괴 행위에 모두 해당된다.

방향 전환을 계속 밀고 나가는 데 도움이 될 수단은 많다. 그러나 그렇다고 해서 그 수단이 제때에 효과적으로 쓰인다는 보장은 없다. 방향 전환을 가로막는 장애물은 만만치 않다. 옥스팜의 원로 전략고문 던컨 그린Duncan Green이 수많은 경험을 통해 깨달은 것처럼 "개혁으로 돈이나 지위를 잃을 수 있는 강자들은 그 개혁을 막는 데 아주 능하

다."(2016)

　개인의 입장에서는 환경과 자연자본의 상태에 민감할 수 있다. 그러나 화석연료·자동차·화학제품 관련 회사 간부나 식품회사 간부라면 회사의 논리에 따라, 석유든 석탄이든 상품시장의 논리에 따라 이윤과 성장을 최우선으로 행동할 것이다. 그런 조직은 편협할 수밖에 없다. 그들은 진짜 강력한 유인책과 강제에 의해서만 움직인다. 2세기가 넘는 기간에 사업모델과 기업 행태는 자연자본 강탈을 통해 정립되었다. 경제학자 질 로틸롱Gilles Rotillon의 표현을 빌리자면 외부효과를 체계적으로 묵살함으로써, 제프리 힐의 말을 빌리자면 "우리를 죽이는 외부효과에 대가를 지불하지 않는" 방식으로 공고화되었다(Rotillon, 2010; Heal, 2016). 극소수 예외를 제외하면 벼랑을 향해 치닫지만 익숙하고 편해 보이는 길을 두고 공익에 맞게 사업모델을 근본적으로 바꿀 회사는 없다. 그 예외도 특수한 이해관계가 얽혀 있다. 자연자본에 대한 투자에 의존[4]하거나, 환경을 의식하는 소비자들을 상대하거나, 이와 같은 방향 전환에 필요한 장치를 조달하는 회사들인 것이다.

　기후변화 부정과 자연자본 약탈은 시장자본주의만의 특수성은 아니다. 하이브리드 중국의 국영기업들도 나을 바가 없고, 구소련의 기업들은 더 심했다. 일부 개발도상국과 신흥국의 기업들처럼 말이다.[5] 그리고 이 책에서 여러 번 보여주었듯이 인간과 자연자본 모두에게 해를 끼치는 기업일수록 그 경영진은 더욱 어리석고 냉소적이며, 실재하든 날조되었든 불확실성의 연막 뒤에 숨어 있는 경우가 많다.

　경제학에서 가장 유명한 말인 애덤 스미스의 '보이지 않는 손', 다시 말해 "시장 고유의 이익을 추구함으로써 실제 의도했던 것보다 더 효과적으로 사회의 이익을 증진한다"(1776)는 주장은 경제적으로나 사회적으로나 맞은 적보다 틀린 적이 더 많았다.

대기업은 공권력이 제대로 집행되지 않으면 언제 어디서든 과세 규정, 보건·환경규제, 공공서비스 기준, 노동권 보호, 심지어 기본 인권까지 피하거나 속이거나 악용하게 되어 있다. 세상은 중앙은행과 기업 수익으로부터 나오는 값싼 돈으로 넘쳐나며, 이 돈은 방향 전환에 도움이 되기보다는 방향 전환을 막느라 바쁜 이들에게 혜택을 준다. 이런 지배적 풍조는 경쟁시장의 효율적인 기능을 방해한다는 이유로 경제학자들에 의해 쫓겨난 독점과 담합방식을 작아 보이게 만든다.[6]

그렇다면 인류가 지금 벼랑 끝을 향해 달려가고 있다는 것을 인식할 수 있는 이는 누구일까? 국가기관? 정도는 다양하지만 국가기관은 대부분 기득권망에 갇혀서 아주 복잡한 문제, 특히 장기적인 문제를 다룰 능력이 없고, 국가 주권이라는 전통적인 관심사에 사로잡혀 있다. 예를 들어 주권국들이 북극을 두고 싸우는 것은 영토 싸움이지 보전을 위해서가 아니다. 대중 여론은 불편하고 까다로운 문제를 대수롭지 않은 문제로 치부하는 경향이 있다. 그러면서 다른 사람들이(아니면 후세대가?) 그 문제를 해결하리라고 생각하는 것이다.

그러나 위협이 점점 뚜렷해지고 믿을 만한 해결책이 등장하면서 이런 태도도 나아지고 있다.[7] 여러 이니셔티브들이 다양한 형태로 서로 영감을 주고 경쟁하고 조율하면서 발전하고 있다. 이와 더불어 독창적인 제도(더글러스 노스Douglas North가 정의한 광의에서)들이 구축되고 있다. 이런저런 부족한 점은 있어도 2015 파리기후협약도 그런 제도 가운데 하나다. 파리기후협약은 조정장치이자 방향 전환의 각 단계를 이끌고 정당성을 부여하는 기준 역할을 한다.

"우리는 수송관을 막고, 새로운 석탄 광산에 맞서 싸우고, 화석연료 투자 철회를 촉구할 것이다. 간단하게 말해서 진정한 진보로 나아가는 길을 막고 서 있는 강력한 산업을 약화시키기 위해 계속 노력할 것이다."(McKibben, 2015) 빌 맥키번Bill MacKibben이 옳다. 의미 있는 방향 전환을 계속 추진하려면 시민과 비정부기구가 힘을 합쳐 잘 조직화된 행동을 펼쳐야 한다. 물론 다른 행위자들의 참여도 필요하다.

전 세계 도시, 특히 해안지역 도시들이 이미 피할 수 없어 보이는 작은 변화에 적응하고 아직 피할 수 있어 보이는 작은 변화를 막을 방법을 찾기 위해 연합하고 있다. 협력과 조정은 각 도시가 독자적으로 어렵게 시작한 운동, 예를 들어 디젤 자동차 금지운동이라든가 심지어는 화석연료 자동차도 금지하는 운동을 계속 밀고 나가는 데 필요한 강력한 엔진이다.

북유럽 국가, 캐나다 지방, 미국 서부의 주들은 탄소에 상당 수준의 가격을 매기기로 결정했거나 결정할 계획이다. 중국도 동참하겠다고 발표했다. 수자원·해양자원·토지자원을 훨씬 더 효율적으로 배분하기 위해 오스트레일리아·프랑스·뉴질랜드·오만·스위스 등 여러 지역에서 용수권·어업권·대지권 이전을 관리하기 위한 공식 시스템이 도입되었다. 점점 더 많은 나라에서 녹색투자에 대한 규정을 새로 제정하고 녹색투자를 지원하면서 경제 행위자들에게 더 강력한 신호를 보내고 있다.

한때 천연자원을 집중적으로 착취하던 기업들도 기존의 사업모델을 재고하면서 순환경제, 제로 탄소사업, 상품이 아닌 서비스 판매 같은 모델을 검토하고 있다. 그리고 이런 방향 전환을 위한 장기계획 설계를 사업 의제로 삼는 분야가 늘고 있다. 미래가 불확실하기 때문일 수도 있고, 철저한 방향 전환이 불가피하다는 것을 확신하기 때문일 수도 있다. 지금 우리는 20여 년 전 자리에서 먼 길을 달려왔지만, 우리가 여전히 갇혀 있는 덫에서 빠져나오려면 앞으로 갈 길은 더 멀고, 시간은 더 없다.

금융 부문에서도 고탄소 발자국 자산에서 탈피해 탈탄소 경제체제에 맞는 자산으로 갈아타려는 움직임이 빨라지고 있다. 그 결과, 특히 '더러운' 자산의 가치가 크게 떨어져서 결국 청산될지도 모른다. 주로 석탄 자산에 벌어지는 일이다.

지금 비정부기구들과 여러 활동가들의 연합단체가 오스트레일리아 퀸즐랜드 주에 있는, 석탄 분지 가운데 최대 규모로 꼽히는 갈릴리 분지에 세계 최대 규모가 될 석탄 광산을 개장하고, 이 석탄 광산을 위해 그레이트배리어리프 해양공원 한가운데 전용 항구를 건설하는 사업 프로젝트에 맞서 싸우고 있다. 그런데 뜻밖의 동지들이 나타났는데, 이 사업에 자금을 대기로 했던 은행들이 결국 거절한 데다 퀸즐랜드 재무부 소속 전문가들이 이 프로젝트 기획자들이 신청한 공공보조금을 거절하도록 권고했던 것이다.[8] 이런 연합 현상은 오스트레일리아에서 벌어지는 싸움의 가장 희망적인 특징이다. 예전과 다르게 어떤 프로젝트라도 뒤집힐 수 있는 것이다.

라틴아메리카 식민화의 희생자로 유명한 것이 바로 인디언 토착민 공동체와 열대우림이다. 그나마 과테말라 피칼에 있는 마야 생물권 보호구역과 브라질 혼도니아 주 아마존 강 유역의 수루이 부족이 사는 지역은 서로 힘을 합쳐 피해를 복구하고 있다. 그리고 그들의 방식은 국제적으로 찬사와 지지를 받고 있다. "최대한 단순하되, 너무 단순하지 않게"

라는 아인슈타인 원칙에 따라 고대 지식과 첨단기술을 융합해 지속 가능한 상태를 만들어냈기 때문이다. 그들의 경험은 다른 이에게 모범이 되고[9], 따라서 방향 전환에 결정적으로 기여하는 막대한 가치가 있다. 특히 기후변화 시대에 토양자원과 수자원을 재생하면서 가난한 공동체를 지속 가능하게 먹여 살리는 방법으로 전파되는 농업생태학과 농림업의 바탕이 되는 것도 바로 이 고대 지식과 현대 생명과학·지구과학의 융합이다.

알렉시 드 토크빌Alexis de Tocqueville은 『구체제와 프랑스혁명L'Ancien Régime et la Révolution』3권에서 18세기 후반에 우후죽순처럼 늘어난 새로운 비전과 행동이 모여 구체제(프랑스혁명 이전의 체제를 가리키며 '앙시앵 레짐'이라고도 함—옮긴이)를 전복하고 새로운 질서를 만들어간 과정을 보여준다. 그런데 똑같이 광범위한 혁명의 관점과 비슷한 양상이 또 있다. 미국의 조지 부시 대통령은 방향 전환을 주장하는 관점을 모두 거부하면서 1992년 리우정상회의에서 그 유명한 망언을 한 바 있다. "미국의 생활방식은 협상이 불가능하다." 그러나 선진국 국민들이 생활방식을 철저하게 바꾸지 않는 한 특정 수준의 삶의 질을 유지할 수 없는 게 현실이다. 그리고 다른 나라의 경우 미국의 생활방식을 추구한다면 특정 수준의 삶의 질을 획득하는 것 자체가 불가능하다.

2015년 9월, 프란치스코 교황은 유엔총회 연설에서 이렇게 선언했다. "이들 현실 남녀가 극심한 가난에서 벗어날 수 있게 하려면 그들이 자기 운명의 위엄 있는 대리인이 될 수 있게 해주어야 합니다." 경제학자들은 형평성 문제와 효율성 문제를 구분하려는 경향이 있다. 프란치스코 교황은 그 둘을 모두 다룬다. 더는 자연자본을 위태롭게 만들지 않으면서 가난에서 벗어나려면 당사자 스스로 방향 전환에 필요한 방식을 고안하고 실행해야만 가능하다는 것이다. 물론 외부 지원도 필요하고 환영할 일이지만, 지시하는 방식이어서는 안 된다.

앤서니 앳킨슨Anthony Atkinson은 현대사회의 불평등을 줄일 수 있는 광범위하고 실용적인 정책을 제안하는 강력한 책 『불평등을 넘어: 정의를 위해 무엇을 할 것인가Inequality: What Can Be Done?』에서 이렇게 말한다. "세계는 굉장한 문제에 당면해 있지만, 우리가 어쩔 수 없는 상황에 직면하더라도 함께 힘을 모은다면 감당해낼 수 있다. 미래는 우리 손에 달려 있다."(Atkinson, 2015) 이 결론은 지금 이 책에도 딱 들어맞는다. 다만 한 가지 조건이 있다. 이제 더는 낭비할 시간이 없다는 것이다. 우리는 핵위협과 마찬가지로 기후변화에도 똑같이 민감해져야 한다. 핵과학자협회Bulletin of Atomic Scientists 시계의 긴 바늘이 지금 자정 직전 2분 30초를 가리키고 있다(2016년에는 3분이었다. 바로 트럼프 효과 때문이다). "이 시계가 냉전이 최고조에 달했던 1983년 이후로 최악의 상황을 가리키고 있다." 상황의 긴박함을 표현하는 이 상징을 우리는 아주 진지하게 받아들여야 한다. 지구상의 생명체가 멸망 직전에 있는 것이다. 남자들이 실패하고도 이렇게 뻔뻔스러우니 이제 여자들이 바통을 넘겨받을 때가 아닐까?

새까만 우주 한가운데 눈이 시리게 푸른 지구가 아름답게 빛나고 있다. 그런데 잠시 후 푸른빛이 둔탁한 파란색으로 바뀌더니 눈앞에서 빙글 빙글 돌고 있는 것은 바로 플라스틱 지구본이었다. 다큐멘터리 영화 〈플라스틱 행성Plastic Planet〉의 마지막 장면이다. 이 책을 읽고서 내 머릿속에는 이 장면이 떠올랐다. 그리고 900만 종의 생물과 77억 명의 인류는 온데간데없고 플라스틱으로 된 바다와 숲과 대지만 남은 지구본이 어느 박물관에 전시되어 있거나 쓰레기더미 속에서 뒹굴고 있는 모습이 눈에 그려졌다. 이 책은 지구에 점점 다가가서 푸른 바다를 채워가는 플라스틱 쓰레기와 이 플라스틱 쓰레기 때문에 죽어가는 물고기를, 불도저에 쓰러지고 폭염과 가뭄에 불타는 나무를, 사막으로 변해가는 숲과 호수를, 메말라가는 물줄기를, 푸른 하늘을 가려버린 잿빛 먼지를 클로즈업하는 것으로 시작한다. 매년 기록을 갱신하는 폭염, 예측할 수 없는 폭우와 홍수, 이런 기상이변들은 모두 위기에 빠진 지구가 고통에 몸부림치는 절규이자 경고일 것이다.

1972년 스톡홀름에서 열린 유엔인간환경회의 이후로 국제사회가 힘을 모아 환경 문제를 전 지구적 차원의 문제로 다루기 시작했는데도 여섯 번째 대멸종이 임박했다는 경고가 나올 만큼 지구는 절박한 위기에 처해 있다. 이유가 뭘까. 이 책을 보면 환경 문제의 원인과 해법이 얼마나 복합적인 그물망으로 얽혀 있는지, 얼마나 다양한 이해 당사자들이 엮여 있는지 새삼 깨닫게 된다. 두 저자는 환경 문제의 인과관계와 상호작용의 결과를 낱낱이 파헤쳐 검토하고 과학·기술, 법·제도, 경제·정치 분야를 총망라해 걸림돌을 가려내고 해법을 제시한다. 그 방대함과 거기에 담긴 두 저자의 노고에 찬사를 보내지 않을 수 없다.

이 책이 전하는 지구의 위기는 결국 인간의 낭비와 오염 행위가 초래한 것이며 온실가스 배출이 야기한 지구온난화로 이 위기가 더욱더 악화되고 있다. 저자는 먼저 물, 공기, 토양, 생물다양성 등 전방위적인 영역에서 벌어지고 있는 자원 남용과 오염 행위, 그 밑바탕에 깔려 있는 '부정승차' 효과를 파헤치고, 적절한 협력을 통해 '부정승차' 행태를 해결한 긍정적인 사례들을 보여준다. 과학자들이 산업계에 매수되고, '과학적 불확실성'이 환경파괴의 위해성과 지구온난화의 증거를 부정하고 규제의 타당성을 공격하는 수단이 되는 문제를 드러내는 한편, 재생에너지의 간헐성 문제를 해결해줄 에너지 저장장치 개선이나 재생에너지의 설치비용을 낮춰줄 신소재 개발 같은 과학기술적 해법을 제시한다.

또한 아주 도전적인 프로젝트로 발전소와 대기 중에서, 심지어 암석을 이용해 이산화탄소를 포획하는 기술도 소개한다. 환경 문제 해결에 필요한 혁신을 방해하는 무분별하고 광범위한 특허제도의 맹점을 폭로하는 한편, 오픈소스 계약 등 기술혁신을 장려할 새로운 방법과 이니셔티브를 소개하기도 한다. 단기적 이익만을 추구하고 외부비용을 부담하지 않는 강력한 이익집단의 경제논리에 맞서 자연이 제공하는 서비스를 자연자본으로 보고 그 가치와 그 손실이 유발하는 비용을 인정하는 전체론적 경제학을 옹호하면서 지속 가능한 발전을 촉구한다. 이미 탄소세 같은 세제개혁이나 탄소 배출권거래제 같은 시장 메커니즘을 통해 지속 가능한 발전이 실현되고 있는 사례를 보여준다. 그리고 금융권에서 일어나는 투자철회-투자 운동처럼 저탄소·탈탄소 자산으로의 긍정적인 움직임도 소개한다. 규제 당국의 안이함과 부주의, 정경유착의 폐단, 자연자본을 파괴하는 행위에 주어지는 왜곡된 공공보조금을 비판하는 한편, 지방정부를 중심으로 전개되는 개혁 사례라든가 무능력한 공공기관에 대한 시민들의 집단소송 사례가 보여주듯 '아래로부터의' 정치가 그 해결책이 될 수 있음을 시사한다.

마지막으로 저자는 범지구적 문제인 환경 문제를 해결하기 위해 전 지구적 환경 거버넌스의 필요성을 설파한다. 1972년 스톡홀름회의를 시작으로 국제사회에서 환경 문제를 다루어온 역사를 훑으면서 오랫동안 미국, 유럽 같은 강대국이 환경 거버넌스를 주도해오다가 최근 들어 중소국가들의 연합과 시민단체, 비정부기구가 미치는 영향력이 커지는 변화에 주목하면서 '아래로부터의' 자발적인 움직임, 협력과 조정의 중요성을 강조한다. 물론 두 저자가 제시하는 해법을 실행에 옮기는 일은 엄청난 혁신이 필요한 도전이다. 그러나 이 책은 이런 도전을 이미 실천하고 있는 여러 공동체와 이니셔티브를 소개하면서 희망을 보여준다.

위기에 빠진 지구가 보내는 경고는 해를 거듭할수록 전대미문의 기록을 갱신하며 우리의 생명을 위협하고 있다. 언제부턴가 봄이면 미세먼지 경보, 여름이면 폭염 경보가 일상이 되더니 2020년에는 코로나19 바이러스 경보가 전 세계를 강타해 아예 우리의 일상을 빼앗아갔다. 날마다 우리는 뉴스를 통해 코로나19 상황 보고를 들으며 하루를 시작한다.

그리고 미세먼지 때문에 언제부턴가 필수품이 되어버린 보건 마스크를 이제는 실외뿐만 아니라 실내에서도, 봄철만이 아니라 1년 내내 하루 종일 쓰고 지낸다. 이제 강물을 떠서 그냥 마신다는 것은 상상하기 힘들며 깨끗하게 정화된 수돗물도 미덥지 않아 따로 정수기를 쓰거나 생수를 사다 먹는다. 그런데 머지않아 공기도 마찬가지 상황이 될지 모른다. 정화시킨 공기가 아니고서는 마실 수 없는 시대가 올지 모른다. 생수통과 휴대용 산소통이 필수품이 되는 시대가 올지 모른다.

2019년 12월, 중국에서 첫 코로나19 환자가 보고된 이후로 거의 전 세계 모든 국가에서 코로나19 환자가 발생했으며, 전체 누적 확진자 수는 무려 5,000만 명이 넘는다. 코로나19 바이러스로 인한 사망자만 해도 100만 명이 넘었다. 완치 판정을 받은 이후에도 심각한 후유증으로 계속 고통받는 사람들의 이야기는 새로운 공포감을 불러일으킨다. 코로나19 바이러스로 인한 2차 피해도 심각하다. 전 세계적으로 경제활동이 마비되다시피 했고, 이 때문에 한편에서는 생계수단을 잃어서, 다른 한편에서는 과로 때문에 죽음으로 내몰리는 사람들이 생겨나고 있다. 비대면 생활로 늘어난 쓰레기, 특히 플라스틱 쓰레기는 더욱더 지구를 숨 막히게 하고 있다.

그런데 '신종 코로나바이러스'라고도 불리는 '코로나바이러스감염증-19'COVID-19 팬데믹은 사실 예견된 재앙이며, 우리 인간은 결코 무고한 피해자가 아니다. 이 책에서도 저자는 지구온난화로 인한 기후변화와 환경파괴의 결과로 전염병이 늘어나리라 경고하고 있는데, 지구온난화와 환경파괴의 주범이 바로 우리 인간들이다. 본래 포유류와 조류에서 호흡기 질환을 일으키던 코로나바이러스는 처음에는 동물들에서만 발견되다가 1960년대 들어 사람한테서도 발견되기 시작했다. 많은 전문가들은 이와 같은 인수공통 바이러스 감염증의 증가 원인이 인간의 무분별한 경제활동이 야기한 기후변화와 환경파괴에 있다고 말한다. 인체에 유해하지 않았던 박테리아나 바이러스가 특정 기후 상황에서 변이를 일으켜 독성을 지니게 되고, 인간이 무분별하게 자연의 영역을 침범해 야생동물과 불필요한 접촉이 일어나면서 인간에게 바이러스 전이가 일어났다는 것이다.

코로나19 첫 환자가 발생한 지 거의 1년이 되어가는 지금, 미국 제약회사 화이자와 모더나의 뒤를 이어 영국 제약사 아스트라제네카에서도 코로나19 백신 개발에 성공했다는 소식이 전해졌다. 이번 코로나19 사태에 가장 성공적인 방역을 펼친 것으로 평가받는 우리 정부에서도 백신과 치료제 동시 개발이라는 전략 아래 관련 기업들을 적극 지원해왔으며, 조만간 반가운 소식이 들려올 것으로 기대를 모으고 있다. 하지만 전 세계 인구 가운데 60퍼센트가 백신을 맞아 코로나19 종식을 선언하려면 2021년 말까지는 기다려야 한다는 전망이다. 그러나 코로나19 팬데믹이 종식된다고 하더라도 또 다른 신종 코로나바이러스가 나타날 것이다. 지금도 이미 코로나19 바이러스는 계속 새로운 변이를 일으키고 있다. 프랑스 대학 미생물·전염병학과의 필립 상소네티 교수는 전염병이 21세기 인류의 주요 도전과제가 될 것이라고 말한 바 있다. 앞으로 우리는 신종 바이러스로 인한 전염병의 위협이 일상이 되어버린 시대를 살아가야 할지 모른다.

그러나 저자가 맺음말에서 앤서니 앳킨스의 말을 빌려 호소하듯이, "세계는 굉장한 문제에 당면해 있지만, 우리가 어쩔 수 없는 상황에 직면하더라도 함께 힘을 모은다면 감당해낼 수 있다. 미래는 우리 손에 달려 있다." 이제 역사는 코로나19 이전 시대와 코로나19 이후 시대로 나눌 것이라고 말한다. 인류의 역사를 볼 때 인간의 생활방식은 엄청나게 변했다. 석기 시대, 청동기 시대, 철기 시대를 거쳐 우리는 지금 플라스틱 시대를 살고 있다. 자기 자신을 파괴하는 일인 줄도 모른 채 극단의 편리함을 추구하는 시대, 과잉과 과용의 시대다. 이렇게 넘쳐나는 플라스틱 쓰레기 때문에 물고기도, 새도 죽어가고 있다. 여러 생물종 가운데 하나인 인간이라는 종이 자신뿐만 아니라 지구 전체를 멸망시키려 하고 있는 것이다. 그리고 그것이 부메랑이 되어 우리에게 돌아오고 있다.

　포스트코로나 시대의 핵심어는 '상생'이 될 것이다. 우리의 일상을 갉아먹는 미세먼지와 코로나19 바이러스 위기를 보면 전 세계가 하나로 연결되어 있으며, 따라서 어떤 위기를 해결하기 위해서는 전 세계가 함께 협력해야 한다는 것을 뼈저리게 느끼게 된다. 인간과 인간 사이의 상생, 인간과 자연 사이의 상생만이 우리가 살 길이다. 우리의 생명까지 위협할 정도로 위기에 빠진 지구를 구하기 위해서는 결국 우리의 생활방식, 미국의 조지 부시 대통령이 협상 불가하다고 말했던 '미국식 생활방식'을 바꾸는 수밖에 없다. 과학기술 혁신에 많이 적용된다는 아인슈타인의 원칙, "최대한 단순하되, 너무 단순하지 않게"라는 원칙을 우리의 생활방식에도 적용해야 한다. 공장에서 물건을 덜 찍어내도록, 그래서 온실가스를 덜 배출하도록 우리의 소비를 줄이고 일회용품 사용을 피해야 한다. 자동차 대신 대중교통(각 학교나 회사에서 스쿨버스와 셔틀버스를 늘리는 것도 방법이다)을 이용하는 불편함을 감수해야 하며, 발전소 가동을 줄이기 위해 에너지를 절약해야 한다.

이 책은 마지막으로 지구의 위기를 해결하기 위해 여자들이 나서서 바통을 넘겨받아야 한다고 말하지만 인간을 제외한 생물이 인간의 언어를 할 수 있다면 뭐라고 말할까? 오만한 인간에게 이제 그만 자기한테 바통을 넘기라고, 바통을 넘기고 지구를 떠나라고 말하지 않을까? 우리의 후세대는 우리를 보고 뭐라고 할 것인가? 최악의 상황은 우리를 비난할 후세대가 아예 오지 않을 수도 있다는 것이다. 저자의 말대로 이제 더는 낭비할 시간이 없다. 이 책을 읽으면서 내가 느낀 충격과 위기감에 많은 이가 공감하기를, 그것이 행동으로 이어지기를, 그래서 더 늦기전에 파국을 막을 수 있기를 간절히 바란다.

한경희

머리말

1 이 책에서 '제도institution'라는 용어는 더글러스 노스Douglass North가 1993년 노벨상 수상 기념 강연에서 규정한 광의로 쓰였다. "제도는 인간의 상호작용을 체계화하기 위해 고안된 제약이다. 제도는 공식적인 제약(규정·법률·헌법)과 비공식적인 제약(행동규범·관습·자발적인 행동강령)으로 이루어지며, 그 제약이 실제로 집행된다는 것이 특징이다."

1장 생물다양성 손실

1 경험연구 가운데 뉴볼드Newbold 연구팀의 연구(2016)가 특히 광범위하다. 『사이언스』지 편집자들은 저자들이 생물다양성 손실의 한계를 규정하는 데 쓴 방법론을 이렇게 요약했다. "4만 종에 가까운 육상생물종에 대해 200만 개가 넘는 자료를 활용해 토지 이용과 관련 압박에 대한 생물다양성의 반응을 모델링하고 1제곱킬로미터 공간 해상도로 지역 생물다양성에 나타난 변화 정도와 변화의 공간적 패턴을 추정했다. 육지 표면의 65퍼센트에 걸쳐 토지 이용과 관련 압박에 의해 생물학적 무손상 비율이 '안전한' 행성 경계인 10퍼센트 이상으로 감소되었다. 변화는 주로 초지생물군계와 생물다양성 위기지역에서 나타났다."

2 수질오염과 메탄가스 누출 비용은 포함되지 않음(3장 참조).

3 양은 적었지만, 이 모래가 캘리포니아 남부에서도 발견되었다.

4 곤충이 환경활동·인간활동과 관련해 어떤 중요성이 있는지 더 자세한 설명을 원하면 데이브 굴슨Dave Goulson의 책(2014) 참조. 굴슨은 '생물다양성의 아버지'라는 별명이 붙은 유명한 생물학자 에드워드 O. 윌슨이 한 말("곤충이 사라진다면 환경은 붕괴되어 혼돈 속으로 빠져들 것이다")을 제대로 보여준다.

5 배글리Bagley 연구팀의 논문(2014) 제목은 다음과 같은 질문을 던지고 있다. 「가뭄과 산림 벌채: 지표면 변화가 최근 아마존에서 일어나는 극한강수에 영향을 미쳤을까?Drought and Deforestation: Has Land Cover Change Influenced Recent Precipitations Extremes in the Amazon?」이 논문에 발표된 광범위한 조사 결과에 따르면 답은 확실하게 '그렇다'이다. 150명이 넘는 과학자들로 이루어진 협력단이 막대한 노력을 기울여 "1만 5,000종이 넘는 아마존 수종의 전반적인 상태를 평가"한 결과 "아마존의 수종 가운데 최소 36퍼센트, 최대 57퍼센트가 국제자연보전연맹 적색 목록 기준에 해당하는 총체적 위기에 처해 있는 것으로 보인다"고 한다.

6 국제열대목재기구 연간 보고서 참조. www.itto.int/annual_review/

7 집어장치는 떠다니거나 묶여 있다. 대나무 뗏목처럼 아주 단순하기는 해도(GPS 위치 측정도 된다) 아주 효율적이어서 이 부유 물체 주변으로 물고기가 엄청 모여든다. 데이비스Davies 연구팀 자료(2016)에 따르면 집어장치를 이용해 연간 참치 100만 톤을 잡을 수 있고, 달갑지 않지만 상어와 청새치도 종종 덩달아 잡힌다.

8 짐 야들리Jim Yardley가 쓴 『뉴욕타임스』 2012년 9월 4일자 기사 "굶주린 두 나라가 어업을 두고 충돌하다Two Hungry Nations Collide Over Fishing" 참조.

9 티모시 알렌Timothy Allen이 작성한 기사 "파알링 어로Pa aling Fishing" 참조. http://humanplanet.com/timothyallen/2011/01/pa-aling-fishing

10 6,500만 년 전에 일어난 다섯 번째 대멸종 때 공룡뿐만 아니라 많은 동식물이 사라졌다. 과거 대멸종에 대한 설명과 여섯 번째 대멸종에 대한 전망을 보려면 Kolbert(2014) 참조.

2장 전 지구적인 물 낭비와 토양 낭비

1 아마티아 센의 정의를 빌리자면 개인의 능력을 실현하는 것.

2 2002년부터 2010년까지, 안나 티바이주카Anna Tibaijuka는 유엔 부비서장이자 유엔인간정주계획UN-HABITAT 집행국장이었다.

3 네바다에서는 규제도 물 관리의 일부다. 집 앞에 잔디밭을 까는 것은 금지되었다. 골프장과 카지노는 잔디밭에 물을 주거나 분수와 폭포에 물을 채울 때 식수가 아닌 물을 사용하도록 특별한 설비를 갖춰야 한다.

4 서클 오브 블루Circle of Blue, "물의 가격The Price of Water" 참조. http://circleofblue.org/waterpricing/.

5 우리는 다니엘 힐렐이 토양·물 과학과 그 관리에서 이룬 많은 업적에 크게 빚을 지고 있다. 그 업적을 통해 여러 통찰을 얻었기 때문이다.

6 나무는 수많은 방법으로 농업을 뒷받침한다. 생태학 전문지인 『에콜로지 레터스Ecology Letters』에 발표된 주목할 만한 연구(Karp et al., 2013)가 있는데, 코스타리카 커피농장에서 산림패치에 따른 커피 수확량의 민감도를 측정했다. 산림은 커피나무에 직접적인 영향을 미치지는 않았지만 커피열매 딱정벌레를 먹고 사는 작은 새들인 휘파람새와 굴뚝새들에게 안식처를 제공해주었다. 커피열매 딱정벌레는 커피에 가장 큰 피해를 입히는 해충이다. 연구자들은 이렇게 해서 절약된 돈을 달러로 계산한 값을 제시하며 연구를 끝맺었는데, 1헥타르당 절약한 이득이 코스타리카 1인당 평균 개인소득과 거의 맞먹었다.

7. 낮은 pH 값에서(pH<5.5), 물에 잘 녹는 성질을 지닌 유독한 알루미늄 이온(Al^{3+})이 규산알루미늄 점토 광물로부터 토양 용액으로 녹아들고, 이는 농작물에 치명적이다. 알루미늄의 유독성은 주로 뿌리 끝에 영향을 미쳐 뿌리의 성장을 막고 뿌리가 제 기능을 못하게 방해한다. 그 결과 알루미늄의 유독성은 식물이 토양으로부터 물과 영양분을 흡수하는 데 심각한 장애를 일으키고, 이는 산성화된 토양에 의해 농작물의 심각한 수확량 감소로 이어진다. 전 세

계의 경작 가능한 토지 가운데 최대 50퍼센트가 산성이며, 이런 산성화된 토양의 상당 부분이 식량안보 위기를 겪고 있는 개발도상국의 열대 지역과 아열대 지역에서 발견된다. 따라서 알루미늄 스트레스는 전 세계적으로 농업 생산에 가장 중요한 제약조건으로 꼽힌다(Royal Society, 2009).

8 프랑스 농민들은 살충제를 반복적으로 사용해서 생긴 여러 암뿐만 아니라 파킨슨병에 대해서도 금전적인 보상을 받아왔다.

9 몰수된 토지는 나중에 국경을 넘나들며 살아가는 부유한 중국인들을 위한 리조트를 짓는 데 쓰였다.

10 이처럼 민감한 사안을 다룬 소중한 두 편의 자료인 Nayar(2012)와 Worldwatch Institute (2015) 참조.

3장 에너지는 최대한 적게

1 땔감을 태우는 것과 관련한 위험에 대해서는 7장 참조.

2 이산화탄소 배출허용 총량(이산화탄소 예산) 외에 다른 온실가스, 특히 메탄가스 배출량을 이산화탄소 배출량으로 환산했을 때 이 예산의 50퍼센트 정도까지 여유가 있다. 빙켈만 Winkelmann 연구팀의 자료(2015)에 따르면 화석연료 매장량을 모두 태웠을 때 생기는 한 가지 결과는 남극 대륙 빙하층이 모두 녹아버리는 것이며, 그렇게 되면 "전 지구적으로 해수면이 58미터 상승할 것이다."(p. 1) 이는 엑손모빌과 셰브런의 최고 경영자가 각자 회사에서 관리하는 매장량을 다 써도 아무 문제가 없다고 확언한 것이 틀렸음을 입증한다.

3 2012년 3월, 탄소 추적자 이니셔티브에서 그 타당성이 입증되었다.

4 세계은행 김용 총재가 세계은행-국제통화기금 2016 연차총회 때 열린 기후장관회의에서 한 발언.

5 알바레즈Alvarez 연구팀(2012)은 '천연가스가 석탄보다 기후에 더 나쁜 영향을 미치게 되는 임계점'(p. 6437)을 3.2퍼센트로 추산했다. 미국의 실제 누출량 상황을 알고 싶다면 Allen et al.,(2013)와 Marchese et al.,(2015) 참조.

6 미국 환경단체 세리즈CERES(환경에 책임 지는 경제를 위한 연합Coalition for environmentally responsible economies) 소속 모니카 프레이먼Monika Freyman 연구팀은 이 보고서를 작성하기 위해 가스 우물과 석유 우물 2만 5,450개를 평가했다(Freyman & Salmon, 2013).

7 1978년부터 2008년까지 오클라호마에서 1년에 강도 3.0도 지진이 평균 두 차례씩 발생했다. 2009년 초반에서 2015년 말까지 강도 4.0도 이상 지진은 60차례 발생했고, 그보다 약한 지진은 약 1,700건 발생했다. 이 지진들은 핵심 파쇄 공정과 연관이 있어 보이지는 않지만, 지하수층과 닿아 있는 수천 개의 추출정에 엄청난 양의 폐수를 규칙적으로 쏟아부은 것과 연관이 있어 보인다. 이른바 기름칠 역할을 한 것이다. 오클라호마는 미국에서 지진이 가장 많이 발생하는 지역이 되었다.

8 조스코우Joskow(2013)가 언급했듯이 "앞으로 수십 년 동안 미국 전역에서 새로운 셰일가스

추출 우물이 수십만 개가 시추될 것이다."

9 매사추세츠에서 이 다리의 사용을 규제하는 방법을 실험하고 있다. 매사추세츠에너지위원회 Massachusetts Energy Board는 세일럼 항구에 있는 천연가스발전소 계획을 승인하는 조건으로 이산화탄소 배출을 점진적으로 줄여갈 것과 최소한 2050년까지는 발전소를 폐쇄할 것을 요구했다.

10 원자력발전 전망에 대한 광범위하고 균형 있는 평가를 알고 싶다면 Lévêque(2014) 참조.

4장 기후변화에 대한 관점

1 1965년 2월 8일, 린든 존슨 대통령은 의회에서 자연의 아름다움을 보전하고 복원해야 한다는 특별 메시지를 전했는데, 여기에는 다음과 같이 기후변화에 대한 문제 제기가 포함되어 있다. "대기오염은 이제 더는 특정 지역에 국한되지 않습니다. 지금 세대는 방사성 물질을 통해, 그리고 화석연료를 태워서 이산화탄소 농도를 계속 증가시킴으로써 지구의 대기 구성을 전 지구적 규모로 바꿔놓았습니다." 같은 해 로저 레벨이 대통령 과학자문위원회의 분과위원회 의장직을 맡았는데, 이 분과위원회에서 「환경의 질 복원하기Restoring the Quality of Our Environment」라는 과학자문위원회 보고서 가운데 지구온난화를 주제로 한 챕터를 썼다.

2 이 결과를 제대로 알고 싶다면 IPCC Fifth Assessment Report(2004) 참조. IPCC 홈페이지 소개글에 따르면 "기후변화에 관한 정부 간 협의체는 기후변화를 측정하는 주요 국제기구다. 1988년에 유엔환경계획과 세계기상기구 주도로 기후변화 현황과 기후변화가 환경과 사회경제에 미칠 수 있는 영향에 대한 과학적 평가를 전 세계에 알리기 위해 설립되었다."

3 제트기류는 냉장고 문을 열어두었을 때와 비슷하다. 차가운 공기가 부엌을 채우는 동안 냉장고 안은 더워진다.

4 2016년 10월 22일, 해밀턴 박사는 남극 대륙의 깊은 크레바스(빙하 속 깊이 갈라진 틈―옮긴이)에 떨어져 죽었다.

5 빙하가 어떻게 유수량을 조절하는지에 관해 간결한 설명을 원한다면 Jansson, Hock, Schneider(2012) 참조.

6 이 조사 일람표는 중국과학원 산하 한냉건조지구환경공학연구소에서 작성했다(Guo et al., 2014).

7 일부 지역에서 산호초들이 특정 공격의 희생양이 되고 있기 때문에 특히 더 심각하다. 오스트레일리아 동부 해안을 따라 있는 대산호초(그레이트배리어리프)에서 발견된 사례가 유명하다. 공격자는 바로 악마불가사리인데, 산호초를 스프처럼 녹여버리는 효소를 내뿜는다. 지난 30년 동안 대산호초에서 악마불가사리가 반복적으로 급증했는데, 오염과 관련이 있는 것으로 보인다. 카리브 해에서는 비늘돔 남획 때문에 산호초와 해조류 사이의 생태적 균형을 조절해주는 해조류 포식자가 사라졌다(1장 참조). 대산호초가 겪는 또 다른 위협은 해안지대를 따라 벌어지는 전대미문 규모의 석탄 채굴과 운송이다(머리말 참조).

8 특히 걱정스러운 것은 딱정벌레들이 토양과 나무의 바늘잎을 연결해 영양분과 엽록소를 이

어주는 통로를 막아버린다는 점이다. 겨울이 따뜻해져 이 딱정벌레들이 엄청나게 불어나고 있다.

9 전 세계 산림에 대한 광범위한 검토자료를 보려면 『자연기후변화*Nature Climate Change*』 2015년 8월 21일자 특별판 참조.

10 미국 서부는 괜찮다는 얘기가 아니다. 애리조나 주 피닉스에서는 2016년 7월에 기온이 45도 밑으로 내려간 적이 없었다. 이에 대응할 수 있는 방법이라고는 낮 동안 실내(집 안이나 차 안)에 머물고 이른 아침에만 집 밖으로 나가는 것뿐이었다. 폭염은 여러 면에서 해롭다. 최근에 갈등이 체계적으로 증가했다는 관찰이 있었다. 광범위한 조사 결론에 따르면 "세계 곳곳에서 그리고 역사를 통틀어, 부정적인 기후 상황은 개인과 집단 간에 폭력과 갈등의 위험을 높인다. (……) 우리는 평균적으로 기온이 단연코 가장 큰 영향을 미친다는 사실을 발견하게 된다."(Burke, Hsiang, Miguel, 2015a, p. 610)
같은 저자들이 『네이처』지에 발표한 논문도 참조(2015b). 폭염의 영향은 동남아시아에서 훨씬 더 심각하다(Im, Pal, Eltahir, 2017).

11 2016년 9월 1일 호놀룰루에서 열린 태평양제도정상회담에서 오바마 대통령이 했던 연설 중에서.

5장 과학과 자연의 만남을 통한 지속 가능성

1 벤저민 할펀Benjamin Halpern과 로버트 워너Robert Warner는 보호구역으로 지정된 지 1년 된 곳부터 40년 된 곳까지 해양보호구역 80곳을 검토한 결과, 다음과 같은 결론에 이르렀다. "해양보호구역 내에서 생물학적 반응(유기체, 특히 물고기의 밀도·다양성·크기 면에서)이 빠르게 발전하고, 오래 지속된다."(Halpern & Warner, 2002, p. 361. 더 최신 검토자료를 보려면 Innis & Simcok, 2016 참조). 태평양 피닉스제도에 있는 산호섬은 2003년만 해도 완전히 죽은 줄 알았던 산호초가 2015년에 다시 살아나 다시 다채로운 모습을 보여주고 있다(Witting, 2016). 그 기간에 키리바시 정부(하와이와 오스트레일리아 사이 중간쯤에 있는 피닉스제도를 포함한 열대 섬들로 이루어진 나라)는 피닉스제도 보호구역PIPA: Phoenix Islands Protected Area을 지정했는데, 태평양에서 가장 큰 보호구역으로 면적이 40만 제곱킬로미터가 넘는다. 이런 노력 덕분에 피닉스 제도 보호구역, 특히 산호섬은 지역 주민들의 환경파괴활동에 노출되지 않게 되었다. 심지어 더 최근에는 환경을 파괴하는 외래종도 근절시켰다. 이 지역이 유네스코 세계자연유산으로 등재된 것은 키리바시 정부가 힘쓴 선구적인 노력의 결과가 얼마나 중요한지를 확인해준다. 그러나 한 가지 의문은 남는다. 키리바시 정부로서도 어떻게 손을 쓸 수 없을 정도로 바다온난화와 산성화가 악화된다면 과연 이 보호구역이 견뎌낼 수 있을까?

2 독일 국제안보문제연구소는 다음과 같이 덧붙인다. "이산화탄소 제거의 실효성과 비용에 대한 기술적 장벽을 낮추기 위한 연구개발을 늦춘다면 우리는 (대기 중 이산화탄소를 제거할) 기회를 잃게 될 것이다." Geden & Schäfer(2016)도 참조.

3 특히 안드라프라데시 주, 구자라트 주, 마디아프라데시 주, 마하슈트라 주에서. 『인디아 투데이 India Today』 2010년 3월 6일자에 실린 디네시 샤르마Dinesh C. Sharma의 "몬산토, Bt 목화 실패 인정Bt Cotton Has Failed Admits Monsanto" 참조.

4 일부 약품의 잔여물을 완전히 제거하는 데 여전히 어려움이 있다.

5 오렌지 카운티 수도국, "Awards". https://www.ocwd.com/news-events/awards/. 2017년 8월 7일 접속.

6 더 자세한 정보를 원한다면 1999년부터 스프링어 출판사에서 발행하는 잡지 『정밀 농업 Precision Agriculture』 참조.

7 모텐슨Mortensen 연구팀의 보고서(2012)에 따르면 감소율이 75퍼센트에 이른다.

8 아프리카에서 다년생식물이 농업 관행 개선에 끼친 역할에 대해서 글로버Glover, 리가놀드 Reganold, 콕스Cox(2015)가 평가한 바 있다.

9 리튬이온 기반이든 비리튬이온 기반이든 고체 상태 배터리에 대해 더 자세하게 알고 싶다면 Kim et al.,(2015) 참조.

10 탈탄소 경제에 필수적인 많은 장비들이 그렇다(Abraham, 2015 참조).

11 프라스Fraas(2014)는 광전지의 역사, 다양성, 전망에 대해 읽기 쉽고 설득력 있게 설명했다.

12 물론 구식장비를 상업적으로 보급하려는 잘못된 정책은 제외다.

13 열펌프는 지구상에 거의 항상 존재하는 지열을 이용해 건물 안의 공기를 따뜻하게 하거나 차갑게 만든다.

14 이를 잘 보여주는 사례가 인도의 IT 스타트업 회사인 레드버스RedBus인데, 독립적인 회사들이 운영하는 수천 개의 장거리 버스 노선을 조정하는 회사다. 이 독립 회사들은 대부분 전국에 흩어져 있는 소규모 회사들이다. 레드버스는 모든 버스 노선 회사와 소비자들에게 이용 가능한 서비스 정보를 계속 보낸다.

15 탄소 역배출 연구센터Center for Negative Carbon Emissions(애리조나 대학), 탄소 공학Carbon Engineering(케임브리지 대학·매사추세츠 대학·캘거리 대학), 글로벌 서모스탯Global Thermostat(뉴욕 대학·프린스턴 대학), 기후연구Climeworks(취리히 대학), 산화와 탄소 포획 기술Combustion and Carbon Capture Technologies(스웨덴 샬머스 공대).

6장 과학적 불확실성과 날조된 불확실성이 빚어낸 규제의 취약성

1 뉴욕 의대 교수 다니엘 오프리Danielle Ofri가 『뉴욕타임스』 2013년 6월 6일자에 쓴 칼럼 "의사들에게 불확실성은 힘든 일이다Uncertainty is hard for doctors"에서 밝힌 것처럼 말이다. "주로 우리는 명백한 답이 없는 애매한 지대에서 일한다."

2 프루시너는 그 후로 연구에서 빠른 진전을 이루어 이론적으로나 실험적으로나 더 완벽한 근거를 정립했고, 그 공로로 1997년 노벨상 수상자가 되었다. 연구 결과가 발표되고 한참 뒤에 일어난 일이기는 했지만.

3 캘리포니아 공과대학 물리학 교수 데이비드 굿스타인David Goodstein은 부학장을 지내면서

과학계 비리를 조사하는 일도 했다. 굿스타인의 책 『과학, 사실과 사기 사이에서*On Fact and Fraud*』(2010)(국내에는 2011년 출간)는 과학이 저지른 사기 가운데 몇 가지 중요한 사례를 보여준다.

4 뇌 발달 손상에 대한 광범위한 평가를 보려면 Grandjean(2015) 참조.

5 유럽연합집행위원회가 내분비 교란물질을 어떻게 다루었는지 풍부한 자료를 보고 싶다면 Horel(2015) 참조.

6 아트라진은 미국 옥수수 농작물의 절반 이상에 사용하는 제초제다. 스위스 회사 신젠타에서 생산한다. 유럽연합에서는 아트라진이 식수를 심각하게 오염시킨다는 이유로 금지되었다. 그 후 미국 시장이 단연코 가장 큰 시장이 되었다.

7장 지속 가능성을 높일 혁신을 일으키고 전파하기

1 이 말은 원래 알베르트 아인슈타인이 허버트 스펜서 기념 강연(1933)에서 했던 말이다. "모든 이론의 지상 목표가 모든 경험자료를 하나도 빠뜨리지 않고 적절히 재현하되 더는 단순화할 수 없는 기본 요소를 최대한 단순하고 최대한 적게 만드는 것임을 부정하기 힘들 것입니다."(Philosophy of Science, 1[2]: pp. 163~169, p. 165) 아인슈타인의 생각을 발전시켜 작곡가 로저 세션스Roger Sessions는 『뉴욕타임스』 기사(1950년 1월 8일자 "어려운 작곡가는 어떻게 만들어지는가How a Difficult Composer Gets That Way")에서 "모든 것은 최대로 단순하게 만들되, 너무 단순해서는 안 된다"라고 인용했고(자신의 음악에도 적용했다), 마침내 "최대한 단순하되, 너무 단순하지 않게"라는 원칙으로 완성되었다.

2 세계식량농업기구에 따르면 건조지역은 물 부족이 특징인데 강수량과 증발산량 사이의 불균형(평균 0.65) 때문이다. 건조지역은 전 세계 육지 면적의 약 45퍼센트에 이르며 전 세계 인구의 3분의 1이 거주하고 있는데, 극심한 빈곤에 시달리는 가구의 비율이 높다.

3 "특허 덤불 속에서 길 찾는" 방법을 고찰한 논문 Shapiro(2000) 참조.

4 전통적인 법리에 따르면 발견에 대한 특허는 있을 수 없으며 오직 발명에 대한 특허만 가능하다. 그런데도 지난 30여 년 동안 주요 특허청과 법원은 이 사실을 무시해왔다.

5 "시장 지배력을 추정할 수 없다"는 뜻은 경쟁보호 관점에서 볼 때 특허권이 자동적으로 문제를 낳지는 않는다는 뜻이다. 그러나 대체물이 없을 때 문제(아마도 심각한 문제)가 발생하며 그럴 때 해결책이 필요하다. 경쟁정책과 지적 재산권 보호 사이의 관계에 대해 아주 잘 정리된 보고서를 보고 싶다면 U.S. Federal Trade Commission(2003) 참조.

6 로버트 바는 당시 시스코 시스템Cisco Systems사의 지적 재산권 담당 부사장이었다. 그 후 버클리 법학대학원(캘리포니아)으로 돌아갔다.

7 더 자세한 설명을 보고 싶다면 Henry & Stiglitz(2010) 참조.

8 우루과이라운드는 1982년에 시작되어 1994년까지 합의점을 찾지 못했다.

9 로버트 포젠은 피델리티 인베스트먼트Fidelity Investments 부회장과 MFS 인베스트먼트 매니지먼트MFS Investment Management 회장을 역임했다.

10 폭로 시스템은 에릭 매스킨Eric Maskin이 노벨경제학상 수상 기념 강연(2008)에서 보여준 것처럼 현대 경제분석에서 핵심적인 역할을 한다.

11 존 바턴은 엔지니어, 미국 해군장교, 변호사를 거쳐 스탠퍼드 대학 법학대학원 교수가 되었다. 그곳에서 과학·법·사회 문제가 교차하는 주제, 특히 혁신과 지적 재산권 문제를 전문으로 다루었다. 존 바턴은 자연자본을 책임감 있게 이용하도록 장려하는 일에 관심이 있었다. 자전거 사고로 인한 뇌 부상 후유증으로 2009년에 캘리포니아 주 로스앨토스에서 사망했다.

12 지적 재산권 보호 없이도 중요한 발전을 거둔 화학과 소프트웨어 같은 여러 산업 분야를 발견한 Boldrin & Levine(2004, 2008)도 참조.

13 von Hippel(2005) 참조.

14 1843년에 설립되었고, 오랫동안 로담스테드 실험장Rothamsted Experimental Station으로 불렸다.

15 식물 사이 그리고 식물과 동물 사이의 화학적 상호작용은 드문 일이 아니다. "일반적인 균사체 네트워크는 신호망의 전달자 역할을 할 수 있다."(Babikova et al., 2013, p. 835) 예를 들어 화학적으로 적을 쫓아내고 자기편을 끌어들이는 콩대 사이에 그런 일이 벌어질 수 있다. 먹성 좋은 진딧물에게 공격당한 콩대는 땅속에 있는 식물들을 연결하는 섬유질의 균류 네트워크에 특수한 분자를 방출해 이웃들에게 경고한다. 이 신호를 접수한 이웃들은 진딧물을 쫓아낼 뿐만 아니라 진딧물을 먹는 말벌을 유인하는 휘발성의 화학물질을 방출한다.

16 사라 투미는 프랑스에서 프랑스인 어머니와 튀니지인 아버지 사이에서 태어났다. 아버지는 비영리단체에서 일하던 엔지니어였다. 투미는 파리 대학을 졸업한 뒤에 조부모가 살았던 마을에 정착했고, 농민과 결혼해서 자기 마을처럼 기후변화와 사막 확장의 복합적인 영향에 위협받는 지역공동체에 농림업을 장려할 수단으로 '모두를 위한 아카시아' 운동을 시작했다. 이런 활동으로 여러 상을 수상했으며 2016년에는 포브스 선정 '30인의 사회적 기업가'에 올랐다.

17 유엔식량농업기구, "이달의 전통작물, 모링가", http://www.fao.org/traditional-crops/moringa/en

18 아마존 강 유역에서 흥미로운 사례가 발견되었다. 아마존 강 유역은 농작물에 필요한 영양분은 상대적으로 적지만, 고대 인디언들이 자연 토양에 바이오 숯과 유기물 쓰레기를 섞어서 만들어진 비옥한 부분이 있다.

8장 지속 가능한 발전을 위한 경제수단

1 초판은 1759년에 출간되었다. 애덤 스미스가 글래스고 대학에서 했던 다학제적인 강의를 책으로 묶은 것이다.

2 인센티브 경제학에 대한 간략한 입문서를 원한다면 파르타 다스굽타Partha Dasgupta의 『경제학Economics』(2007) 4장과 6장 참조. 환경세에 대해 더 자세한 설명을 원한다면 Milne & Andersen(2012) 참조.

3 영국 경제학자 데이비드 피어스David Pearce(환경경제학의 선구자—옮긴이)는 마거릿 대처

수상에게 이와 같은 이동균형을 설명하면서 '이중배당'이라는 새로운 표현을 만들어 썼다.

4 1997년부터 최저선이 25메가와트시로 낮아졌다. 수익금은 에너지 총생산량 비율에 따라 발전소에 환급되었다. 이런 환급방식이 세금을 통한 유인책과 상충하지 않기 때문이다. Organisation for Economic Co-operation and Development(2010) 참조.

5 S 98, 105th Cong., https://www.congress.gov/bill/105th-congress/senate-resolution/98/text

6 난방용 화석연료 사용의 단계적 폐지는 순조롭게 이루어지고 있으며, 이미 주택용 건물의 경우는 목표치의 100퍼센트를 달성했고, 서비스용·영업용·사무용 건물의 경우는 목표치의 70퍼센트를 달성했다. 현재 일반적으로 쓰이는 난방연료는 우드펠릿과 쓰레기인데, 도시에서는 지역난방 시스템이 지배적이기 때문에 이런 연료들이 훨씬 더 효율적이다.

7 스웨덴 환경보호국. "세대 차원의 목표The Generational Goal", 2016년 8월 29일, http://www.swedischhepa.se/Environmental-objectives-and-cooperation/Swedens-environmental-objectives/The-generational-goal/.

8 그러나 『뉴욕타임스』 칼럼니스트 토머스 프리드먼Thomas L. Friedman이 쓴 두 편의 논평 제목은 전투 준비 명령처럼 들린다. "시장과 대지의 어머니 자연The Market and Mother Nature"(New York Times, January 8, 2013), "루즈-루즈 대 윈-윈-윈-윈-윈It's Lose-Lose vs. Win-Win-Win-Win-Win"(March 16, 2013). 2013년 3월 16일자 『파이낸셜타임스』 메인 사설도 비슷하다. "지금이야말로 나쁜 것 중에서 그나마 가장 나은 세금을 신설할 때다. 탄소세가 세수입을 높일 더 나은 방법이다." 이 아이디어는 제도적으로 실행 가능하다. Dinan(2012), Metcalf(2009), Metcalf & Weisbach(2009) 참조.

9 중국에서는 온갖 종류의 오염 때문에 사람들이 견디기 힘들어지고 있다. 그러나 엘리자베스 이코노미Elizabeth Economy(2004)가 설득력 있게 보여주었듯이 이 오염은 아주 많은 공산당원에게 이윤을 창출해주는 중요한 요소다. 따라서 오염을 의미 있게 줄이려면 정치적·경제적 혁명이 필요하다.

10 금융안정위원회는 G20의 결정에 따라 출범한 국제기구다. 소재지는 바젤이며 국제결제은행이 관리한다.

9장 지속 가능한 발전을 위한 글로벌 거버넌스

1 "새천년생태계평가 개요"는 http://www.unep.org/maweb/en/About.aspx에서 찾아볼 수 있다.

2 이런 난제를 개괄적으로 살펴보려면 Scholte(2002, pp. 295~298) 참조.

3 리우 대화 웹사이트는 http://www.riodialogues.org에서 찾을 수 있다.

4 최종 투표 결과는 http://vote.riodialogues.org에서 볼 수 있으며, 여기에는 대륙별·인간개발지수별HDI·연령별·성별로 분류한 결과도 포함되어 있다.

10장 환경의 지정학

1 가장 유명한 사례를 보려면 Rosenau(1995) 참조.

2 취임 연설 전문을 보려면 다음 사이트 참조. http://obamawhitehouse.archives.gov/
blog/2009/01/21/president-barack-obamas-inaugural-address.

3 "베이징의 PM2.5 수준(2.5마이크로미터보다 작은 미립자로 폐에서 가스가 교환되는 곳을 통
과할 수 있다)은 세계 최악이다. 2012년 3월 베이징 평균 기록에 따르면 그런 미립자가 1세제
곱미터당 469마이크로그램이었는데, 이는 2012년 로스앤젤레스 최악의 수치가 1세제곱미
터당 43마이크로그램이었던 것과 비교해 끔찍한 수치다."(T.N. Thompson, "Choking on
China", *Foreign Affairs*, April 2013)

4 "환경을 지키는 것이 최우선이다Safeguarding Environment a Priority", (*China Daily*,
November 29, 2010).

11장 지속 가능한 발전의 새로운 다극화

1 존 보글러John Vogler와 하네스 스테판Hannes Stephan(2007)은 유럽연합이 일련의 환경 분
야에서 정책역량을 발전시켜왔고, 60개가 넘는 다자주의 환경협정에 서명했다고 시사했다.

2 기후협상만 두고 본다면 BASIC 국가, 대부분 아프리카 국가들인 최빈개도국LDC 45개국, 아
프리카 그룹, 석유수출국기구, 아랍국가연맹, 방글라데시와 G77에 가입되지 않은 나라들
도 포함된 군소도서국가연합AOSIS(총회원국 수는 42개국이며 표결권이 없는 참관국도 있
다), 군소도서국가연합과는 다른 회원국으로 이루어진 군소도서개발국SIDS, 쿠바·베네수
엘라·볼리비아·니카라과·온두라스·도미니카·세인트빈센트 그레나딘 등으로 이루어진
미주 대륙을 위한 볼리바르연맹ALBA, 중미통합체제SICA, 내륙개발도상국(아르메니아·키
르키스스탄·타지키스탄), 중앙아시아·코카서스·알바니아와 몰도바연방으로 구성된 기후
변화협상 그룹CACAM, 열대우림국가연합CfRN, 카르타헤나 그룹(선진국과 개발도상국 40개
국), 멕시코·리히텐슈타인·모나코·한국·스위스로 구성된 환경건전성 그룹EIG, 라틴아메리
카·카리브해국가연합AILAC, 뜻을 같이하는 개발도상국 그룹LMDC: Like-Minded Group of
Developing Countries 등이 있다.

맺음말

1 특히 최신 책 『우리는 왜 기다리는가? 기후변화를 막아야 하는 이유와 시급성 그리고 그 전망
Why Are We Waiting? The Logic, Urgency, and Promise of Tackling Climate Change』(2015)에서.

2 이에 대해 특수하지만 상징적인 사례가 하나 있다. 에드워드 루스Edward Luce가 『파이낸셜타
임스』 2015년 11월 23일자 기사 "SUV는 기후변화 수송대를 이끌 수 없다"에서 이 문제를 다
룬 바 있다. 2014년 여름부터 가솔린 가격이 내리면서 SUV와 소형 트럭 판매가 늘어난 반면
(2015년보다 20퍼센트 이상) 하이브리드 자동차 판매는 급감했다.

3 원로 정치인 제임스 베이커 3세James A. Baker III, 헨리 폴슨 2세Henry M. Paulson Jr., 조지

슐츠George P. Schulz는 탄소에 세금을 매기는 것이 너무나 현실적인 기후변화 문제를 해결할 효과적이고 공정한(화석연료 소비를 줄이기 위한 유인책과 충돌하지 않으면서 가계에 혜택이 돌아가는) 방법이라는 사실을 동료 공화당원들에게 설득하기 위해 노력했다.

4　유니레버의 지속 가능성 책임자이자 코카콜라의 환경·수자원 담당 부사장을 역임한 제프리 시브라이트Jeffrey Seabright는 이렇게 말한다. "가뭄 증가, 점점 예측하기 어려워지는 가변성, 2년마다 발생하는 100년 만의 홍수 등 우리에게 가장 필수적인 요소를 생각하면 이런 사건들은 위험이라고 본다."(*New York Times*, January 23, 2014)

5　지금은 사라져버린 세 개의 호수를 살펴보자. 아랄 해는 아시아 최대 규모의 내륙호수였는데, 구소련의 대규모 산업형 농업 때문에 말라버렸다. 이란의 우르미아 호는 미국의 그레이트솔트 호수에 비견되는 곳이었는데, 이슬람 혁명수비대가 관리하는 기업들에게 약탈당했다. 볼리비아의 포포 호수는 안데스 고원에서 티티카카 호수 다음으로 두 번째로 큰 호수였는데, 안데스 고원의 인디언 토착민 공동체가 입은 피해를 무시하고 모랄레스 대통령이 밀어붙인 광산채굴 사업에 희생되었다. 우르미아 호수와 포포 호수 사례를 보면 기후변화가 건조를 일으키는 요인도 되는 것 같다.

6　화학산업과 식품산업은 건강과 환경에 광범위한 피해를 입히고, 그런 위해활동을 규제하려는 시도를 방해하고 있다(1, 2, 6장 참조).

화석연료 공급자와 이 화석연료에 의존하는 산업은 저탄소 경제로 전환하는 것을 막기 위해 엄청난 힘과 자원을 쏟아붓는다(3, 6장 참조).

광산업은 여러 가난한 나라에서 생명과 환경을 파괴하고, 불평등·부패·마피아의 지배, 심지어 내전을 부추긴다(머리말과 6장 참조).

제약회사는 자사 약품을 구매할 능력이 있는 지역에서는 지나친 소비를 부추기고, 돈을 별로 못 버는 지역에서는 약품을 구매할 기회를 제한하기 위해 노력을 아끼지 않는다(7장 참조).

이런 평가가 지나치다고 낙인찍기 전에 트럼프 대통령이 약속한 규제 완화를 이 회사들이 얼마나 열렬히 환영하는지 생각해보라. 필수적인 방향 전환의 책임자라면 과연 그런 식으로 반응할까?

이 책에서 IT 회사들은 비중 있게 다루지 않았다. 그렇지만 IT 회사들이 산업과 서비스 분야의 생산과정에서 인력을 줄일 방법을 찾느라 바쁜 반면, 극소수 사람들에게 지식·권력·부가 집중되고 그에 따라 불평등과 대혼란이 일어날 가능성을 극대화한다는 사실을 짚고 넘어갈 필요가 있다. 극소수 사람들은 스티븐 호킹Stephen Hawking처럼 이 사실을 꿰뚫고 있다. "공장 자동화로 이미 전통적인 제조업 일자리가 줄었고, 인공지능의 부상으로 직업 파괴 현상이 중산층으로까지 확대될 가능성이 높으며, 이제 인간에게는 보살피는 일, 창의적인 역할이나 감독 역할만 남게 될 것이다. 이로써 전 세계에 퍼져 있는 경제 불평등 확대가 가속화할 것이다. 인터넷과 플랫폼 덕분에 아주 소규모 집단이 극소수의 사람만 고용해서 막대한 이윤을 창출할 수 있게 되었다."("지금이 우리 지구에게 가장 위험한 시대다This Is the Most Dangerous Time for Our Planet", *Guardian*, December 1, 2016) 상위 여덟 명이(이 소그룹에 여자는 없다) 하위 36억 인구가 가진 부만큼 소유하고 있는 현재보다 더 심한 '경제 불평등 확대'(Oxfam, *An Economy for the 99 Percent*, Oxford, 2017)는 돌이킬 수 없는 대량 빈곤과 그에 따른 자연 자본 파괴를 수반할 것이다.

7 하버드 대학 심리학자이자 역사가인 로버트 제이 리프턴Robert Jay Lifton은 미국인의 정신과 영혼 깊숙한 곳에서 변화의 가능성을 본다. "미국인들은 지구온난화 때문에 중요한 심리적 변화를 겪고 있는 것으로 보인다. 나는 이런 변화를 기후'일탈'이라고 부르는데, 최근에 하버드 대학 인문학부 교수 스티븐 그린블랫Stephen Greenblatt이 의식에서 일어나는 예측 불가능하고 규칙을 벗어난 주요 역사적 변화를 묘사하기 위해 쓴 용어를 빌린 것이다. (……) 기후일탈이 체계적인 단계에 따라 탄소 배출을 감축하라는 초국가적인 요구에 따른 '기후동결'을 포함할 수 있을까?"(*New York Times*, August 23, 2014)

8 오스트레일리아 최대 전력회사 AGL 에너지는 채굴할 수 있는 석탄자원 매장량이 막대한데도 석탄-화력발전소들을 점차적으로 대규모 태양광발전단지로 대체하고 있다.

9 나오미 클라인Naomi Klein은 『이것이 모든 것을 바꾼다*This Changes Everything: Capitalism Versus the Climate*』(2014, 국내에는 2016년 출간)에서 토착민 공동체가 자신들의 생존이 걸려 있는 자연자본을 심각하게 위협하는 민간이나 공공기관과 벌이는 수많은 갈등을 다룬다.

● 참고문헌

Abraham, David. S. 2015. *The Elements of Power: Gadgets, Guns, and the Struggle for a Sustainable Future in the Rare Metal Age*. New Haven, CT: Yale University Press.

Afionis, Stavros. 2010. "The European Union as a Negotiator in the International Climate Change Regime." *International Environmental Agreements* 11 (4): 341–60.

Akbar, Bisma. 2011. "Pakistan's Forgotten Emergency" (press release). Oxfam International., https://www.oxfam.org/en/pressroom/pressreleases/2011-11-30/pakistans-forgotten-emergency.

Akerlof, George A. 1970. "The Market for Lemons: Quality Uncertainty and the Market Mechanism." *Quarterly Journal of Economics* 84 (3): 488–500.

Alexievich, Svetlana. "On the Battle Lost" (Nobel Lecture). https://www.nobelprize.org/nobel_prizes/literature/laureates/2015/alexievich-lecture.html.

Alexis de Tocqueville Institution. 1994. *Science, Economics, and Environmental Policy: A Critical Examination*. Arlington, VA: Alexis de Tocqueville Institution.

Allen, David T., Vincent M. Torres, James Thomas, David W. Sullivan, Matthew Harrison, Al Hendler, Scott C. Herndon, et al., 2013. "Measurements of Methane Emissions of Natural Gas Production Sites in the United States." *Proceedings of the National Academy of Sciences*, 110 (44): 17768–73. doi: 10.1073/pnas.1304880110.

Allen, Myles. 2015. "Paris Emissions Cuts Aren't Enough—We'll Have to Put Carbon Back in the Ground." *The Conversation*, December 12. https://theconversation.com/paris-emissions-cuts-arent-enough-well-have-to-put-carbon-back-in-the-ground-52175.

Alroy, John. 2015. "Current Extinction Rates of Reptiles and Amphibians." *Proceedings of the National Academy of Sciences* 112 (42): 13003–8.

Alscher, Stefan. 2010. "Environmental Factors in Mexican Migration: The Case of Chiapas and Tlaxcala." In *Environment, forced migration and social vulnerability*, ed. T. Afifi and J. Jäger, 171–85. Heidelberg: Springer Verlag.

Alvarez, Ramón A, Stephen W. Pacala, James J. Winebrake, William L. Chameides, and Steven P. Hamburg. 2012. "Greater Focus Needed on Methane Leakage from

Natural Gas Infrastructure." *Proceedings of the National Academy of Sciences* 109 (17): 6435–40.

Andersson, Mats, Patrick Bolton, and Frédéric Samama. 2014. "Hedging Climate Change." Columbia Business School, Columbia University, New York. https://www0.gsb.columbia.edu/faculty/pbolton/papers/Hedgingclimaterisk(v35).pdf.

Antweiler, Werner, Brian R. Copeland, and M. Scott Taylor. 2001. "Is Free Trade Good for the Environment?" *American Economic Review* 91 (4): 877–908.

Arkema, Katie K., Greg Guannel, Gregory Verutes, Spencer A. Wood, Anne Guerry, Mary Ruckelshaus, Peter Kareiva, Martin Lacayo, and Jessica M. Silver. 2013. "Coastal Habitats Shield People and Property from Sea-Level Rises and Storms." *Nature Climate Change* 3: 913–18.

Arrow, Kenneth J., and Leonid Hurwicz. 1997. "An Optimality Criterion for Decision-Making under Ignorance." In *Studies in Resource Allocation Processes*, ed. Kenneth Arrow and Leonid Hurwicz, 463–71. Cambridge, UK: Cambridge University Press.

Atkinson, Anthony B. 2015. *Inequality: What Can Be Done?* Cambridge: Harvard University Press.

Atkinson, S. 2017. "A Perfect Storm in the Gulf of Alaska: Factors Contributing to 2015–2016 Common Murre Die-Off." Paper presented at the Alaska Marine Science Symposium, Anchorage, January 24, 2017.

Attina, Teresa M., Russ Hauser, Sheela Sathyanarayana, Patricia A. Hunt, Jean-Pierre Bourguignon, John Peterson Myers, Joseph DiGangi, R. Thomas Zoeller, and Leonardo Trasande. 2016. "Exposure to Endocrine-Disrupting Chemicals in the USA: A Population-Based Disease Burden and Cost Analysis." *The Lancet Diabetes and Endocrinology* 4 (12): 996–1003. doi: 10.1016/S2213-8587(16)30275-3.

Austen, Ian. 2013. "A Black Mound of Canadian Oil Waste Is Rising Over Detroit." *New York Times*, May 17.

Aviv, Rachel. 2014. "A Valuable Reputation." *The New Yorker*, February 10, 52–63.

Babikova, Zdenka, Lucy Gilbert, Toby J. A. Bruce, Michael Birkett, John C. Caulfield, Christine Woodcock, John A. Pickett, and David Johnson. 2013. "Underground Signals Carried Through Common Mycelial Networks Warn Neighboring Plants of Aphid Attack." *Ecology Letters* 16 (7): 835–43. doi: 10.1111/ele.12115.

Bäckstrand, Karin. 2006. "Multi-Stakeholder Partnerships for Sustainable Development: Rethinking Legitimacy, Accountability, and Effectiveness." *European Environment* (Special Issue: Rules for the Environment; Reconsidering Authority in Global

Environmental Governance) 16 (5): 290–306.

Bagley, Justin E., Ankur R. Desai, Keith J. Harding, Peter K. Snyder, and Jonathan A. Foley. 2014. "Drought and Deforestation: Has Land Cover Change Influenced Recent Precipitation Extremes in the Amazon?" *Journal of Climate* 27: 345–61. doi: 10.1175/JCLI-D-12-00369.1.

Bals, Christophe, Charlotte Cuntz, Oldag Caspar, and Jan Burck. 2013. "The End of EU Climate Leadership." Germanwatch. https://germanwatch.org/en/7563.

Barnosky et al., (2011), "Has the Earth's Sixth Mass Extinction Already Arrived?" *Nature,* 471: 51–57.

Barrangou, Rodolphe. 2014. "Cas9 Targeting and the CRISPR Revolution." *Science* 344 (6185): 707–8.

Barrett, Scott. 1994. "Self-Enforcing International Environmental Agreements." Oxford Economic Papers 46: 878–94.

_____. 2010. *Why Cooperate? The Incentive to Supply Global Public Goods.* Oxford, UK: Oxford University Press.

_____. 2012. "Climate Treaties and Backstop Technologies." *CESifo Economic Studies* 58 (1): 31–48. doi: 10.1093/cesifo/ifr034.

Barton, John H. 2007. "Intellectual Property and Access to Clean Energy Technologies in Developing Countries: An Analysis of Solar Photovoltaic, Biofuel, and Wind Technologies." ICTSD Issue Paper No. 2. Geneva: International Centre for Trade and Sustainable Development. http://www.iprsonline.org/New%202009/CC%20 Barton.pdf.

Battacharyya, Subhes C. 2014. "Viability of Off-Grid Electricity Supply Using Rice Husk: A Case Study from South Asia." *Biomass and Bioenergy* 68: 44–54.

Baylon, Caroline, David Livingstone, and Roger Brunt. 2015. *Cyber Security at Civil Nuclear Facilities: Understanding the Risks* (Chatham House Report). London: Royal Institute of International Affairs.

Bee Informed Partnership. 2015. "2014–2015 National Colony Loss and National Management Survey." https://beeinformed.org/2014-2015-colony-loss-and-national-management-survey/.

Beketov, Mikhail A., Ben J. Kefford, Ralf B. Schäfer, and Matthias Liess. 2013. "Pesticides Reduce Regional Biodiversity of Stream Invertebrates." *Proceedings of the National Academy of Sciences* 110 (27): 11039–43.

Bellanger, Martine, Barbara Demeneix, Philippe Grandjean, R. Thomas Zoeller, and Leonardo Trasande. 2015. "Neurobehavioral Deficits, Diseases, and Associated

Costs of Exposure to Endocrine Disrupting Chemicals in the European Union." *The Journal of Clinical Endocrinology and Metabolism* 100 (4): 1256–66.

Bertini, Catherine. 2014. "Effective, Efficient, Ethical Solutions to Feeding 9 Billion People: Invest in Women." Presented at the Crawford Fund, Canberra, Australia, August 27.

Bessen, James, and Eric Maskin. 2009. "Sequential Innovation, Patents, and Imitation." *RAND Journal of Economics* 40 (4): 611–35.

Betsill, Michelle M., and Elisabeth Corell, eds. 2007. *NGO Diplomacy: The Influence of Nongovernmental Organizations in International Environmental Negotiations.* Cambridge, MA: MIT Press.

Biermann, Frank, and Philipp Pattberg, eds. 2012. *Global Environmental Governance Reconsidered.* Cambridge, MA: MIT Press.

Bloomberg New Energy Finance. 2016. "New Energy Outlook 2016." https://about. newenergyfinance.com/international/china/new-energy-outlook/

Boldrin, Michele, and David K. Levine. 2004. "The Economics of Ideas and Intellectual Property." *Proceedings of the National Academy of Sciences* 102 (4): 1253–56.

_____. 2008. *Against Intellectual Monopoly.* New York: Cambridge University Press.

Bolton, Patrick, Frederic Samama, and Joseph E. Stiglitz, eds. 2011. *Sovereign Wealth Funds and Long-Term Investing.* New York: Columbia University Press.

Borowiak, Malgorzata, Wallis Nahaboo, Martin Reynders, Katharina Nekolla, Pierre Jalinot, Jens Hasserodt, Markus Rehberg, et al., 2015. "Photoswitchable Inhibitors of Microtubules Dynamics Optimally Control Mitosis and Cell Death." *Cell* 162: 403–11.

Boulding, Kenneth E. 1966. "The Economics of the Coming Spaceship Earth." In *Environmental Quality in a Growing Economy*, ed. Kenneth E. Boulding, 3–14. Baltimore, MD: Resources for the Future/Johns Hopkins University Press.

Boykoff, Maxwell T., and Jules M. Boykoff. 2004. "Balance as Bias: Global Warming and the US Prestige Press." *Global Environmental Change* 14 (2): 125–36.

Brewster, David. 1855. *Memoirs of the Life, Writings, and Discoveries of Sir Isaac Newton*, vol. 2. Edinburgh: Thomas Constable.

Breyer, Stephen. 1993. *Breaking the Vicious Circle: Toward Effective Risk Regulation.* Cambridge, MA: Harvard University Press.

Brienen, Roel J. W., Oliver Lawrence Phillips, Ted R. Feldpausch, Manuel Gloor, T. R. Baker, Jonathan Lloyd, Gabriela Lopez-Gonzalez, et al., 2015. "Long-Term Decline of the Amazon Carbon Sink." *Nature* 519 (7543): 344–48.

Bristow, Charlie S., Karen A. Hudson-Edwards, and Adrian Chappell. 2010. "Fertilizing the Amazon and Equatorial Atlantic with West African Dust." Geophysical Research Letters 37. doi: 10.1029/2010GL043486.

Broothaerts, Wim, Heidi J. Mitchell, Brian Weir, Sarah Kaines, Leon M. A. Smith, Wei Yang, Jorge E. Mayer, Carolina Roa-Rodríguez, and Richard A. Jefferson. 2005. "Gene Transfer to Plants by Diverse Species of Bacteria." Nature 433: 629–31.

Buonocore, Jonathan J., Kathleen F. Lambert, Dallas Burtraw, Samantha Sekar, and Charles T. Driscoll. 2016. "An Analysis of Costs and Health Co-benefits for a U.S. Power Plant Carbon Standard." PLoS ONE 11 (6). doi: 10.1371/journal.pone.0156308.

Burke, Marshall, Solomon M. Hsiang, and Edward Miguel. 2015a. "Climate and Conflict." Annual Review of Economics 7: 577–617.

_____. 2015b. "Global Non-linear Effects of Temperature on Economic Production." Nature 527: 235–39.

Byrd-Hagel Resolution, S. Res. 98, 105th Cong, 1st Sess (1997).

Caporaso, James. 1992. "International Relations Theory and Multilateralism: The Search for Foundations." International Organization 46 (3): 600–601.

Carbon Tracker Initiative. 2012. "Unburnable Carbon—Are the World's Financial Markets Carrying a Carbon Bubble." https://www.carbontracker.org/wp-content/uploads/2014/09/Unburnable-Carbon-Full-rev2-1.pdf.

Cardinale, Bradley J., J. Emmett Duffy, Andrew Gonzalez, David U. Hopper, Charles Perring, Patrick Venail, Anita Narwani, et al., 2012. "Biodiversity Loss and Its Impact on Humanity." Nature 486: 59–67.

Carpenter, Angela. 2012. "The Role of the European Union as a Global Player in Environmental Governance." Journal of Contemporary European Research 8 (2): 163.

Carson, Rachel. 1962. Silent Spring. New York: Houghton Mifflin.

Ceballos, Gerardo, Paul R. Ehrlich, Anthony D. Barnosky, Andrés García, Robert M. Pringle, and Todd M. Palmer. 2015. "Accelerated Modern Man-Induced Species Losses: Entering the Sixth Mass Extinction." Science Advances 1 (5): e1400253.

Chalfie, Martin, Yuan Tu, Ghia Euskirchen, William W. Ward, and Douglas C. Prasher. 1994. "Green Fluorescent Protein as a Marker to Gene Expression." Science 263: 802–5.

Charpentier, Emmanuelle, and Jennifer A. Doudna. 2013. "Biotechnology: Rewriting a Genome." Nature 495: 50–51.

China, People's Republic of. 2004. Initial National Communication on Climate Change.

Beijing.

Chinese Agricultural University. 2009. *Fertilizer Application Guidelines for Main Crops of China*. Beijing: Chinese Agricultural University.

CNA Military Advisory Board. 2014. *National Security and the Accelerating Risks of Climate Change*. Alexandria, VA: CNA Corporation.

Coady, David, Ian Parry, Louis Sears, and Baoping Shang. 2015. "How Large Are Global Energy Subsidies?" IMF Working Paper WP/15/105. Washington, DC: International Monetary Fund.

Colombier, Michel, Denis Loyer, Laurence Tubiana, and Isabelle Biagiotti. 2011. "Une Négociation Climatique Plus Résiliente Qu'on ne le Craignait." In *Regards sur la Terre*, ed. Pierre Jacquet, Rajendra K. Pachauri, and Laurence Tubiana, 89–93. Paris: Armand Colin.

Commission on Intellectual Property Rights. 2002. *Integrating Intellectual Property Rights and Development Policy*. London: Department for International Development. http://www.iprcommission.org/papers/pdfs/final_report/CIPRfullfinal.pdf.

Committee on Himalayan Glaciers, Hydrology, Climate Change, and Implications for Water Security. 2012. *Himalayan Glaciers: Climate Change, Water Resources, and Water Security*. Washington, DC: National Academy of Sciences.

Crimmins, A., J. Balbus, J. L. Gamble, C. B. Beard, J. E. Bell, D. Dodgen, R. J. Eisen, et al., eds. 2016. *The Impacts of Climate Change on Human Health in the United States: A Scientific Assessment*. Washington DC: U.S. Global Change Research Program.

Crooks, Ed. 2013. "Saudis Welcome U.S. Shale Boom." *Financial Times*, May 13. https://www.ft.com/content/f84ebde0-bbd4-11e2-82df-00144feab7de.

Daly, Herman E., ed. 1973. *Toward a Steady State Economy*. New York: W. H. Freeman.

Dasgupta, Partha. 2007. *Economics: A Very Short Introduction*. Oxford, UK: Oxford University Press.

Davenport, Coral., 2014. "As Oysters Die, Climate Policy Goes on the Stump." *New York Times*, August 3. https://www.nytimes.com/2014/08/04/us/as-oysters-die-climate-policy-goes-on-stump.html?_r=0.

Davies, Tim K., Chris C. Mees, and E. J. Milner-Gulland. 2016. "The Past, Present and Future Use of Drifting FADs in the Indian Ocean," *Marine Policy* 45: 163–70.

Davis, Aaron P., Tadesse Woldemariam Gole, Susana Baena, and Justin Moat. 2012. "The Impact of Climate Change on Indigenous Arabica Coffee (*Coffea arabica*): Predicting Future Trends and Identifying Priorities," *PLoS ONE* 7(11): 1371–92.

Davis-Blake, Alison. 2015. Dean's Column in the Executive Education Magazine. *Financial Times*, May 17.

Davison, Nicola, and John Burn-Murdoch. 2016. "Invasive Species: The Battle to Beat the Bugs." *Financial Times*, May 16.

DeConto, Robert M., and David Pollard. 2016. "Contribution of Antarctica to Past and Future Sea-Level Rise." *Nature* 531: 591–97.

Descola, Philippe. 2013. *Beyond Nature and Culture*. Chicago: University of Chicago Press.

Diamanti-Kandarakis, Evanthia, Jean-Pierre Bourguignon, Linda C. Giudice, Russ Hauser, Gail S. Prins, Ana M. Soto, R. Thomas Zoeller, and Andrea C. Gore. 2009. "Endocrine-Disrupting Chemicals: An Endocrine Society Scientific Statement." *Endocrine Reviews* 30 (4): 293–342.

Dietrich, R., Sonja von Aulock, Hans Marquardt, Bas Blaauboer, Wolfgang Dekant, Jan Hengstler, James Kehrer, et al., 2013. "Scientifically Unfounded Precaution Drives European Commission's Recommendations on EDC Regulation, While Defying Sense, Well-Established Science and Risk Assessment Principles." *ALTEX* 30: 381–85.

Dinan, Terry. 2012. "Offsetting a Carbon Tax's Costs on Low-Income Households." CBO Working Paper 2012-16. Washington, DC: Congressional Budget Office.

Dolan, Ed. 2013. "A Carbon Tax May Curb the Rise in Natural Gas Flaring." OilPrice.com. http://oilprice.com/Energy/Natural-Gas/A-Carbon-Tax-may-Curb-the-Rise-in-Natural-Gas-Flaring.html.

Downs, Anthony. 1957. *An Economic Theory of Democracy*. New York: Harper.

Drake, Stillman. 1957. *Discoveries and Opinions of Galileo*. New York: Anchor.

Drijfhout, Sybren, Sebastian Bathiany, Claudie Beaulieu, Victor Brovkin, Martin Claussen, Chris Huntingford, Marten Scheffer, Giovanni Sgubin, and Didier Swingedouw. 2015. "Catalogue of Abrupt Shifts in Intergovernmental Panel on Climate Change Climate Models." *Proceedings of the National Academy of Sciences* 112 (43): E5777–E5786.

Ebbersmeyer, Curtis, and Eric Scigliano. 2009. *Flotsametrics and the Floating World: How One Man's Obsession with Runaway Sneakers and Rubber Ducks Revolutionized Ocean Science*. London: Collins.

Eck, Diana L. 1982. *Banāres: City of Light*. New York: Knopf.

———. 2013. *India: A Sacred Geography*. New York: Harmony Books.

Economist, The. 2006. "Clean Water Is a Right." International, November 9.

Economist, The. 2010. "The World's Lungs." Leaders, September 23.

Economy, Elizabeth C. 2004. *The River Runs Black: The Environmental Challenge to China's Future*. New York: Cornell University Press.

_____. 2007. "The Great Leap Backward?" *Foreign Affairs* (September/October). https://www.foreignaffairs.com/articles/asia/2007-09-01/great-leap-backward.

Edwards, Guy, Isabell Cavalier Adarve, Maria Camila Bustos, and J. Tmmons Roberts. 2017. "Small Group, Big Impact: How AILAC Helped Shape the Paris Agreement." *Climate Policy* 17(1): 71–85.

Edwards, Guy, and Timmons Roberts. 2012. "A New Latin American Climate Negotiating Group : The Greenest Shoots in the Doha Desert." Brookings US Politics and government (blog), December 12. https://www.brookings.edu/blog/up-front/2012/12/12/a-new-latin-american-climate-negotiating-group-the-greenest-shoots-in-the-doha-desert/.

Edwards, Paul N. 2010. *A Vast Machine: Computer Models, Climate Data, and the Politics of Global Warming*. Boston: MIT Press.

Einstein, Albert. 1933. "On the Method of Theoretical Physics." Herbert Spencer Lecture, Oxford University, Oxford, UK, June 10.

ELD Initiative (Economics of Land Degradation) and UNEP (UN Environment Programme). 2015. *The Economics of Land Degradation in Africa: Benefits of Action Outweigh the Costs*. http://www.eld-initiative.org.

Energy Modeling Forum (EMF). 2013. "Changing the Game? Emissions and Market Implications of New Natural Gas Supplies." *EMF Report* 26 (1).

England, Matthew H., Alexander Sen Gupta, and Andrew J. Pitman. 2009. "Constraining Future Greenhouse Gas Emissions by a Cumulative Target." *Proceedings of the National Academy of Sciences* 106 (39): 16539–40.

Espagne, Etienne, Michel Aglietta, and Baptiste Perrissin Fabert. 2015. *A Proposal to Finance Low Carbon Investment in Europe*. Paris: Commissariat Général à la Stratégie et à la Prospective.

Etner, Johanna, Meglena Jeleva and Jean-Marie Tallon. 2012. "Decision Theory under Ambiguity." *Journal of Economic Surveys* 26(2): 234–70. European Academies Science Advisory Council. 2015. "Ecosystem Services, Agriculture and Neonicotinoids." EASAC Policy Report 26. Halle, Germany: German National Academy of Sciences.

European Commission. 2016. "Commission Adopts First EU List of Invasive Alien Species, an Important Step Towards Halting Biodiversity Loss." http://ec.europa.

eu/environment/pdf/13_07_2016_news_en.pdf

European Environment Agency. 2002. *Late Lessons from Early Warnings: The Precautionary Principle 1896-2000* (Environmental Issue Report 22). Copenhagen, Denmark: European Environment Agency.

European Parliament. 2002. *Report on the Proposal for a Council Decision Concerning the Conclusion, on Behalf of the European Community, of the Kyoto Protocol to the United Nations Framework Convention on Climate Change and the Joint Fulfilment of Commitments Thereunder*, A5-0025/2002. http://eur-lex.europa.eu/legal-content/EN/TXT/?uri=celex:52014PC0290 FINal.,

Falkner, Robert. 2010. "Getting a Deal on Climate Change Obama's Flexible Multilateralism." In Obama Nation? *U.S. Foreign Policy One Year On*, ed. Nicholas Kitchen, 37-41. London: LSE IDEAS Special Report.

Falkner, Robert, Hannes Stephan, and John Vogler. 2010. "International Climate Policy after Copenhagen: Towards a 'Building Blocks' Approach." *Global Policy* 1 (3): 252-62.

Fargione, Joseph, Jason Hill, David Tilman, Stephen Polasky, and Peter Hawthrone. 2008. "Land Clearing and the Biofuel Carbon Debt." *Science* 319 (5867): 1235-38.

Fermi, Laura, and Gilberto Bernardini. 2003. *Galileo and the Scientific Revolution*. New York: Dover.

Fisher, Matthew C., Daniel A. Henk, Cheryl J. Briggs, John S. Brownstein, Lawrence C. Madoff, Sarah L. McCraw, and Sarah J. Gurr. 2012. "Emerging Fungal Threats to Animal, Plant, and Ecosystem Health." *Nature* 484: 186-94.

Foley, Jonathan A., Ruth DeFries, Gregory P. Asner, Carol Bradford, Gordon Bonan, Stephen R. Carpenter, F. Stuart Chapin, et al., 2005. "Global Consequences of Land Use." *Science* 309 (5734): 570-74.

Fraas, Lewis M. 2014. *Low-Cost Solar Electric Power*. Heidelberg, Germany: Springer.

Freeman, Natalie M., and Nicole S. Lovenduski. 2015. "Decreased Calcification in the Southern Ocean over the Satellite Record." *Geophysical Research Letters* 42: 1834-40.

Freyman, Monika, and Ryan Salmon. 2013. "Hydraulic Fracturing and Water Stress: Growing Competitive Pressures for Water." Ceres Research Paper. Boston: Ceres.

Gao, Caixia, and Qui, Jin-Long. 2014. "Gene Edits Boost Wheat Defenses." *Nature* 511: 386-87.

Gastil, John, and Peter Levine, eds. 2005. *The Deliberative Democracy Handbook: Strategies for Effective Civic Engagement in the Twenty-First Century*. San

Francisco: Jossey-Bass.

Gattuso, Jean-Pierre, Alexandre Magnan, R. Billé, William Cheung, Ella Howes, Fortunat Joos, Denis Allemand, et al., 2015. "Contrasting Futures for Ocean and Society from Different Anthropogenic Emissions Scenarios." *Science* 349 (6243): 1–10.

Geden, Oliver, and Stefan Schäfer. 2016. "'Negative Emissions': A Challenge for Climate Policy." SWP Comments 53. Berlin: Stiftung Wissenschaft und Politik.

Georgescu-Roegen, Nicolas. 1971. *The Entropy Law and the Economic Process*. Cambridge, MA: Harvard University Press.

Geyer, R., J. Jambeck, and K. L. Law. 2017. "Production, Use and Fate of All Plastics Ever Made." *Science Advances* 3 (7): e1700782. http://advances.sciencemag.org/content/3/7/e1700782.

Gilbert, Natasha. 2012. "African Agriculture: Dirt Poor." *Nature* 483 (7391): 525–27.

Gillis, Justin. 2010. "As Glaciers Melt, Science Seeks Data on Rising Seas." *New York Times*, November 13. http://www.nytimes.com/2010/11/14/science/earth/14ice.html.

Gittman, Rachel K., Charles H. Peterson, Carolyn A. Currin, F. Joel Fodrie, Michael F. Piehler, and John F. Bruno. 2016. "Living Shorelines Can Enhance the Nursery Role of Threatened Estuarine Habitats." *Ecological Applications* 26 (1): 249–63.

Global Alliance for Clean Cookstoves. 2015. "Five Years of Impact: 2010–2015." CleanCookstoves.org. http://cleancookstoves.org/resources/reports/fiveyears.html.

Global Coral Reef Monitoring Network, International Union for Conservation of Nature, and UN Environment Programme. 2012.

Glover, Jerry D., John P. Reganold, and Cindy M. Cox. 2012. "Agriculture: Plant Perennials to Save Africa's Soils." *Nature* 489: 359–61.

Goodstein, David. 2010. *On Fact and Fraud: Cautionary Tales from the Front Lines of Science*. Princeton, NJ: Princeton University Press.

Goulson, Dave. 2014. *A Buzz in the Meadow: The Natural History of a French Farm*. New York: Picador.

Grandjean, Philippe. 2015. *Only One Chance: How Environmental Pollution Impairs Brain Development—and How to Protect the Brains of the Next Generation*. Environmental Ethics and Science Policy Series. New York: Oxford University Press.

Gray, Erin, Peter G. Veit, Juan Carlos Altamirano, Helen Ding, Piotr Rozwalka, Ivan

Zuniga, Matthew Witkin, et al., 2015. "The Economic Costs and Benefits of Securing Community Forest Tenure: Evidence from Brazil and Guatemala." World Resources Institute Working Paper. Washington, DC: World Resources Institute.

Green, Duncan. 2016. *How Change Happens*, Oxford: Oxford University Press.

Green Growth Action Alliance. 2013. *The Green Investment Report: The Ways and Means to Unlock Private Finance for Green Growth*. Geneva: World Economic Forum.

Greer, Amy, Victoria Ng, and David Fisman. 2008. "Climate Change and Infectious Diseases in North America: The Road Ahead." *Canadian Medical Association Journal* 178 (6): 715–22.

Groen, Lisanne, Arne Niemann, and Sebastian Oberthür. 2012. "The EU as a Global Leader? The Copenhagen and Cancún UN Climate Change Negotiations." *Journal of Contemporary European Research* 8 (2): 173–91.

Grogan, James, Christopher Free, Gustavo Pinelo Morales, Andrea Johnson, Rubí Alegria, and Benjamin Hodgdon. 2015. "Sustaining the Harvest: Assessment of the Conservation Status of Big-Leaf Mahogany, Spanish Cedar, and Three Lesser-Known Timber Species Populations in the Forestry Concessions of the Maya Biosphere Reserve, Petén, Guatemala." *Community Forest Case Studies* 5 (10). http://www.rainforest-alliance.org/sites/default/files/2016-08/sustaining-the-harvest.pdf.

Grubb, Michael, and Joyeeta Gupta, eds. 2000. *Climate Change and European Leadership: A Sustainable Role for Europe?* Dordrecht, Netherlands: Kluwer Academic.

Guo, Jingheng, Xuejun Liu, Yong Zhang, Jianlin Shen, Xin-Wei Han, Weifeng Zhang, P. Christie, et al., 2010. "Significant Acidification in Major Chinese Croplands." *Science* 327 (5968): 1008–10.

Guo, Wanqin, Junli Xu, Shiyin Liu, Donghui Shangguan, Lizong Wu, Xiaojun Yao, Jingdong Zhao, et al., 2014. *The Second Glacier Inventory Dataset of China (Version 1.0): Cold and Arid Regions*. Lanzhou, China: Science Data Center.

Haas, Peter M. 1989. "Do Regimes Matter? Epistemic Communities and Mediterranean Pollution Control." *International Organization* 43 (3): 377–403.

———. 1992. "Epistemic Communities and International Policy Coordination." *International Organization* 46 (1): 1–35.

Halpern, Benjamin S., and Robert R. Warner. 2002. "Marine Reserves Have Rapid and Lasting Effects." *Ecology Letters* 5 (3): 361–66.

Hansen, James, Makiko Sato, Pushker Kharecha, David Beerling, Valerie Masson-Delmotte, Mark Pagani, Maureen Raymo, Dana L. Royer, and James C. Zachos. 2008. "Target Atmospheric CO2: Where Should Humanity Aim?" *Open Atmospheric Science Journal* 2: 217–31.

Hansen, James, Makiko Sato, and Reto Ruedy. 2012. "Perception of Climate Change." *Proceedings of the National Academy of Science* 109 (37): E2415–23.

Hardin, Garett. 1968. "The Tragedy of the Commons." *Science* 162 (3859): 1243–48.

Harhoff, Dietmar, Pierre Régibeau, Katharine Rockett, Monika Schnitzer, and Bruno Jullien. 2001. "Some Simple Economics of GM Food." *Economic Policy* 16 (33): 263–99.

Harremoës, Poul, David Gee, Malcolm MacGarvin, Andy Stirling, Jane Keys, Brian Wynne, and Sofia Guedes Vaz, eds. 2001. "Late Lessons from Early Warnings: The Precautionary Principle 1896–2000." Environmental Issue Report 22. Copenhagen: European Environment Agency.

Hawkes, L. A., A. C. Broderick, M. H. Godfrey, and B. J. Godley. 2007. "Investigating the Potential Impacts of Climate Change on a Marine Turtle Population." *Global Change Biology* 13 (5): 923–32.

Heal, Geoffrey M. 2016. *Endangered Economies: How the Neglect of Nature Threatens Our Prosperity*. New York: Columbia University Press.

———. 2000. *Nature and the Marketplace: Capturing the Value of Ecosystem Services*. Washington, DC: Island Press.

Heal, Geoffrey, Antony Millner, and Simon Dietz. 2010. "Ambiguity and Climate Policy." Columbia Business School and NBER Working Paper 16954. Cambridge MA: National Bureau of Economic Research.

Henry, Claude. 2010. "Decision-Making Under Scientific, Political and Economic Uncertainty." In *The Beijer Institute at the Royal Swedish Academy of Sciences—Bringing Ecologists and Economists Together: The Askö Meetings and Papers*. Munich: Springer Verlag.

Henry, Claude, and Joseph E. Stiglitz. 2010. "Intellectual Property, Dissemination of Innovation and Sustainable Development." *Global Policy* 1 (3): 237–51.

Henry, Emeric. 2010. "Runner-Up Patents: Is Monopoly Inevitable?" *Scandinavian Journal of Economics* 112 (2): 417–40.

Henry, Terrence, and Kate Galbraith. 2013. "As Fracking Proliferates, So Do Waste Water Wells." *New York Times*, March 28, A21.

Hermitte, Sam Marie, and Robert E. Mace. 2012. "The Grass Is Always Greener . . .

Outdoor Residential Water Use in Texas." Technical Note 12–01. Austin, TX: Texas
Water Development Board.

Hillel, Daniel. 2006. *The Natural History of the Bible: An Environmental Exploration of
the Hebrew Scriptures*. New York: Columbia University Press.

———. 2008. *Soil in the Environment: Crucible of Terrestrial Life*. Burlington, MA:
Academic Press.

———. 2012. "Statement of Achievement of the Laureate." https://www.worldfoodprize.
org/en/laureates/2010_2015_laureates/2012_hillel/#StatementAchievement.

Hirschfeld Davis, Julie, Mark Landler, and Coral Davenport. 2016. "Obama on Climate
Change: The Trends Are 'Terrifying.'" *New York Times*, September 8. https://www.
nytimes.com/2016/09/08/us/politics/obama-climate-change.html?_r=0.

Hochstetler, Kathryn Ann. 2012. "The G-77, BASIC, and Global Climate Governance: A
New Era in Multilateral Environmental Negotiations." *Revista Brasileira de Política
Internacional* 55 (special edition): 53–69.

Hoggan, James. 2009. *Climate Cover-Up: The Crusade to Deny Global Warming*.
Vancouver: Greystone.

Hopwood, Jennifer, Scott Hoffman Black, Mace Vaughan, and Eric Lee-Mäder.
2013. *Beyond the Birds and the Bees: Effects of Neonicotinoid Insecticides on
Agriculturally Important Beneficial Invertebrates*. Portland, OR: Xerces Society for
Invertebrate Conservation.

Horel, Stéphane. 2015. *Intoxication: Perturbateurs Endocriniens, Lobbyistes, et
Eurocrates: Une Bataille d'Influence Contre la Santé*. Paris: La Découverte.

Hsiang, Solomon, Robert Kopp, D. J. Rasmussen, Michael Mastrandrea, Amir Jina, James
Rising, Robert Muir-Wood, et al., 2014. "American Climate Prospectus: Economic
Risks in the United States." Goldman School of Public Policy Working Paper Series
(prepared as input to the Rhodium Group Risky Business Project). Berkeley:
University of California.

Huang, Xingxu, et al., 2014. "CRISPR Makes Modified Monkeys." *Nature* 506: 8.

Ilsted, Ulrik, Aida Bargués Tobella, Bazié Hugues Roméo, Jules Bayala, Verbeeten Elke,
Gert Nyberg, Josias Sanou, et al., 2016. "Intermediate Tree Cover Can Maximize
Groundwater Recharge in the Seasonally Dry Tropics." *Scientific Reports* 6: 21930.

Im, Eun-Soon, Jeremy S. Pal, and Elfatih A. B. Eltahir. 2017. "Deadly Heat Waves
Projected in the Densely Populated Agricultural Regions of South Asia." *Science
Advances* 3 (8): e1603322. http://advances.sciencemag.org/content/3/8/e1603322.

Innis, Lorna, and Alan Simcock, eds. 2016. *The First Global Integrated Marine*

Assessment. New York: United Nations General Assembly.

Inter-American Development Bank. 2012. *Climate Change Action Plan 2012–15*, Washington, DC: IADB.

Intergovernmental Panel on Climate Change. 2014. *Fifth Assessment Report*. Geneva: World Health Organization and UN Environment Program.

Intergovernmental Science-Policy Platform on Biodiversity and Ecosystem Services. 2016. *The Assessment Report on Pollinators, Pollination, and Food Production*. Bonn, Germany: IPBES Secretariat.

International Centre of Insect Physiology and Ecology. 2011. *Planting for Prosperity: Push-Pull: A Model for Africa's Green Revolution*. Duduville, Nairobi: ICIPE.

International Energy Agency. 2006. "Energy for Cooking in Developing Countries." In *World Energy Outlook 2006*, chap. 15. Paris: Organisation for Economic Co-operation and Development.

_____. 2012. *World Energy Outlook*, Executive Summary (English). http://www.iea. org/publications/freepublications/publication/English.pdf.

_____. 2015a. *2015 Energy Efficiency Market Report*. Paris: Organisation for Economic Co-operation and Development.

_____. 2015b. *World Energy Outlook 2015*. Paris: Organisation for Economic Co-operation and Development.

_____. 2016. *World Energy Outlook 2016*. Paris: Organisation for Economic Co-operation and Development.

International Energy Agency, Organisation for Economic Co-operation and Development, and World Bank. 2010. "The Scope of Fossil-Fuel Subsidies in 2009 and a Roadmap for Phasing Out Fossil-Fuel Subsidies." Joint report prepared for the G-20 Summit, Seoul, Korea, November 11–12.

International Institute for Sustainable Development. 2001. *Earth Negotiations Bulletin*, 1.

Islam, A. K. M. Sadrul, and Mohammad Ahiduzzaman. 2013. "Green Electricity from Rice Husk: A Model for Bangladesh." In *Thermal Power Plants—Advanced Applications*, ed. Mohammad Rasul. Rijeka, Croatia: InTech Open Access.

Jaffe, Adam B., and Josh Lerner. 2004. *Innovation and Its Discontents: How Our Broken Patent System Is Endangering Innovation and Progress, and What to Do About It*. Princeton, NJ: Princeton University Press.

Jansson, Peter, Regine Hock, and Thomas Schneider. 2003. "The Concept of Glacier Storage: A Review." *Journal of Hydrology* 282 (1–4): 116–29.

Jasanoff, Sheila. 2005. *Designs on Nature: Science and Democracy in Europe and the*

United States. Princeton, NJ: Princeton University Press.

Jasanoff, Sheila, and Marybeth Long Martello, eds. 2004. *Earthly Politics. Local and Global in Environmental Governance* (Politics, Science, and the Environment Series). Cambridge, MA: MIT Press.

Jing, Li. 2010. "Safeguarding Environment a Priority." *China Daily*, November 29. http://www.chinadaily.com.cn/china/2010-11/29/content_11620813.htm.

Johnson, Dexter. 2015. "Supercapacitors Take Huge Leap in Performance." *IEEE Spectrum*, May 28.

Jones, Bryan, Brian C. O'Neill, Larry McDaniel, Seth McGinnis, Linda O. Mearns, and Claudia Tebaldi. 2015. "Future Population Exposure to US Heat Extremes." *Nature Climate Change* 5: 652–55.

Jones, Nicola. 2006. "Climate Change Blamed for India's Monsoon Misery." *Nature News*, November 14.

_____. 2009. "Climate Crunch: Sucking It Up." *Nature* 458: 1094–97.

_____. 2011. "Climate Change Curbs Crops: Warming Already Lowered Yields of Wheat and Corn." *Nature*, May 5.

Joskow, Paul L. 2013. "Natural Gas: From Shortages to Abundance in the United States." *American Economic Review* 103 (3): 338–43.

Ju, X.-T. et al., 2009. "Reducing Environmental Risk by Improving N Management in Intensive Chinese Agricultural Systems." *PNAS* 106: 3041–46.

Karp, Daniel S., Chase D. Mendenhall, Randi Figueroa Sandí, Nicolas Chaumont, Paul R. Ehrlich, Elizabeth A. Hadly, and Gretchen C. Daily. 2013. "Forest Bolsters Bird Abundance, Pest Control, and Coffee Yield." *Ecology Letters* 16 (11): 1339–47.

Kaul, Inge, Isabelle Grunberg, and Marc Stern, eds. 1999. *Global Public Goods: International Cooperation in the 21st Century*. Oxford: Oxford University Press.

Kearns, Cristin E., Stanton A. Glantz, and Laura A. Schmidt. 2015. "Sugar Industry Influence on the Scientific Agenda of the National Institute of Dental Research's National Caries Program: A Historical Analysis of Internal Documents." *PLoS Medicine* 12 (3): E1001798.

Kearns, Cristin E., Laura A. Schmidt, and Stanton A. Glantz. 2016. "Sugar Industry and Coronary Heart Disease Research: A Historical Analysis of Internal Industry Documents." *JAMA Internal Medicine* 176: 1680–85.

Kegley, Charles W. Jr., and Gregory Raymond. 1994. *A Multipolar Peace? Great Powers Politics in the Twenty-First Century*. New York: St Martin's.

Kelemen, Peter B., and Jürg Matter. 2008. "In Situ Carbonation of Peridotite for CO_2

Storage." *Proceedings of the National Academy of Sciences* 105 (45): 17295–300.

Kelemen, Peter B., Jürg Matter, Elisabeth E. Streit, John F. Rudge, William B. Curry, Jerzy Blusztajn. 2011. "Rates and Mechanisms of Mineral Carbonation in Peridotite: Natural Processes and Recipes for Enhanced in Situ CO_2 Capture and Storage." *Annual Review of Earth and Planetary Sciences* 39: 545–76.

Kennedy, Kevin. 2013. "California's Cap-and-Trade Program Makes Encouraging Headway" (blog). http://www.wri.org/blog/2013/08/california%E2%80%99s-cap-and-trade-program-makes-encouraging-headway.

Keohane, Robert O. 1990. "Multilateralism: An Agenda for Research." *International Journal* 45: 731.

Keohane, Robert O., and David G. Victor. 2010. "The Regime Complex for Climate Change." Discussion Paper 2010-33. Cambridge, MA: Harvard Project on International Climate Agreements.

Keynes, John Maynard. 1921/2016. *A Treatise on Probability*. London: Macmillan.

Kim, Joo Gon, Byungrak Son, Santanu Mukherjee, Nicholas Schuppert, Alex Bates, Osung Kwon, Moon Jong Choi, Hyun Yeoi Chung, and Sam Park. 2015. "A Review of Lithium and Non-Lithium Based Solid-State Batteries." *Journal of Power Sciences* 282: 299–322.

King, H. 2013. "Natural Gas Flaring in North Dakota." Geology.com.

Klein, Naomi. 2014. *This Changes Everything: Capitalism Versus the Climate*. New York: Simon & Schuster.

Klibanoff, Peter, Massimo Marinacci, and Sujoy Mukerji. 2005. "A Smooth Model of Decision Making Under Ambiguity." *Econometrica* 73 (6): 1849–92.

Knutti, Reto, Joeri Rogelj, Jan Sedlacek, and Erich M. Fischer. 2015. "A Scientific Critique of the Two-Degree Climate Change Target." *Nature Geoscience* 9: 13–18.

Kolbert, Elizabeth. 2006. "The Climate of Man." *New Yorker*.

_____. 2014. *The Sixth Extinction: An Unnatural History*. London: Bloomsbury.

Kort, E., et al., 2012. "Atmospheric Observations of Arctic Ocean Methane Emissions up to 82° North." *Nature Geoscience* 5: 318–21.

Kortenkamp, Andreas, Olwenn Martin, Michael Faust, Richard Evans, Rebecca McKinlay, Frances Orton, and Erika Rosivatz. 2011. "State of the Art Assessment of Endocrine Disrupters." Final Report to the European Commission, Environment Directorate-General.,

Kroto, Harold. 1997. "Symmetry, Space, Stars, and C_{60} (Nobel Lecture)." *Angewandtë Chemie* 36 (15): 1578–93.

Kuhn, Thomas S. 1962. *The Structure of Scientific Revolutions*. Chicago: University of Chicago Press.

Lackner, Klaus S., Sarah Brennan, Jürg M. Matter, A.-H. Alissa Park, Allen Wright, and Bob van der Zwaan. 2012. "The Urgency of the Development of CO_2 Capture from Ambient Air." *Proceedings of the National Academy of Sciences* 109 (33): 13156–162.

Lancet. 2012. "A Comparative Risk Assessment of Disease and Injury Attributable to 67 Risk Factors."

Leaton, James. 2012. *Unburnable Carbon: Are the World's Financial Markets Carrying a Carbon Bubble?* London: Carbon Tracker Initiative. https://www.carbon tracker. org/wp-content/uploads/2014/09/Unburnable-Carbon-Full-rev2-1.pdf.

Lerin, François, and Laurence Tubiana. 2005. "Questions Autour de l'Agenda Environnemental International.," *Revue Internationale et Stratégique* 4 (60): 75–84.

Leslie, Jacques. 2014. "Is Canada Tarring Itself?" (op-ed). *New York Times*, March 30, A21.

Lévêque, François. 2014. *The Economics and Uncertainties of Nuclear Power*. Cambridge, UK: Cambridge University Press

Levi, Michael. 2013. "Climate Consequences of Natural Gas as a Bridge Fuel." *Climatic Change* 118 (3): 609–23.

Levy, David L., and Peter J. Newell, eds. 2005. *The Business of Global Environmental Governance*. Cambridge, MA: MIT Press.

Lin, Kaixiang, Qing Chen, Michael R. Gerhardt, Liuchuan Tong, Sang Bok Kim, Louise Eisenach, Alvaro W. Valle, et al., 2015. "Alkaline Quinone Flow Battery." *Science* 349 (6255): 1529–32.

Liu, Xuejun, Ying Zhang, Wenxuan Han, Aohan Tang, Jianlin Shen, Zhenling Cui, Peter Vitousek, et al., 2013. "Enhanced Nitrogen Deposition over China." *Nature* 494: 459–62.

Lobell, David. 2011. "Climate Change and Agricultural Adaptation." Paper presented at the Stanford Symposium Series on Global Food Policy and Food Security in the 21st Century, December 8, Stanford, CA.

Lomborg, Bjørn. 2001. *The Skeptical Environmentalist: Measuring the Real State of the World*. Cambridge, UK: Cambridge University Press.

Londo Jason, Nonnatus S. Bautista, Cynthia L. Sagers, E. Henry Lee, and Lidia S. Watrud. 2010. "Glyphosate Drift Promotes Change in Fitness and Transgene Gene Flow in

Canola (*Brassica napus*) and Hybrids." *Annals of Botany* 106 (6): 957–65.

Lu, Yanhui, Kongming Wu, Yuying Jiang, Bing Xia, Ping Li, Hongqiang Feng, Kris Wyckhuys, and Yuyan Guo. 2010. "Mirid Bug Outbreaks in Multiple Crops Correlated with Wide-Scale Adoption of Bt Cotton in China." *Science* 328 (5982): 1151–54.

Lumban Gaul, Amy. 2015. "Surviving the Long Dry Season in Konawe Selatan with Improved Farming Systems." CGIAR Research Program on Forests, Trees and Agroforestry: Research Paper, November 6.

Malla, Sunil, and Govinda R. Timilsina. 2014. "Household Cooking Fuel Choice and Adoption of Improved Cookstoves in Developing Countries: A Review." Policy Research Working Paper 6903. Washington, DC: World Bank.

Malthus, Robert Thomas. 1836. *Principles of Political Economics*. London: Pickering.

Manzanares, F. Javier. 2017. "The Green Climate Fund–A Beacon for Climate Change Action", *Asian Journal for Sustainability and Social Responsibility* 12. https://doi.org/10.1186/s41180-016-0012-1.

Marchese, Anthony J., Timothy L. Vaughn, Daniel J. Zimmerle, David M. Martinez, Laurie L. Williams, Allen L. Robinson, Austin L. Mitchell, et al., 2015. "Methane Emissions from United States Natural Gas Gathering and Processing." *Environmental Science and Technology* 49 (17): 10718–27.

Martin, Rosa María Fernández. 2012. "The European Union and International Negotiations on Climate Change. A Limited Role to Play," *Journal of Contemporary European Research* 8 (2): 192–209.

Maskin, Eric S. 2008. "Mechanism Design: How to Implement Social Goals (Nobel Lecture)." *American Economic Review* 98 (3): 567–76.

Masood, Salman. 2015. "Starved for Energy, Pakistan Braces for a Water Crisis." *New York Times*, February 12. https://www.nytimes.com/2015/02/13/world/asia/pakistan-braces-for-major-water-shortages.html.

Matter, Jürg, Martin Stute, Sandra O. Snaebjörnsdottir, Eric H. Oelkers, Sigurdur R. Gislason, Edda S. Aradottir, Bergur Sigfusson, et al., 2016. "Rapid Carbon Mineralization for Permanent Disposal of Anthropogenic Carbon Dioxide Emissions." *Science* 352 (6291): 1312–14.

McPhee, John. 1974. *The Curve of Binding Energy: A Journey into the Awesome and Alarming World of Theodore B. Taylor*. New York: Farrar, Straus and Giroux.

Meadows, Dennis H., Donella L. Meadows, Jørgen Randers, and William W. Behrens III. 1972. *The Limits to Growth*. New York: Universe Books.

Medina, Jennifer. 2014. "In California, Climate Issues Moved to Fore by Governor." *New York Times*, May 19. https://www.nytimes.com/2014/05/20/us/politics/in-california-climate-issues-moved-to-fore-by-governor.html.

Meinshausen, Maite, Nicolai Meinshausen, William Hare, Sarah C. B. Raper, Katja Frieler, Reto Knutti, David J. Frame, and Myles R. Allen. 2009. "Greenhouse-Gas Emissions Targets for Limiting Global Warming to 2°C." *Nature* 458: 1158–62.

Merchant, Carolyn. 1980. *The Death of Nature: Women, Ecology, and the Scientific Revolution*, New York: HarperCollins.

Merges, Robert P., and Richard R. Nelson. 1990. "On the Complex Economics of Patent Scope." *Columbia Law Review* 90 (4): 839–916.

Metcalf, Gilbert E. 2009. "Market-Based Policy Options to Control U.S. Greenhouse Gas Emissions." *Journal of Economic Perspectives* 23 (2): 5–27.

Metcalf, Gilbert E., and David Weisbach. 2009. "The Design of a Carbon Tax." *Harvard Environmental Law Review* 33: 499–506.

Miller, Clark A., and Paul N. Edwards, eds. 2001. *Changing the Atmosphere: Expert Knowledge and Environmental Governance*. Cambridge, MA: MIT Press.

Millner, Antony, Simon Dietz, and Geoffrey Heal., 2013. "Scientific Ambiguity and Climate Policy." *Environmental and Resource Economics* 55(1): 21–46.

Milne, Janet E., and Mikael S. Andersen, eds. 2012. *Handbook of Research on Environmental Taxation*. Cheltenham: Edward Elgar.

Milton, John. 1644. *Areopagitica*. https://www.dartmouth.edu/~milton/reading_room/areopagitica/text.html

Mnif, Wissem, Aziza Ibn Hadj Hassine, Aicha Bouaziz, Aghleb Bartegi, Olivier Thomas, and Benoit Roig. 2011. "Effects of Endocrine Disruptor Pesticides: A Review." *International Journal of Environmental Resources and Public Health* 8 (6): 2265–2303.

Mokyr, Joel. 2004. *The Gifts of Athena: Historical Origins of the Knowledge Economy*. Princeton, NJ: Princeton University Press.

Molinos, Jorge García, Benjamin S. Halpern, David S. Schoeman, Christopher J. Brown, Wolfgang Kiessling, Pippa J. Moore, John M. Pandolfi, et al., 2016. "Climate Velocity and the Future Global Redistribution of Marine Biodiversity." *Nature Climate Change* 6: 83–88.

Montgomery, David R. 2010. "2010 Visions: Soil," *Nature* 463: 31–32.

Montgomery, David R. 2012. *Dirt: The Erosion of Civilizations*. Berkeley: University of California Press.

Morgan, Jennifer, and Kevin Kennedy. 2013. "First Take: Looking at President Obama's Climate Action Plan" (blog). http://www.wri.org/blog/2013/06/first-take-looking-president-obama%E2%80%99s-climate-action-plan.

Morgan, Jennifer, and Deborah Seligsohn. 2010. "What Cancun Means for China and the U.S." ChinaFAQs, December 15. http://www.chinafaqs.org/blog-posts/what-cancun-means-china-and-us.

Morrisette, Peter M. 1989. "The Evolution of Policy Responses to Stratospheric Ozone Depletion." *Natural Resources Journal* 29: 793–820.

Mortensen, David A., J. Franklin Egan, Bruce D. Maxwell, Matthew R. Ryan, and Richard G. Smith. 2012. "Navigating a Critical Juncture for Sustainable Weed Management." *BioScience* 62 (1): 75–84.

Moss, Michael. 2014. *Salt Sugar Fat: How the Food Giants Hooked Us*. New York: Random House.

Mouginot, J., E. Rignot, B. Scheuchl, I. Fenty, A. Khazendar, M. Morlighem, A. Buzzi, and J. Paden. 2015. "Fast Retreat of Zachariae Isstrøm, Northeast Greenland." *Science* 350 (6266): 1357–61.

Mowery, David C., Richard R. Nelson, and Ben R. Martin. 2010. "Technology Policy and Global Warming: Why New Policy Models Are Needed." *Research Policy* 39 (8): 1011–23.

Najam, Adil, Mihaela Papa, and Nadaa Taiyab. 2006. *Global Environmental Governance: A Reform Agenda*. Winnipeg, Manitoba, Canada: International Institute for Sustainable Development.

National Academies of Sciences, Engineering, and Medicine. 2016. *Attribution of Extreme Weather Events in the Context of Climate Change*. Washington, DC: National Academies Press. doi: 10.17226/21852.

National Research Council. 2008. *Severe Space Weather Events—Understanding Societal and Economic Impacts: A Workshop Report*. Washington, DC: National Academies Press.

_____. 2015. *Climate Intervention: Carbon Dioxide Removal and Reliable Sequestration*. Washington, DC: National Academies Press.

Natural Resources Conservation Service (NRCS). 2017. "Insects and Pollinators." www.nrcs.usda.gov/wps/portal/nrcs/detailfull/national/plantsanimals/pollinate/?cid=nrcsdev11_000188

Nature. 2010. "2020 Visions." Opinions, January 7, 26–32. doi: 10.1038/463026a.

Nature. 2013. "365 Days: Nature's 10: Ten People Who Mattered This Year." December

18. https://www.nature.com/news/365-days-nature-s-10-1.14367.

Nayar, Anjali. 2012. "African Land Grabs Hinder Sustainable Development." *Nature* 481. http://www.nature.com/news/african-land-grabs-hinder-sustainable-development-1.9955.

Newbold, Tim, Lawrence N. Hudson, Andrew P. Arnell, Sara Contu, Adriana De Palma, Simon Ferrier, Samantha L. L. Hill, et al., 2016. "Has Land Use Pushed Terrestrial Biodiversity Beyond Planetary Boundary? A Global Assessment." *Science* 353 (6296): 288–91.

Newfarmer, Richard. 2001. *Global Economic Prospects and the Developing Countries 2002: Making Trade Work for the World's Poor*. Washington, DC: World Bank.

Niu Yuyu, Xingxu Huang, et al., 2014. "Generation of Gene-Modified Cynomolgus Monkey via Cas9/RNA Mediated Gene Targeting in One-Cell Embryos." Cell 156: 836–43.

North, Douglass. 1993. "Economic Performance Through Time" (Nobel Lecture). http://www.nobelprize.org/nobel_prizes/economic-sciences/laureates/1993/north-lecture.html.

Nye, Bill. 2016. *Unstoppable: Harnessing Science to Change the World*. New York: St. Martin's.

Nysveen, Per Magnus. 2016. "United States Now Holds More Oil Reserves Than Saudi Arabia" (press release). Oslo, Norway: Rystad Energy.

Olah, George A., G. K. Surya Prakash, and Alain Goeppert. 2011. "Anthropogenic Chemical Carbon Cycle for a Sustainable Future." *Journal of the American Chemical Society* 133 (33): 12881–98.

Olson, Mancur. 1965. *The Logic of Collective Action: Public Goods and the Theory of Groups*. Cambridge, MA: Harvard University Press.

O'Neill, Kate. 2007. "From Stockholm to Johannesburg and Beyond: The Evolving Meta-Regime for Global Environmental Governance." Paper presented at the 2007 Amsterdam Conference on the Human Dimensions of Global Environmental Change, May 24–26.

Oreskes, Naomi, and Erik M. Conway. 2010. *Merchants of Doubt: How a Handful of Scientists Obscured the Truth on Issues from Tobacco Smoke to Global Warming*. New York: Bloomsbury.

Organisation for Economic Co-operation and Development. 2010. "Annex A." In *Fiscality, Innovation, and Environment*. Paris: OECD Publishing.

———. 2016. *Agricultural Policy Monitoring and Evaluation 2016*. Paris: OECD

Publishing.

Ostrom, Elinor. 1990. *Governing the Commons: The Evolution of Institutions for Collective Action*. New York: Cambridge University Press.

Overpeck, Jonathan T., and Jeremy L. Weiss. 2009. "Projections of Future Sea Level Becoming More Dire." *Proceedings of the National Academy of Sciences* 106 (51): 21461–62.

Oxfam International., 2009. *Bolivia: Climate Change, Poverty, and Adaptation*. La Paz, Bolivia: Oxfam International.,

Painter, James. 2007. "Deglaciation in the Andean Region." Human Development Report 2007/55. New York: UN Development Programme.

Palumbi, Stephen R. 2001. "Humans as the World's Greatest Evolutionary Force." Science 293 (5536): 1786–90.

Park, Jacob, Ken Conca, and Matthias Finger, eds. 2008. *The Crisis of the Global Environmental Governance: Towards a New Political Economy of Sustainability*. Oxon, UK: Routledge.

Park Williams, A., Richard Seager, John T. Abatzoglou, Benjamin I. Cook, Jason E. Smerdon, and Edward R. Cook. 2015. "Contribution of Anthropogenic Warming to California Drought During 2012–2014." *Geophysical Research Letters* 42 (16): 6819–28.

Payne, Jonathan L., Andrew M. Bush, Noel A. Heim, Matthew L. Knope, and Douglas J. McCauley. 2016. "Ecological Selectivity of the Emerging Extinction in the Oceans." *Science* 353: 1284–86.

Pennisi, Elizabeth. 2009. "Systematics Researchers Want to Fend Off Patents." *Science* 325 (5941): 664.

Peplow, Mark. 2014. "Cellulosic Ethanol Fights for Life." *Nature* 507: 152–53.

Pereira, Henrique M., Paul W. Leadley, Vania Proenca, Rob Alkemade, Jörn P. W. Scharle-mann, Juan F. Fernandez-Manjarrés, and Miguel B. Araújo, et al., 2010. "Scenarios for Global Biodiversity in the 21st Century." *Science* 330 (6010): 1496–1501.

Perry, Mike L. 2015. "Expanding the Chemical Space for Redox Flow Batteries." *Science* 349 (6255): 1452–53.

Pew Center on Global Climate Change. 2009. "Key Provisions American Recovery and Reinvestment Act: Energy, Transport, and Climate Research Spending in ARRA."

Philibert, Cédric. 2011. *Solar Energy Perspectives*. Paris: International Energy Agency.

Pollack, Henry N. 1997. *Uncertain Science . . . Uncertain World*. Cambridge, UK: Cambridge University Press.

Pope, C. Arden, and Douglas W. Dockery. 2013. "Air Pollution and Life Expectancy in China and Beyond." *Proceedings of the National Academy of Sciences of the United States of America* 110(32): 12861-62.

Popkin, Gabriel. 2015. "Breaking the Waves." *Science* 350 (6262): 756-59.

Potsdam Institute for Climate Impact Research and Climate Analytics. 2012. *Turn Down the Heat: Why a 4℃ Warmer World Must Be Avoided*. Washington DC: World Bank.

Powell, Lindsey. 2003. *In Defense of Multilateralism*. New Haven, CT: Yale Center for Environmental Law and Policy.

Pozen, Robert C. Interview in *The New York Times*, November 16, 2009.

President's Science Advisory Committee (PSAC). 1963. "Pesticides Report." https://www.jfklibrary.org/Asset-Viewer/Archives/JFKPOF-087-003.aspx.

Pretty, Jules N., A. D. Noble, D. Bossio, J. Dixon, R. E. Hine, F.W. T. Penning de Vries, and J. I. L. Morrison. 2006. "Resource-Conserving Agriculture Increases Yields in Developing Countries." *Environmental Science and Technology* 40 (4): 1114-19.

Putnam, Robert D. 1988. "Diplomacy and Domestic Politics: The Logic of the Two-Level Games." *International Organization* 42 (3): 427-60.

Rainforest Action Network. "Protecting the Leuser Ecosystem—A Shared Responsibility." San Francisco: Rainforest Action Network. https://d3n8a8pro7vhmx.cloudfront.net/rainforestactionnetwork/pages/17068/attachments/original/1478466859/RAN_Protecting_The_Leuser_2016.pdf?1478466859.

Rambicur, Jean-François, and François Jaquenoud. 2013. "1,001 Fontaines pour—Demain: Pour Une Nouvelle Économie de l'Eau Potable." *Le Journal de l'Ecole de Paris* 102: 25-31.

Ramstein, Céline. 2012. "Rio+20 Voluntary Commitments: Delivering Promises on Sustainable Development?" IDDRI Working Paper No. 23/12. Paris: Institut du Développement Durable et des Relations Internationales.

Rask, Mikko, Richard Worthington, and Minna Lammi, eds. 2012. *Citizen Participation in Global Environmental Governance*. Oxon, UK: Earthscan.

Raustiala, Kal., 2005. "Form and Substance in International Agreements." *American Journal of International Law*, 99 (3): 581-614.

Raworth, Kate. 2012. "A Safe and Just Space for Humanity: Can We Live Within the Doughnut?" Oxfam Discussion Paper. Oxford, UK: Oxfam International.,

Reddy, Sai Bhaskar Nakka. 2012. *Understanding Stoves: For Environment and Humanity*. (Self-published with CreateSpace).

Reuters. 2014. "China Aims High for Carbon Market by 2020." *Sydney Morning Herald*, September 12. http://www.smh.com.au/environment/climate-change/china-aims-high-for-carbon-market-by-2020-20140911-10ftdp.html.

Richey, Alexandra S., Brian F. Thomas, Min-Hui Lo, John T. Reager, James S. Famiglietti, Katalyn Voss, Sean Swenson, and Matthew Rodell. 2015. "Quantifying Renewable Groundwater Stress with GRACE." *Water Resources Research* 51 (7): 5217–38.

Rieland, Randy. 2013. "Learning from Nature How to Deal with Nature." Smithsonian. com, http://www.smithsonianmag.com/innovation/learning-from-nature-how-to-deal-with-nature-5005595/.

Rignot, E., Jeremie Mouginot, Mathieu Morlighem, Helene Seroussi, and B. Scheuchl. 2014. "Widespread, Rapid Grounding Line Retreat for Pine Island, Thwaites, Smith and Kohler Glaciers, West Antarctica, from 1992 to 2011." *Geophysical Research Letters* 41 (10): 3502–09.

Riordan, Michael, and Lillian Hoddeson. 1997. Crystal Fire: The Invention of the Transistor and the Birth of the Information Age (Sloan Technology Series). New York: Norton.

Roberts, Callum. 2012. *Ocean of Life: The Fate of Man and the Sea*. London: Penguin.

Roberts, J. Timmons. 2011. "Multipolarity and the New World (Dis)Order: US Hegemonic Decline and the Fragmentation of the Global Climate Regime." *Global Environmental Change* 21 (3): 776–84.

Rockström, Johan, and Malin Falkenmark. 2015. "Agriculture: Increase Water Harvesting in Africa." *Nature* 519 (7543): 283–85.

Rockström, Johan, Will Steffen, Kevin Noone, Asa Persson, F. Stuart Chapin III, Eric F. Lambin, Timothy M. Lenton, et al., 2009. "A Safe Operating Space for Humanity." *Nature* 461: 472–75.

Rodriguez, Antonio B., F. Joel Fodrie, Justin T. Ridge, Niels L. Lindquist, Ethan J. Theuerkauf, Sara E. Coleman, Jonathan H. Grabowski, et al., 2014. "Oyster Reefs Can Outpace Sea-Level Rise." *Nature Climate Change* 4: 493–97.

Rogers, Alex, and Daniel D'A. Laffoley. 2011. *International Earth System Expert Workshop on Ocean Stresses and Impacts*. IPSO Summary Report. Oxford, UK: International Programme on the State of the Ocean.

Romm, Joseph. 2011. "Desertification: The Next Dustbowl." *Nature* 478 (7370): 450–51.

Rong, Jiang. 2009. *Wolf Totem*. London: Penguin.

Rosenau, James N. 1995. "Governance in the Twenty-First Century." *Global Governance* 1 (1): 13–43.

Rotillon, G. 2010. *Economie des ressources naturelles*. Paris: La Découverte.

Royal Society. 2009. "Reaping the Benefits: Science and the Sustainable Intensification of Global Agriculture." Royal Society Document 11/09. London: Royal Society.

Rupp, David E., Philip W. Mote, Neil Massey, Cameron J. Rye, Richard Jones, and Myles R. Allen. 2012. " Did Human Influence on Climate Make the 2011 Texas Drought More Probable?" *Bulletin of the American Meteorological Society* 93: 1052−67.

Rushdie, Salman. 1981. *Midnight's Children*. New York: Penguin.

Sandford, Rosemary. 1996. "International Environmental Treaty Secretariats: A Case of Neglected Potential?" *Environmental Impact Assessment Review* 16 (1): 3−12.

Sarewitz, Daniel, and Richard Nelson. 2008. "Three Rules for Technological Fixes." *Nature* 456: 871−72.

Savage, Leonard J. 1954. *The Foundations of Statistics*. New York: John Wiley.

Schafer Meredith G., Andrew A. Ross, Jason P. Londo, Connie A. Burdick, E. Henry Lee, Steven E. Travers, Peter K. Van de Water, and Cynthia L. Sagers. 2011. "The Establishment of Genetically Engineered Canola Populations in the U.S." *PLoS ONE* 6 (10): e25736.

Schelling, Thomas C. 1981. *The Strategy of Conflict*. Cambridge, MA: Harvard University Press.

Schiavo, Joseph. 2011. "États-Unis: Le Président qui Prenait le Climat au Sérieux." In *Regards sur la Terre 2011*, ed. Pierre Jacquet, Rajendra Kumar Pachauri, and Laurence Tubiana. Paris: Armand Colin.

Schmidheiny, Stephan. 1992. *Changing Course: A Global Business Perspective on Development and the Environment*. Boston: MIT Press.

Scholte, Jan Aart. 2002. "Civil Society and Democracy in Global Governance." *Global Governance* 8 (3): 281−304.

Schumpeter, Joseph A. 1911. *Theorie der Witschaftlichen Entwicklung*, Wien; translated into English as "The Theory of Economic Development" Cambridge, MA: Harvard University Press.

Selin, Noelle. 2013. "Forty Years of International Mercury Policy: The 2000s and Beyond (Part 3 of 3)" (blog). Mercury Science and Policy at MIT. http://mercurypolicy. scripts.mit.edu/blog/?p=395.

Selin, Noelle, and Henrik Selin. 2006. "Global Politics of Mercury Pollution: The Need for Multi-Scale Governance." *Review of European, Comparative, and International Environmental Law* 15 (3): 258−69.

Sen, Amartya. 1983. *Poverty and Famines: An Essay on Entitlement and Deprivation*.

Oxford, UK: Oxford University Press.

Seong-kyu. 2013. "Audition du Nouveau Ministre de l'Environnement." *Korea Herald*.

Shapiro, Carl. 2000. "Navigating the Patent Thicket: Cross Licenses, Patent Pools, and Standard-Setting." In *Innovation Policy and the Economy* (vol. 1), ed. Adam B. Jaffe, Josh Lerner, and Scott Stern, 119–50. Cambridge, MA: MIT Press.

Smith, Adam. 1776. *An Inquiry Into the Nature and Causes of the Wealth of Nations.* London: Methuen.

Sorg, Annina, Tobias Bolch, Markus Stoffel, Olga Solomina, and Martin Beniston. 2012. "Climate Change Impacts on Glaciers and Runoff in Tien Shan." *Nature Climate Change* 2: 725–31.

Stern, Nicholas. 2006. *The Stern Review on the Economics of Climate Change.* Report commissioned by the Government of the United Kingdom. London: HM Treasury.

———. 2011. "A Profound Contradiction at the Heart of Climate Change Policy." *Financial Times*, December 9. https://www.ft.com/content/52f2709c-20f0-11e1-8a43-00144feabdc0.

———. 2015. *"Why Are We Waiting? The Logic, Urgency, and Promise of Tackling Climate Change."* Cambridge MA: MIT Press.

Sterner, Thomas, ed. 2011. *Fuel Taxes and the Poor: The Distributional Effects of Gasoline Taxation and Their Implications for Climate Policy.* Washington, DC: RFF Press.

Stewart, Heather, and Larry Elliott. 2013. "Nicholas Stern: 'I Got It Wrong on Climate Change—It's Far, Far Worse.'" *The Observer*, January 26. https://www.theguardian.com/environment/2013/jan/27/nicholas-stern-climate-change-davos.

Stiglitz, Joseph E. 2006. *Making Globalization Work.* New York: W.W. Norton.

Stokstad, Erik. 2012. "Field Research on Bees Raises Concern About Low-Dose Pesticides." *Science* 335 (6076): 1555–56.

Sukhdev, Pavan. 2010. "Putting a Value on Nature Could Set Scene for True Green Economy." *The Guardian*, February 10. https://www.theguardian.com/commentisfree/cif-green/2010/feb/10/pavan-sukhdev-natures-economic-model.

Sumaila, Ussif Rashid. 2013. *Game Theory and Fisheries: Essays on the Tragedy of Free For All Fishing.* London: Routledge.

Sumaila, Ussif Rashid, Vicky Lam, Frédéric le Manach, Wilf Swartz, and Daniel Pauly. 2013. *Global Fisheries Subsidies.* Report created for European Parliament's Committee on Fisheries. Brussels: Directorate-General for Internal Policies.

Surendra, K. C., Devin Takara, Andrew G. Hashimoto, and Samir Kumar Khanal., 2014. "Biogas as a Sustainable Energy Source for Developing Countries: Opportunities and Challenges." *Renewable and Sustainable Energy Reviews* 31: 846–59.

Sutton, Mark A., and Albert Bleeker. 2013. "Environmental Science: The Shape of Nitrogen to Come." *Nature* 494 (7438): 435–37.

ter Steege, Hans, Nigel C. A. Pitman, Timothy J. Killeen, William F. Laurance, Carlos A. Peres, Juan Ernesto Guevara, Rafael P. Salomão, et al., 2015. "Estimating the Global Conservation Status of More Than 15,000 Amazonian Tree Species." *Science Advances* 1 (1): e1500936.

Tilghman, Syreeta L, Melyssa R. Bratton, H. Chris Segar, Elizabeth C. Martin, Lyndsay V. Rhodes, Meng Li, John A. McLachlan, Thomas E. Wiese, Kenneth P. Nephew, and Matthew E. Burrow. 2012. "Endocrine Disruptor Regulation of MicroRNA Expression in Breast Carcinoma Cells." PLoS ONE 7 (3): e32754.

Tirole, J. 2003. *Protection de la Propri.t. Intellectuelle: Une Introduction et Quelques Pistes de Réflexion*. Report for the Conseil d'Analyse Economique, Premier Ministre. Paris: Documentation Française.

Toensmeier, Eric, ed. 2016. *The Carbon Farming Solution: A Global Toolkit of Perennial Crops and Regenerative Agriculture Practices for Climate Change Mitigation and Food Security*. White River Junction, VT: Chelsea Green.

Tollefson, Jeff. 2013. "Methane Leaks Erode Green Credentials of Natural Gas." *Nature* 493 (7430): 12.

Tom, W. K., and J. A. Newberg. 1998. "U.S. Enforcement Approaches to the Antitrust–Intellectual Property Interface." In *Competition Policy and Intellectual Property Rights in the Knowledge–Based Economy*, ed. Robert D. Anderson and Nancy T. Gallini, 343–93. Calgary, Alberta, Canada: University of Calgary Press.

Torres, Alejandra. 2012. Director of International Affairs, Ministry of Environment and Sustainable Development of Colombia and one of the leading negotiators. (Stockholm Environment Institute, briefs).

Townes, Charles H. 1999. *How the Laser Happened: Adventures of a Scientist*. Oxford, UK: Oxford University Press.

Trucost.com. 2011. "The State of Green Business 2011." https://www.trucost.com/publication/state-green-business-2011/.

Tubiana, Laurence, and Tancrede Voituriez. 2007. "Emerging Powers in Global Governance: New Challenges and Policy Options." Paper prepared for the Emerging Powers in Global Governance: New Challenges and Policy Options

Conference, Paris, July 6-7.

Tubiana, Laurence, and Matthieu Wemaëre. 2009. "Climate Change Action: Can the EU Continue to be a Leader?" In *The EU in a World in Transition: Fit for What Purpose?* ed. Loukas Tsoukalis. London: Policy Network.

UN Department of Economic and Social Affairs. 2013. "Voluntary Commitments and Partnerships for Sustainable Development." *Sustainable Development in Action* 1.

UN Development Programme. 2006. *Human Development Report 2006.* New York: Palgrave Macmillan.

UN Development Programme. 2007. *Human Development Report 2007.* New York: Palgrave Macmillan.

UN Environment Programme. 2005. "Action on Heavy Metals Among Key GC Decisions" (press release, February 25). http://staging.unep.org/Documents. Multilingual/Default.asp?DocumentID=424&ArticleID=4740&l=en.

UN General Assembly. 2011. "Accelerating Progress Towards the Millennium Development Goals: Options for Sustained and Inclusive Growth and Issues for Advancing the United Nations Development Agenda Beyond 2015." Sess. 66, A/66/126.

United Nations. 1972. "Declaration of the United Nations Conference on the Human Environment." http://www.un-documents.net/unchedec.htm.

_____. 2012. "Rio+20 Conference on Sustainable Development: The Future We Want." https://rio20.un.org/sites/rio20.un.org/files/a-conf.216l-1_english.pdf. pdf.

U.S.-China Climate Change Working Group. 2014. "Report of the U.S.-China Climate Change Working Group to the 6th Round of the Strategic and Economic Dialogue July 9, 2014."

U.S. Department of Defense. 2014. *2014 Climate Change Adaptation Roadmap.* Washington, DC: Government Printing Office.

U.S. Department of Energy. 2009. "States with Renewable Portfolio Standards."

U.S. Federal Trade Commission. 2003. *To Promote Innovation: The Proper Balance of Competition and Patent Law and Policy.* Washington, DC: Federal Trade Commission.

U.S. Global Change Research Program. 2014. National Climate Assessment 2014. http://nca2014.globalchange.gov/.

van Noorden, Richard. 2014. "The Rechargeable Revolution: A Better Battery." *Nature* 507: 26-28.

Vasconcelos, Vitor V., Francisco C. Santos, and Jorge M. Pacheco. 2013. "A Bottom-Up

Institutional Approach to Cooperative Governance of Risky Commons." *Nature Climate Change* 3: 797–801.

Venter, J. Craig. 2013. *Life at the Speed of Light: From the Double Helix to the Dawn of Digital Life*. New York: Viking.

Victor, David G. 2001. *The Collapse of the Kyoto Protocol and the Struggle to Slow Global Warming*. Princeton, NJ: Princeton University Press.

Vogler, John. 2002. "In the Absence of the Hegemon: EU Actorness and the Global Climate Change Regime." National Europe Center Paper No. 20, presented at the Conference on the European Union and International Affairs, National Europe Centre, Australian National University, July 3–4, 2002.

Vogler, John, and Charlotte Bretherton. 2006. "The European Union as a Protagonist to the United States on Climate Change." *International Studies Perspectives* 7 (1): 18.

Vogler, John, and Hannes Stephan. 2007. "The European Union in Global Environmental Governance: Leadership in the Making?" *International Environmental Agreements: Politics, Law and Economics* 7: 389–413.

von Frantzius, Ina. 2004. "World Summit on Sustainable Development Johannesburg 2002: A Critical Analysis and Assessment of the Outcomes." *Environmental Politics* 13 (2): 467–73.

von Hippel, Eric. 2005. *Democratizing Innovation*. Cambridge, MA: MIT Press.

von Neumann, John, and Oskar Morgenstern. 1944. *Theory of Games and Economic Behavior*. Princeton, NJ: Princeton University Press.

Wallström, Margaret. 2001. "The Results of the Göteborg European Council in Respect to Sustainable Development and Climate Change." Brussels: Centre for European Policy Studies, June 18.

Wang, Wenkin, G. Haberer, H. Gundlach, C. Gläber, T. Nussbaumer, M. C. Luo, A. Lomsadze, et al., 2014. "The *Spirodela polyrhiza* Genome Reveals Insights into Its Neotenous Reduction Fast Growth and Aquatic Lifestyle." *Nature Communications* 5.

Ward, Barbara, Baroness Jackson of Lodsworth and René Dubos. 1972. *Only One Earth: The Care and Maintenance of a Small Planet*. New York: Norton.

Watson, David M., and Matthew Herring. 2012. "Mistletoe as a Keystone Resource." *Proceedings of the Royal Society* (Series B) 279: 3853–60.

Watson, James D. and Francis Crick. 1953. "A Structure for Deoxyribose Nucleic Acid", *Nature* 171: 737–38.

Watt, Robert. 2012. "Do We Need a New Set of Development Goals?" *SEI Bulletin*, November 21. http://www.sei-international.org/-news-archive/2510-do-weneed-a-new-set-of-global-development-goals.

Watts, Nick, W. Neil Adger, Paolo Agnolucci, Jason Blackstock, Peter Byass, Wenijia Cai, Sarah Chaytor, et al., 2015. "Health and Climate Change: Policy Responses to Protect Public Health." *The Lancet Commissions* 386 (10006): 1861–1914.

Weber, Steven. 2005. *The Success of Open Source*. Cambridge, MA: Harvard University Press.

White House Office of the Press Secretary. 2015. "U.S.-China Joint Presidential Statement on Climate Change." https://obamawhitehouse.archives.gov/the-press-office/2015/09/25/us-china-joint-presidential-statement-climate-change.

Wilcox, Chris, Erik van Sebille, and Britta Denise Hardesty. 2015. "Threat of Plastic Pollution to Seabirds Is Global, Pervasive, and Increasing." *Proceedings of the National Academy of Science* 112 (38): 11899–904.

Winkelmann, Ricarda, Anders Levermann, Andy Ridgwell, and Ken Caldeira. 2015. "Combustion of Available Fossil Fuel Resources Sufficient to Eliminate the Antarctic Ice Sheet." *Science Advances* 1 (8): e1500589.

Witting, Jan. 2016. "The Phoenix Islands Protected Area: Lessons for the Stewardship of the Global Ocean." Lecture at Sea Education Association, Woods Hole, MA, March 20.

Woodcock, Ben A., Nicholas J. B. Isaac, James M. Bullock, David B. Roy, David G. Garthwaite, Andrew Crowe, and Richard F. Pywell. 2016. "Impact of Neonicotinoid Use on Long-Term Population Changes in Wild Bees in England." *Nature Communications* 7.

Wootton, David. 2015. *The Invention of Science: A New History of the Scientific Revolution*. London: Allen Lane.

World Bank. 2008. *World Development Report 2008: Agriculture for Development*. Washington, DC: World Bank.

World Bank. 2012. "Turn Down the Heat—Why a 4°C Warmer World Must Be Avoided. A Report for the World Bank by the Potsdam Institute for Climate Impact Research and Climate Analysis." Washington, DC: World Bank.

———. 2017. *The Sunken Billions Revisited: Progress and Challenges in Global Marine Fisheries* (Environment and Sustainable Development series). Washington, DC: World Bank Publications.

Worldwatch Institute. 2015. *Growing Land Grabs*. Washington, DC: Island Press.

World Wildlife Fund. 2016. *WWF Living Planet Report 2016: Risk and Resilience in a New Era*. Gland, Switzerland: WWF International.,

Wouters, Bert, Alba Martín-Español, Velt Helm, Thomas Flament, J. M. van Wessem, Stefan R. M. Ligtenberg, Michiel Roland Van den Broeke, and Jonathan L. Bamber. 2015. "Dynamic Thinning of Glaciers on the Southern Antarctic Peninsula." *Science* 348 (6237): 899–903.

Wu, Yuxuan, Dan Liang, Yinghua Wang, Meizhu Bai, Wei Tang, Shiming Bao, Zhiqiang Yan, Dangsheng Li, and Jinsong Li. 2013. "Correction of a Genetic Disease in Mouse via Use of CRISPR-Cas9." *Cell Stem Cell* 13 (6): 659–62.

Xiaolong, Qiu. 2012. *Don't Cry, Tai Lake*. New York: St. Martin's.

Yang, Chi-Jen, and Robert B. Jackson. 2013. "China's Synthetic Natural Gas Revolution." *Nature Climate Change* 3: 852–54.

Yao, Tandong, Lonnie Thompson, Wei Yang, Wusheng Yu, Yang Gao, Xuejun Guo, Xiaoxin Yang, et al., 2012. "Different Glacier Status with Atmospheric Circulations in Tibetan Plateau and Surroundings." *Nature Climate Change* 2: 663–67.

Yu, Junsheng, Yifan Zheng, and Jiang Huang. 2014. "Towards High Performance Organic Photovoltaic Cells: A Review of Recent Development in Organic Photovoltaics." *Polymers* 6 (9): 2473–509.

Zhang, Wei-Feng, Zheng-xia Dou, Pan He, Xiao-Tang Ju, David Powlson, Dave Chadwick, David Norse, et al., 2013. "New Technologies Reduce Greenhouse Gas Emissions from Nitrogenous Fertilizer in China." *Proceedings of the National Academy of Sciences* 110 (21): 8375–80.

Zhang, Yuning, Ningning Tang, Yuguang Niu, and Xiaoze Du. 2016. "Wind Energy Rejection in China: Current Status, Reasons and Perspectives." *Renewable and Sustainable Energy Reviews* 66: 322–44.

Zhu, Zhi, Akihiro Kushima, Zongyou Yin, Lu Qi, Khalil Amine, Jun Lu, and Ju Li. 2016. "Anion-Redox Nanolithia Cathodes for Li-Ion Batteries." *Nature Energy* 1. doi: 10.1038/nenergy.2016.111.

Ziman, John. 2000. *Real Science: What It Is, and What It Means*. Cambridge, UK: Cambridge University Press.

ㅇ

위기에 빠진 지구

자연자본과 지속 가능성 모색

2020년 12월 21일 초판 1쇄 발행

지은이 | 로랑스 투비아나·클로드 앙리
옮긴이 | 한경희
펴낸곳 | 여문책
펴낸이 | 소은주
등록 | 제406-251002014000042호
주소 | (10911) 경기도 파주시 운정역길 116-3, 101동 401호
전화 | (070) 8808-0750
팩스 | (031) 946-0750
전자우편 | yeomoonchaek@gmail.com
페이스북 | www.facebook.com/yeomoonchaek

ISBN 979-11-87700-40-1 (03300)

여문책은 잘 익은 가을벼처럼 속이 알찬 책을 만듭니다.